壹卷
YE BOOK

洞 见 人 和 时 代

论世衡史
- 丛书 -

高氏荆南史稿

曾育荣 著

四川人民出版社

图书在版编目（CIP）数据

高氏荆南史稿 / 曾育荣著. -- 增订本. -- 成都：四川人民出版社, 2025. 3. -- (论世衡史丛书).
ISBN 978-7-220-14035-8

Ⅰ. K296.33

中国国家版本馆CIP数据核字第2025QH1917号

GAOSHI JINGNAN SHIGAO ZENG DING BEN

高氏荆南史稿（增订本）

曾育荣　著

出 版 人	黄立新
策划统筹	封　龙
责任编辑	彭梓君　唐　婧
装帧设计	周伟伟
责任印制	周　奇

出版发行	四川人民出版社（成都市三色路238号）
网　　址	http://www.scpph.com
E-mail	scrmcbs@sina.com
新浪微博	@四川人民出版社
微信公众号	四川人民出版社
发行部业务电话	（028）86361653　86361656
防盗版举报电话	（028）86361661
照　　排	四川胜翔数码印务设计有限公司
印　　刷	成都东江印务有限公司
成品尺寸	145mm×210mm
印　　张	15.5
字　　数	300千
版　　次	2025年3月第1版
印　　次	2025年3月第1次印刷
书　　号	ISBN 978-7-220-14035-8
定　　价	89.00元

■版权所有·侵权必究

本书若出现印装质量问题，请与我社发行部联系调换
电话：（028）86361656

目 录

序　　　　　　　　　　　　　　　　　　　　　　　　　葛金芳

引　言 / 001
　　　　一、选题缘起 / 001
　　　　二、学术史回顾 / 007
　　　　三、史料之运用 / 012

第一章　高氏荆南立国之前的荆南镇 / 017
　　　　第一节　荆南镇政区沿革 / 017
　　　　第二节　唐末的荆南镇 / 027

第二章　高氏荆南的建立及传承 / 039
　　　　第一节　高季昌入主荆南与高氏荆南政权的创立 / 039
　　　　第二节　高从诲时期的高氏荆南 / 061
　　　　第三节　高氏后三主时期 / 072

第三章　高氏荆南的灭亡 / 085

第一节　宋初"假道荆南"之策 / 085
第二节　高氏荆南的纳土 / 095
第三节　高氏荆南存续的历史条件剖析 / 102

第四章　高氏荆南的疆域 / 117

第一节　归州、峡州的改隶 / 117
第二节　夔州、忠州、万州、复州、郢州的相关问题 / 133
第三节　疆域沿革大势及行政地理 / 154

第五章　高氏荆南的政治与军事体制 / 170

第一节　藩镇体制与王国体制的并行 / 170
第二节　高氏荆南的军事体制 / 200
第三节　高氏荆南的武将群体 / 216

第六章　高氏荆南的外交 / 229

第一节　五代十国时期南方诸国的外交主张 / 229
第二节　高氏荆南的事大政策 / 248
第三节　高氏荆南的睦邻策略 / 269
第四节　高氏荆南与邻国的军事纷争 / 277

第七章　高氏荆南的经济 / 287

第一节　高氏荆南经济发展的基础 / 287
第二节　高氏荆南的经济举措 / 307
第三节　高氏荆南经济发展的实绩 / 325

第八章　高氏荆南的文人群体 / 343
　　　第一节　文人群体与高氏荆南国势 / 343
　　　第二节　梁震 / 354
　　　第三节　孙光宪 / 368
　　　第四节　李载仁等文人 / 388

第九章　高氏荆南艺文辑考 / 400
　　　第一节　经部艺文考 / 401
　　　第二节　史部艺文考 / 402
　　　第三节　子部艺文考 / 416
　　　第四节　集部艺文考 / 430

结　语 / 443

参考文献 / 447
　　　一、古籍 / 445
　　　二、今人著作 / 453
　　　三、今人论文 / 458

附录一 / 464

附录二 / 465

后　记 / 481

引 言

在正式切入论题之前,先就本题的研究意义与目的、学术史,以及材料来源等问题,稍作介绍。

一、选题缘起

五代十国,干戈相寻,群雄竞逐,裂土为王。后梁开平元年(907),高季兴(本名季昌,后唐庄宗即位,避其庙讳更名)以荆南兵马留后擢任节度使,潜有割据之志,荆南政权始此。嗣后未久,季兴先后分别被后梁、后唐和杨吴封为渤海王、南平王和秦王;死后,又为后唐追封为楚王。荆南高氏"传袭四世五帅,至宋乾德改元,国除,凡五十七年"[①]。然终未尝称帝建号,此政权被后世史家目为南方九国之一,史书亦称之为"南平"或"北楚"。

本篇以"高氏荆南"指称该政权,主要是由于荆南并未称帝建国,而且宋代史家通常将荆南视为中原王朝的藩镇。如《旧五

---

① (清)吴任臣:《十国春秋》卷一〇一《荆南二・侍中继冲世家》,中华书局,1983,点校本,第1453页。

代史》即将荆南、吴越、马楚列入《世袭列传》；《资治通鉴》亦沿用唐代藩镇——"荆南"之名，称呼此政权。《新五代史》《九国志》《十国纪年》与晚出的《十国春秋》虽以国称之，但荆南毕竟与吴、南唐、前后蜀、闽、南汉、北汉等在性质上稍有不同。所以，为避免引起歧义和混乱，袭用"荆南"之说，或许是较为妥当的处理方式。并且，荆南之名的使用，更便于突出此政权的地域色彩。又因为荆南政权的最高统治者为高氏，故以"高氏荆南"为名，一如史籍中常以"钱氏吴越""马楚"指代吴越和楚政权的用法。这是开篇之前不得不首先予以说明的问题。

荆南政权被宋消灭时，据有荆州、峡州、归州[①]，而下辖17县，以今湖北江陵为统治中心，是五代十国时期湖北地区内部的区域性割据政权。荆南因处战略要冲之地，政治、军事地位突出，自唐后期以来就一直陷于兵连祸结之中，逮高季昌奄有其地，渐以独立姿态出现于五代十国风云激荡之历史舞台。然迄今为止，学界关于高氏荆南政权的研究成果尚不够全面深入，相对于南方九国中的其他政权而言，关于高氏荆南政权的研究最为薄弱。为弥补五代十国史研究中的缺环，推进湖北区域史的研究，全面展示高氏荆南的发展历程，致力于该课题的研究极有必要。具体而言，本课题的研究能在下述方面有所推进或突破。

---

① （宋）欧阳修：《新五代史》卷六〇《职方考》，中华书局，1974，点校本，第728页。
荆州，治今湖北荆沙市荆州区故江陵县城，唐五代荆州辖境相当今湖北荆门市、当阳市以南，枝江县、松滋县以东和潜江、石首二市以西地区。
峡州，治今湖北宜昌市，辖境相当今湖北宜昌、枝城、长阳、远安等市县地。
归州，治今湖北秭归县西北归州镇。辖境相当今湖北秭归、巴东、兴山三县地。

首先，迄今为止，学界对于高氏荆南的研究仍较少关注，致使相应的学术成果不为多见（详见下文）。与此相应的是，该政权的政治、军事、外交、经济等问题，依然有诸多未明之处。此种情形，有碍今人准确把握高氏荆南发展的具体历史脉络，亦无法客观评价其特色与历史地位。为尽力展现高氏荆南政权的全貌，如实反映其历史进程，及其在五代十国总体演进轨迹中所起的作用，致力于该课题的研究当属必然应对。

其次，与高氏荆南史研究有欠深入全面，形成鲜明对比的是，近年来以五代十国时期地方性割据政权为主题而撰写的专史却迭有所见，杨伟立《前蜀后蜀史》（四川社会科学出版社1986年版）、诸葛计等《闽国史事编年》（浙江古籍出版社1989年版）、任爽《南唐史》（东北师范大学出版社1995年版）、诸葛计等《吴越史事编年》（福建人民出版社1997年版）、徐晓望《闽国史》（台湾五南图书出版有限公司1997年版）、邹劲风《南唐国史》（南京大学出版社2000年版）、福建五代闽国三王文物史迹修复委员会编《闽国史汇》（暨南大学出版社2000年版）、杜文玉《南唐史略》（陕西人民教育出版社2001年版）、何勇强《钱氏吴越国史论稿》（浙江大学出版社2002年版）、罗庆康《马楚史研究》（湖南人民出版社2004年版）、王凤翔《晚唐五代秦岐政权研究》（三秦出版社2009年版）、李裕民《北汉简史》（三晋出版社2010年版）、陈欣《南汉史稿》（广东人民出版社2010年版）、彭文峰《五代马楚政权研究》（中国社会科学出版社2014年版）等，均是以同期川渝、江浙、苏皖、湖湘等地的南方割据政权而撰写的专著。另外，还有［日］池泽滋子《吴越钱氏文人群体研究》（上海人民出版社2006年版）、邹劲风《南唐文化》(南京出版社2005年版)等专题论著。此类成果极大丰富了地方断代史的研究,也为同类课题的确立提供了范例。湖北省是中部地区的教育大省、文化大省和旅游大省,从深入研究区域史的角度而言,极有必要弥补高氏荆南史这一缺环。

再次,史载:荆南"地狭兵弱,介于吴、楚为小国",高氏父子又不以屈节为耻,四向称臣,故"诸国皆目为'高赖子'"①。在史家的这种正统观念偏见之下,人们对于高氏荆南的评价一直都偏低。实际上,荆南居于吴、南唐、楚、前后蜀和中原之间,在夹缝中求生存,拦劫过往商旅,固为不耻,"但从自存角度看,高氏父子确有权术,善于利用矛盾,以维护自己的统治"②。五代史专家陶懋炳的看法是:"'赖子'为王,割据一隅,传之四世,历时数十年,看来是滑稽可笑的事。其实,这不过是分裂割据下出现的特殊情况而已",单靠诸方"平衡",劫取财物、骗赏赐是无法自存的。"史籍斥言其无赖,极嘲笑之能事,忽视了它赖以存在的主要条件,显系正统观念的偏见。"③郑学檬曾说,荆南处四战之地,"环境复杂,政局稳定与否主要取决于高氏本身的对策是否得当"④。因此,高氏父子能在群雄以力相并的时代享国50余年,其所采取的迥异于南方其他诸国的自存之道,是高氏荆南统治者立足于外部客观环境而做出的明智选择,自有其合理性。这种自存之道,贯穿于其内政、外交、军事和经济等举措之中,值得逐一加以解剖,以期进一步揭示高氏荆南史的面貌,为五代十国史的全局

---

① 《新五代史》卷六九《南平世家》,第859页。
② 卞孝萱、郑学檬:《五代史话》,北京出版社,1985,第11页。
③ 《五代史略》,第177页。
④ 郑学檬:《五代十国史研究》,上海人民出版社,1991,第14页。

性、综合性研究提供必要的补充。

又次，在五代十国史的演变格局中，在由分裂走向统一的过程中，地处长江中游的高氏荆南所发挥的作用，及其历史地位的评价，因受制于高氏荆南史研究的不足，学界迄今仍未能做出客观界定和如实评价。无可否认的是，高氏荆南是唐末以来政治地理格局裂变的产物，又是五代十国政局变更中的一极，亦是多元政权林立中的互动方，尽管其地域狭小、国力单薄，但因其所处的特定地理区位，决定了该政权在多种势力绞结、缠斗的纷争局面下，具有牵制各方力量、调和相邻政权矛盾、缓冲多方冲突的独特作用，一定程度上有利于维系南北势力的均衡。而在后周、宋初统一浪潮高涨之际，"控制长江中游地区就成为统一与分裂天平的一个决定因素"①，高氏荆南顺应历史潮流，归降于宋，加快了宋初统一的步伐。凡此种种，均是评判高氏荆南历史地位时不容忽视的事实，理当揽入视野，给予足够重视。而将高氏荆南与南北政权的互动关系，置于其时历史发展的大趋势中予以考察，客观上还有助于切实增进五代十国时期"表面上乱，实质是变"②，"乱而后治，治中有乱"③等精赅之论的理解。

最后，需要予以说明的是，关于高氏荆南的性质论定问题，史家也一直持不同意见。尽管多数史家倾向于将高氏荆南列入十国，视其为南方九个割据政权之一，但当今学界仍有不同声音。有学者

---

① 王赓武：《长江中游地区在唐代的政治地位》，赵鸿昌译，《研究集刊》1985年第1期。转引自李文澜：《湖北通史·隋唐五代卷》，华中师范大学出版社，1999，第403页。
② 熊德基语，参见陶懋炳：《五代史略》前言，人民出版社，1985，第7页。
③ 《五代十国史研究》，第13页。

认为南平地域狭小，没有稳固的经济基础，称藩于中原王朝，军备力量弱小，亦未建国称帝，不应当作一国看待[①]。究竟如何断定高氏荆南的性质，是坚持迄宋以降即已几成共识的南方九国之说，还是将其排除于南方割据政权之外，采取何种判断标准，也是进行高氏荆南史研究时无法回避的问题。对此，笔者时下的认识是，尽管高氏荆南始终并未称帝改元，亦从未接受"××国王"的封号，此两点既与吴、南唐、前蜀、后蜀、南汉、闽有所不同，也与吴越、马楚存在差别；而且，高氏荆南这个较为特殊的独立政权，又有异于稍后的湖南周行逢、漳泉留从效政权。但是，高氏荆南能立足于一时，并延续半个多世纪，且被宋代史家列为南方九国之一，而即帝改元的刘䶮、擅置官号的秦岐，却并未被史家纳入独立政权之列，应当自有其根据和判别标准，而高氏荆南的独立性、自主性，尤其是存在时间之久，恐怕是其中至为重要的因素。就此而论，照搬此前或此后"国家"的概念，机械加以衡量和对比，显然有悖历史的真实，也无法得出令人信服的结论。换个角度，联系唐末五代的总体局势来看，高氏荆南其实"不过是分裂割据下出现的特殊情况"[②]，是一种异态和非正常化，自然与统一时期的常态、正常化大异其趣。因此，在高氏荆南起止时间的界定上，笔者目前无意就此多做纠结和考辨，而是仍然沿袭传统史家的说法，以后梁太祖开平元年（907）作为高氏荆南政权创立的时间上限，本篇即依此而论。

[①] 曾国富：《五代南平史三题》，《中国史研究》1996年第1期。
[②] 《五代史略》，第177页。

二、学术史回顾

在中国断代史的研究中，五代十国史的探究，在较长时期内一直较少受到学界重视。自20世纪初以降，学界通常视五代十国史为隋唐史的延伸，在断代划分上习惯谓为"隋唐五代史"，最早以此命名的专著首推邓之诚《隋唐五代史》（国立北平师范大学1912年版），其后蓝文徵、杨志玖、傅乐成、邓子琴、吴枫、吕思勉、韩国磐、［日］宫崎市定、黎杰、王仲荦、唐长孺、吴宗国等相继推出同类著述，一概沿袭"隋唐五代"之说。以上诸书均重隋唐而略五代，此种状况与历史时期的长短、史料的丰寡相对应，实属正常。在上述体例中，十国史所占的篇幅甚少。通史性著作的情形大体与此相埒，兹不一一列举。

值得关注的是，20世纪40年代前后，学界即有《五代史》（著者、出版社、年代不详）一书问世。笔者曾亲眼目睹其上册，至于有无下册，不得而知。从其形式来看，该书与印刷本无异，至于出版发行的具体情况，已难获悉。其内容约略涉及五代政治、经济状况，虽较单薄，然此书首创以五代史作为特定历史段落的著述方式，立意则深，对推动五代十国史的研究功不可没。国外学者较早做出回应，［马来西亚］Wong《The Structure of Power in North during the Five Dynasties Kuala Lumper》（University of Malaya Press，1963）一书，即为其例。改革开放以后，伴随中国史学界断代史研究热潮的兴起，作为中国断代史系列之一的陶懋炳《五代史略》（人民出版社1985年版）一书的诞生，即是国内第一部完整的、以五代十国为主要内容的断代史专著,是书以揭示五代十国政治、经济、文化的基本事实为特色。与之相应,五代十国史的研究渐次吸引众多学者参与,并且逐渐改变了此前仅仅关注政治、经济等层面的单一取向,视野扩展至军事、民族、文化、社会生活等众多方面。种种迹象表明,五代十国史研究日益呈现出独立化、多层次、深入化的趋势。

即便如此,五代十国史的研究总体上仍然属于中国史研究领域中的偏门与冷门,介于唐宋史研究的边缘。实际上,五代十国,既是唐、宋两大帝国之间的过渡阶段,又是中国传统社会典型的分裂割据时期之一,其"上接李唐下承赵宋,彼此都是连亘约三百年的大帝国,可见中国社会在这过程中虽经颠簸,并没有完全垮台;并且,这54年内,尚可能产生若干积极的因素,这样才能让自北魏拓跋氏所创立的'第二帝国'继续在历史进程中迈进。……李唐王朝之崩溃,并非由于社会之退化,而是由于社会之进化"[①]。而在这样一个大震荡、大变革的时代,社会经济和文化的发展既有遭受严重破坏的一面,但同时又有得到发展的另一面,并非如传统史家所言乃一无是处的黑暗时代。继五代十国而兴起的天水一朝,在其历史行程中展现出的风貌与底蕴,确乎与李唐王朝有着明显差别,这是唐宋之际的政治、经济与文化发生重大变化的真实表现。关于此点,学界业已形成共识,无须赘述。所以,姑且勿论"唐宋

---

① 黄仁宇:《赫逊河畔谈中国历史》,生活·读书·新知三联书店,1999,第134页。

变革"①与唐宋转型的提法是否仍有重加论证、再予诠释的必要，仅就解读与评判唐宋时期中国社会的前行轨迹与演进趋向而言，介于其间的五代十国无疑是从事唐宋史研究无法绕开的时段。正如学者所指出："五代时期之所以重要，原因之一在于它的过渡性。它是一个破坏、杂糅与整合的时期。它自唐代后期藩镇割据局面脱胎发育而来，同时又为打破长期僵持之局面创造着条件；它是'礼崩乐坏'的时期，同时又是大规模整理旧制度、建设新局面的时期。""一些曾经困扰大唐帝国后期政治史，甚至对唐王朝的统治造成直接威胁的问题，诸如宦官专权、朋党之争、藩镇割据等，是在唐末五代激剧酷烈的动荡之中渐趋消释。"②因此，倘若缺乏对五代十国史的深入研究，极有可能导致认识上的疏漏与偏差，形成知其然而不知其所以然的模糊判断。近年来大量涌现出的研究成果，虽然已使五代十国史研究长期"积弱"的状况有所改观，并极大程度改变了人们对五代十国史的看法，但相较于五代十国史诡谲多变、丰富复杂的内涵而言，其间众多领域与层面的挖掘力度仍然有限，尚有进一步深入与拓展的空间。

---

① ［日］内藤湖南：《概括的唐宋时代观》，《历史与地理》1910年第9卷第5号，收入刘俊文主编：《日本学者研究中国史论著选译（第一卷）》，中华书局，1992；［日］宫崎市定：《东洋的近世》，《宫崎市定全集（第二卷）》，岩波书店，1992，收入《日本学者研究中国史论著选译（第一卷）》。另，关于唐宋变革期学说的介绍与思考，可参见［日］宫泽知之：《唐宋社会变革论》，《中国史研究动态》1999年第6期；张其凡：《关于唐宋变革期学说的介绍与思考》，《暨南学报》2001年第1期；李华瑞：《20世纪中日"唐宋变革"观研究述评》，《史学理论研究》2003年第4期；张国刚等：《"唐宋变革"与中国历史分期问题》，《史学集刊》2006年第1期；张国刚等：《"唐宋变革"的时代特征》，《江汉论坛》2006年第3期。
② 邓小南：《祖宗之法——北宋前期政治述略》，生活·读书·新知三联书店，2006，第79页。

在五代十国史研究依旧未尽人意的总体情形下，关于高氏荆南史的探究则更为少见，除断代史与通史著述中略有涉及外，1980年代以后出现的数部专著，如陶懋炳《五代史略》（人民出版社1985年版）、郑学檬《五代十国史研究》（上海人民出版社1991年版）、先师张其凡教授《五代禁军初探》（暨南大学出版社1993年版）、武建国《五代十国土地所有制研究》（中国社会科学出版社2002年版）、任爽主编《十国典制考》（中华书局2004年版）、杜文玉《五代十国制度研究》（人民出版社2006年版）、任爽主编《五代典制考》（中华书局2007年版）等均甚少涉及与高氏荆南的相关内容。沈起炜《五代史话》（中国青年出版社1983年版）与卞孝萱、郑学檬《五代史话》（北京出版社1985年版），为体裁与形式所限，皆言其概貌。而在区域断代史研究中，李文澜《湖北通史·隋唐五代卷》（华中师范大学出版社1999年版）中有"五代十国时期的荆楚地区"一节，因囿于篇幅，亦稍欠具体详尽。此外，涉及历史时期湖北地区经济开发研究的论著，如黄惠贤、李文澜主编《古代长江中游的经济开发》（武汉出版社1988年版）、牟发松《唐代长江中游的经济与社会》（武汉大学出版社1989年版）、陈钧等主编《湖北农业开发史》（中国文史出版社1992年版）、梅莉《两湖平原开发探源》（江西教育出版社1995年版）、鲁西奇《区域历史地理研究：对象与方法——汉水流域的个案考察》（广西人民出版社2002年版）、鲁西奇与潘晟《汉水中下游河道变迁与堤防》（武汉大学出版社2004年版）、房锐《孙光宪与〈北梦琐言〉研究》（中华书局2006年版）等，虽与本题有涉，间或只鳞片爪触及相关问题，但在深广度上均有不足。

不惟如是，相关专题论文也极少见。除以人物为题材的文学研究外，20世纪八九十年代发表的单篇论文仅有朱巨亚《浅析荆南政权存在的原因》（《铁道师院学报》1987年第3期）、宋嗣军《五代时期南平立国原因浅析》（《湖北师范学院学报》1990年第3期）和曾国富《五代南平史三题》（《中国史研究》1996年第1期）等，其重点均在于探讨高氏荆南存亡的历史原因，并未全面考察高氏荆南具体的历史进程及种种现象。与此项研究相关的另有钱超尘《高继冲及其所献〈伤寒论〉考略》（《中国医药学报》1986年第1期）、庄学君《孙光宪生平及其著述》（《四川师范大学学报》1986年第4期）、杨光华《前蜀与荆南疆界辩误》（《西南师范大学学报》1993年第4期）、日本学者冈田井吉与郭秀梅《高继冲本〈伤寒论〉与〈永类钤方·伤寒论〉》（《吉林中医药》1995年第1期）、房锐等《梁震生平事迹考》（《西华大学学报》2005年第4期）数篇论文，也是对高氏荆南史某一侧面的研究。

近年来，关于高氏荆南的探讨论题渐趋专门，研究日益走向深入，涌现的成果有：笔者曾撰《谈谈高氏荆南国史研究》（《湖北大学学报》2006年第3期）、《五代十国时期归、峡二州归属考辨》（《湖北大学学报》2008年第3期）、《关于高氏荆南时期的人口问题》（《荆楚文化与湖北人文精神》，湖北人民出版社2009年版）、《高氏荆南藩镇使府幕职、僚佐考》（《记忆·历史·文化》第3辑，中国地质大学出版社2010年版）、《事大称臣：高氏荆南立国之基调》（《记忆·历史·文化》第5辑，湖北人民出版社2012年版）、《五代宋初荆门军考述》（《荆楚文化与长江文明》，湖北人民出版社2012年版）、《高氏荆南疆域考述》（《中华文史论丛》2016年第1期）、《抗衡诸侯，或和或战——五代荆南武信王高季兴的纵横之术》（《决策与信息》2016年第3期）、《高氏荆南的二元政治体制》（拙著《五季宋初史论探》，台北花木兰文化出版社2022年版）等。另有张跃飞《唐五代时期的江陵城》（《南都学坛》2010年第2期）、《高氏荆南入宋县数考》（《宋史研究论丛》第13辑，河北大学出版社2012年版）、《五代十国时期的扞蔽与平衡》（《唐史论丛》第14辑，陕西师范大学出版社2012年版）。学位论文则有张跃飞《五代荆南政权研究》（北京师范大学博士论文，2010年）、张晓笛《高氏荆南军事地理研究》（华中师范大学硕士论文，2012年）、严春晓《高氏荆南艺文辑考》（湖北大学硕士论文，2021年）。上述研究在一定程度上有益于丰富人们对高氏荆南的认识。

以上述研究为基础，本篇试图对高氏荆南疆域、政治、军事、外交、经济等方面的问题，逐一展开探索，期望能展现高氏荆南的历史全貌，将相关研究进一步推向深入。

三、史料之运用

五代十国史研究，之所以长期以来不太受人关注，史料的不足是其中至为重要的原因，所谓"五代乱世，文字不完，而史官所记亦有详略"[1]。正因受限于此，五代十国史研究与此前此后的唐史、宋史研究相比，确乎逊色多多。具体到本课题的研究，材料

---

[1] 《新五代史》卷五八《司天考二》，第711页。

的匮乏问题，更见突出，在传承至今的文献中，关于高氏荆南的记载极其零散和少见，加之罕有考古材料出土，故而史料薄弱的状况极有可能长期无法改变。造成这种局面的原因，至少与下述因素有关：一方面，高氏荆南地域狭小，其入宋时的版图仅有荆、归、峡三州，不仅小于其时南方割据政权中的任何一国，即使是与唐代的荆南镇相比，其辖地也是远远不及。另一方面，高氏荆南存在仅57年，时间不是太长。两种因素结合在一起，再加上其时战事密集，境内如孙光宪之类的载笔之士，又不是太多，故而关于其本身的记载本来可能就极为有限。并且，《旧五代史》自金章宗之后，逐渐湮没不闻，今本《旧五代史》系从《永乐大典》中辑出，清人选辑时散佚了原书中至少一半的内容，仅今人陈尚君所辑《旧五代史新辑会证》（复旦大学出版社2005年版）一书的部头，已较今存《旧五代史》多出一倍，估计在此之外，还会有一些记载，已着实不易搜求。而在上述散佚的内容中，有关高氏荆南的记载，肯定也有一定比例。另外，如刘恕《十国纪年》、王举《天下大定录》、曾颜《渤海行年记》等著述，亦皆记录高氏荆南的若干史实，惜均不传于世。惟其如此，关于高氏荆南的研究也长期止步不前。如何在有限的记载中尽可能广泛搜集材料，这是本课题自确立伊始即必须直面的难题。

然而，史载甚少与全然无载，显然尚有极大不同，在极其有限的记载中，高氏荆南的诸多问题仍有不同程度的显示，充分利用传世文献的相关记述，依旧能对高氏荆南的众多方面做出说明、解释和判断。

通过爬梳史料，本题研究的材料来源亦相应集中于下述方面：

首推正史，主要包括《旧唐书》《新唐书》《旧五代史》《新五代史》《宋史》，等等。其中，新旧《五代史》的史料价值尤为突出，而《旧五代史》又胜一筹。《宋史》中亦不乏关于高氏荆南的记载，特别是入宋后荆南高氏的有关情况，其间仍有不少涉及。

其次是编年、纪传体史料（正史外），主要包括《资治通鉴》《续资治通鉴长编》《十国春秋》等。在总计达294卷的《资治通鉴》中，关于五代十国的记载即达29卷之多，约占全书总篇幅的1/10，内中关于高氏荆南的记述也有一些，可与新旧《五代史》相互比照。《续资治通鉴长编》中对于高氏荆南在宋初的情形亦有记载，此部分材料对了解高氏荆南入宋前后的史实，甚有裨益。至于《十国春秋》，虽然相对晚出，但从史料汇集的丰赡程度而言，远远超出上述诸书，一定程度上可弥补正史、编年体史书的不足。当然，其中错讹之处亦复不少，需谨慎使用。

又次是政书，主要包括《通典》《五代会要》《文献通考》《宋会要辑稿》等。后三者中，涉及高氏荆南的内容极为少见，但有些记载却未见于他书，其史料价值不言而喻。

又次是类书、丛书，主要有《册府元龟》《四库全书》《古今图书集成》《四部丛刊》《丛书集成》《五代史书汇编》等。以上诸书中，因《册府元龟》纂集时，关于五代史的记载，多引据实录和原本《旧五代史》，故其可信度极高，其中关于高氏荆南的若干记载，他书不载，弥足珍贵。再就是经今人整理而成的《五代史书汇编》，搜罗了大量、常见的关于五代史、十国史的书籍，足资利用。其余数书中，所收录的集部、地理类书籍，也有关于高氏荆南的零星记载。

又次是地理类书籍，主要有《天下郡国利病书》《读史方舆纪要》等。两书皆出自于著名学者之手，其间关于地理沿革、形胜的分析，精辟细致，在对高氏荆南的疆域等问题展开讨论时，两书极具参考价值。

又次是方志类书籍，主要有《元和郡县图志》《太平寰宇记》《元丰九域志》《舆地纪胜》《舆地广记》《方舆胜览》等。成于宋人之手的方志类书籍，在叙述本地政区沿革、形胜、风俗时，往往会提到高氏荆南时期的有关情况，这些材料少有见诸正史者，值得加以利用。

又次是文集，主要有《全唐文》《全唐诗》等总集，《元稹集》《欧阳修全集》《苏轼文集》等别集。尤其是宋人文集，间有叙及荆、归、峡三州风土人情者，据此亦可大致推知高氏荆南时期的若干情形。

又次是笔记，主要有《北梦琐言》《清异录》《老学庵笔记》《入蜀记》等。数书当中，孙光宪所撰《北梦琐言》屡屡提及荆南高氏数主，和该政权中的其他人物，这些记载的真实性毋庸置疑，当可征信。

最后是杂史，主要有《五代史补》《九国志》《三楚新录》和两《南唐书》等。前三书中，关于荆南高氏的记载相对集中，有些材料甚至具有唯一性，值得重视。

上述类别所列书籍，并非征引史籍的全部，篇末另附"参考文献"，述之甚详。而在具体选用史籍时，本篇尽量选取较为常见、通行的各种版本，出注时亦一一落实到页码，以便于核对、查验。这本是学术规范的基本要求，无须多述。

需要稍做说明的是，因诸书所载往往存在差别，故在引述相关文字时，本篇力求参引、罗列其他记述，在力所能及的基础上，考订其正误，尽量从中选择一种较为令人信服的说法。而对于诸多未解之处，则姑存之，留待日后再作考究。

第一章　高氏荆南立国之前的荆南镇

第一节　荆南镇政区沿革

中唐以后，随着大唐国势的江河日下，为确保南方财赋的补给，南路运输日益活跃，居于江、汉中游的江陵演变为转输南方上供物资的中转站。为严控江陵，确保江汉漕道的通畅，以维系风雨飘摇的大唐王朝，唐廷始有在江陵置镇、设南都之举。荆南镇[①]设立之后，在较长时期内成为唐廷掌控政治全局的核心区域之一。晚唐以降，藩镇割据局面愈演愈烈，荆南镇也倍受兵燹冲击，长期陷于无休止的动荡之中，并逐渐演变为各路军阀轮番抢夺的地区。

一、中唐之前荆州政区沿革

荆南镇以今湖北荆州市荆州区故江陵县城为治所，荆州为其区域中心。荆州地处江汉平原腹心，系古"九州"之一。其地在荆

---

① 荆南镇，治今湖北荆州市荆州区故江陵县城，辖境相当今湖北石首以西，重庆垫江、丰都以东的长江流域及湖南洞庭湖以西的澧、沅二水下游一带。

山与衡山之间，因境内有荆山而得名。《尚书·禹贡》云："荆及衡阳惟荆州。"《尔雅·释地》称："汉南曰荆州。"《周礼·职方》言："正南曰荆州。"

春秋时期，楚国即定都于江陵（今湖北荆州市荆州区旧江陵县），谓之郢都。战国时，以鄢郢为南郡，设江陵县以为治所。项羽改南郡为临江国，西汉初复为南郡。汉武帝元封五年（前106），分全国为十三刺史部（州），荆州为其一，南郡治所江陵隶属荆州，辖区大约包括现在湖北、湖南两省及河南、贵州、广西、广东等省区的部分地区。东汉以汉寿县（今湖南常德市东北）为治所。东汉献帝初平元年（190），刘表徙治于襄阳（今湖北襄阳市汉水南岸襄阳城）。三国鼎立，魏、蜀、吴三分荆州，其后荆州南北双立。

西晋武帝定荆州治所于南郡，又移治所于武昌（今湖北鄂州市），复还于江陵。东晋荆州辖境、治所时有所变，桓温督荆州时，自夏口（今湖北武汉市武昌区）徙理所于江陵县，并开始营修城府，构筑江堤。其后，治所屡变，至孝武帝太元年间（376—396）以后，治所始定于江陵县。南朝宋、齐之世，辖境包括今湖南澧水以北，湖北大神农架、荆山以南，荆门市、监利县以西和重庆万州市以东，开县、巫溪县以南地区。梁以后，辖境渐小。梁元帝承圣三年（554），江北之地为西魏所有，遂立萧詧为梁王，都江陵县，荆州唯有沿江之地。陈置荆州于长江南面之公安县（今湖北公安县西北），与梁所设荆州隔江相对，划江而治，荆州再度两设。

隋废南荆州为公安镇，炀帝罢荆州为南郡，治江陵县。唐高祖武德四年（621），复置荆州。唐玄宗天宝元年（742），改为江陵郡。唐肃宗乾元元年（758），复为荆州。此一时期，荆州所辖地域，大致包括今湖北松滋至石首间长江流域北部，兼有今荆门、当阳等地。

荆州是东西水运和南北陆路的交叉点，吴、蜀舟船出入峡口必在此停泊，自古以来即为兵家重地。其地"西接巴巫，东连云梦"①，"控巴、夔之要路，接襄、汉之上游，襟带江、湖，指臂吴、粤"②。特别是对于荆楚地区而言，"夫荆州者，全楚之中也。北有襄阳之蔽，西有夷陵之防，东有武昌之援"③，是控制长江中游地区的战略要地。诸葛亮即称："荆州北据汉、沔，利尽南海，东连吴会，西通巴、蜀，此用武之国"④。东晋南朝因偏安江左，荆州军事政治地位异常重要，所谓"居上流之重，地广兵强，资实兵甲，居朝廷之半"⑤。隋灭陈以前，"江陵要害，国之南门"⑥，对战争的胜负产生直接影响，嗣后将之作为与并、扬、益比肩的四大总管之一⑦。唐代中叶以降，荆州军事战略上的重要意义再次得以凸显，荆南镇的设置即其表征。

---

① （宋）乐史：《太平寰宇记》卷一四六《山南东道五·荆州》，中华书局，2007，点校本，第2830页。
② （清）顾祖禹：《读史方舆纪要》卷七八《湖广四·荆州府》，中华书局，2005，点校本，第3652页。
③ 《读史方舆纪要》卷七五《湖广方舆纪要序》，第3484页。
④ （宋）司马光：《资治通鉴》卷六五，汉献帝建安十二年十一月，中华书局，1956，点校本，第2075页。
⑤ （南朝）沈约：《宋书》卷五一《宗室·长沙景王道怜附子义庆传》，中华书局，1974，点校本，第1476页。
⑥ （唐）魏徵等：《隋书》卷五三《达奚长孺传》，中华书局，1973，点校本，第1351页。
⑦ 《隋书》卷四七《韦世康传》，第1267页。

二、中唐时期荆南镇的设置

荆南镇的设置，是唐朝安史之乱后政治形势发展的必然选择。安史之乱的爆发及其后愈演愈烈的藩镇割据，使得李唐王朝的国势急转直下。北方战祸不止，以"河朔三镇"为首的北方节度使，大多桀骜不驯，"喜则连横而叛上，怒则以力而相并"①；强藩自擅一方，"郡邑官吏，皆自署置，户版不籍于天府，税赋不入于朝廷"②。唐廷为延续其统治，取得以江南为主的南方上供物资的支持，已是势所必然。李唐血脉之所以能在后期延续100余年，"终不倾者，东南为之根本也"③。唐朝对这一地区的控制是否有效，攸关国运兴衰。由于运河沿线已被强藩占据，江淮转运路绝，南路遂成为东南诸道转输上供物资的唯一路途，这条联系南北的唯一纽带，也是支撑大唐帝国的生命补给线。唐代肃、代、德三朝极为活跃的南路，即指穿过秦岭，经汉、沔水系，沟通关中及江汉流域以及整个东南地区经济联系的一条运路，由江汉水道与陆运的商山路共同构成④。

在由江、汉路与商山路组成的驿路中，居于江、汉枢纽位置的江陵，是至为重要的关津之一。凭借四通八达的地理条件和唐

---

① （宋）欧阳修、宋祁：《新唐书》卷六四《方镇表一》，中华书局，1975，点校本，第1759页。
② （后晋）刘昫等：《旧唐书》卷一四一《田承嗣传》，中华书局，1975，点校本，第3838页。
③ （清）王夫之：《读通鉴论》卷二六《宣宗》，中华书局，1975，点校本，第952页。
④ 参见王力平：《唐肃、代、德时期的南路运输》，黄惠贤、李文澜主编：《古代长江中游的经济开发》，武汉出版社，1988，第331—345页。

前期区域经济中心的地位，江陵渐次演变为唐廷转运东南物资的最大集散地，"是时淮、河阻兵，飞挽路绝，盐铁租赋，皆溯汉而上"①，甚至一度出现"江、淮租赋山积"②的情形，并由此而跃升为唐王朝的战略后方，其存亡对于唐廷安危具有直接影响。史载：唐肃宗乾元二年（759），襄州③军队发动叛乱，向"南袭破江陵，汉、沔馈运阻绝，朝廷旰食"④，唐廷在击溃叛军、夺回江陵之后，形势才转危为安。自此伊始，江陵战略地位更加突出。为加强对江陵的控制，乾元三年（760），肃宗诏令以江陵为南都，升荆州为江陵府，置荆南节度使，以前宰相吕諲为江陵尹、荆南节度使。此举是唐廷继设置上都长安（治今陕西西安市）、东都洛阳（治今河南洛阳市）、北都太原（治今山西太原市西南晋源镇）和中都蒲州⑤之后，在南方地区首次设立陪都，旨在强调南都、江陵府在南半个中国举足轻重的地位。地处东西南北之中的荆州，"右控巴蜀，左联吴越；南通五岭，北走上都"⑥，已演变为唐廷掌控全境政治局势的关键性区域。对于设置荆南镇的重要性，皇甫湜曾有如下概括："荆山之南，府压上游，置尹视京、河，置使视扬、益，同巴蜀、吴越之治。臻自上古，为天下敌，在今为咽胮之地，

---

① 《旧唐书》卷四九《食货志下》，第2117页。
② 《资治通鉴》卷二一九，唐肃宗至德元年十二月，第7007页。
③ 襄州，治今湖北襄樊市汉水南襄阳城，辖境相当今湖北襄樊、老河口、襄阳、南漳、宜城、谷城等市县地。
④ 《旧唐书》卷一三八《韦伦传》，第3781页。
⑤ 蒲州，治今山西永济市西南蒲州镇，辖今山西永济、临猗、闻喜、万荣、芮城等市县地。
⑥ （唐）颜真卿：《谢荆南节度使表》，（清）董诰等：《全唐文》卷三三六，上海古籍出版社，1990，第1505页。

置荆南之治否，乃天下低昂也。"①是否设置荆南镇，竟然是天下大势低昂与否的关结所在，可见确保江陵对于唐廷具有何等重要的意义，荆州实际上已上升为影响唐廷政治全局的区域政治中心。

荆南镇设置之初，"领（荆州，即江陵府）澧、朗、硖、夔、忠、归、万等八州"②。所辖范围大致包括今湖北省荆沙市以南、

---

① （唐）皇甫湜：《荆南节度判官厅壁记》，《全唐文》卷六八六，第3114页。
扬州，治今江苏扬州市，辖境相当今江苏长江以北地区。
益州，即其后之剑南道，治四川成都市，本辖益、彭等25州及昆明军，约当今四川中部地区。唐肃宗至德二年（757）分为东川、西川两道。东川，治今四川三台县，领梓、遂、绵、普、陵、泸、荣、剑、龙、昌、渝等12州，约当今四川盆地中部涪江流域以西、沱江下游流域及剑阁、青川等县地。西川，治今四川成都市，领成都府及彭、蜀、汉、眉、嘉、邛、简、资、茂、黎、雅以西诸州，约当今四川成都平原及其以北、以西和雅砻江以东地区。

② 《旧唐书》卷三九《地理志二·山南东道》，第1552页。《资治通鉴》卷二六六"后梁太祖开平元年五月"第8680页亦载："荆南旧统八州。"胡三省注："荆、归、硖（峡）、夔、忠、万、澧、朗，共八州。"（清）吴廷燮：《唐方镇年表》卷五《荆南》，中华书局，1980，点校本，第679页曰："领江陵府、澧、朗、峡、夔、忠、万、施、归八州。"《十国春秋》卷一〇〇《荆南一·武信王世家》第1428页虽未列州名，仍言"荆南旧统八州"。按，（宋）王钦若等：《册府元龟》卷三三八《宰辅部·贪黩》，凤凰出版社，2006，点校本，第3808—3809页曰：荆南"本朝时管荆、澧、朗、硖（峡）、归、夔、忠、万、涪等州"。所言州数为九，较前多出涪州。《资治通鉴》卷二六九，后梁均王乾化四年正月；《十国春秋》卷一〇〇《荆南一·武信王世家》均有"夔、万、忠、涪四州旧隶荆南"之语，是为佐证，分见第8782页、第1430页。《新唐书》卷六七《方镇表四》第1872页则记荆南下辖十州，即在荆、澧、朗、夔、峡、忠、万、归等八州之外，别有郢、复二州。《新五代史》卷六九《南平世家》第856页云："荆南节度十州。"《资治通鉴》卷二六二"唐昭宗光化三年九月"第8533页亦有"肃宗至德二载，置荆南节度，领荆、澧、朗、郢、复、夔、峡、忠、万、归十州"之说，又有荆南领十州之说。以上三说，荆南所辖州数前后并不相同，应是不同时期增领分隶不一所致，其详情有待考究。兹从八州之说。
澧州，治今湖南澧县，辖境相当今湖南澧县、临澧、安乡、石门、慈利、张家界、桑植等市县地。
朗州，治今湖南常德市，辖境相当今湖南常德市及汉寿、桃源县地。
夔州，治今重庆市奉节县东十里白帝城，辖境相当今重庆奉节、巫溪、巫山、云阳等市县地。
忠州，治今重庆市忠县，辖境相当今重庆忠县、丰都、垫江、石柱等县地。
万州，治今重庆市万州市，辖境相当今重庆万州市及梁平等县地。

宜昌市以及重庆市东部、湖南省常德市北部等地区。其后，荆南镇管辖区域一度扩及岳、潭、衡、郴、永、邵、道、连等八州①，因改隶江南西道②，此八州又从荆南分割而出，荆南镇所辖重新回到最初设置时的状况。在荆南旧统八州之中，除荆州江陵外，其他诸州经济发展水平明显偏低，但从地理区位而言，荆南镇正是依赖于下辖各州才得以北与山南东道③、东与鄂岳镇④，结成牢固的整体，从而为唐廷掌控长江中游地区的全部版图，把握战略全局的主动权，提供可靠的保障。具体而言，由于荆南镇地处江汉平原腹心，东与鄂州⑤接壤，西与川蜀相接，北与襄阳毗邻，故其东、西、北三面的方镇一旦有虞，即可自此出兵予以支援。如唐文宗大和三年

---

① 岳州，治今湖南岳阳市，辖境相当今湖南洞庭湖东、南、北沿岸各县市地。
潭州，治今湖南长沙市，辖境相当今湖南长沙、株洲、湘潭、益阳、浏阳、湘乡、醴陵等市县地。
衡州，治今湖南衡阳市，辖境相当今湖南衡山、常宁、耒阳间湘水流域。
郴州，治今湖南郴州市，辖境相当今湖南永兴县以南的耒水流域和蓝山、嘉禾、临武、宜章等县地。
永州，治今湖南永州市，辖境相当今湖南永州、东安、祁阳和广西全州、灌阳等市县地。
邵州，治今湖南邵阳市，辖境相当今湖南冷水江市以南资水流域。
道州，治今湖南道县西，辖境相当今湖南道县、新田、宁远、江永及江华瑶族自治县地。
连州，治今广东连州市，辖境相当今广东连州市、阳山县及连山壮族瑶族自治县、连南瑶族自治县地。
② 江南西道，治今南昌市，较长时期领有洪、饶、吉、江、袁、信、虔、抚八州，相当今江西省。
③ 山南东道，治今湖北襄阳市，辖境相当今重庆长寿、垫江、万县和陕西紫阳、石景、宁陕等县以东，河南泌阳、桐柏和湖北随州、京山、沔阳和洪湖等县市以西，秦岭、伏牛山以南、长江以北地区。
④ 鄂岳镇，治今湖北武汉市武昌区，较长期领有鄂、岳、蕲、黄、安、申等州，相当今湖北广水、应城、汉川、赤壁等市县以东，河南淮河以南，湖南洞庭湖、汨罗江以北地。后曾改为武昌军节度使。
⑤ 鄂州，治今湖北武汉市武昌城区，辖境约相当今湖北赤壁市以东、阳新县以西，武汉市长江以南，幕阜山以北地区。

(829),南诏进犯西川,诏发"荆南兵以救西川"①,此事就体现了荆南镇的后援作用。然而,毕竟周边并无离心倾向极强的藩镇,荆南镇往往并非战争前沿或兵锋直指的对象,此点也决定了在平定淮西和北方强藩叛乱等大型战役中,荆南镇所能发挥的军事作用,还是要逊色于山南东道。

作为荆南镇最高军政长官的节度使一职,照例由府尹兼任。以唐肃宗上元元年(760)设南都、置江陵尹为起点,至唐僖宗光启元年(885)止,在这125年间,出任江陵尹者总计48人,平均任期2.6年②,表明江陵府(荆南镇)长官的任职总体上仍能执行朝廷限制节帅任期过长的规定。这一时期,任职江陵尹时间最长的两位是卫伯玉和裴胄,分别达13年(763—776)和11年(792—803)之久。前者使荆南成为朝廷可靠的后援基地,后者则巩固了荆南转输江南贡赋以支撑朝廷的稳定性作用。裴胄以降,任荆南节度使者有16位,其中7人出任荆南节度使之前,有任职宰相的经历③。这种情况既是荆南镇地位极其重要的反映,更是朝廷内部宦官与权臣争斗的一种必然结果。种种情况表明,"荆南成为一些特殊人物——朝廷的宠臣,以及中枢政治争斗中的政治家——的进退之地。从这个意义上看,唐后期荆南镇是朝廷可以控制的一个稳定地区"④。

---

① 《资治通鉴》卷二四四,唐文宗太和三年十一月,第7867页。
② 郁贤皓:《唐刺史考》卷一九五《山南东道·荆州》,江苏古籍出版社,1987,第2350—2365页。
③ 出镇荆南的7位宰相分别是赵宗儒(任职时间为808—811年,下同为任职时间)、袁滋(814—816年)、崔群(829—830年)、段文昌(830—832年)、李石(838—843年)、李德裕(846年)、郑肃(846—849年)。《旧唐书》与《新唐书》本传有载,兹不一一注出。
④ 李文澜:《湖北通史·隋唐五代卷》,华中师范大学出版社,1999,第169—170页。

三、晚唐时期荆南镇的动荡

晚唐以降，荆南局势长期不稳。9世纪70年代，王仙芝、黄巢领导的农民战争爆发。唐僖宗乾符六年（879），义军一度攻占江陵，随即因北上受挫，转而沿江东下，江陵复归唐廷所有。但因朝廷内部宦官与朝臣间的倾轧愈加剧烈，荆南节度使的授受逐渐为宦官监军所把持。广明元年（880），荆南监军杨复光伙同泰宁[①]将军段彦谟，诛杀江陵驻军将领宋浩，并抵制朝命拒绝接受郑绍业赴镇。中和元年（881），唐僖宗被迫改授段彦谟为荆南节度使。次年，段彦谟又被监军朱敬玫攻杀，敬玫门徒、地方军帅、荆州本地人陈儒荣升节帅，掌控荆南军政大权。自此，荆南镇陷入混乱之中，节度使的更替基本上都是以力相拼的结果。

陈儒在镇期间，淮南[②]高骈叛将张瓌、韩师德分据复[③]、岳二州，自称刺史。光启元年（885）正月，陈儒以张瓌摄行军司马，张瓌假意禀命出兵攻击雷满，却趁机回师江陵，"逐儒而代之"。张瓌性情贪暴，荆南旧将被诛杀殆尽，又杀监军朱敬玫，"尽取其财"[④]。牙将郭禹因受排挤，率众千人袭取归州，自称刺史。当年九月，秦宗权部下秦宗言围攻荆南，张瓌"固垒二岁，樵苏皆尽，米斗钱四十千，计抔而食，号为'通肠'。疫死者，争啖其尸，县

[①] 泰宁军，治今山东兖州市，辖沂、海、兖、密、徐五州，相当今山东胶州湾以西、高密、安丘、莱芜、泰安以南，济宁及江苏丰县以东，南至安徽怀远、江苏沭阳。
[②] 淮南镇，治今江苏扬州市，长期领有扬、楚、滁、和、寿、庐、舒等州，一度领有泗、濠、宿等州。相当今江苏、安徽两省江北、淮南地区的大部分。
[③] 复州，治今湖北天门市，辖境相当今湖北仙桃、天门、洪湖三市和监利县地。
[④] 《资治通鉴》卷二五六，唐僖宗光启元年正月，第8319页。

首于户以备馔。军中甲鼓无遗，夜击阖为警"①。宗言不能下，乃解围而去。光启三年（887）十二月，秦宗权所署山南东道留后赵德諲陷江陵，张瓌"留其将王建肇守城而去，遗民才数百家"②。

文德元年（888），归州刺史郭禹率兵袭击荆南，逐走王建肇，自任荆南留后，不久即被唐廷授以节钺。郭禹即成汭，因杀人亡命，更其姓名，至是复其本姓。成汭"始治州，民版无几"③，所谓"荆州经巨盗之后，居民才一十七家"，成汭"抚辑凋残，励精为理，通商训农，勤于惠养，比及末年，仅及万户"④。成汭治理荆南初见成效，这种恢复、发展经济之功在当时的南方军阀中难得一见。其时，"藩镇各务兵力相残，莫以养民为事"，只有北方华州⑤刺史韩建，"招抚流散，劝课农桑，数年之间，民富军赡"⑥。故时人有"北韩南郭"⑦之誉。但此时荆南经济毕竟仅仅是略有复苏而已，久遭兵火冲刷的元气，较之鼎盛时期自不可同日而语，财力、物力、人力显然大不如前。然而，成汭"性豪暴，事皆意断，又好自矜伐，骋辩凌人，深为识者所鄙"⑧；并且，好大喜功，不自量力，耽于征伐，图谋扩张，曾向唐廷请求将荆南原管辖郡澧、朗二州依旧割隶，未得允许，由是心怀不满。唐昭宗天复三

---

① 《新唐书》卷一八六《陈儒传》，第5424页。
② 《资治通鉴》卷二五七，唐僖宗光启三年十二月，第8372页。另，《新唐书》卷一八六《陈儒传》第5424页载："城遂陷，（张）瓌死。"兹从前者。
③ 《新唐书》卷一九〇《成汭传》，第5484页。
④ （宋）薛居正等：《旧五代史》卷一七《成汭传》，中华书局，1976，点校本，第229页。
⑤ 华州，治今陕西华县，辖境相当今陕西华县、华阴、潼关三县市及渭南市北部、临潼县东北部一带。
⑥ 《资治通鉴》卷二五七，唐僖宗文德元年四月，第8378页。
⑦ 《新五代史》卷四〇《韩建传》，第434页。
⑧ 《旧五代史》卷一七《成汭传》，第229页。

年（903）五月，成汭"欲侵江、淮之地以自广"①，奉朱全忠之命援救鄂州杜洪，遂倾巢而出。孰料大军甫出，武安节度使②马殷与武贞节度使③雷彦威之弟彦恭趁虚袭取江陵④。成汭不及回师，与淮南杨行密的军队战于君山（今湖南岳阳市西南洞庭湖中），兵败，溺水而死。不久，雷彦恭又与忠义节度使⑤赵匡凝相勾结，驱逐雷彦威，取而代之，独据江陵⑥。同年十月，赵匡凝将雷彦恭逐出江陵，以其弟赵匡明为荆南留后。唐昭宣帝天祐二年（905）九月，朱全忠势力进入荆南，以贺瑰为荆南留后，荆南局势渐趋稳定。

第二节 唐末的荆南镇

处于风雨飘摇中的大唐王朝自顾不暇，继北方之后，南方各地相继走上割据之路。荆南及其周边地区的混战也日益加剧。而荆南镇局势的长期不稳，又大大削弱了荆南镇的实力，其原辖诸州渐次成为土豪、军阀觊觎的对象，荆南镇下辖属郡除荆州外，渐次被分割而出，逮至唐昭宗天复年间（901—904），荆南镇原管辖郡，八州已失其七，仅余荆州一地。

---

① 《资治通鉴》卷二六四，唐昭宗天复三年四月，第8607页。
② 武安节度使驻潭州，即今湖南长沙市。
③ 武贞节度使驻朗州，即今湖南常德市。马殷建楚，取朗州，改名武平节度使。
④ 按，《新五代史》卷四一《雷满传》第445页称："满袭破江陵。"而《资治通鉴》卷二六二"唐昭宗天复元年十二月"第8566页载：是月，武贞节度使雷满薨，其子彦威自称留后。据此可知，天复三年（903）五月，袭据江陵者并非雷满。《新五代史》所载有误，今不取。
⑤ 忠义节度使驻襄州，即今湖北襄阳市汉水南襄阳城。
⑥ 《新唐书》卷一八六《邓处讷附雷满传》，第5423页。

一、唐末政治地理格局的变动

安史之乱以后，大唐王朝版图内已开始形成藩镇割据局面，此前内重外轻的政治地理格局，逐渐被外重内轻、尾大不掉之势所取代。迄至唐末，强藩擅命、独霸一方的情形，愈发不可收拾，朝命所行之地日渐缩小。光启元年（885），唐僖宗自成都返回长安，结束三年播迁经历。其时政治地理的总体格局，即如史载：

> 时李昌符据凤翔，王重荣据蒲、陕，诸葛爽据河阳、洛阳，孟方立据邢、洺，李克用据太原、上党，朱全忠据汴、滑，秦宗权据许、蔡，时溥据徐、泗，朱瑄据郓、齐、曹、濮，王敬武据淄、青，高骈据淮南八州，秦彦据宣、歙，刘汉宏据浙东，皆自擅兵赋，迭相吞噬，朝廷不能制。江淮转运路绝，两河、江淮赋不上供，但岁时献奉而已。国命所能制者，河西、山南、剑南、岭南西道数十州。大约郡将自擅，常赋殆绝，藩侯废置，不自朝廷，王业于是荡然。①

---

① 《旧唐书》卷一九下《僖宗纪》，第720页。
凤翔，即凤翔节度使，治今陕西凤翔县，领岐、陇、金、商、秦五州，相当今甘肃秦安县以东，陕西凤翔、陇县以西至商县、安康等市县地。
河阳，治今河南孟县南，较长期领有河阳三城和河阳、温县、济源、汜水、河阴等地，辖境相当今黄河故道以北，太行山以南、浚县以西和今黄河南岸孟津县及荥阳市的汜水、广武二镇地。
邢州，治今河北邢台市，辖区相当今河北巨鹿、广宗市以西，泜河以南，沙河以北地区。洺州，今河北永年县东南城关镇，辖区相当今河北邯郸市、鸡泽、永年、曲周、丘县、肥乡、武安等市县地。
上党，即泽潞镇，治今山西长治市，辖泽、潞二州。泽州，治今山西晋城市。潞州，治今山西长治市。

藩镇势力的恶性膨胀，已至无以复加的地步，可谓是无地不藩、无日不战。唐廷的权威在兵连祸结、强藩阻命的情形下，一落千丈。加之宰辅、宦官与藩镇相互勾结，争权夺利，相互攻伐，置国家安危于不顾，唐廷反而已受制于藩镇。其后，中原地区逐渐演变为两镇争霸的形势，河东①李克用与宣武②朱全忠展开了旷日持久

  汴州，治今河南开封市，辖境相当今河南开封市与开封、封丘、兰考、杞县、通许、尉氏等县地。滑州，治今河南滑县东南城关镇，辖境相当今河南滑县、长垣、延津等县地。宋州，治今河南商丘县南，辖境相当今河南柘城、夏邑以北，睢县以东，山东曹县、睢县以南，安徽砀山县以西地。汴宋镇即宣武镇。
  许州，治今河南许昌市，辖境相当今河南许昌、漯河、舞钢、鄢陵、扶沟、临颍、舞阳、郾城、长葛等地。
  蔡州，治今河南汝南县，辖境相当今河南淮河以北、洪河上游以南、桐柏以东地区。
  徐泗，又称感化军，辖徐、泗等州。徐州，治今江苏徐州市，辖境相当今山东东南部和江苏长江以北地区。泗州，治今江苏盱眙县西北，辖境相当今江苏宿迁、邳州、睢宁、泗阳、涟水、灌南、泗洪及安徽泗县等县市地。
  郓州，治今山东东平县西北，辖境相当今山东东平、梁山、郓城、巨野等县地。齐州，治今山东济南市，辖境相当今山东济南、淄博、长清、齐河、禹城、临邑、济阳、邹平、章丘、桓台等市县地。曹州，治今山东曹县西北，辖境相当今山东荷泽市及定陶、成武、东明和河南民权等县地。濮州，治今山东鄄城县西北旧城镇，辖境相当今山东鄄城及河南濮阳南部地区。
  淄青，治今山东青州市，领淄、青、登、莱、棣等州，约当今山东东北部半省之地。
  宣州，治今安徽宣州市，辖境相当今安徽长江以南、郎溪、广德以西，旌德以北、东至以西地。歙州，治今安徽歙县，辖境相当今安徽新安江流域、祁门县及江西婺源等地。
  山南分东、西两道，西道，治今陕西汉中市，辖境相当今陕西秦岭、甘肃嶓冢山以南，重庆江津、永川等市县以北，陕西佛坪、西乡、镇巴和四川城口、开县、大竹、邻水以西，嘉陵江流域以东地区。
  岭南，治今广东广州市，直辖广管诸州，辖境相当今广东大部分地区，兼领桂、邕、容、安南四管之地。咸通三年（862）分为东西两道，东道辖广管诸州，西道辖桂、容、安南、邕管等地。
① 河东道，治今山西永济市西南蒲州镇，辖境相当今山西全省及河北西北部内、外长城间地。
② 宣武军，唐德宗兴元元年（784）后，治今河南开封市，长期领有汴、宋、亳、颍四州，相当今河南封丘、开封、尉氏、柘城、沈丘以东，山东单县及安徽砀山、亳州、涡阳、蒙城、阜阳、颍上等县市地。

的拉锯战。

在北方中原藩镇间的混战持续恶性发展的局面下，唐廷对南方的驾驭也力不从心，南方各地也逐渐加入藩镇割据的行列。大小军阀自擅一方，迭相火并，江淮、两浙、剑南、岭南、福建、荆湖都卷入战火之中，群雄角力，无日不休。几经较量，广袤的长江以南地区，逐渐形成几个相对稳定的藩镇。

江淮地区，自高骈镇淮南后，几度易主。原高骈旧部、庐州[①]合肥（今安徽合肥市）人杨行密趁乱崛起，光启三年（887）十月攻下广陵（今江苏扬州市），行密自称淮南留后。不久，又弃广陵，下宣州，遂被唐廷授以宁国军[②]节度使。景福元年（892）六月，杨行密大败孙儒，尽得淮南八州，并兼有江南常、润、昇三州[③]地。此即为其后杨吴政权的基本版图。

两浙地区，系镇海军[④]节度使辖境。周宝在镇时，与淮南高骈屡有摩擦。中和二年（882），浙东观察使刘汉宏兵发浙西，杭州[⑤]八都主将董昌奉周宝之命，与副将、杭州临安（今浙江临安县

---

① 庐州，治今安徽合肥市，辖境大致相当今安徽合肥、巢湖、庐江、无为、舒城、六安、霍山、金寨等市县地。
② 宁国军，前身为宣歙观察使，治今安徽宣州市，领宣、歙、池三州。
③ 常州，治今江苏常州市，辖境相当今江苏常州、无锡、江阴、武进、宜兴等市县地。
润州，治今江苏镇江市，辖境相当今江苏南京、句容、镇江、丹徒、丹阳、金坛等市县地。
昇州，治今江苏南京市，辖境相当今江苏南京及江宁、句容、溧水、溧阳等县地。
④ 镇海军，治今江苏镇江市，统润、苏、常、湖、杭、睦等六州，辖境相当今浙江北部和江苏江南的镇江以东地区。其后润州为淮南杨行密所有，复置镇海军于此。
⑤ 杭州，治今浙江杭州市南凤凰山麓、钱塘江滨以西，辖境相当今浙江杭州、海宁、余杭、富阳四市及临安县地。

北十八里高虹乡）人钱镠，历时四年，擒斩汉宏，占据越州①。周宝败亡，薛朗继任节度使。唐昭宗文德元年（888），钱镠消灭薛朗，并夺取苏②、常等州。景福二年（893），唐廷授钱镠镇海军节度使。乾宁三年（896）五月，钱镠击败董昌，尽取浙东诸州，获镇海、镇东③两镇节钺，遂奄有两浙全境。此为其后吴越政权的前身。

剑南地区，为西川、东川节度使辖地。唐僖宗中和年间（881—884），西川陈敬瑄部将高仁厚，剿灭东川杨师立，遂为东川节度使。随后，两川再生罅隙，攻伐不断。光启二年（886），田令孜为西川监军使，尽收陈敬瑄军政大权，令孜义子王建出任利州④刺史。王建弃利州而攻阆州⑤，自称防御使。大顺二年（891），王建入成都（今四川成都市），自任西川节度使，诛杀田、陈。乾宁四年（897），王建并有东川。不久，又取得汉中及秦、凤、成、阶诸州⑥。至此，奠定其后前蜀政权的辖区。

---

① 越州，治今浙江绍兴市，辖境相当今浙江浦阳江（浦江县除外）、曹娥江、甬江流域。
② 苏州，治今江苏苏州市，辖境相当今江苏吴县、常熟市以东，浙江桐乡、海盐东北和上海市大陆部分。
③ 镇东军，治今浙江绍兴市，领越、睦、衢、婺、台、明、处、温八州，辖境相当今浙江大部分地。
④ 利州，治今四川广元市，辖境相当今四川广元、旺苍、青川及陕西宁强等市县部分地。
⑤ 阆州，治今四川阆中市，辖境相当今四川阆中、南部、苍溪等市县地。
⑥ 秦州，治今甘肃秦安县西北，辖境大致包括今甘肃南部、青海东南部和四川东北部等地。
凤州，治今陕西凤县东北凤州镇，辖境相当今陕西凤县及甘肃徽县、两当二县地。
成州，治今甘肃成县，辖境相当今甘肃礼县、西和、成县等地。
阶州，治今甘肃康县西，辖境相当今甘肃武都、康县等地。

岭南地区，唐设岭南节度使。唐末韦宙曾镇于此，赏识牙校刘谦，妻以侄女。乾宁年间（894—897），刘崇龟病卒，薛王李知柔继任，行至湖南，岭南军将卢琚、覃玘发动兵变，刘隐率封州①兵攻杀二将，迎李知柔赴任，被擢为行军司马。其后，徐彦若出任岭南节度使，以刘隐为节度副使。彦若卒，军中推刘隐为留后。天祐二年（905），唐廷授以节钺，是为其后的清海②、静海③两军节度使。南汉政权即脱胎于此。

福建地区，唐设福建观察使。光启元年（885），秦宗权部将王绪率5 000人进入福建，夺得汀、漳④二州。同年八月，其部将、固始县（今河南固始县）人王潮因不满王绪，合同将士擒杀王绪。次年，攻下泉州⑤。不久，又攻并福州⑥、汀州、建州⑦，尽有福建五州之地。乾宁三年（896），唐廷升福建为威武军⑧，授王潮节钺。翌年，王审知继位。王氏遂割据福建，其后的王闽政权即渊源于此。

---

① 封州，治今广东封开县东南封川镇，辖境相当今广东郁南、封开县及广西贺江上游地区。
② 清海军，治今广东广州市，辖境相当今广东省（除连州、连南瑶族自治县、连山壮族瑶族自治县外）及海南省。
③ 静海军，治今越南河内市西北。
④ 汀州，治今福建长汀县，辖境相当今福建武夷山脉以东，三明、永安、漳平、龙岩、永定等市县以西地区。
漳州，治今福建漳浦县，唐代宗大历（776—779）后，辖境相当今福建九龙江流域及其西南地区。
⑤ 泉州，治今福建晋江县，辖境相当今福建晋江和木兰溪两流域、澎湖地区及厦门、同安、金门等市县地。
⑥ 福州，治今福建福州市，辖境相当今福建尤溪县北尤溪口以东的闽江流域和古田、屏南、福安、福鼎等市县以东的地区。五代时期辖境西南部缩小。
⑦ 建州，治今福建建瓯市，辖境相当今福建南平以上的闽江流域（沙溪中上游除外）。
⑧ 威武军，治今福建福州市。后周太祖广顺元年（951），改为彰武军。

湖南地区，唐末分属荆南镇和江南西道。中和元年（881），朗州土豪雷满袭取朗州，自此，湖南连年混战。同年，江西牙将闵勖进入潭州，遂被唐廷委任为湖南观察使，旋升为钦化军①节度使。光启二年（886），衡州刺史周岳逐杀闵勖，唐廷改钦化军为武安军，周岳任节度使。乾宁元年（894），孙儒部将刘建锋进入湖南，自称节度使。刘建锋被部下击杀后，马殷被拥为留后。接下来数年间，马殷逐渐稳定湖南局势，取得除澧、朗、辰、溆②四州外的其余诸州，并被唐廷授以武安军节度使。马楚政权奠基于此。

由此可知，迄至唐末，无地不有的藩镇割据，实际上已将表面上看来仍是统一局面的李唐王朝，分割得支离破碎。而各地军阀均以武力相拼，在其辖境内率意而为，名义上虽仍为藩镇，但其实大多皆不奉王命，俨然已成为国中之国。原来统一形势下的政治地理格局，已被分裂为众多的政治单元，而这些相邻的政治、军事实体之间，又迭相吞噬，鏖战不息。至此，唐帝国已然名存实亡。

就在南方各地交相混战之际，荆南镇所辖诸州，也成为相邻军阀争夺的对象，截至唐亡前夕，荆南原管八州，已被分割殆尽，唯余荆州而已。

二、雷氏父子分割澧、朗二州

分割荆南镇的始作俑者，系朗州土豪雷满。雷满乃武陵（今

---

① 钦化军，治今湖南长沙市，领潭、衡、永、邵、道、郴、连七州，辖境相当今湖南南部及广东西北部。唐僖宗光启元年（885），改名武安军。
② 辰州，治今湖南沅陵县，辖境相当今湖南沅陵县以南沅水流域地。
溆州，治今湖南溆浦县，辖境大致相当今溆浦县境。

湖南常德市）洞蛮，"本渔师，有勇力"①，"凶悍獝勇，文身断发"。广明年间（880—881），湖南饥荒，盗贼蜂起，雷满与同里人区景思、周岳等，"聚群蛮数千，猎于大泽中，乃击鲜酾酒，择坐中豪者，补置伍长，号土团军，诸蛮从之，推满为帅"②。"高骈镇荆南（胡三省注：乾符五年镇荆南），补武陵蛮雷满为牙将，领蛮军，从骈至淮南，逃归，聚众千人，袭朗州，杀刺史崔翥，诏以满为朗州留后"③。与此同时，衡州刺史石门蛮向瓌，亦聚集夷獠数千人攻陷澧州，杀刺史吕自牧，自称刺史。溪洞诸蛮宋邺昌、师益等酋首，亦皆起兵剽掠。

雷满则以轻舟出入于荆江上下，攻劫州县，四境不得安宁，江陵更是迭遭其屠戮。史载："岁中，率三四引兵寇荆南，入其郛，焚掠而去，大为荆人之患。"④光启元年（885）正月，雷满屡攻荆南，荆南帅陈儒"重赂以却之"⑤。光化元年（898）七月，唐廷加武贞节度使雷满同平章事。胡三省注引《方镇表》曰："光化元年（898），置武贞节度，领澧、朗、溆三州，治澧州。"⑥胡三省又云："自雷满据澧、朗，又分置武贞军节度。"⑦是则荆南镇正式被分割，别置武贞军。

---

① 《新唐书》卷一八六《邓处讷附雷满传》，第5421页。
② 《新五代史》卷四一《雷满传》，第445页。
③ 《资治通鉴》卷二五四，唐僖宗中和元年十二月，第8261页。另，《新唐书》卷一八六《邓处讷附雷满传》第5421页载："诏授朗州兵马留后。"《新五代史》卷四一《雷满传》第445页则称："昭宗以澧、朗为武贞军，拜满节度使。"其说不一，兹从《资治通鉴》。
④ 《资治通鉴》卷二五四，唐僖宗中和元年十二月，第8261页。
⑤ 《资治通鉴》卷二五六，唐僖宗光启元年正月，第8319页。
⑥ 《资治通鉴》卷二六一，唐昭宗光化元年七月，第8516页。
⑦ 《资治通鉴》卷二六二，唐昭宗光化三年九月胡三省注，第8533页。

天复元年（903）十二月，雷满死后，其子彦威自称留后[①]。雷彦威"狡狯残忍，有父风，常泛舟焚掠邻境，荆、鄂之间，殆至无人"[②]。天复三年（903）五月，趁成汭援救鄂州杜洪之际，联合武安军节度使马殷袭取江陵，"焚楼船，残墟落，数千里无人迹"[③]。天复三年（903）十月，山南东道节度使赵匡凝举兵进攻江陵，朗兵弃城而遁。雷彦威之后，其弟彦恭继任，并东连淮南杨行密，西结西川王建，阻绝王命，隔断江、岭行商之路，荆、湘间饱受其害。武安军节度使马殷与荆南高季昌合势对付雷彦恭，开平二年（908）五月，雷彦恭投奔淮南，澧州、溆州相继降于马殷，"楚始得澧、朗二州"[④]。自此，澧、朗二州隶入割据湖南的马楚政权。

三、西川王建夺取夔、忠、万、归、峡五州

继澧、朗二州脱离荆南镇后，西川王建趁势掠取夔、忠、万、归、峡五州。天复三年（903），成汭失荆南，王建乘机袭取江陵属郡。是年八月，"前渝州刺史王宗本言于王建，请出兵取荆南；建从之，以宗本为开道都指挥使，将兵下峡"[⑤]。"峡"即指三峡。《新唐书·昭宗纪》云：同年十月，"王建陷忠、万、施三

[①] 《新唐书》卷一八六《邓处讷附雷满传》，第5423页。《资治通鉴》卷二六二"唐昭宗天复元年十二月"，第8566页。按，《旧五代史》卷一七《雷满传》第237页载："及（雷满）死，子彦恭继之。"今从《新唐书》与《资治通鉴》。
[②] 《资治通鉴》卷二六四，唐昭宗天复三年五月，第8609页。
[③] 《新唐书》卷一八六《邓处讷附雷满传》，第5423页。
[④] 《资治通鉴》卷二六六，后梁太祖开平二年五月，第8701页。
[⑤] 《资治通鉴》卷二六四，唐昭宗天复三年八月，第8613页。
渝州，治今重庆市，辖境相当今重庆江津、璧山、永川等市县地。

州",又"陷夔州"①。内中施州并非荆南属地。《新五代史·前蜀世家》称:"攻下夔、施、忠、万四州。"归、峡不在其内。《资治通鉴》卷二六四云:"遂定夔、忠、万、施四州。"又"蜀之议者,以瞿唐,蜀之险要,乃弃归、峡,屯军夔州"。胡三省注:"荆南自此止领荆、归、峡三州。"②《蜀鉴》卷七"王建取夔、忠、万、施四州,屯军夔州"条,所载同于《资治通鉴》。据是,王建攻取夔、忠、万等州的时间当为天复三年(903)十月。前引书表明,王建此次用兵并未据有其地,归、峡仍为荆南巡属。

然而上述记载与史实稍有出入。按,《旧五代史·王建传》云:"赵匡凝之失荆、襄也,其弟匡明以其孥奔蜀,建因得夔、峡、忠、万等州。"③此则材料乃四库馆臣采自《册府元龟》卷二三三《僭伪部·勋伐第三》,原文为:"赵(匡)凝之失荆襄也,弟(匡)明以其奴奔蜀,建因得夔、峡、忠、万等州。"峡州赫然在列,但误系其时于905年赵匡凝、赵匡明兄弟失荆、襄之后。《册府元龟·宰辅部·贪黩》则言其事曰:"天祐初,成汭失荆、襄,王建乘虚收归、夔、峡等州。"④此记载系时亦不确。《旧五代史》《册府元龟》关于史实记载多引据五代实录,史料价值在《新五代史》《资治通鉴》之上。虽然二书关于此事时间之记述明显有误,但史实并无出入。综合前引史料,可知王建此次用兵当取得夔、忠、万、归、峡等州。其后,夔、忠、万三州改隶西

---

① 《新唐书》卷一〇《昭宗纪》,第301页。
施州,治今湖北恩施市,辖境相当今湖北西南部五峰、建始等县以西地。
② 《资治通鉴》卷二六四,唐昭宗天复三年十月及胡三省注,第8619页。
③ 《旧五代史》卷一三六《僭伪列传三·王建》,第1819页。
④ 《册府元龟》卷三三八《宰辅部·贪黩》,第3809页。

川，迄止前蜀灭亡，终无更改。

相较而言，归、峡二州虽在天复三年（903）十月纳入西川，但其情形与夔、忠、万三州稍有不同。联系上文《资治通鉴》卷二六四、《蜀鉴》卷七所载，其时前蜀虽领有归、峡，却有可能未尝驻军于此。《十国春秋·前蜀一·高祖本纪上》亦称王建"乃弃归、峡，屯军夔州，于是并有三峡之地"①。"三峡"，即长江三峡之简称，起今四川奉节县东白帝城至湖北宜昌市西南津关间，历史时期组成三峡之三段峡谷之名称虽屡有变更，但其地域大致固定于此范围。既言"并有三峡之地"，归、峡属西川殆无疑义。至此，荆南八州已失其七。是时，赵匡凝任荆襄节度使，表赵匡明为荆南留后。天祐元年（904）五月，赵匡凝派水军上峡攻夔州，西川将王宗阮败之，万州刺史张武作铁索"锁峡"②。时距西川取归、峡未远，赵匡凝既得"上峡攻夔州"，此亦可证王建取归、峡之初或未于此屯兵。

天祐二年（905）九月，汴军破襄州，赵匡凝出奔淮南，赵匡明弃城逃至成都，荆南纳入朱全忠势力范围，贺瑰充荆南留后。次年十月，雷彦恭屡寇荆南，贺瑰闭城自守，朱全忠以高季昌代之。《资治通鉴》卷二六五载："又遣驾前指挥使倪可福将兵五千戍荆南以备吴、蜀。"③屯师荆南以抵御西川之师，可见归、峡仍隶入西川。

高季昌入据荆南之前，西川王建并未放弃对荆南原管属郡归、

---

① 《十国春秋》卷三五《前蜀一·高祖本纪上》，第497页。
② （宋）路振：《九国志》卷六《前蜀·王宗寿传》谓"锁峡"为"以铁锁断夷陵江"。五代史书汇编，第6册，杭州出版社，2004，点校本，第3283页。
③ 《资治通鉴》卷二六五，唐昭宣帝天祐三年十月，第8663页。

峡的控制与争夺。天祐三年（906）正月，"西川将王宗阮攻归州，获其将韩从实"。胡三省注："归州属荆南。"①韩从实为何方将领，已无从查考。《新五代史·前蜀世家》言其事为："又取归州，于是并有三峡。"②既有三峡，峡州自不在其外。将此记载结合前引王建据有归、峡的史实进行分析，大致可做出如下推断：该地区自天复三年（903）至天祐年间（904—907）基本上处于王建控制之下，不过不能排除偶尔也有外来势力的侵入，王建此次再取归州，即应是赶走入侵者，重新恢复对该地区统治的一次军事胜利。胡三省"归州属荆南"之注，欠妥。

综合以上叙述，可知截至天复三年（903）十月，原荆南镇所辖八州中的七州，已分别被相邻势力侵占，荆南原管辖郡仅存荆州。天祐三年（906）十月，高季昌代贺瑰为荆南留后之时其情形仍然如此，即如史载："季兴始至，江陵一城而已。"③

---

① 《资治通鉴》卷二六五，唐昭宣帝天祐三年正月，第8657页。
② 《新五代史》卷六三《前蜀世家》，第787页。
③ 《新五代史》卷六九《南平世家》，第856页。

第二章 高氏荆南的建立及传承

第一节 高季昌入主荆南与高氏荆南政权的创立

唐昭宗天祐三年（906）十月，朱全忠以高季昌为荆南留后，高氏"自此遂据有荆南"①。开平元年（907）五月，后梁太祖"以权知荆南留后高季昌为节度使"②，高氏荆南遂得专擅一方。迄宋太祖乾德元年（963）二月，高继冲降于宋，前后57年间，高氏荆南已历"四世五主"③，分别为高季兴、高从诲、高保融、高保勖

---

① 《资治通鉴》卷二六五，唐昭宗天祐三年十月胡三省注，第8663页。
② 《资治通鉴》卷二六六，后梁太祖开平元年五月，第8680页。
③ 按，（元）脱脱等：《宋史》卷四八三《世家六·荆南高氏》第13955页称："自高季兴据有荆南、归、峡之地，传袭三世五帅，凡四十余年。"中华书局，1985，点校本，此载"三世五帅，凡四十余年"，均与史不合，今不取。

（或作"勖"）①和高继冲。其中，保融、保勖均为从诲之子②。伴随高氏五主的传承，高氏荆南也经历了从藩镇到割据小国，再至亡国的过程。

一、高季兴早年履历

高季兴（858—928），字贻孙，本名季昌，避后唐庄宗祖父李国昌讳，改名季兴。陕州硖石（今河南陕县东南硖石乡）人。高季昌早年为汴州商人李七郎（一说为李让③）家奴，李七郎因献贡军资财而被朱全忠收为养子，更名友让。季昌"耳面稍异"，朱全忠乃令朱友让"养之为子"。朱全忠镇宣武期间，季昌成为其麾下

---

① 《旧五代史》卷一三三《世袭列传三·高保勖》第1754页载："保勖，季兴之幼子也。"《新五代史》卷六九《南平世家》第860页载："保勖字省躬，从诲第十子也。"（宋）李焘：《续资治通鉴长编》卷三，中华书局，2004，点校本"建隆三年十一月"第75页有"荆南节度使高保勖寝疾"之载，《宋史》卷四八三《世家六·荆南高氏》第13953页有"保勖字省躬，从诲第十"之语，可知"保勖"与"保勖"系同一人，乃从诲之子，季兴之孙。
② 《新五代史》卷六九《南平世家》第859、860页载："从诲十五子，长曰保勋、次保正，保融第三子也。""保勖字省躬，从诲第十子也。"《宋史》卷四八三《世家六·荆南高氏》第13952、13953页亦云："从诲生保融。""保勖字省躬，从诲第十子，保融同母弟也。"按，以从诲之子命名方式而言，此说近实，当可采信。另，《旧五代史》卷一三三《世袭列传二·高保勖》第1754页称："保勖，季兴之幼子也。"当误，无足为信。
③ 《新五代史》卷六九《南平世家》第855页载："季兴少为汴州富人李让家僮。"按，李七郎与李让或为一人，前者呼以排行，后者以名相称，其改名"友让"，乃因养子之故，朱温遂取其原名，另依真子命名之法而致。

牙军将领之一,"渐能骑射"①,并担任制胜军使,后迁毅勇指挥使②。"制胜""毅勇"当为朱全忠牙军众多番号中的两个,而牙军自唐后期以来一直是藩镇节帅至为倚重的部队之一,担负保卫节帅和攻城野战的双重职责,季昌初入军旅,即跻身牙将行列,可见季昌自有其过人之处,并非仅凭"耳面稍异"。自此,季昌以元从身份追随朱全忠,征战四方,屡立战功。

季昌成名于唐昭宗天复二年(902)的汴岐之战。天复元年(901)十一月,岐王李茂贞与宦官韩全海等人挟持唐昭宗入凤翔,矫诏征兵天下,讨伐朱全忠。次年,汴军进攻凤翔,李茂贞坚壁不出。攻围多日,师老兵疲,朱全忠部下大多主张撤兵,时任亲从指挥使的高季昌力排众议,说:"天下雄杰,窥此举者一岁矣,今岐人已困,愿少俟之。"又献计曰:"兵法贵以正理,以奇胜者

---

① 《旧五代史》卷一三三《世袭列传二·高季兴》,第1751页。《新五代史》卷六九《南平世家》第855页所述文字不同,但内容大致同此。另,关于高季昌投身军旅的经过,也有不同说法。(宋)周羽翀:《三楚新录》,五代史书汇编,第10册,杭州出版社,2004,点校本,第6327页卷三即称:"幼好武而有胆气。乾符(874—879)末,所在寇贼竞起,时梁祖为元帅,专征伐,潜有飞扬跋扈之志,思得义勇者与之同力。时季兴潜察之,乃谒梁祖于郊,梁祖见之悦,寻拔为制胜军使。"据此,季昌幼年时即尚武好勇,其从军乃缘于朱全忠为壮大势力而召募勇士之时,自愿投奔。《十国春秋》卷一〇〇《荆南一·武信王世家》第1427页则糅合以上三书,叙述季昌早年事迹,即如所载:"少好武,有胆气,与孔循、董璋俱为汴州富人李让家僮。……季兴以友让故得进见,全忠奇其才,命友让以子畜之,因冒姓朱氏,补制胜军使,迁毅勇指挥使。"兹从《旧五代史》与《新五代史》。

② 《新五代史》卷六九《南平世家》,第855页。《十国春秋》卷一〇〇《荆南一·武信王世家》第1427页同此。另,季昌起初所任军职,《三楚新录》卷三第6327页亦称为"制胜军使"。

诈也，乘机集事，必由是乎。"①朱全忠采纳其议，决定施以诈降之术，引诱岐军出城作战，届时汴军趁机予以攻击，具体由季昌秘密实施招募军士入岐诈降的计划。骑士马景领命而行，果然使李茂贞中计，岐军大败。天复三年（903）正月，岐军向汴军求和。朱全忠迎唐昭宗还京，李茂贞"自是兵力殚尽，垂翅不振"②。对于朱全忠而言，此战的胜利，既进一步巩固了其效忠唐廷的形象，又解除了西面的军事威胁，有助于全力与北面、东面藩镇厮杀，抢夺地盘，扩充实力。是役中，高季昌展示了灵机应变、果敢有谋的作风，其过人的军事素养与指挥才能，是赢得汴岐之战胜利的关键，"由是知名"③于军中。朱全忠对于一战成名、居功至伟的高季昌自然青睐有加，高季昌旋被唐廷授以迎銮毅勇功臣、检校大司空、行宋州刺史，得以成为朱全忠控制地方的得力干将之一。

汴岐之战后，高季昌又"从梁祖平青州，改知宿州事，迁颍州

---

① 《旧五代史》卷二《梁太祖纪二》，第31页。《新五代史》卷六九《南平世家》第855页记季昌之语为："天下豪杰窥此举者一岁矣，今岐人已疲，破在旦夕，而大王之所虑者，闭壁以老我师，此可以诱致之也。"《十国春秋》卷一〇〇《荆南一·武信王世家》第1427页同于《新五代史》。
② 《旧五代史》卷一三二《世袭列传一·李茂贞》，第1740页。
③ 《十国春秋》卷一〇〇《荆南一·武信王世家》，第1428页。

防御使，梁祖令复姓高氏"①。汴军破青州，事在天复三年（903）九月②，则"知宿州事，迁颍州防御使"当在此后不久。高季昌能在战后被拔擢，并复归原姓，当是朱全忠对其立功表现的嘉奖。惜史籍缺载，季昌究竟在此役中有何等表现，现已无法确知。

伴随独霸中原局面的渐趋形成，朱全忠终于得以腾出手来对付长期与自己对立的山南东道节度使赵匡凝。此前的天复三年（903），荆南节度使成汭倾巢出动进援鄂州，武安节度使马殷、武贞节度使雷彦威趁虚进袭江陵，雷彦威据有其地。当年十月，赵匡凝袭破荆南，逐走雷彦恭，以其弟赵匡明为荆南留后。赵氏兄弟不服朱全忠，在"天子微弱，诸道贡赋多不上供"的形势下，仍对唐廷"委输不绝"③，并"东与杨行密交通，西与王建结婚"④。

---

① 《旧五代史》卷一三三《世袭列传二·高季兴》，第1751页。按，此事另有不同记载。《新五代史》卷六九《南平世家》第856页称："明年，拜宋州刺史。从破青州，徙颍州防御使，复姓高氏。"又《资治通鉴》卷二六三"唐昭宗天复二年九月"第8582页载："（朱）全忠表季昌为宋州团练使。"《九国志》卷一二《北楚·武信王世家》第3369页载："天复三年（903），拜宋州团练使，徙颍州防御使。"《十国春秋》卷一〇〇《荆南一·武信王世家》第1428页云："明年，拜宋州团练使，从破青州，徙颍州防御使，复姓高氏。"据此，季昌破青州前或任"宋州刺史""宋州团练使"。《旧五代史》不载，姑识于此，俟考。
青州，治今山东青州市，辖境相当今山东潍坊、青州、临朐、广饶、博兴、寿光、昌乐、潍县、昌邑等市县地。
宿州，治今安徽宿州市，辖境相当今安徽宿州、固镇、泗县、灵璧、濉溪等市县地。
颍州，治今安徽阜阳市，辖境相当今安徽阜阳、阜南、颍上、太和、凤台、界首、临泉等市县地。
② 《新唐书》卷一〇《昭宗纪》第301页载："九月……戊午，平卢军节度使王师范叛附于全忠。"《旧五代史》卷二《梁太祖纪二》，第33—34页。《旧唐书》卷二〇上《昭宗纪》第777页记为"十一月丁酉朔"。兹从《新书》与《旧史》。
③ 《资治通鉴》卷二六四，唐昭宗天复三年十月，第8621页。
④ 《资治通鉴》卷二六五，唐昭宣帝天祐二年八月，第8645页。

朱全忠既深恶赵氏兄弟，又垂涎荆襄这块兵家要地，遂于天祐二年（905）派遣杨师厚攻伐荆襄，一举攻陷唐、邓、复、郢、随、均、房七州①，进而攻占襄阳、江陵，赵匡凝奔吴，赵匡明投前蜀，荆南被朱全忠控制。朱全忠遂任杨师厚为山南东道节度使，贺瑰充荆南留后。次年十月，雷彦恭再次兴兵进攻荆南，贺瑰闭城自守，"朱全忠以为怯，以颍州防御使高季昌代之，又遣驾前指挥使倪可福将兵五千戍荆南以备吴、蜀，朗兵引去"②。高季昌自此入据荆南。

《五代史补》卷二记有高季昌至荆南前的一则轶事，无妨移录如下：

> 初，季兴尝从梁太祖出征，引军早发，至逆旅，未晓，有姬秉烛迎门，具礼甚厚。季兴疑而问之，对曰："妾适梦有人

---

① 唐州，治今河南泌阳县，辖境相当今河南泌阳、唐河、方城、社旗、桐柏等县地。
邓州，治今河南邓州市，辖境相当今河南邓州、南阳二市及南阳、新野、内乡、西峡、淅川、镇平、南召等县地。
郢州，治今湖北钟祥市，辖境约当今湖北钟祥、京山二市县地。
随州，治今湖北随州市，辖境相当今湖北随州、枣阳二市境。
均州，治今湖北丹江口市西北关门岩东旧均县城，辖境约当今湖北丹江口、十堰二市和郧县地。
房州，治今湖北房县，辖境相当今湖北房县、竹山、竹溪、保康等县及神农架林区北部地。

② 《资治通鉴》卷二六五，唐昭宗天祐三年十月，第8663页。《十国春秋》卷一〇〇《荆南一·武信王世家》第1428页同此。另，（宋）陶岳：《五代史补》卷二《后唐·高季兴据荆州》，《五代史书汇编》，第5册，杭州出版社，2004，点校本，第2489页载："（高季兴）为太祖裨将，出为郢州防御使。时荆南成汭征鄂州，不利而卒，太祖命季兴为荆南留后。到未几，会武陵土豪雷彦恭作乱，季兴破之，遂以功授荆南节钺。"按，此段记载错讹之处颇多，如郢州为不附朱全忠的山南东道所辖，高季昌并无可能任职于此，"郢州"当系"颍州"之误；再者此载系时与史实出入甚大，明显与他书不合。故不取。

叩关，呼曰：'速起速起，有裂土王来。'及起，盥漱毕，秉烛开门，而君子奄至，得非所谓王者耶？所以不敢亵慢尔。"季兴喜。及来荆南，竟至封王。①

材料所言，未必确有其事，极有可能是高季昌封王后而杜撰，无非是以此表明其裂土一方乃是神明所谕，从而为高氏荆南政权的存在寻找上合天命的可靠根据。这与历史上改朝换代之际，易姓之君往往借助昭示吉凶祸福和治乱兴亡的谶言，以证明新生政权受命于天的举措，如出一辙。而与此相类似的举动亦并非仅见，如又有史籍称：高季昌系"东魏司徒昂之后"②。此说显然是季昌受门第遗风熏染，有意标榜自身高贵血统的把戏，其目的仍然是为高氏荆南的统治提供舆论支持，无须多论。

二、高季昌据有荆南及高氏荆南政权的开创

在高季昌受命出任荆南留后之前，荆南原管诸州已被相邻势力分割殆尽，荆南镇原统八州已失其七，仅存荆州一地。这种情形在高季昌入主荆南之时，依然如故。《新五代史》卷六九即载："季兴始至，江陵一城而已。"③《资治通鉴》卷二六六"后梁太祖开平元年五月"亦云："乾符以来，寇乱相继，（荆南）诸州皆为邻道所据，独余江陵。"④《十国春秋》卷一〇〇亦称："荆南旧统

---

① 《五代史补》卷二《后唐·高季兴据荆州》，第2489页。
② 《三楚新录》卷三，第6327页。
③ 《新五代史》卷六九《南平世家》，第856页。
④ 《资治通鉴》卷二六六，后梁太祖开平元年五月，第8680页。

八州,僖、昭以来数为诸道蚕食,季昌至,惟江陵一城而已。"①长期遭受战火冲刷的江陵也是满目疮痍,凋敝不堪。史载:"荆州自唐乾符之后,兵火互集,井邑不完。"②"季昌到官,城邑残毁,户口凋耗。"③面对如此残局,高季昌并未知难而退,而是励精图治,着力医治战争创伤,收效甚快,所谓"招辑离散,流民归复"④。后梁开平元年(907)四月,朱全忠废唐昭宣帝,建立后梁,定都汴州,朱温更名晃,是为后梁太祖。次月,高季昌被擢为荆南节度使,荆南成为后梁方镇之一。《册府元龟》卷六九二记其事为:"高季兴为荆南兵马留后。荆州自唐乾符之后,兵火互集,井邑不完,季兴招辑离散,流民归复,太祖嘉之,乃授节钺。"⑤在此前后,高季昌组成其荆南镇幕僚的基本班底,所谓"乃以倪可福、鲍唐为将帅,梁震、司空薰、王保义等为宾客"⑥。

后梁建立之后,处于四战之地的荆南仍未摆脱战争阴霾,外来侵袭中首当其冲者,莫过于朗州的雷彦恭势力。开平元年(907)六月,武贞节度使雷彦恭再次联合马殷,出兵进逼江陵,"季昌引兵屯公安,绝其粮道;彦恭败,楚兵亦走"⑦。荆南暂时打退了来犯之敌。当年九月,雷彦恭又攻涔阳(今湖北公安县南100里)、公安(今湖北公安县),亦被击退。因"彦恭贪残类其父(雷

---

① 《十国春秋》卷一〇〇《荆南一·武信王世家》,第1428页。
② 《旧五代史》卷一三三《世袭列传二·高季兴》,第1751页。
③ 《资治通鉴》卷二六六,后梁太祖开平元年五月,第8680页。
④ 《旧五代史》卷一三三《世袭列传二·高季兴》,第1751页。
⑤ 《册府元龟》卷六九二《牧守部·招辑》,第7984页。
⑥ 《新五代史》卷六九《南平世家》,第856页。
⑦ 《资治通鉴》卷二六六,后梁太祖开平元年六月,第8683页。

满），专以焚掠为事，荆、湖间尝被其患；又附于淮南"①。后梁太祖下诏削夺彦恭官爵，且命季昌、马殷予以讨伐。是年十月，高季昌派遣倪可福会同楚将秦彦晖联兵攻打朗州，雷彦恭被迫降附于淮南。来自朗州雷氏的军事威胁最终消除。在此之后，荆南与相邻势力之间的军事纷争仍然间有发生。为避免重蹈成汭、赵匡凝的覆辙，针对强邻环伺的险峻局面，高季昌或和或战，依附后梁，利用求和手段，多次化解灭顶之灾，使江陵这一根本之地免遭兵燹袭扰，根基逐步得以稳固。

后梁太祖在位期间，因系其旧将，高季昌尚能输诚纳忠。史载：

> （阙七字）董掌奏记，府主褊急。（阙九字）诣梁园劝梁太祖，（阙十字）官入中原授大理（阙七字）季昌怒曰："天下皆知四镇令公必作天子，（阙三字）偃仰乎？"诟怒而起。久之，召孔目官王仁厚谓曰："我（阙四字）书记所见甚长，且广南、湖南，与梁王齐肩，所以（阙四字）使我乃梁王将校，安可辄同两处？"差都押衙可（阙四字）董且召宴饮，迎面谓曰："集性急，请一切勿言。"仍遗衣段数十匹以安之。董虽禀受，莫知喜怒之由。他日闻说，自（阙两字）我本无此见，诚出司徒之意，都校充使，于礼合仪，所遗衣段，乃谬恩也。②

---

① 《资治通鉴》卷二六六，后梁太祖开平元年九月，第8684—8685页。
② 《北梦琐言逸文》卷二《高季昌推崇梁王》，（五代）孙光宪：《北梦琐言》，中华书局，2002，点校本，第402—403页。此后注释中若无特别说明，《北梦琐言》均为此版本。

尽管此段记载阙字甚多，文意却大体可知。高季昌之所以发怒，不过是因其麾下劝朱全忠夺取唐室，抢夺了自身劝进的先机，从而丧失奉承朱全忠的绝好机会，故而盛怒难抑。这则材料所记，虽然发生于高季昌任荆南留后时，但高季昌对朱全忠的推崇之心，显然有逾常人。也正是基于对朱全忠的崇敬与畏惮，因此，后梁太祖在世时，高季昌表面上依然谨守臣节，未敢公然有独擅地方的反常举动。

然而，推崇梁祖之心，终究还是无法遏止割据之念。后梁太祖在位末年，纵意声色，诸子争宠，朝政日紊，梁、晋之争更炽。目睹及此，"高季昌潜有据荆南之志，乃奏筑江陵外郭，增广之"①。史籍记载：

> 季兴以江陵古之重地，又当天下多事，阴有割据之志，乃大兴力役，重筑城垒，执畚者逮十数万人，皆攀援宾友，负土助焉。其郭外五十里坟冢，皆令发掘，取砖以甓之。及土功毕，阴惨之夜，皆闻鬼哭，鬼火数起，将扑之，奄然而灭。如此者累月方定。论者以为，发掘坟冢使幽魂不安故也。②

乾化二年（912）五月，郢王友珪谋弑其父，太祖崩。次年二月，均王友贞依靠禁军之力，篡夺帝位，是为后梁末帝。后梁王朝的此番内讧发生后，高季昌跋扈之态愈益彰显，"遂厚敛于民，

---

① 《资治通鉴》卷二六八，后梁太祖乾化元年五月闰，第8758页。
② 《三楚新录》卷三，第6327页。

招聚亡命"①。面对高氏荆南这种蔑视朝廷、公开对抗的行为，梁末帝亦无可奈何，只能"优容之"，并于乾化三年（913）八月，"封季兴渤海王，赐以衮冕剑佩"②。关于高季昌自太祖之后图谋割据的表现与经过，《资治通鉴》卷二六八有如下概括：

（乾化二年十二月），高季昌出兵，声言助梁伐晋，进攻襄州。山南东道节度使孔勍击败之。自是朝贡路绝。③

（乾化三年九月），高季昌造战舰五百艘，治城堑，缮器械，为攻守之具，招聚亡命，交通吴、蜀，朝廷浸不能制。④

高氏荆南与后梁断绝关系的状况，共持续了5年左右，贞明三年（917）五月，"高季昌与孔勍修好，复通贡献"⑤。重新修复与后梁间的臣属关系，而其意图无非在于以此自保而已。

不尊王命的高氏荆南，不仅交通吴、蜀，自为攻守之计，并且进犯王境，显然已非后梁王朝辖境中的藩镇之所应为。因此，上述种种迹象均已表明，高氏荆南自后梁太祖以后，已并非后梁王朝所能控制的藩镇，而是正在加速向独立王国的目标进化，割据一方的姿态已渐趋明显。

后唐同光元年（923）二月，晋王李存勖称帝于太原（今山西太原市西南晋源镇），是为庄宗；同年十月，庄宗入汴州，灭亡后

---

① 《旧五代史》卷一三三《世袭列传二·高季兴》，第1751页。
② 《新五代史》卷六九《南平世家》，第856页。
③ 《资治通鉴》卷二六八，后梁太祖乾化二年十二月，第8764页。
④ 《资治通鉴》卷二六八，后梁均王乾化三年九月，第8776—8777页。
⑤ 《资治通鉴》卷二六九，后梁均王贞明三年五月，第8815页。

梁。后梁、后唐易代,诸侯震惊。照理而言,高季昌本为后梁太祖旧人,梁、晋世为仇敌,结怨极深,高季昌应无改图之可能,事实却截然相反。为讨得新主欢心,季昌更其名为季兴,以避唐庙讳故也。恰逢庄宗下诏征诸侯入朝,四方诸侯均"不过遣子弟将吏"①入贡,而司空薰等幕僚皆劝季兴进京朝觐,季兴有意前往,梁震谏曰:

> 朝廷自反正后,有吞并诸侯之心,若我缮甲以自守,犹恐不保其地,况敢抛弃军国,千里入觐哉。且又今之诸侯,为梁朝旧人者唯公耳,安知朝廷不以仇敌相待耶?幸望图之,无使怀王之患,复见于今日也。②

这是甚有识见的看法,是权衡各方利害关系之后而得出的睿智之论,但季兴不为所动,坚执己见:

> 某事梁祖,仅获自免,龙德以来,止求安活。我今入觐,亦要尝之,彼若经营四方,必不縻我。若移入他镇,可为子孙之福,此行决矣。③

干旱,季兴留其二子,以骑士三百为护卫,朝于洛阳。④
在洛阳期间,庄宗曾就伐吴、伐蜀的问题,试探季兴:

---

① 《新五代史》卷六九《南平世家》,第856页。
② 《三楚新录》卷三,第6327页。
③ 《北梦琐言琐言逸文》卷四《高季昌论唐庄宗》,《北梦琐言》,第448页。
④ 《新五代史》卷六九《南平世家》,第856页。

> 初,季兴方对,庄宗谓之曰:"今天下负固不服者,唯吴与蜀耳。朕今欲先有事于蜀,而蜀地险阻,尤难之。江南才隔荆南一水耳,朕欲先征之,卿以为何如?"季兴对曰:"臣闻蜀国地富民饶,获之可建大利。江南国贫地狭民少,得之恐无益。臣愿陛下释吴先蜀。"时庄宗意欲伐蜀,及闻季兴之言,大悦。①

庄宗闻听季兴答语,大喜之余,"以手拊其背,季兴因命工绣其手迹于衣,归以为荣耀"②。

不过,君臣相欢亦仅此而已,庄宗有意将季兴扣留,后在谋臣郭崇韬的劝说下,庄宗才厚礼遣返。季兴早已是归心似箭,立即启程返回荆南。关于其南返的经过,史籍有载:

> 季兴倍道而去,至许州,谓左右曰:"此行有二失:来朝一失,纵我去一失。"过襄州,节度使孔勍留宴,中夜,斩关而去。③

庄宗遂令季兴归。行已浃旬,庄宗易虑,遽以诏命襄州节度使刘训伺便囚之。而季兴至襄州,就馆而心动,谓吏曰:

---

① 《三楚新录》卷三,第6327—6328页。
② 《新五代史》卷六九《南平世家》,第857页。
③ 《资治通鉴》卷二七二,后唐庄宗同光元年十二月,第8910页。按,孔勍,《新五代史》卷六九《南平世家》第857页作"刘训",当误,训于同光三年(925)始镇襄州,见《旧五代史》卷六一《刘训传》第820页。另,《旧五代史》卷一三三《世袭列传二·高季兴》第1752页载:"夏,请放归藩,季兴促程而去。至襄州,酒酣,谓孔勍曰:'是行有二错:来朝一错,放回二错。'"考其时事势,高季兴当不至以此语言之于孔勍,今从《资治通鉴》。

"吾方寸扰乱,得非朝廷使人追而杀吾耶!梁先辈之言中矣,与其往而生,不若去而死。"遂弃辎重,与部曲矫健者数百人南走。至凤林关,已昏黑,于是斩关而去。既而是夜三更,向之急递果至襄州,刘训料其去远不可追而止。①

两处记载虽略有不同,但都说明季兴此次朝唐,确系狼狈而归。季兴回后谓梁震曰:"不听君言,几葬虎口。"②

虽说朝唐之旅充满风险,近乎身家不保,但季兴在洛阳的所见所闻,却使其近距离感受到伶宦的贪得无厌,以及庄宗的狂妄自大、不恤下情和游畋无度,从而愈加坚定了割据的念头。史载:"高季兴在洛阳,帝左右伶官求货无厌,季兴忿之。"③从洛阳返回后,高季兴即曾对僚佐说:"新主百战方得河南,对勋臣夸手抄《春秋》,又竖手指云:'我于指头上得天下。'如此则功在一人,臣佐何有!且游猎旬日不回,中外之情,其何以堪,吾高枕无忧矣。"④诚如史家所论:"帝荒淫骄矜,为邻敌及奸雄所窥。"⑤于是,高季兴"增筑西面罗城,备御敌之具。时梁朝旧军多为季兴所诱,由是兵众渐多,跋扈之志坚矣"⑥。

同光二年(923)三月,后唐封季兴南平王。季兴极为明了此

---

① 《五代史补》卷四《汉·梁震裨赞》,第2516—2517页。按,"刘训"系"孔勍"之误。
② 《三楚新录》卷三,第6327页。
③ 《资治通鉴》卷二七二,后唐庄宗同光元年十二月,第8910页。
④ 《旧五代史》卷一三三《世袭列传二·高季兴》,第1752页。另,《北梦琐言琐言逸文》卷四《高季昌论唐庄宗》记其语为谓梁震曰,《北梦琐言》,第448页。
⑤ 《资治通鉴》卷二七二,后唐庄宗同光元年十二月及胡三省注,第8910页。
⑥ 《旧五代史》卷一三三《世袭列传二·高季兴》,第1752页。

举的意图，谓梁震曰："此恐吾与蜀连衡也。"①次年九月，庄宗遣师伐蜀，高季兴曾两次奏请收复夔、忠、万、归、峡等原管辖郡，后来虽得许可，但未及下诏，庄宗被杀。明宗即位之初，季兴再次奏请，终使上述诸州重新隶属荆南。然而，在后唐平定前蜀后，魏王继岌将所获蜀中财货沿江运往洛阳，季兴却派兵劫掠，悉数据为己有。而对于名义上割隶于高氏荆南的夔、忠、万三州，季兴请求朝廷不除刺史，而以高氏子弟任之；并且，趁夔州刺史罢官之机，袭占其地，拒绝接受后唐朝廷委派的夔州刺史西方邺；又派兵攻打后唐涪州②。这一连串的挑衅，终于使明宗忍无可忍，遂下令出师讨伐高氏荆南。"季兴遂以荆、归、峡三州臣于吴，吴册季兴秦王"③，其时为天成三年（928）六月。

应该看到，尽管荆南由藩镇发展为独立政权，确实并非一日之功，而是有其转化演进的客观过程，但在此行程中，很难找到一个通行的、并得到普遍认同的标准，来断定其上述嬗变历程的终结。结合以上叙述，高氏荆南在后梁乾化二年（912）与后唐天成二年（927）曾两度断绝与中朝的关系，其后，后汉天福十二年（947）亦有类似事件发生，以其中的任何一次作为高氏荆南立国的上限都有所不妥。即便以后梁乾化二年（912）为起点，同样亦难以服人。因此，在研究这一政权时，以传统史家的说法为依据，即以后梁开平元年（907）作为高氏荆南政权创立的时间上限，在目前来看仍然是最为稳妥和可靠的处理方式，而在对高氏荆南展开具体研

---

① 《十国春秋》卷一〇〇《荆南一·武信王世家》，第1433页。
② 涪州，治今重庆涪陵市，辖境相当今重庆涪陵、长寿、南川、武隆等市县地。
③ 《新五代史》卷六九《南平世家》，第857页。

究时，对其独立性逐步增强的发展历程，又不能不给予足够的重视和关注。大体来说，从后梁太祖末年潜有割据之志，至天成二年（927）二月为后唐王朝讨伐，高氏荆南已由昔日的中朝藩镇，渐次演变为独立政权，对其辖境内的政治、军事、外交均有自主权。高氏荆南之所以往往臣属于其他政权，也仅仅是因其特殊的地理位置所限，出于自存的需要，必须采取联合相邻政权中实力较强者，以此作为与其他势力对抗的后盾，唯有如此，高氏荆南才不至于陷入四面楚歌、孤立无援的境地，也不至于成为列强的盘中之餐。

三、高季兴的为治之术

高季兴统治高氏荆南期间，其辖境唯荆州而已，且处于列强包围之中，北面相继有后梁、后唐王朝，西面是前蜀王建，南面则是澧朗雷彦恭和湖南马楚，东面是淮南杨吴，这些势力中任何一方的实力，都在高氏荆南政权之上，若稍有不慎，江陵必然沦为他人掌中之物。事实上，高氏荆南在后梁至后唐初期，与相邻势力间也是屡兴干戈，然而每次均能化险为夷，高季兴不仅未成为又一个旋起旋灭的匆匆过客，高氏荆南反而还有所壮大和发展，而这一切固然与中原形势不稳，相邻南方势力大多采取保境安民的国策有关，至为关键的原因仍在于高季兴采取的行之有效的为治之术。

首先是招抚流移，医治疮痍。唐末荆南地区战无宁日，经济凋敝，人口锐减。如雷彦恭被逐出江陵时，"廪藏金帛，市里人民，悉为彦恭舟徙而去"[①]。所以，高季兴入据荆南之初，江陵已是井

---

① 《册府元龟》卷四二〇《将帅部·掩袭》，第4772页。

邑废毁，闾里萧条，人户稀疏。高季兴招辑流散，流民归复，荆南步入战后重建阶段。其时，高季兴恢复经济的成效，正如孙光宪所说："荆南乱离之后，赖公休息士民，始有生意。"①

在推行正常的恢复经济的举措之外，季兴常借江陵处于南北交通要道这一特殊地理位置之便，征收过往商旅，以资国用，即使是南方诸国入贡，途经江陵，也往往将其贡物掠为己有。"初，荆南介居湖南、岭南、福建之间，地狭兵弱，自武信王季兴时，诸道入贡过其境者，多掠夺其货币。及诸道移书诘让，或加以兵，不得已复归之，曾不为愧。"②甚至中朝财物经过江陵时，也时常不忘捞上一把。如后唐灭前蜀后，"魏王继岌遣押牙韩珙等部送蜀珍货金帛四十万，浮江而下，季兴杀珙等于峡口，尽掠取之。朝廷诘之，对曰：'珙等舟行下峡，涉数千里，欲知覆溺之故，自宜按问水神'"③。这次所得极为丰厚，史载：

> 同光中，庄宗遣平蜀，得王衍金银，命悉镕之为金砖银砖。约重三百斤，一砖间开一窍，二人担之，上有匠人名曰"冯高"。过荆南，高季兴曰："冯高，主属我。"坑官吏，持而有之，储为一库。皇朝建隆中，金银入京师，斤两封缄如故。④

---

① 《资治通鉴》卷二七五，后唐明宗天成元年四月，第8980页。
② 《资治通鉴》卷二八七，后汉高祖天福十二年八月，第9375页。
③ 《资治通鉴》卷二七五，后唐明宗天成二年二月，第9002页。
④ （宋）李石：《续博物志》卷一〇，景印文渊阁四库全书，第1047册，台湾商务印书馆，1986，第974页。

这种劫夺过往赀财的行径，以君子大义裁之，看似与打家劫舍的强盗并无二致，但正如王夫之所言：

> 中国之雄杰，鄙夷而姗笑之，乃不知其窃笑群雄之尤甚也。夫其为术，抑有可以自立之道焉。季兴以盗掠诸国之贡享而得货……其以缮城郭、修甲兵、养士卒者，皆取给于他国无名之馈遗，而不尽苦剥其民，则民得以有其生而兵不匮。①

季兴"盗掠诸国之贡享"的做法，较之尽剥其民以奉军国的其他政权而言，未尝不是有益于纾苏民困之举。因其如此，季兴深孚民望，及其朝唐夜归，"将吏父老出迎于郊外"②。

其次是网罗人才，从善如流。唐末以降，武人得志，悍卒横行，文人斯文扫地，难伸其志。然不少藩镇仍能重用文士，"自广明大乱之后，诸侯割据方面，竞延名士，以掌书檄。是时梁有敬翔，燕有马郁，华州有李巨川，荆南有郑准，凤翔有王超，钱塘有罗隐，魏博有李山甫，皆有文称，与袭吉齐名于时"③。五代初期，其风未息，"各方镇犹重掌书记之官。盖群雄割据，各务争胜，虽书檄往来，亦耻居人下，觇国者并于此观其国之能得士与否，一时遂各延致名士，以光幕府"④。高季兴虽出身仆隶，起于行伍，却也深知人才对于保全高氏荆南的重要意义，所谓"王虽武

---

① 《读通鉴论》卷二九《五代中》，第1058—1059页。
② 《三楚新录》卷三，第6327页。
③ 《旧五代史》卷六〇《李袭吉传》，第805页。
④ （清）赵翼撰，王树民校证：《廿二史札记校证》卷二二《五代幕僚之祸》，中华书局，1984，第475页。

人,颇折节好宾客"①,故极力延揽才俊,聘请高明。如梁震,后梁初期返蜀途中,"重到渚宫,江路梗纷,未及西溯,淮师寇江陵,渤海王邀致府廨,俾草檄书"②;天成元年(926)四月,庄宗遇弑,益重梁震③。孙光宪,受梁震所荐,季兴"使掌书记"④。即便是对中朝士族子弟,亦是厚礼相待。史载:

> 后庄宗过河,奄有中原,天下震惧,高王单骑入觐。韦(说)、郑(珏)二公,继登台席。中朝士族子弟,多不达时变,复存旧态。……李载仁,韦说之甥,除秘书郎。刘诜,郑珏之妹夫也,除《毛诗》博士,赐绯。尔后韦屡督李入京,高氏欲津置之。载仁迁延,自以先德遗戒,不欲依舅氏,但不能显言,竟不离高氏门馆。刘诜无他才望,性嗜酒,口受新命,殊无行意,日于高氏,情敬不衰,然则美醖肥脟之所引也,无何以疾终。高氏赡给孤遗,颇亦周至。……明年,保勖(按,"勖"误,实为从诲)嗣袭,辟李为掌书记。他日,录其长息为子婿,第三子皆奏官,一门朱紫辉如也。刘诜三子,迭加任遇,三孙女适高氏子弟,向三十年,享其禄食,亦足称也。⑤

甚至"游士缁流至者无不倾怀结纳,诗僧贯休、齐己,皆在所

---

① 《十国春秋》卷一〇〇《荆南一·武信王世家》,第1438页。
② 《北梦琐言》卷七《梁震无禄》,第167页。
③ 《资治通鉴》卷二七五,后唐明宗天成元年四月,第8979页。
④ 同上。
⑤ (宋)李昉等:《太平广记》卷二六六《韦薛轻高氏》,中华书局,1961,断句本,第2087—2088页。

延揽"①。

文士之外,季兴对武将亦颇器重,倪可福、鲍唐、王保义、梁延嗣等皆是季兴网罗而致。如倪可福、梁延嗣原为梁将,季兴惜才,将其揽入高氏荆南,分别委以重任。另外,还以姻亲方式相笼络,如倪可福之子知进即娶季兴之女为妇,且结之以恩信,史载:

> (龙德元年十一月),高季昌遣都指挥使倪可福以卒万人修江陵外郭。季昌行视,责功程之慢,杖之。季昌女为可福子知进妇,季昌谓其女曰:"归语汝舅,吾欲威众办事耳。"以白金数百两遗之。②

对幕僚的建议,季兴大多能从善如流,特别是朝唐归来后,尤其注意倾听下属意见。纵使有忤逆之言,季兴亦涵容不怒。史载:

> 贯休以忤成汭故,递放黔中;后复来游江陵,王优礼之,馆于龙兴寺。会有谒宿者言时政不治,贯休乃作《酷吏辞》刺之,辞云:"霞雨潺潺,风吼如斸。有叟有叟,暮投我宿。吁叹自语,云太苛酷。如何如何,掠脂斡肉。吴姬唱一曲,等闲破红束,韩娥唱一曲,锦缎鲜照屋。宁知一曲两曲歌,曾使千人万人哭。不惟哭,亦白其头饥其族。所以祥风不来,和风不复,螗兮螗兮,东西南北。"王闻之,虽被疏远,而亦不甚

---

① 《十国春秋》卷一〇〇《荆南一·武信王世家》,第1438页。
② 《资治通鉴》卷二七一,后梁均王龙德元年十二月,第8871页。

罪焉。①

贯休诗句，语含讥刺，高季兴却并不以此治其罪，此等胸襟，与其时寻常武夫相比，可谓有天壤之别。而高季兴对文士的宽容，在一定程度上当能更加激发僚佐大胆言事的风气。史载："武信王镇荆南，（司空）薰与梁震、王保义等偕居幕府，遇事时多匡正。"②自然也能以此而对流寓士人产生更大的吸引力。

最后是或和或战，纵横捭阖。在列强林立的环境中，高季兴在处理与邻国间的关系上，亦自有一套。而加强自身守御能力，总是立足一方的基本保证，高季兴于后梁乾化二年（912）五月③和龙德元年（921）闰十二月④，两度修筑江陵外城，构建捍卫江陵的军事防御体系。军阀割据的时代，军事冲突自然无可避免，值此情势，季兴并不一味以力相拼，形势危蹙之时，则往往运用求和手段，消弭战火。如后梁开平二年（908）九月，荆南"遣兵屯汉口，绝楚朝贡之路；楚王殷遣其将许德勋将水军击之，至沙头，季兴惧而请和"⑤。后唐天成二年（927）五月，马楚中军使史光宪奉命入贡后唐，携明宗回赐"骏马十匹，美女二"，返程经过江陵时，季兴"执光宪而夺之"⑥。次年三月，马殷率军亲征，大败荆南军队于刘郎洑（今湖北石首市西北长江北岸），高季兴势蹙求和，送还史

---

① 《十国春秋》卷一〇〇《荆南一·武信王世家》，第1438页。
② 《十国春秋》卷一〇二《荆南三·司空薰传》，第1460页。
③ 《资治通鉴》卷二六八，后梁太祖乾化二年闰五月，第8758页。
④ 《资治通鉴》卷二七一，后梁均王龙德元年十二月，第8871页。
⑤ 《资治通鉴》卷二六七，后梁太祖开平二年九月，第8704页。
⑥ 《资治通鉴》卷二七五，后唐明宗天成二年五月，第9005页。《十国春秋》卷一〇〇《荆南一·武信王世家》第1435页亦载，略与此同。

光宪和礼物，马殷勒兵而归。同年六月，季兴称臣于吴，后唐命马殷统兵讨伐，马楚再度举兵进攻荆南。季兴从子高从嗣率军迎击，被斩于阵前，高季兴惧而请和。与求和之策相类似的还有称臣之举，季兴或奉中朝正朔，或交通吴、蜀，甚至称臣于吴，始终以藩臣自处，而不以屈节为耻。求和、称臣，往往为士君子所不屑，看似屈辱，滑稽可笑，但此举终究使高氏荆南得以保全，使黎民免遭涂炭，这何尝又不是实力不济之时，自保一方的明智之举呢？

求和旨在拉拢、改善与邻国的关系，称臣则是以强援为后盾牵制敌对势力。在此以外，季兴还曾使用离间术试图削弱马楚实力。史载：

> 初，楚王殷用都军判官高郁为谋主，国赖以富强，邻国皆疾之。庄宗入洛，殷遣其子弟希范入贡，庄宗爱其警敏，曰："比闻马氏当为高郁所夺，今有子如此，郁安能得之！"高季兴亦以流言间郁于殷，殷不听，乃遣使遗节度副使、知政事希声书，盛称郁功名，愿为兄弟。使者言于希声曰："高公常云'马氏政事皆出高郁'，此子孙之忧也。"希声信之。①

其后，高郁果为马希声杀害，马楚很快陷入诸子纷争的局面，终亡于南唐，湖南再度沦为分崩离析之区。继之而起的湖南周行逢政权，已很难再与高氏荆南相较短长。

此外，朝唐之时，季兴之所以劝庄宗伐蜀，并非仅仅是因为

---

① 《资治通鉴》卷二七六，后唐明宗天成四年八月，第9031页。

"蜀国地富民饶,获之可建大利;江南国贫地狭民少,得之恐无益"。而是出于高氏荆南安危考虑,有意怂恿后唐进军易守难攻的前蜀,以此消耗后唐实力。"未逾年,庄宗伐蜀,季兴私自喜曰:'此吾以计绐之,彼及信而用耳。'……及蜀破,书至,季兴方食,落箸而叹曰:'此吾之失计也,所谓倒持太阿,授人以柄。'"①荆、蜀势同唇齿,季兴本以为后唐难有胜机,不料后唐军队出师仅两个多月,即消灭前蜀,高氏荆南形势自然危急,此即季兴所谓"倒持太阿,授人以柄"。然而,后唐取得伐蜀之役的胜利后,不久即陷入内乱,高氏荆南再次免遭劫难。

季兴高明的外交手段,是高氏荆南能在四战之地以一州自存的重要因素之一,对此,清代史家吴任臣尝言:"蕞尔荆州,地当四战,成赵相继,亡不旋踵,武信以一方而抗衡诸国间,或和或战,戏中原于股掌之上,其亦深讲于纵横之术也哉!"②

后唐明宗天成三年(928)十二月二十五日,季兴卒,年七十一。其子从诲嗣位。长兴元年(930)正月,后唐追封季兴楚王,谥曰武信。③

第二节　高从诲时期的高氏荆南

高从诲在位期间,对高氏荆南的治理之功,突出表现于调整高氏荆南的对外政策方面。高从诲开始确立以"事大称臣"为核心的

---

① 《三楚新录》卷三,第6328页。
② 《十国春秋》卷一〇〇《荆南一·论曰》,第1438页。
③ 《新五代史》卷六九《南平世家》,第858页。

外交原则,且在奉中原王朝正朔的同时,服从于南方诸国大多实行保境安民国策的总体形势,广泛交结南唐、后蜀、马楚等政权,由是兵旅不兴、边境无虞,高氏荆南从此步入和平稳定局面。

一、高从诲生平与为人

高从诲(891—948),字遵圣,乃武信王长子[①]。关于从诲的出生,史籍中有这样一则记载:

> 初,季兴之事梁也,每行军,常以爱姬张氏自随。一旦军败,携之而窜,遇夜,误入深涧中。时张氏方妊行迟,季兴恐为所累,俟其寝酣,以剑刺岸边而压杀之,然后驰去。既而岸欲崩,张氏且惊起,呼季兴曰:"妾适梦大山崩而压妾身,有神人披金甲执戈以手托之,遂免。"季兴闻之,谓必生贵子,遂挈之行,后生从诲。[②]

其说不免荒诞,当系杜撰,目的在于抬高从诲的地位,确立其威望。

从诲初仕梁,历殿前控鹤都头、鞍辔库副使、左军巡使、如京使、左千牛大将军、荆南牙内都指挥使,领濠州刺史,改归州刺

[①] 《九国志》卷一二《北楚·文献王世家》,第3369页。《十国春秋》卷一〇一《荆南二·文献王世家》第1439页载:"武信王有九子,而从诲其长子也。"(宋)阮阅:《诗话总龟·丙集》卷二二《宴游门》,人民文学出版社,1987,点校本,第239页亦称:"荆南高从诲字遵圣,季兴嫡子也。"按,《五代史补》卷五《汉·高从诲母梦》第2515页则云:"高从诲,季兴之庶子而处长。"两说相异,俟考。兹从《九国志》。

[②] 《五代史补》卷五《汉·高从诲母梦》,第2515页。

史，累官至检校太傅①。如史载显示，贞明四年（918）五月，后梁以荆南衙内马步军都指挥使、检校司徒高从诲领濠州刺史②。天成三年（928）十二月，高季兴寝疾，时任荆南行军司马、忠义节度使、同平章事的高从诲，受命权知军府事。季兴卒后，吴睿帝杨溥以从诲为荆南节度使兼侍中③。

受富室公子奢侈习气的熏染，高从诲亦心有所好。史载："楚王希范好奢靡，游谈者共夸其盛。从诲谓僚佐曰：'如马王可谓大丈夫矣。'"实际上，"高从诲之羡马希范，是侈心之萌芽也"。对此，孙光宪劝道："天子诸侯，礼有等差。彼乳臭子骄侈僭忒，取快一时，不为远虑，危亡无日，又足慕乎！"④从诲不久醒悟，竞奢之念稍有抑制，但奢华习惯终未能根除。后晋天福八年（943），"凿江陵城西南隅为池，立亭于上，曰渚宫。先是，城东南旧有渚宫，王特仿其名而称之，又置亭于渚宫侧，曰迎春"⑤。开运二年（945），建杞梓堂，又建木犀亭⑥。又，从诲"性雅好马，常不惜千金求良骏，竟没世不遇，以此为恨"⑦。其奢华之欲，还远不止此。史载：

---

① 《旧五代史》卷一三三《世袭列传二·高从诲》，第1752页。另，《新五代史》卷六九《南平世家》第858页载：从诲，"季兴时，入梁为供奉官，累迁鞍辔库使，赐告归宁，季兴遂留为马步军都指挥使、行军司马"。
濠州，治今安徽凤阳县东北临淮关东，辖境相当今安徽蚌埠、定远、凤阳、明光等市县地。
② 《旧五代史》卷九《梁末帝纪中》，第134页。
③ 《资治通鉴》卷二七六，后唐明宗天成三年十二月，第9026页。
④ 《资治通鉴》卷二七九，后唐潞王清泰二年十月及胡三省注，第9135页。
⑤ 《十国春秋》卷一〇一《荆南二·文献王世家》，第1443页。
⑥ 同上，第1443页。
⑦ 同上，第1445页。

荆南高从诲字遵圣,季兴嫡子也。久事戎间,及至继立,颇叶众望。始则饰车服,尚鲜华,远市驵骏,广招伶伦。荆渚乐籍间,多有梁园旧物。季兴先时建渚宫于府庭西北隅,延袤十余里,亭榭鳞次,艛舰翼张,栽种异果名花修竹。从诲绍立,尤加完葺。每月夜花朝,会宾客。从诲明音律,僻好弹胡琴。有女妓数十,皆善其事。王仁裕使荆渚,从诲出十妓弹胡琴。仁裕有诗美之曰:"红妆齐抱紫檀槽,一抹朱弦四十条。湘水凌波惭鼓瑟,秦楼明月罢吹箫。寒敲白玉声何婉,暖逼黄莺语自娇。丹禁旧臣来侧耳,骨清神爽似闻《韶》。"①

而这还是有所克制之后的表现,此前所为当已不难想见。从诲爱好文学,鉴诗亦有心得。史载:

僧可隆善诗,高从诲阅其卷,有《观棋》句云:"万般思后得,一失废前功。"从诲谓可隆曰:"吾师此诗,必因事而得。"隆答曰:"某本姓慕容,与桑维翰同学。少负志气,多忤维翰。维翰登第,以至入相,某犹在场屋。频年败衄,皆维翰所挫也。因削发为僧,其句实感前事而露意焉。"从诲识鉴多此类也。②

缘于文学之好,高从诲亦往往将舞文弄墨之士引入幕中。如"高若拙善诗,从诲辟于幕下。尝作《中秋不见月》云:'人间虽

---

① 《诗话总龟·丙集》卷二二《宴游门》,第239—240页。
② 《诗话总龟·丙集》卷二五《感事门下》,第266页。

不见,天外自分明。'从诲览之,谓宾佐曰:'此诗虽好,不利于己,将来但恐丧明。'后果如其言"①。

从诲礼佛,曾"迎弥勒瑞像于万寿寺"②,又于后晋天福三年(938)作僧伽妙应塔③,并曾"遣使如蜀,请翰林待诏李文才图兴义门石笋并其故事"④。而且,迷信天命,史载:"荆南高从诲凿池于山亭下,得石匣长尺余,扃钥甚固。从诲神之,屏左右,焚香启匣,中得石,有文云:'此去遇龙即歇。'及建隆(960—963)中,从诲孙继冲入朝,改镇徐州。龙、隆音相近。"⑤对方士道术之言,亦颇信重。天福六年(941),因从诲贡献军食以助后晋讨伐襄州安从进叛乱,后晋少帝加其守尚书令之官衔,"从诲上章固让,朝廷遣使敦勉,竟不受其命。时有术士言从诲年命有厄,宜退避宠禄故也"⑥。竟以术者言其数运有灾,而坚辞加官,可见从诲信奉术士之言何其之深也!

二、高从诲的治理之道

从诲承继父业,为一方之主,高氏荆南的国策亦在这一时期趋于完善和定型。在治理高氏荆南期间,从诲与其父既有相同之处,亦小有差别,其中最大的不同则在于逐渐确立了奉事中朝的政策,而且,其手法更为高超和巧妙。

---

① 《诗话总龟·丁集》卷三四《诗谶门下》,第338页。
② 《十国春秋》卷一〇一《荆南二·文献王世家》,第1441页。
③ 同上,第1442页。
④ 同上,第1443页。
⑤ (元)马端临:《文献通考》卷三一〇《物异考十六·讹言》,中华书局,1986,影印本,考2431。
⑥ 《旧五代史》卷一三三《世袭列传二·高从诲》,第1753页。

从诲重用人才，一如其父。对幕僚皆待以宾主之礼，史载："荆南节度使高从诲，性明达，亲礼贤士，委任梁震，以兄事之；震常谓从诲为郎君。"胡三省注："门生故吏呼其主之子为郎君。梁震事高季兴，从诲之父也，故以郎君呼从诲。"①由此可知，从诲与梁震之间关系极其亲密。而这只是其与众多宾幕成员关系的一个缩影。从诲仍重用知名文士孙光宪，使其负责高氏荆南政权的文职工作，"凡笺奏书檄皆出其手"②。武将方面，则将梁延嗣"擢为大校，承制授归州刺史。已又领复州团练使，仍掌亲军"③。

　　在对外政策上，高从诲开始奉行"事大以保其国"④和交好邻道的双重主张。就其时形势而言，中朝无疑是相邻政权中实力最为强大的政治实体，因而顺理成章地成为从诲"事大"政策的目标。从诲在位期间，高氏荆南长时期称臣于中朝，并竭力保持与中朝间的臣属关系。而其父生前，尝断绝与后梁的朝贡关系，又曾因触怒后唐明宗而招致讨伐，并以三州之地改奉吴正朔。其实，从诲并不赞成其父与后唐对立，"初，季兴之将叛也，从诲常泣谏之，季兴不从"⑤。而从诲在这一事件中的态度及表现，在下述记载中反映得更为具体详细：

　　　　初，从诲父季兴以请峡内三州事据城阻命，缮甲缔结枭夷，从诲屡谏不从。及王师问罪，孔循令门客李浞见季兴，谕

---

① 《资治通鉴》卷二七九，后唐潞王清泰二年十月及胡三省注，第9135页。
② 《三楚新录》卷三，第6328页。
③ 《十国春秋》卷一〇三《荆南四·梁延嗣传》，第1469页。
④ 《资治通鉴》卷二八六，后汉高祖天福十二年正月胡三省注，第9337页。
⑤ 《旧五代史》卷一三三《世袭列传二·高从诲》，第1752页。

以祸福，季兴悖慢不逊。从诲俟其有间，私与浞曰："令公性强，不能远图此事，予尝号泣言之，竟未听从。然予之操心，必不负于国家，苟王师退舍，圣上许其改图，予必可致令公首过。公为予言于朝执。"①

继位伊始，从诲即努力修复与中朝的关系。史载："从诲屡遣使致书于湖南、襄阳师［帅］，请上章保明，愿垂昭洗。"②另有史籍亦称："从诲既袭位，谓僚佐曰：'唐近而吴远，非计也。'乃因楚王殷以谢罪于唐。又遗山南东道节度使安元信书，求保奏，复修职贡。"③除通过湖南、襄阳从外围入手说服明宗外，天成四年（930）六月，高从诲还自称前荆南行军司马、归州刺史，上表求内附，"上章首罪，乞修职贡，仍进银三千两赎罪"④。终获明宗首肯，当年七月，后唐以从诲为荆南节度使兼侍中，并罢荆南招讨使⑤。既臣于唐，必开罪于吴，亦不当再禀其正朔。在业已取得后唐朝廷许可之后，长兴元年（930）三月，"高从诲遣使奉表诣吴，告以坟墓在中国，恐为唐所讨，吴兵援之不及，谢绝之。吴遣兵击之，不克"⑥。终后唐、后晋两朝，高氏荆南再未改图。一直到后汉天福十二年（947）八月，因后汉高祖未兑现即位前割隶郢州的诺言，从诲遂率兵攻打襄州和郢州，断绝朝贡，高氏荆南再度

---

① 《册府元龟》卷一六六《帝王部·招怀四》，第1851页。
② 同上。
③ 《资治通鉴》卷二七六，后唐明宗天成四年五月，第9030页。
④ 《旧五代史》卷四〇《唐明宗纪六》，第551页。
⑤ 《资治通鉴》卷二七六，后唐明宗天成四年七月，第9030页。
⑥ 《资治通鉴》卷二七七，后唐明宗长兴元年三月，第9040页。

与中朝交恶。为时不过一年，乾祐元年（948）六月，高从诲"遣使谢罪，乞修职贡"①，重禀中朝正朔。

从诲奉事中朝，表面上恪守藩臣本分、时有贡奉、助献军食外，还极尽手腕表其忠诚。一方面，对出使、经过荆南的中朝使臣无不尽其所能，优礼相待。如清泰元年（934），后唐使臣李鏻、马承翰自楚返程，经荆南，李鏻"求货于王，王赠以马红装拂二、猓猻皮一"②。开运元年（944），后晋学士王仁裕出使荆南，"王出十伎弹琴以乐之"③。

另一方面，善于做表面文章，以显示其忠心。史载：

> 从诲为人明敏，多权诈。晋高祖遣翰林学士陶穀为从诲生辰国信使，从诲宴穀望沙楼，大陈战舰于楼下，谓穀曰："吴、蜀不宾久矣，愿修武备，习水战，以待师期。"穀还，具道其语，晋高祖大喜，复遣使赐以甲马百匹。④

然而，奉事中朝仅仅是高从诲"事大"政策中最为重要的组成部分之一，而一旦中朝政局动荡、形势不稳之时，从诲往往能见机行事，瞄准新目标，寻找下一个靠山。如在后晋末年，契丹入主中原之时，高从诲"遣使入贡于契丹，契丹遣使以马赐之"，"亦遣使诣河东劝进"。胡三省注："荆南高氏父子事大以保其国，为谋

---

① 《十国春秋》卷一〇一《荆南二·文献王世家》，第1444页。
② 同上，第1440页。
③ 同上，第1443页。
④ 《新五代史》卷六九《南平世家》，第858页。

大率如此。"①

扛着奉事中朝的大旗，高氏荆南亦未忽视与其他势力的交往，而是主动与相邻政权建立和睦相处的关系，与吴、南唐、马楚和后蜀间鲜有战事发生。如对其东面代吴而立的南唐，从诲较早即已看清形势，在吴权臣徐知诰（即南唐烈祖李昪）尚未登基之时，即"遣使奉笺"劝其即皇帝位②。此举果然为其后高氏荆南与南唐建立良好关系奠定了基础。天福二年（937）十一月，从诲"表请于齐，置邸金陵"，得到南唐许可。次年正月，从诲又遣使庞守规至南唐，贺即位③。自此，荆南与南唐已形成较为稳固的盟友关系。

不过，值得注意的是，从诲的"事大称臣"尽管不假，但其对中朝也并非完全是俯首贴耳、唯唯喏喏。前述以术士之言而坚辞后晋加官，乃至怒而叛汉，已是明证。

总体来看，从诲的对外政策以"事大"为核心，而辅以交好四邻的原则，较之其父成策确实更为理性和务实，也更加灵活和开放。这种政策的执行，大大解除了长久以来笼罩于高氏荆南之上的战争阴霾，带来了较长时期的和平稳定局面，为高氏荆南政权的延续确立了良好的基调。从诲之后继者，莫不踵行其策，以保其国。就此而论，高从诲实际上是高氏荆南摆脱前期困境、步入后期平稳阶段的过渡性之主，其所制订的对外政策，是高氏荆南长期立于不败之地的关键因素。

---

① 《资治通鉴》卷二八六，后汉高祖天福十二年正月及胡三省注，第9337页。
② 《十国春秋》卷一〇一《荆南二·文献王世家》，第1441页。
③ 同上。

三、高从诲与"高赖子"之名

尽管高从诲治理高氏荆南卓有成效，但史臣却对其有不同评价，欧阳修即指斥其为"高赖子"：

> 荆南地狭兵弱，介于吴、楚为小国。自吴称帝，而南汉、闽、楚皆奉梁正朔，岁时贡奉，皆假道荆南。季兴、从诲常邀留其使者，掠取其物，而诸道以书责诮，或发兵加讨，即复还之而无愧。其后南汉与闽、蜀皆称帝，从诲所向称臣，盖利其赐予。俚俗语谓夺攘苟得无愧耻者为赖子，犹言无赖也，故诸国皆目为"高赖子"。①

胡三省亦曾说：

> 高从诲以区区三州介居唐、吴、蜀之间，利其赏赐，所向称臣，诸国谓之"高赖子"，其有以也夫。②

至于"赖子"之名，则缘于"俚俗语谓夺攘苟得无愧耻者为无赖"③的说法。

这种评论显系宋人正统观念所致。就高氏荆南存在的客观环境而言，在唯强力是尚、兵荒马乱的割据年代，高氏荆南实力明显远

---

① 《新五代史》卷六九《南平世家》，第859页。
② 《资治通鉴》卷二八〇，后晋高祖天福元年四月胡三省注，第9141页。
③ 《资治通鉴》卷二八七，后汉高祖天福十二年八月胡三省注，第9376页。

逊于中朝、吴、南唐、前后蜀与马楚，若一味奉行"君子大义"，谨守先贤遗训，树气节，尚名义，不求变通，采取与列强对抗的姿态，无异于以卵击石，自取灭亡。即便南方诸国大多推行保境息民之策，其国亦早就会被无情的战火所吞噬，断不至于存在50余年。反过来看，虽则"所向称臣"不合常理，有悖王道，但却是高氏荆南自王一方最合适的统治之术，是立足于现实而做出的明智的生存之道，无可厚非。欧阳子叔之论过于偏颇，失之甚矣！

司马光对高从诲亦有评价，所谓：

> 初，荆南介居湖南、岭南、福建之间，地狭兵弱，自武信王季兴时，诸道入贡过其境者，多掠夺其货币。及诸道移书诘让，或加以兵，不得已复归之，曾不为愧。及从诲立，唐、晋、契丹、汉更据中原，南汉、闽、吴、蜀皆称帝，从诲利其赐与，所向称臣。诸国贱之，谓之"高无赖"。①

不过，与欧阳修有所不同的是，司马光对高从诲并未全盘否定。《资治通鉴》在记述孙光宪劝谏高从诲之事后，有一番论赞，曰："孙光宪见微而能谏，高从诲闻善而能徙，梁震成功而能退，自古有国家者能如是，夫何亡国败家丧身之有。"②言语之中对于高从诲从善纳谏之事，给予了高度认可，而此点亦是关乎国败家亡的重要因素，从诲能有此举，诚为不易。高氏能保其国，自然与

---

① 《资治通鉴》卷二八七，后汉高祖天福十二年八月，第9375—9376页。
② 《资治通鉴》卷二七九，后唐潞王清泰二年十月"臣光曰"，第9135—9136页。

此不无干系。吴任臣亦言："南平起家仆隶，而能折节下贤。震以谋略进，光宪以文章显，卒之保有荆土，善始善终。区区一隅，历世五主，夫亦得士力哉！"①吕思勉则称高从诲为"五代时之贤主"②。可见，从诲的自立之道，确有其过人之处。

其实，"利其赐与，所向称臣"，较之于其时"僭窃以主中国者，方日括民财以养骄卒，以媚黠虏，用逞其不戢之凶威，至于釜甑皆强夺以充赏"的举措，显然高出一截，实则是有益于民的"自全之便术"③。

后汉乾祐元年（948）冬十一月，从诲卒，年五十八。后汉诏赠尚书令，谥曰文献④。同年，葬于江陵之龙山⑤。

第三节　高氏后三主时期

高从诲之后，高氏荆南又历三主，分别是高保融、高保勖与高继冲。其时，中原政局已发生较大变化，后周、北宋相继而兴，中央集权较之此前明显有所加强，统一的因素渐次增长。这种外在客观环境的变化，对于高氏荆南国策的制订与实施产生了极大的影响。从高氏荆南政权内部来看，高氏后三主之中，唯保融尚能恪守前人之志，力保荆南政局稳定，继续维持高从诲以来的局面。保勖之后，治军御民皆无良法，终于陷入庸碌无为之境，高氏荆南国势

---

① 《十国春秋》卷一〇二《荆南三·论曰》，第1464页。
② 吕思勉：《隋唐五代史》，上海古籍出版社，2005，第585页。
③ 《读通鉴论》卷二九《五代中》，第1059页。
④ 《旧五代史》卷一三三《世袭列传二·高从诲》，第1753页。
⑤ 《十国春秋》卷一〇一《荆南二·贞懿王世家》，第1446页。

不如从前，其灭亡已为时不远。

一、高氏后三主时期中原形势的变化

后晋、后汉两朝，中原局势极为混乱，契丹铁骑横行，强藩拥兵叛乱，权臣倨傲跋扈，内忧外患日甚一日。乾祐三年（950）十二月，后汉枢密使、邺都①留守、兼天雄军②节度使郭威，依靠禁军拥戴，黄袍加身，夺取后汉政权。次年正月，郭威即位，国号周，改元广顺，是为后周太祖。自此之后直到宋初，中原形势日趋稳定，中央集权不断有所加强，统一因素日益增长。

后周太祖郭威在位期间，以保境为务，锐意内政改革，切实采取措施纾苏民困，休养生息，发展经济；又重构法网，整顿吏治，削弱地方；并贬抑权臣，重用文人，致思求治③。种种举措的实施，不仅使久遭战火屠戮的中原经济得以恢复，吏治渐归清明，而且一定程度上扭转了武夫悍卒利用长枪大剑左右政局的风气，文人开始在政坛上显露头角。这是五季宋初改革的前奏，之后世宗与北

---

① 邺都，后唐庄宗同光元年（923）改魏州为兴唐府，建号东京；三年（925）改东京为邺都，治今河北大名县东北大街乡（旧府城）。明宗天成四年（929）罢都。后晋高祖天福二年（937），改兴唐府为广晋府；三年（939）复以广晋府为邺都。后汉高祖乾祐元年（948）改为大名府。后周太祖显德元年（954）罢邺都为天雄军。
② 天雄军，即魏博镇，治今河北大名县东。
③ 参见拙文：《后周太祖郭威内政改革琐论》，《湖北大学学报》2003年第3期。另参阅唐启淮：《郭威改革简论》，《湘潭大学学报》1988年第3期；刘永平：《郭威改革述论》，《徐州师范大学学报》1992年第1期。

宋初年的改革①，皆以此为端绪，唯其深度和广度又有不同程度的推进与拓展。

从加强中央集权的角度而言，后周太祖、世宗与宋太祖所采取的下述措施，至为关键，且成效卓著。

其一，打压方镇势力。对于反叛中央的藩镇，无一例外地予以严惩。后周太祖即位不久，泰宁军节度使慕容延超勾结南唐、辽与北汉，于广顺二年（952）正月发动叛乱。当年四月，郭威下诏亲征兖州②，次月即平。自至，藩镇跋扈之态，渐有收敛。宋太祖登基未久，后周昭义③节度使李筠与淮南节度使李重进，又相继发难，赵匡胤均亲自至前线督战，二镇叛乱被迅速扑灭。为彻底改变自唐末以来藩镇割据的状况，宋太祖采纳赵普"稍夺其权，制其钱谷，收其精兵"④的建议，逐步削夺藩镇的民权、财权和兵权，"始以知州易方镇"⑤，存在近200年的藩镇叛上作乱现象逐渐

---

① 关于后周世宗的改革，参见徐明德：《论周世宗的改革及其历史意义》，《杭州大学学报》1983年第1期；唐兆梅：《简论周世宗》，《文史哲》1984年第3期；单子敏：《论周世宗改革》，《辽宁大学学报》1988年第4期；赵永春：《周世宗改革的历史经验》，《吉林师范大学学报》1992年第3期；黄晓华：《周世宗柴荣改革琐议》，《苏州大学学报》1995年第3期。另可参酌拙文：《后周太祖、世宗惩治官员考析》，《历史文献与传统文化》（第10辑），兰州大学出版社，2003。关于宋初加强中央集权的举措，成果众多，无法一一列举，述之甚详者，尤推何忠礼：《宋代政治史》，浙江大学出版社，2007，第25—43页。

② 兖州，治今山东兖州市，辖境相当今山东济宁、曲阜、泰安、莱芜、汶上、宁阳、泗水、邹城等市县地。

③ 昭义军，治今山西长治市，长期领有泽、潞、磁、洺、邢五州，辖境相当今河北内丘、隆尧以南，巨鹿、丘县、肥乡以西，涉县、邯郸市以北，山西浊漳河、丹河流域及沁水、阳城两县地。

④ （宋）司马光：《涑水记闻》卷一《杯酒释兵权》，中华书局，1989，点校本，第11页。

⑤ （宋）王应麟：《通鉴地理通释》卷三《历代州域总叙下·宋二十三路》，景印文渊阁四库全书，第312册，台湾商务印书馆，1986，第38页。

绝迹。

其二，整编禁军。禁军至五代中后期已然形成侍卫亲军与殿前军两大系统，其中的侍卫亲军，是五代各朝至为倚重的核心武装力量之一，在五代政权的递嬗中扮演着极为重要的角色，以至有五代"各朝兴亡，多视禁军向背"[①]的说法。揆诸史实，五代帝王凭借侍卫亲军之拥戴而上台者，相继有后唐明宗李嗣源、末帝李从珂，以及后周太祖郭威[②]。针对侍卫亲军骄纵难制、屡废人主的弊病，后周世宗在高平（今山西高平市西北）战役后，"慨然有惩革之意"，开始着手禁军的整治，将禁军中的"精锐者升在上军，怯懦者任从安便"。并有意抬高殿前军的地位，以此遏制侍卫亲军。诚如史载：世宗"又以骁勇之士，多为外诸侯所占，于是召募天下豪杰，不以草泽为阻，进于阙下，躬亲试阅，选武艺超绝及有身首者，分署为殿前诸班"[③]。经过一系列整顿，殿前军的地位卓然凌驾于侍卫亲军之上，精锐程度更甚。建隆元年（960），宋太祖"诏诸州长吏选所部兵送都下，以补禁旅之阙。又选强壮卒定为兵样，分送诸道；其后代以木梃，为高下之等，散给诸州军，委长吏、都监等召募教习，俟其精练，即送阙下"[④]。禁军对地方藩镇武装的优势更加明显。

---

① 聂崇岐：《论宋太祖收兵权》，《燕京学报》1948年第34卷，收入氏著：《宋史丛考》，中华书局，1980，第263—282页。
② 张其凡：《五代政权递嬗之考察——兼评周世宗的整军》，《华南师范大学学报》1985年第1期，收入氏著：《五代禁军初探》，暨南大学出版社，1993，第77—97页。
③ 以上引文俱见（宋）王溥：《五代会要》卷一二《京城禁军》，上海古籍出版社，2006，点校本，第206页。
④ 《宋史》卷一八七《兵志一·禁军上》，第4571页。

其三，严密法网。后周时期的立法成就，在五代各朝中最为突出。广顺元年（951）初，后周太祖诏令沿用后晋天福元年（936）以前有关律令①。同年六月，编成《大周续编敕》。此一时期，既袭用前代旧法，亦用本朝敕文。世宗显德五年（957），将《大周刑统》（也称《显德刑统》）21卷颁行天下，且与律、令、疏、式通行。《大周刑统》所开创的法典纂集的新体例，成为《宋刑统》效仿的蓝本，对宋初法制建设影响深远，所谓"《刑统》一书，终宋三世行之"②。宋初亦重视法制建设，如建隆三年（962）二月，宋太祖即下诏继续沿用后唐明宗时期确立的每五日内殿起居之制，规定官员以次转对的重要内容之一，即是指陈"刑狱冤滥，百姓疾苦"③，务使法制有序化。而"颇用重典，以绳奸慝"④，目的亦在于制止武人滥杀无辜的现象。

在推行上述措施加强中央集权的同时，统一活动亦渐次展开。高平战役后，世宗深知民心所向，慨然有削平天下之志。显德二年（955），"秦、凤人户怨（后）蜀之苛政，相次诣阙，乞举兵收复旧地"⑤。世宗从其请，遣将率兵伐蜀，夺取秦、成、阶三州。随后，王朴献《平边策》，提出"先易后难"的统一战略，认为应从南唐入手，"得吴，则桂、广皆为内臣，岷、蜀可飞书而召之；如不至，则四面并进，席卷而蜀平矣。吴、蜀平，幽可望风而至。唯并必死之寇，不可以恩信诱，必须以强兵攻之。但亦不足

---

① 《册府元龟》卷六一三《刑法部·定律令五》，第7083页。
② 《资治通鉴》卷二九三，后周世宗显德四年五月胡三省注，第9569页。
③ 《续资治通鉴长编》卷三，建隆三年二月，第62页。
④ 《宋史》卷一九九《刑法志一》，第4961页。
⑤ 《旧五代史》卷一一五《周世宗纪二》，第1529页。

以为边患，可为后图，候其便则一削以平之"①。世宗以此策为基础，在选择具体打击对象时又稍做调整，先后三次用兵南唐，两次出师北汉。并于显德五年（958），尽取南唐江北之地；显德六年（959），占领辽朝莫、瀛、易②等州。惜天不假年，世宗赍志而殁，享年仅39岁。

上述中原形势的变化，极大地震撼了南方割据势力，如一向藐视中朝的南汉中宗刘晟，得知南唐败讯后，忧惧不已，因入贡受阻，遂作长夜之饮，吁叹不止："吾身得免，幸矣，何暇虑后世哉！"③高氏荆南毗邻后周与北宋，受此影响更为明显。

二、高保融、高保勖与高继冲生平

高保融（920—960），字德长，从诲第三子④。后晋天福年间（936—942），制授检校司空、判内外诸军，俄迁节度副使。开运（944—946）末年，领峡州刺史，累加官至检校太傅。后汉初年，父从诲卒，权知军府事，制授起复检校太尉、同平章事、江陵尹、荆南节度、荆归峡观察使。后汉乾祐二年（949），加检校太师兼侍中。后周广顺（951—953）初年，加兼中书令，封渤海郡王。显

---

① 《旧五代史》卷一二八《王朴传》，第1679—1680页。
② 莫州，治今河北任丘市北30里鄚州镇，辖境相当今河北保定、任丘二市及清苑、文安等县地。
瀛州，治今河北河间市，辖境相当今河北保定市、博野县以东，肃宁、泊头、沧州、盐山等县市以北，大清河以南地区。
易州，治今河北易县，辖境相当今河北内长城以南，安新、满城以北，南拒马河以西。
③ 《资治通鉴》卷二九三，后周世宗显德四年十二月，第9576页。
④ 《新五代史》卷六九《南平世家》，第859页；《九国志》卷一二《北楚·贞懿王世家》，第3370页；《十国春秋》卷一〇一《荆南二·贞懿王世家》，第1446页。

德元年（954），进封南平王。世宗即位，加守中书令。显德六年（959），恭帝即位，加守太保。宋初，守太傅。建隆元年（960）八月，卒，年四十一。宋册赠太尉，谥贞懿①。《南平高正懿王神道碑》云："王讳保融，葬龙山。艾颖撰。"②

史载："保融性迂缓，无材能，而事无大小，皆委其弟保勖。"③或曰："保融性迂阔淹缓，御兵治民，一时术略政事，悉委于母弟保勖焉。"④此说或有不确，从保融在位期间的表现来看，实际上仍能延续高从诲以来的各种做法，荆南局势亦未见有任何变故，而这种局面的取得，并无可能尽皆保勖所为，毕竟保融乃一国之主，具有最终的决策权。下述记载多少对此有所反映：

> 荆南节度使高保融有疾，幕吏孙光宪梦在渚宫池与同僚偶座，而保融在西厅独处，唯姬妾侍焉。俄而高公弟保勖见召上桥，授以笔研，令光宪指拗发军，仍遣厅头二三子障蔽光宪，不欲保融遥见。逡巡有具橐鞭将校，列行俟命。⑤

这段文字出自高氏荆南幕府重臣孙光宪笔下，真实性应无可怀

---

① 《旧五代史》卷一三三《世袭列传二·高保融》，第1753页；《新五代史》卷六九《南平世家》，第859页；《宋史》卷四83《世家六·荆南高氏》，第13952页。另，（清）徐松辑：《宋会要辑稿》礼五八之八二载：南宋孝宗淳熙十四年（1187）八月，"荆南节度使、兼中书令、南平王高保融谥正懿"，中华书局，1957，影印本，第1652页。
② （宋）王象之：《舆地纪胜》卷六五《荆湖北路·江陵府下·碑记·南平高正懿王神道碑》，中华书局，1992，影印本，第2236页。
③ 《新五代史》卷六九《南平世家》，第860页。
④ 《宋史》卷四八三《世家六·荆南高氏》，第13952页。
⑤ 《北梦琐言逸文》卷三《孙光宪异梦》，《北梦琐言》，第413页。

疑。尽管所记为梦中所思，但亦是现实的反映。材料显示，保勖拟欲发兵，但在命孙光宪起草文书之时，却遮遮掩掩，并派人围住孙光宪，唯恐被保融发觉。试想，如果保勖大权在握，"事无大小"皆可一凭己意，又何以故作神秘，担心保融察觉呢？唯一的解释只能是，高氏荆南的国政仍操持于高保融之手，保融拥有最高的决定权。因此，高保融在位期间，保勖并非拥有决断一切的大权。《新五代史》《宋史》的上述说法，未必确切。

保融在位时，除谨守从诲之策外，对中原王朝亦存戒心。他曾修筑名为"北海"的军事水利防御工程，其意图在于防范中原王朝吞并荆南。史载：高保融"于纪南城北决江水潴之七里余，谓之北海，以阂行者"①。他书亦载："周显德二年（955），高保融自西山分江流，方五七里，筑堤而居，谓之北海。"②可见，高保融并非无所作为之辈，至少是守成之主，所谓"御军治民皆无法，高氏始衰"③之说，显然并不符合历史事实。高氏荆南衰落的起点始于保勖在位之时，即如史载："及保勖之立，藩政离弱，卒裁数月遂失国。"④

保融寝疾之时，"以其子继元幼弱，未堪承嗣，命其弟行军司马保勖总判内外军马事"⑤。至此，保勖才独揽高氏荆南大权。保

---

① 《宋史》卷四八三《世家六·荆南高氏》，第13953页。
② 《舆地纪胜》卷六四《荆湖北路·江陵府上·景物上·北海》，第2203页。《十国春秋》卷一〇一《荆南二·贞懿王世家》第1447页载其事为：显德元年（954），"王修江陵大堰，改名曰北海"。今从前说，以其时为"显德二年（955）"。
③ 《续资治通鉴长编》卷一，建隆元年八月，第22页。
④ 《宋史》卷四八三《世家六·荆南高氏》，第13953页。
⑤ 《续资治通鉴长编》卷一，建隆元年八月，第22页。

融卒后，保勖继位。

保勖（924—962），字省躬，文献王第十子，保融同母弟①。后晋天福（936—944）初年，起家领汉州刺史。保融在位时，判内外诸军事。后周广顺元年（951），加检校太傅，充荆南节度副使。显德（954—960）初年，加检校太尉，充行军司马，领宁江军节度。保融卒，权知军府事。宋太祖授以节度使。

保勖，"少多病，体貌臞瘠"②，并且"眉目疏秀，羸疾而口吃"③。其有"万事休"之名，据说来自于幼年。史载："初，保勖在保抱，从诲独钟爱，故或盛怒，见之必释然而笑，荆人目为'万事休'。"④建隆三年（962），保勖病重，"谓其将梁延嗣曰：'我疾遂不起，兄弟孰可付之后事者？'延嗣曰：'公不念贞懿王乎？先王寝疾，以军府付公，今先王子继冲长矣。'保勖曰：'子言是也。'即以继冲判内外兵马"⑤。当年十一月，保勖卒⑥，年三十九。宋赠侍中。继冲继立。

---

① 《宋史》卷四八三《世家六·荆南高氏》，第13953页；《十国春秋》卷一〇一《荆南二·侍中保勖世家》，第1450页。按，《旧五代史》卷一33《世袭列传二·高保勖》第1754页载："保勖，季兴之幼子也。"当误，今不取。
② 《十国春秋》卷一〇一《荆南二·侍中保勖世家》，第1450页。
③ 《续资治通鉴长编》卷一，建隆元年八月，第22页。
④ 《宋史》卷四八三《世家六·荆南高氏》，第13953页。《十国春秋》卷一〇一《荆南二·侍中保勖世家》第1451页亦载："初，保勖在保抱，文献王独钟爱之，或盛怒，见必释然而笑，荆人目为'万事休'。"按，《旧五代史》卷一三三《世袭列传二·高保勖》第1754页载："保勖，季兴幼子也。钟爱尤甚，季兴在世时，或因事盛怒，左右不敢窃视，唯保勖一见，季兴则怒自解，故荆人目之为'万事休'。"今不取此说，仍从《宋史》《十国春秋》。
⑤ 《新五代史》卷六九《南平世家》，第860页。
⑥ 同上。《宋史》卷四八三《世家六·荆南高氏》第13953页同此，按，《旧五代史》卷一三三《世袭列传二·高保勖》第1754页记作"皇朝建隆四年（963）春卒"，今从《新五代史》。

继冲（943—973），字成和①，保融长子。后周显德六年（959），以荫检校司空，为荆南节度副使。建隆三年（962），保勖寝疾，权知军府事。次年正月，承制授检校太保、江陵尹、荆南节度使。"高继冲自以年幼，未知民事，刑政、赋役委节度判官孙光宪，军旅、调度委衙内指挥使梁延嗣，谓曰：'使事事得中，人无间言，吾何忧也。'"②

继冲继位的次年二月，宋军借讨伐湖南张文表叛乱之机，假道荆南，兵不血刃袭据江陵，继冲纳降，高氏荆南国亡。宋太祖授继冲节度使如故，九月，继冲入朝。开宝六年（973），卒，年三十一。赠侍中。

三、高氏后三主的守成与无为

在高氏荆南"四世五主"的传承中，既有父死子继，亦有兄弟相续，大体较为顺利，至少在现存史籍中尚未见到有关高氏子弟篡夺王位的明确记载③，较之湖南马楚、福建王闽、南越刘汉等国的

---

① 《新五代史》卷六九《南平世家》，第860页。《十国春秋》卷一〇一《荆南二·侍中继冲世家》第1451页同此，按，《宋史》卷四八三《世家六·荆南高氏》第13953页作"字赞平"，今从《新五代史》《十国春秋》。又，《续资治通鉴长编》卷一"建隆元年八月"第22页载："荆南节度使、守太傅、兼中书令南平贞懿王高保融寝疾，以其子继元幼弱，未堪承嗣，命其弟行军司马高保勖总判内外军马事。"据此，从诲长子为"继元"。"继冲""继元"，当系一人，其名前后或有改易。
② 《续资治通鉴长编》卷四，乾德元年二月，第84页。
③ 按，《新五代史》卷六九《南平史家》第859页，第860页载："保融第三子也，不知其得立之因。"又载："其从叔从义谋为乱，为其徒高知训所告，徙之松滋内杀之。"因缺乏其他材料佐证，难以判断此两段文字是否与王位传承有关，但从目前所能掌握的材料来看，高氏荆南的王位传袭并无太多异常之处。

父子相残、兄弟阋墙，政局无疑稳定得多。但自高从诲殁后，高氏荆南的后三主较之其先人，逊色多多，高氏荆南国势自高保勖之后逐渐呈现衰退之迹。导致这种局面的原因极多，除有高氏后三主的才干、智识不及高季兴和高从诲等因素之外，后周和北宋初期，中原王朝力量的日臻强大，统一趋势的增长，则是其中至为关键的要素。即此而论，高保融等三主无所作为，单纯保守前人之业，亦是必然之势。相比较而言，高氏后三主统治期间，高保融在位时高氏荆南政权尚能运转有序，局面依然稳定。其后，则一年不如一年。

在对外政策上，高氏荆南仍奉中朝正朔，效忠程度更甚以往。后汉乾祐元年（948），从诲下葬之时，"汉主遣翰林茶酒使郭允明来赐衣币，允明车服导从如节度使，乃阴使人步测其城池高下，若为攻取之计者以动我，国人皆恐。保融重赂允明以遣"①。其实，后汉未必有征伐高氏荆南之意，郭允明此举无非是想趁机敲诈勒索而已，即令如此，高保融仍极力奉承，以维系与中朝间牢固的臣属关系。

后周时期与北宋初年，高氏荆南贡奉更勤。特别是自世宗即位以后，尤其如此，史载："荆南自后唐以来，常数岁一贡京师，而中间两绝。及世宗时，无岁不贡矣。保融以谓器械金帛，皆土地常产，不足以效诚节，乃遣其弟保绅来朝，世宗益嘉之。"②宋太祖开国，保融更为忧惧，"一岁之间三入贡"③。保勖继任后，又于建隆二年（961），遣其弟保寅入贡。

---

① 《十国春秋》卷一〇一《荆南二·贞懿王世家》，第1446页。
② 《新五代史》卷六九《南平世家》，第859页。
③ 同上，第860页。

对他国叛臣，则执之送往中朝。如后汉、后周更迭之际，后蜀施州刺史田行皋来奔，保融认为："彼贰于蜀，安肯尽忠于我！"径自将其押送至后周①。在后周军队于显德年间（954—960）讨伐南唐、后蜀时，高氏荆南均出兵相助或有意声援。而且，屡屡致书南唐、后蜀国主，谕以奉周之意。如显德三年（956），遣客将刘扶奉笺于唐，劝其内附；显德五年（958），曾两次遣使劝后蜀后主称臣于周②。

凡此种种输诚纳忠之表现，究其原因，高氏荆南实在是担心日益壮大的中原王朝陈兵境上，进而一举歼灭之，因此，保融等人寄望以此换取中原政权的扶持，从而实现保全其国的目的。但是，"天下一家，卧榻之侧，岂容他人酣睡"③，上述措施，仅可保全高氏荆南于一时，一旦时机成熟，中原王朝必然刀兵相向，高氏荆南亦迟早将被统一的洪流淹没。

"颇有治事才"④的保勖，继位以后，奢靡淫侈之风渐盛，耽于享乐，以至国事荒废，更加速了高氏荆南的覆灭。史载：

> （保勖）淫泆无度，日召娼妓集府署，择士卒壮健者令恣调谑，乃与姬妾垂帘共观，以为娱乐。又好营造台榭，穷极土木之工。有估客自岭外来，得龙眼一枝，约四十团，共千枚，献于保勖。保勖命作琅玕槛子置之，名曰："海珠薮"。其玩

---

① 《十国春秋》卷一〇一《荆南二·贞懿王世家》，第1446页。
② 同上，第1447页，第1448页。
③ 《续资治通鉴长编》卷一六，开宝八年十一月，第350页。
④ 《十国春秋》卷一〇一《荆南二·侍中保勖世家》，第1450页。

物多此类也。①

鉴于"军民咸怨"②，政事不治，故而孙光宪劝谏道："宋有天下，四方诸侯屈服面内，凡下诏书皆合仁义，此汤、武之君也。公宜克勤克俭，勿奢勿僭，上以奉朝廷，中以嗣祖宗，下以安百姓，若纵佚乐，非福也。"③但保勖不纳其议，政事日坏，高氏荆南已趋于穷途末路。

乾德元年（963）二月，宋廷兵发湖南，假道荆南，趁机掩袭江陵，高氏荆南灭亡。

---

① 《十国春秋》卷一〇一《荆南二·侍中保勖世家》，第1450页。
② 《宋史》卷四八三《世家六·荆南高氏》，第13953页。
③ 《续资治通鉴长编》卷二，建隆二年九月，第53—54页。

第三章　高氏荆南的灭亡

第一节　宋初"假道荆南"之策

建隆元年（960）正月，赵宋政权建立。北宋建立之初，其控制范围仅限于中原地区。在平定昭义李筠、淮南李重进的叛乱之后，宋代开国之君太祖赵匡胤与其臣僚赵普等，制订了"先南后北"的统一战略，所谓"中国自五代以来，兵连祸结，币藏空虚，必先取巴蜀，次及广南、江南，即国用富饶矣"①。南方诸国如后蜀、南汉、南唐，成为实施此战略的先期打击目标。上述战略计划尚未付诸实施，建隆三年（962）十月，趁湖南周行逢病卒、其子保权继立之际，衡州刺史张文表举兵叛乱，自称留后。保权遣使求援于荆南，并乞援于宋。次年二月，宋太祖命慕容延钊、李处耘领军讨伐张文表。由于事先已实施若干先期准备工作，宋廷对高氏荆南可谓志在必得，于是，借此应援湖南的大好时机，宋军以假道之

---

① （宋）王称：《东都事略》卷二三《列传六》"臣称曰"，《二十五别史》，第19册，齐鲁书社，2000，点校本，第190页。

计顺便降服高氏荆南。高继冲归降于宋,高氏荆南国除。

一、宋太祖与高氏荆南

宋太祖即位之初,对南面的高氏荆南早已有吞并之心,只是由于高氏荆南贡奉甚勤,未能觅得出兵借口,贸然兴师,毕竟有损新立未久的赵宋政权形象,而且极有可能导致诸侯离心,甚至对即将开展的统一战争产生阻碍,此种局面显然有违宋太祖初衷。但是,兼并高氏荆南的意图已然不可动摇,这一地区是其实施"先南后北"战略至为理想的根据地,自然成为其平定南方诸国的首选目标。宋太祖登基不久,就极为留意荆南局势。史载:"上初闻保融之丧,遣兵部尚书万年李涛往吊,及还,上问保勖堪其事否,涛以为可任,而保勖贡奉亦数至,乃授节钺。"[①]因缺乏其他材料的佐证,太祖是否此时即已有铲除高氏荆南的动机,尚难断言,但其对荆南政局变动如此敏感,本身似可表明太祖有意将高氏荆南纳入赵宋版图,而这只是时间早晚的问题。

并且,为便于日后顺利平定高氏荆南,宋太祖曾两次派遣使者赴江陵,其目的就是了解、打探其虚实。卢怀忠奉命出使高氏荆南前,太祖即曾叮嘱:"江陵人情去就,山川向背,我尽欲知之。"[②]可见,卢怀忠之行旨在"觇势强弱"[③]。高继冲嗣位之时,宋太祖又"命(康)延泽赍书币先往抚之,且察其情伪。及还,尽得其机事"[④]。在其后平定高氏荆南的过程中,康延泽即是宋军进

---

① 《续资治通鉴长编》卷二,建隆二年九月,第53页。
② 《续资治通鉴长编》卷四,乾德元年正月,第81页。
③ 《宋史》卷二五七《李处耘传》,第8961页。
④ 《宋史》卷二五五《康延泽传》,第8926页。

入高氏荆南境内的向导。

所以，建隆（960—963）初年，尽管高氏荆南政权仍然存在。但是，宋太祖收拾高氏荆南的各项准备工作，已在有条不紊地进行。

一方面，笼络、收买高氏子弟，为和平解决荆南创造条件。宋太祖物色的人选是高保寅。保寅字齐巽，高从诲之子。高保融时，为节院使。赵宋立国，保勖命保寅入觐，"太祖召对便殿，授掌书记遣还"①。掌书记一职乃藩镇自行辟署，宋太祖授保寅之职，显然有逾常制。不过，此举收效极佳，保寅回归后，即劝保勖："真主出世，天将混一区宇，兄宜首率诸国奉土归朝，无为他人取富贵资。"②保寅显系已被宋太祖拉拢。而在宋军进抵荆门（今湖北荆门市）之时，"高继冲遣其叔保寅及军校梁延嗣奉牛酒犒师，且来觇也。（李）处耘待之有加，谕令翌日先还。延嗣大喜，令报继冲以无虞。荆门距江陵百余里，是夕，召保寅等宴饮延钊之帐"③。李处耘当夜悄悄率数千轻骑直奔江陵，一举据而有之。此次误报军情，致使高氏荆南丧失最后的抵御机会，作为同往打探军情者之一的高保寅，自然负有不可推卸的责任。

另一方面，削弱高氏荆南军事防御实力，减轻宋军可能遭遇抵抗的强度。后周显德二年（955），高保融曾于江陵城北，修筑长达7里的军事水利防御工程"北海"，本意即在于防范中原王朝军队的南下侵袭。高保寅朝觐时，"太祖因保寅归，谕旨令决去（北

---

① 《宋史》卷四八三《世家六·荆南高氏》，第13955页。
② 同上。
③ 《宋史》卷二五七《李处耘传》，第8961—8962页。

海），使道路无阻"①。太祖颁发此令，冠冕堂皇的理由是畅通南北交往，其实又何尝不是借机扫清克平高氏荆南的险隘呢？既有此旨，其时的高氏荆南唯能照章办事而已。虽说史籍中并未明言其后荆南是否填平北海，但高保勖应该还不至于胆敢抗旨不遵。而且，之后宋太祖也并未对此予以追究，看来阻碍宋军南下的北海工程的确已遭毁废。

随着准备工作的大致就绪，恰逢湖南周保权又前来乞师讨伐叛将张文表，宋太祖又以应援湖南为名，不失时机地下令"荆南发水兵三千人赴潭州"②。对于高氏荆南而言，3 000水兵不可谓不多，更为关键的是，此诏颁发于宋军即将"假道"荆南之前，宋太祖将高氏荆南的主力兵种水军，抽调至湖南前线，无疑削减了荆南军队的有生力量，降低了未来可能遭遇到的抵抗强度，为即将开展的吞并战争埋下了伏笔。

在宋军出征之前，太祖听说"高继冲托以供亿王师，贷民钱帛"③，又下诏予以制止。至于高继冲"贷民钱帛"是否真为"供亿王师"，抑或含有积储军粮以御敌的计划，仅据现存史载确已难以考知。然而，太祖此令一定程度上必然产生限制高氏荆南扩充、壮大实力的效果。

宋军平定高氏荆南，至此已如在弦之箭，一触即发。

建隆三年（962），湖南周保权的乞师之举，为宋太祖克平荆南提供了难得的契机。之前，卢怀忠出使高氏荆南返回后，即禀报

---

① 《宋史》卷四八三《世家六·荆南高氏》，第13953页。
② 《续资治通鉴长编》卷四，乾德元年正月，第82页。
③ 《续资治通鉴长编》卷四，乾德元年二月，第83页。

曰："高继冲甲兵虽整，而控弦不过三万，年谷虽登，而民困于暴敛。南通长沙，东距建康，西迫巴蜀，北奉朝廷，观其形势，盖日不暇给，取之易耳。"乾德元年（963）正月，太祖召见宰相范质等，谓曰："江陵四分五裂之国，今假道出师，因而下之，蔑不济矣。"①明确提出"假道出师，因而下之"的作战方案，并将此策略授之于此次军中都监李处耘，命其会同襄州慕容延钊出师荆湖，以假道之名平定高氏荆南。可见，所谓"假道"，不过是伐灭虞虢之计的翻版，高氏荆南的灭亡已是指日可待。

二、宋廷"假道荆南"的方略

太祖此次平定荆湖，志在一举而下之，其军事部署即可印证此点。史载：

> 太祖建隆四年，武陵周行逢伪命衡州刺史张文表举兵攻潭州，行逢子保权初嗣立，乞师于朝廷，以为救援。正月七日，诏以山南东道节度使慕容延钊为湖南行营都总管，宣徽南院使李处耘为都监，率兵讨之。又以申州刺史聂章为壕寨使，遣内酒坊副使卢怀忠、毡毯使张继勋、染院副使康仁泽（即康延泽）领步骑数千赴之，分命使臣十一人，发安、复、郢、陈、澶、孟、宋、亳、颍、光等州兵会襄阳，以判四方馆事武怀节为行营战棹都监，鄞州刺史赵重进为先锋都监。八日，以淄州刺史尹崇珂为行营马军都指挥使。师至荆门，保权已擒文表，

---

① 《续资治通鉴长编》卷四，乾德元年正月，第81—82页。

杀之。①

而就在当年（963）二月，李处耘即衔命至襄州，尽管慕容延钊仍在病中，太祖诏令肩舆即戎事。

李处耘先后两次派遣阁门使丁德裕前往荆南。第一次，直接谕继冲以假道之意。史载其事曰：

> 李（处耘）以路由江陵，虑继冲不测，先遣使谕之曰："比者王师救应，东道之主诚在足下，然利在急速，故不淹留，但假一乡道，使于城外经过，幸矣。"②

并请"具薪水给军"。继冲召集僚佐谋议，"以民庶恐惧为辞，愿供刍饩百里外"。委婉拒绝宋军假道的提议。不久，丁德裕又奉命至江陵游说。此次提议，不知出于何故，高氏荆南幕府重臣

---

① 《宋会要辑稿》兵七之二三—二四，第6881页。
申州，治今河南信阳市，辖境相当今河南信阳市及信阳、罗山二县地。
陈州，治今河南淮阳县，辖境相当今河南淮阳、商水、太康、西华、沈丘等县及周口、项城二市地。
澶州，治今河南清丰县西南，辖境相当今河南清丰县及濮阳县东北、范县西北各一部分地。后晋高祖天福四年（939）移治德胜城（今濮阳县东南五里）。后周徙治今濮阳县。
孟州，治今河南孟县南十五里，辖境相当今河南孟县、温县、济源等县市及荥阳市部分地。
亳州，治今安徽亳州市，辖境相当今安徽亳阳、涡阳、蒙城及河南鹿邑、永城等市县地。
光州，治今河南潢川县，辖境相当今河南潢川、光山、新县、固始、商城等县及安徽金寨县西部地。
淄州，治今山东淄博市西南淄川城，辖境相当今山东淄博市及博兴县西南部，高青、邹平两县东部地。
② 《三楚新录》卷三，第6329页。

孙光宪与梁延嗣，竟然皆表示同意。

不过，对于宋军以假道之名而行平定荆南之实的真实意图，高氏荆南兵马副使李景威心知肚明，其对继冲说：

> 今王师虽假道以收湖湘，然观其事势，恐因而袭我。景威愿效犬马之力，假兵三千，于荆门中道险隘处设伏，候其夜行，发伏攻其上将，王师必自退却，回军收张文表以献于朝廷，则公之功业大矣。不然，且有摇尾求食之祸。①

另有史籍载景威之语为：

> 兵尚权谲，城外之约，不可信也。宜严兵以待之！②

继冲则回答："吾家累岁奉朝廷，必无此事，尔无过虑，况尔又非慕容延钊之敌乎？"可见，继冲还完全沉浸在幻想之中，以为长期效忠朝廷，即可确保高氏荆南无虞，对眼前局势之危急缺乏正确预判，其想法太过简单和幼稚。实际上，国与国之间，仅凭道义和诚信构建的同盟关系，在现实利益面前，总是会显得极其脆弱，不堪一击。可惜继冲不明此理，乃至于认为景威之虑实过多余，并又以景威并非慕容延钊敌手，拒纳其议。

李景威又道："旧传江陵诸处有九十九洲，若满百则有王者兴。自武信王之初，江心深浪之中，忽生一洲，遂满百数，昨此洲

---

① 以上引文俱见《续资治通鉴长编》卷四，乾德元年二月，第84页。
② 《新五代史》卷六九《南平世家》，第860页。

漂没不存，兹亦可忧也。"此说虽不太可信，但景威用意仍在于以此劝说继冲提防宋军的进攻。已经认可宋军假道之议的孙光宪，则劝继冲：

> 景威，峡江一民尔，安识成败。且中国自周世宗时，已有混一天下之志。圣宋受命，凡所措置，规模益宏远。今伐文表，如以山压卵尔。湖湘既平，岂有复假道而去耶！不若早以疆土归朝廷，去斥堠，封府库以待，则荆楚可免祸，而公亦不失富贵。①

上述议论中，孙光宪对天下形势的判断的确不差，自后周至宋初，统一浪潮日甚一日，高氏荆南确非宋军敌手，所谓假道亦不过是幌子而已，灭亡高氏荆南乃是宋廷此次用兵的目的之一。照此而言，不如早日归降，既可使本地黎民免遭屠戮，高氏一门亦不失利禄荣宠。此论本无可挑剔，亦是切中肯綮的深识时务之言。但是，姑且不论李景威所提之策是否有效，在大敌当前之际，孙光宪早早定下归降的基调，其间所显示出的软弱，较之同为高氏重臣的景威展露出的刚勇，两者高下立判。

话说回来，宋廷此次用兵已是志在必得，景威之谋未必管用，假若高氏荆南一旦抵抗，其结局只能是玉石俱焚，如同其后的湖南周保权政权。史载：宋军平定荆南之时，尽管张文表已被杀，宋军仍长驱入潭州。周保权不听观察判官李观象归顺朝廷的建议，

---

① 以上引文俱见《续资治通鉴长编》卷四，乾德元年二月，第84—85页。

在指挥使张从富等人挑唆下,图谋抗拒。三江口(今湖北监利县东南长江北侧荆河脑附近)一役,宋军"获船七百余艘,斩首四千余级"①。其后敖山寨(今湖南临澧县东南)一战,湖南军队再次大败,"(李)处耘择所俘体肥者数十人,令左右分食之,少健者悉黥其面"②,周保权终于未能逃脱丧师灭国的命运。再者,即使在高季兴、高从诲时期,高氏荆南尚不敢与中原王朝进行正面交锋,更何况此时高氏荆南国势已经转弱,而天水一朝正如日中之天,两相对比,孰强孰弱,优劣成败,清晰可鉴,因此,孙光宪归降之议,的确不失为一种明智的选择。

李景威知道大局已定,再难更改,遂出而叹曰:"大事去矣,何用生为!"③扼吭而死。高氏荆南中唯一反对假道之议的武将壮烈而终,宋廷的假道之策终于得以付诸实施。

三、宋军突袭江陵

实施此策时,李处耘、慕容延钊事先故意用计麻痹荆南高氏,使其放松警惕,尔后乘其不备,连夜突入江陵,造成既成之势,逼迫继冲就范。

继冲接受假道之议后,"遣(梁)延嗣与其叔父掌书记保寅,奉牛酒来犒师,且觇师之所为"④。即以梁延嗣、高保寅借犒军之名前来打听动静,探其虚实,再作应对。其时,梁延嗣为高氏荆南衙内指挥使,与孙光宪对掌文、武二事,全权负责军旅调度,是高

---

① 《续资治通鉴长编》卷四,乾德元年二月,第86页。
② 同上。
③ 《续资治通鉴长编》卷四,乾德元年二月,第85页。
④ 同上。

氏荆南军队的最高长官。①李处耘将大军前行，遂令军中曰："入江陵城有不由路及擅入民舍者斩。"②驻扎于荆门，接见延嗣与保寅，"待之有加，谕令翼日先还"③。盛情款待之后，当日将二人留营不遣。梁延嗣蒙蔽于歌舞升平的假象，以为宋军不会立即向荆南进发，遂向继冲发出错误信息，报以无虞。

鉴于延嗣与保寅中计，延钊与处耘遂分头行事。由慕容延钊出面招待延嗣等继续在军营中酣饮，稳住二人，李处耘则连夜率轻骑迅速奔赴江陵。荆门距江陵不过百里左右，宋军前来的消息很快就传入江陵，而延嗣派回荆南报平安的使者尚未至江陵，继冲仍在等待延嗣、保寅归来，"遽闻大军奄至，即皇恐出迎，遇处耘于江陵北十五里"。处耘并未止住前行大军，仅"揖继冲"，令其等候延钊的到来，自率亲兵经北门进入江陵。等到继冲与延钊入城，宋军已经"分据冲要，布列街巷"④。

至此，高氏荆南实际上已不战而亡。

宋初平定高氏荆南，并非强取，而是以假道之名为掩盖，趁其无备袭取江陵，进而迫使高继冲放弃抵抗，归附于宋，此役丝毫未损宋军有生力量，由此亦充分显现出宋太祖、李处耘、慕容延钊等人非凡的军事智慧与卓越的军事艺术。

---

① 《续资治通鉴长编》卷四，乾德元年二月，第84页。
② 《宋史》卷二五七《李处耘传》，第8961页。
③ 《续资治通鉴长编》卷四，乾德元年二月，第85页。
④ 同上。

第二节　高氏荆南的纳土

在宋军趁虚占据江陵城之后，高继冲已无可选择，唯有束手待命而已。高氏荆南的纳土归附，是赵宋政权开展统一战争、实施先南后北战略，取得的初次大捷，此举不仅为宋廷打通了南下的通道，更可以荆南水军充实统一大军的力量，以荆南三州的丰富物产增强宋王朝的经济实力，为随后顺利平定南方诸国的战争创造诸多有利条件。尽管高氏荆南并非主动投附宋廷，但在平定的过程中，由于高氏荆南全无抵抗，宋军未费一兵一卒，兵不血刃即奄有其地，并且不久继冲即入朝，故而宋廷对高氏荆南旧臣与高氏后人，仍能优遇有加，高氏一脉至南宋尚有胤续。

一、高继冲归降于宋

伴随江陵城的失守，高继冲自知大势已去，忧惧不安，进城不久，即"诣延钊，纳牌印，遣客将王昭济等奉表以三州，十七县，十四万二千三百户来归"[1]。关于其后的经过，史籍有如下详细记载：

> 太祖令御厨使部岳持诏安抚，枢密承旨王仁赡为荆南都巡检使，仍令赍衣服、玉带、器币、鞍勒马以赐继冲，授继冲马步都指挥使，梁延嗣为复州防御使，节度判官孙光宪为黄州

---

[1]　《续资治通鉴长编》卷四，乾德元年二月，第85页。

刺史，右都押衙孙仲文为武胜军节度副使，知进奏郑景玫为右骁卫将军，王昭济左领军卫将军，萧仁楷供奉官。继冲籍管内刍粮钱帛之数来上，又献钱五万贯、绢五千匹、布五万匹，复遣支使王崇范诣阙贡金器五百两、银器五千两、锦绮二百段、龙脑香十斤、锦绣帷幕二百事。三月，诏鞍辔库使翟光裔赍官告、旌节赐继冲，并存问参佐官吏等；又以保融兄弟、诸父江陵少尹保绅为卫尉卿，节院使保寅为将作监、充内作坊使，左衙都将保绪为鸿胪少卿，右衙都将保节为司农少卿，合州刺史从翊为右卫将军、衙将保逊为左监门卫将军，巴州刺史保衡为归州刺史，知峡州事保膺为本州刺史，衙将从诜为右卫率府率，从让为左清道率府率，从谦为左司卫御率府率；又以王崇范为节度判官，高若拙观察判官，梁守彬江陵少尹，韦仲宣掌书记，胡允修节度推官，州县官悉仍旧，别赐管内符印。五月，保绅等来朝，各赐京城第一区。六月，命王仁赡兼知军府事。

会是岁将郊祀，表求入觐，可之。十月，至阙下，献金银器、锦帛、宝装弓剑、绣旗帜、象牙、玉鞍勒等，赐赉甚厚。效祀毕，授继冲徐州大都督府长史、武宁军节度使、徐宿观察使。继冲镇彭门几十年，委政僚佐，部内亦治。开宝六年，卒，年三十一。废朝二日，赠侍中，遣中使护丧，葬事官给。①

当年九月，继冲赴朝前，"具文告三庙"，随即"率其将吏、宗族五百余人朝于京师"②。另有史籍亦载："先是继冲表乞陪祀，许之，因举族归朝。"③高氏至此离开江陵，高氏在荆南的统治彻底结束。

继冲随即被任为徐州节度使，在镇徐州期间，还颇有治绩。开宝六年（973）十一月④，卒于镇，赠侍中。在史籍中，还有一则看似与继冲有关的材料，兹先录之如下：

> 张平，青州临朐人。弱冠寓单州，依刺史罗金山。金山移滁州，署平马步都虞候。太宗尹京兆，置其邸。及秦王廷美领贵州，复署为亲吏。后数年，有谮平匿府中钱物，秦王白太宗鞫之，无状，秦王益不喜，遂遣去。太宗怜其非罪，以属徐帅高继冲，继冲署为镇将。平叹曰："吾命虽蹇，后未必不为

---

① 《宋史》卷四八三《世家六·荆南高氏》，第13954—13955页。
黄州，治今湖北黄州市，辖境大致包括今湖北黄州、武穴、麻城三市及黄陂、红安、新洲等地。
合州，治今重庆合川市，辖境相当今重庆合川、铜梁、大足及四川武胜等市县地。
巴州，治今重庆市，辖境相当今重庆市渝北区以南，江津以东，涪陵以西地区。
② 《新五代史》卷六九《南平世家》，第861页；《十国春秋》卷一〇一《荆南二·侍中继冲世家》，第1453页。
③ 《续资治通鉴长编》卷四，乾德元年十一月，第110页。
④ 《宋史》卷四八一《世家六·荆南高氏》，第13955页；《宋会要辑稿》礼四一之五一，第1403页；《宋会要辑稿》仪制一一之一九，第2034页。

福也。"①

按，太宗即位于开宝九年（976）十月②，而秦王廷美任贵州防御使始于太平兴国四年（979）二月③，此时距继冲辞世已7个年头，而上述记载中，太宗以张平"属徐帅高继冲"之事，还在廷美领贵州之职数年以后，可见，此说明显失实，此事亦与继冲无关，故不取。

不过，高继冲在《伤寒论》这一中医文献的传承上，却是极为关键性的人物，其功尤为后世医家推崇。宋人林亿《伤寒论·序》称："开宝（968—976）中，节度使高继冲曾编录进上。"④据考证，宋淳化本《太平圣惠方》卷八《伤寒论》，即依高继冲所献校雠而成⑤。有学者指出，此书大约献于高继冲临终前的开宝四年（971）或开宝五年（972），为投宋太宗广求医书之好，继冲才将极为珍视的此书献录朝廷⑥。至元代，医家李仲南《永类钤方》卷一《伤寒》又将残缺的高氏《伤寒论》，收录其中。由此表明，

---

① 《宋史》卷二七六《张平传》，第9405页。
单州，治今山东单县南，辖境大致包括今山东单县、成武、鱼台及安徽砀山等县地。
滁州，治今安徽滁州市，辖境相当今安徽滁州市和来安、全椒二县地。
贵州，治今广西贵州市，辖境相当今广西贵港市地。
② 《续资治通鉴长编》卷一七，开宝九年十月，第381页。
③ 《宋史》卷四《太宗纪一》，第61页。
④ （汉）张机撰，（晋）王叔和编，（金）成无已注：《伤寒论注释》，景印文渊阁四库全书，第734册，商务印书馆，1986，第203页。
⑤ 马继兴：《中医文献学基础》，中医研究院中国医史文献出版社，1982，第166页。
⑥ 钱超尘：《高继冲及其所献〈伤寒论〉考略》，《中国医药学报》1986年第1期。

高氏荆南《伤寒论》的价值在元代仍然得到医家承认，而《永类钤方》的伤寒部分，亦为研究高氏本《伤寒论》的流传，提供了极为宝贵的资料①。总之，高氏本《伤寒论》对研究中医版本学和校勘《伤寒论》，大有裨益。这是高继冲在中医文献保留上的功绩，不可不提。

二、宋廷之安抚

宋廷对高氏子弟及其旧臣，均有妥善安排，而对在平定荆南过程中力主归降的孙光宪、梁延嗣，则又分别授予黄州刺史和复州防御使之职。对于平定之前已被拉拢的高保寅，更是宠渥有加。太祖嘉其有功，"驿召赴阙，授将作监，充内作使，赐第一区。俄知宿州"。不久，又转少府监。开宝五年（972），知怀州②。保寅在怀州任上，"苏易简、王钦若并妙年始趋学"；任职同州③时，"钱若水为从事"；在光化军④任上，"张士逊其邑人也"。对上述人物，"保寅一见皆奖拔，许以远大，议者多其知人"。其子辅政、辅尧、辅国，并进士及第。辅政至秘书丞，辅之至太常丞⑤。史籍中，还有这样一则记载："高辅国，曾祖季兴，祖从诲，俱为南平王，盖荆南高氏。辅国之父保寅，不知在从诲十五子中为第几人，

---

① ［日］冈田研吉、郭秀梅：《高继冲本〈伤寒论〉与〈永类钤方·伤寒〉》，《吉林中医药》1995年第1期。
② 怀州，治今河南沁阳市，辖境相当今河南焦作、沁阳、武陟、获嘉、修武、博爱等市县地。
③ 同州，治今陕西大荔县，辖境相当今陕西大荔、合阳、韩城、澄城、白水等县市地。
④ 光化军，北宋乾德二年（964）置，治今湖北老河口市西北西集街。
⑤ 以上引文俱见《宋史》卷四八三《荆南高氏世家》，第13955—13956页。

与继冲俱归本朝者也。"①可见，辅国确系保寅之子。

保寅入宋后，一度与赵普发生过摩擦，并曾上疏请罢节镇领支郡之制。史载其事曰：

> 太宗太平兴国二年八月，上初即位，以少府监高保寅知怀州。怀州故隶河阳，时赵普为节度使。保寅素与普有隙，事多为普所抑，保寅心不能平，手疏乞罢节镇领支郡之制。乃诏怀州直隶京，长吏得自奏事。于是虢州刺史许昌裔诉保平军节度使杜审进阙失事，诏右拾遗李瀚往察之。瀚因言："节镇领支郡，多俾亲吏掌其关市，颇不便于商贾，滞天下之货。望不令有所统摄，以分方面之权，尊奖王室，亦强干弱枝之术也。"始，唐及五代节镇皆有支郡。太祖平湖南，始令潭、朗等州直属京师，长吏得自奏事。其后，大县屯兵，亦有直属京师者，兴元之三泉是也。
>
> 戊辰，上纳瀚言，诏幽〔邠〕、宁、泾、原、鄜、坊、延、丹、陕、虢、襄、均、房、复、邓、唐、澶、濮、宋、亳、郓、济、沧、德、曹、单、青、淄、兖、沂、贝、冀、滑、卫、镇、深、赵、定、祁等州并直属京，天下节镇无复领支郡者矣。②

---

① （宋）楼钥：《攻媿集》卷七三《跋金花贴子绫本小录》，景印文渊阁四库全书，第1153册，台湾商务印书馆，1986，第193页。
② 《宋会要辑稿》职官三八之一——二，第3141—3142页。
保平军，疑为"保宁军"之误。保宁军，治今四川阆中市，后废。
兴元，即兴元府，治今陕西汉中市东，辖境相当今陕西汉中市及南郑、勉县、城固等县地。三泉，即三泉县，治今陕西宁强县西北阳平关，北宋升为大安军。

虽然太宗即位之初，赵普郁郁不得志，但毕竟是太祖旧臣，而保寅竟敢与其抗衡，这显然不是一般地位低下之人所能做到的，保寅此时实际的政治地位似乎并不低。而宋初废除节镇领支郡之事，看来与保寅多少还有些关系。

三、赵宋王朝恩遇荆南高氏后裔

入宋后的高氏后人，长时间受到赵宋王朝的特殊恩渥，至南宋时期仍然如此。兹将翻检所得有关材料，依时代先后列于其下，以见其实。

北宋真宗大中祥符元年（1008）十月，诏："两浙钱氏、泉州陈氏近亲、蜀孟氏、湖南马氏、荆南高氏、广南河东刘氏子孙未食禄者，听叙用。"①另有史籍亦载：大中祥符元年（1008）十月二十六日，"东封赦：应吴越忠懿王近亲未食禄者，特与叙用。泉州陈氏近亲未食禄者，分析闻奏。伪蜀孟氏、吴李氏、湖南马氏、荆南高氏、广南河东刘氏亲嫡子孙未食禄者，特与甄叙"②。

仁宗天圣二年（1024）正月，"故尚书令南平王高从诲孙进士辅元，有兄亡，系周亲服制，取应不得。诏以王公之后禄仕殆绝，特令送贡院试"③。

仁宗天圣五年（1027）五月，"赐进士顾洵美、高辅元同学究出身。……辅元，即故荆南节度使从诲之孙"④。

天圣七年（1029）六月，"录其（高季兴）曾孙焘为江陵府枝

---

① 《宋史》卷七《真宗纪二》，第138页。
② 《宋会要辑稿》崇儒七之七五，第2326页。
③ 《宋会要辑稿》选举三之一四，第4268页。
④ 《宋会要辑稿》选举九之八，第4400页。

江县尉"①。

明道二年（1033）六月十三日，"诏录南平王高季兴、吴王李煜、楚王孟昶、彭城郡王刘继元、南越王刘𬬮嫡子或孙一人官，愿文资，与簿尉，班行与三班奉职"②。

景祐二年（1035）十一月十五日，"南郊赦：两浙钱氏、泉州陈氏、西川孟氏、江南李氏、湖南马氏、荆南高氏、广南刘氏、河东刘氏子孙未仕者，于所在投状，择其近亲一人，特录用之"③。

景祐四年（1037）六月，"又录其（高季兴）后济为三班借职"④。

南宋理宗淳祐九年（1249），"又求隋、唐及朱氏、李氏、石氏、刘氏、郭氏之后，及吴越、荆南、湖南、蜀汉诸国之子孙，皆命以官，使守其祀"⑤。

可见，高氏后代在赵宋一朝常常因其先人，以荫补官，或受到特别照顾，高氏血脉胤续也基本贯穿有宋一代，其具体传承则已无可考。

第三节　高氏荆南存续的历史条件剖析

高氏荆南最终灭亡于北宋，但其毕竟存在长达半个多世纪之久，能被史家列入五代十国时期的南方九国之一，其历史地位不容

---

① 《宋会要辑稿》崇儒七之七五，第2326页。
② 同上。
③ 同上。
④ 同上。
⑤ 《宋史》卷一一九《礼志二十二·宾礼四》，第2798—2799页。

抹杀。而且，高氏荆南是南方诸国中最小的割据政权，其能在中原王朝、马楚、吴、南唐与前后蜀的夹缝中，延续至北宋初期，较之于同一历史时期的前蜀、马楚与闽，存在时间更为长久，其间的原因何在呢？

  关于此点，学界此前已有探讨。沈起炜以为，荆南高氏不耽于骄奢淫逸的生活，缘于在夹逢中求生存的"环境不允许它的统治者安心享乐"，"荆南经济全靠南北通商，政治生命全靠同人家搞好关系"，为其生存之本[①]。陶懋炳认为是保境息民，恢复生产[②]。朱巨亚的看法为，高氏父子所采取的藩属中朝、休养生息、或和或战的诸项政策，以及相邻势力的相互牵制，是高氏荆南存在于这块弹丸之地的原因[③]。宋嗣军指出，四邻势力留存高氏荆南以为缓冲，与高氏荆南四向称臣、保境安民、重用人才与恢复经济的举措，是该政权存在的根源[④]。曾国富的研究表明，与中原王朝长期的密切关系，与四邻的和睦相处，坚固的城防，重视、重用人才，是荆南政权能在列国夹缝中立足的主要原因[⑤]。李文澜指出，"从外部条件看，唐末五代形成的分裂割据势力还相当强大，在一定时期内统一的条件尚未形成"；从内部原因来看，荆南高氏政权"尚能招致人才、知人善任、听忠纳谏；在境内又能保境息民，这是它能生存一个时期的政治条件"[⑥]。以上诸家所言已揭橥高氏荆南得以存

---

① 沈起炜：《五代史话》，中国青年出版社，1983，第109页。
② 《五代史略》，第177页。
③ 朱巨亚：《浅析荆南政权存在的原因》，《铁道师院学报》1987年第3期。
④ 宋嗣军：《五代时荆南平立国原因浅析》，《湖北师范学院学报（哲学社会科学版）》1990年第3期。
⑤ 曾国富：《五代南平史三题》，《中国史研究》1996年第1期。
⑥ 《湖北通史·隋唐五代卷》，第407—408页。

在、延续的历史原因。兹撮其要，略述之如下。

一、外部环境分析

从高氏荆南存在的外在条件看，北方中原王朝无力南顾与南方诸国的保境息民，为高氏荆南提供了赖以存在的有利环境。唐末以降，南方各地军阀经过长达多年的血拼与较量，至五代十国时期，大体上已形成一个较为稳定的均衡局面，北方中原王朝一直到后周立国之前，始终是内忧外患频仍，政局动荡不宁，无法集中力量平定南方诸国，统一的因素尚未显现。而南方诸国尽皆奉行保境守土之策，大多追求相安无事、边境无虞的和平状态，以吞并邻国为目的的战争并不多见。因此，南北双方大致都能各守其境，竭力维持彼此间相互制衡的均势格局。作为这个多元力量所构建的平衡圈中的一极，高氏荆南既是上述地缘政治格局链条中的一环，其强弱盛衰不仅攸关自身存亡，亦能对上述均势格局产生一定的影响。而一旦南北力量对比发生巨大变化，即北方中原王朝取得对南方的压倒性优势时，均势无疑就会打破，而作为南方诸国中实力最为弱小，且处于四战之地的高氏荆南，也必然会成为北方中原王朝南下的突破口，与之相应，南方其他诸国随后亦将步其后尘，被重新纳入大一统王朝的框架，并重塑新型的政治地理格局。然而，自后梁至后周世宗即位前，南北双方的彼此制衡局面仍是主流。正是这种特定的客观环境，造就了高氏荆南立足狭小之地的有利生存空间。

首先来看五代中原王朝的总体形势。

"五代五十年间，易姓告代，如似翻鏊上饼。"①短短54年间，中原地区迭经后梁、后唐、后晋、后汉、后周五朝更迭，易代频仍，国祚大多短促，王朝至短者无过后汉的四载，最长者亦不过后梁的十六年。践登帝位者，则计有八姓十四君，在位时间最短者后唐闵帝李从厚，仅及三个月；最长者则是后唐明宗，也仅有区区八个年头。其间，"干戈起于骨肉，异类合为父子"②，相逐相弒之事不绝如缕。而在易代如此频繁之际，五代有作为的君主唯有后唐明宗、后周太祖与世宗，其余皆是暴戾荒淫、颟顸无能之辈，以致朝纲紊乱，政事不举，内讧不休，兵连祸结，黎民涂炭。高季兴在后唐同光元年（923）入觐庄宗归来后，即有感而发："中外之情，其何以堪，吾高枕无忧矣。"③

内耗本已甚剧，帝位亦岌岌可危，而自唐末已迅速崛起的北方契丹民族，又不失时机地南下牧马，将中原王朝的北部边境搅得不得安宁。中原地区亦屡遭战火蹂躏，契丹铁骑所过之处，犹如秋风扫落叶，城郭为墟，白骨如莽。史载：契丹"乃纵胡骑四出，以牧马为名，分番剽掠，谓之'打草谷'。丁壮毙于锋刃，老弱委于沟壑，自东、西两畿及郑、滑、曹、濮，数百里间，财畜殆尽"④。在割取幽云十六州之后，契丹兵锋直接威胁黄河中下游地区，暴掠更甚，乃至一度攻陷后晋首都汴州，掳掠后晋少帝北返。其后仍不

---

① （宋）陶穀：《清异录》卷下《陈设门·绰楔台盘》，《全宋笔记》第一编，第2册，大象出版社，2003，点校本，第78页。
② 《新五代史》卷三六《义儿传·序》，第385页。
③ 《旧五代史》卷一三三《世袭列传二·高季兴》，第1752页。
④ 《资治通鉴》卷二八六，后汉高祖天福十二年正月，第9334—9335页。
郑州，治今郑州市，辖境相当今河南郑州、荥阳、新郑三市及中牟、原阳等县地。

时寻衅于边，成为关乎中原政权危亡的最大心腹之患。

中原政局，板荡连年，根本无暇顾及南方诸国。乾化三年（913），后梁曾遣将征吴，结果大败而回；后唐同光二年（924），庄宗伐蜀，虽克平其地，但至明宗时期，旋为孟知祥割据，建立后蜀。此后，一直到后汉灭亡，中原王朝针对南方诸国的大规模战争，已近绝迹。其自保犹力有不足，又何能刀兵相加？其实，后梁立国之初，就已然认可南方政权的存在，如后梁太祖"闻岐、蜀相攻……遗蜀主书，呼之为兄"。胡三省注云："帝与蜀主偕起于细微者也。蜀兵强地险，帝自度力不能制，故用敌国礼，呼之为兄。"① 而在中原以南，中朝均以襄阳为其要地，驻军于此，"控蜀扼荆"②，兵锋极少南指。正是基于中原形势不稳，无力南下，所以，远在岭南的刘䶮耻称"南海"之号，并感叹："中原多故，谁为真主，安能万里梯航而事伪庭乎！"遂于后梁贞明三年（917）八月，于广州称帝，国号大汉，改元乾亨③。

直至后周世宗时期，随着中原王朝的日益强大，上述形势才被逐渐扭转。北方在战略全局上取得压倒性的优势后，统一的进程才次第展开。在此之前，中原王朝对南方割据政权基本上采取听之任之的态度。

再来看高氏荆南邻国的对外战略。

南方相对安宁，高氏荆南相邻诸国皆以保境息民为国策，相互间的攻伐相对较少。南唐烈祖李昪尝言："百姓皆父母所生，

---

① 《资治通鉴》卷二六八，后梁太祖乾化二年二月及胡三省注，第8751页。
② 《资治通鉴》卷二七五，后唐明宗天成元年五月胡三省注，第8986页。
③ 《旧五代史》卷一三五《僭伪列传二·刘䶮》，第1808页。

安用争城广地，使之肝脑异处，膏涂草野。"打消臣下对外征战的念头，"讨伐之议，愿勿复关白也"①。割据湖南的马楚也以睦邻为原则，认为交好四邻，"大可以为缓急之援，小可通商旅之利"②。前蜀王建亦非穷兵黩武之辈，天复元年（901），前蜀诸将建议出兵消灭岐王李茂贞，王建力排众议，认为："吾所得已多，不俟复增岐下。茂贞虽常才，然名望宿素，与朱公力争不足，守境有余。韩生所谓入为扞蔽，出为席藉是也。适宜援而固之，为吾盾卤耳。"③这种以守境为目的的国策长期得以执行。天复三年（903），王建获取荆南原管五州，坚持"以瞿塘，蜀之险要"④的方略，屯军夔州，无意挥师三峡以东地区。后梁乾化四年（914）八月，荆南与前蜀不睦，"峡上有堰，或劝蜀主乘夏秋江涨，决之以灌江陵，毛文锡谏曰：'高季昌不服，其民何罪！陛下方以德怀天下，忍以邻国之民为鱼鳖食乎！'"⑤王建听从其议。后蜀时期，亦照搬前蜀成策，仍以夔州为控扼三峡的门户，与高氏荆南相安无事。

若单单依据上述情形而论，顾祖禹下述之言倒是不差："五代时高氏保江陵，赖中原多故，称臣诸国以延岁月，宋师一逾襄阳而国不可立矣。"⑥然而，无论是中原王朝政局动荡不稳，无力南顾，还是南方诸国以保境安民为务，均仅涉及问题的一个方面，即

---

① （宋）史温：《钓矶立谈》，五代史书汇编，第9册，杭州出版社，2004，点校本，第5007页。
② 《资治通鉴》卷二六五，唐昭宗天祐元年十二月，第8638页。
③ 《旧五代史》卷一三六《僭伪列传三·王建》，第1819页。
④ 《资治通鉴》卷二六四，唐昭宗天复三年十月，第8619页。
⑤ 《资治通鉴》卷二六九，后梁末王乾化四年八月，第8784页。
⑥ 《读史方舆纪要》卷七五《湖广方舆纪要序》，第3486页。

仅仅注意到高氏荆南存在的的外部条件，却对该政权存在的内部根源，有所忽略，所论有欠全面。

二、内部根源研究

任何政权的存在，仅仅依靠外部力量的相互牵制与平衡，或可立足于一时，但注定不会长久。与高氏荆南相邻的南方割据政权，常有覆灭或易代的情形发生，前者如马楚与前蜀，后者如吴，这些政权所处的外部环境大致与高氏荆南相同，而高氏荆南却前后历经近60年，两相比照，不难发现，如果单纯从外在条件进行分析，显然无法解释高氏荆南政权的存在与延续。事实上，外在的客观环境，固然是高氏荆南赖以安身立命的重要因素之一，但在此之外，高氏荆南自身推行的种种有力举措，对于该政权的自立，所起作用同样不容小视。

从政治上看，高氏荆南以自居藩镇、奉行事大政策，作为立国基调。利用藩臣的身份与地位，高氏荆南长期称臣于中朝，两者关系较为密切，虽说"中间两绝"①于中朝，一度称臣于吴，但其时间均不长，而且，自后周世宗以后，更是无岁不贡京师，所谓"吾家累岁奉朝廷"②者也。此举有效避免了中朝、吴与南唐的强有力打击，并起到震慑其他相邻势力，使之不至于贸然加兵荆南的作用。之所以，后唐一举克平关山阻隔、富极一时的前蜀，而未翦除毗邻而居、"地狭兵弱"③的高氏荆南；吴、前蜀、楚与荆南迭

---

① 《新五代史》卷六九《南平世家》，第859页。
② 《续资治通鉴长编》卷四，乾德元年二月，第84页。
③ 《资治通鉴》卷二八七，后汉高祖天福十二年八月，第9375页。

有战事，却皆存之而不取，虽然其中皆不乏以其地为缓冲的战略意图，但至为关键之处则在于高氏荆南"奉事中国"政策的执行。惟因如此，故"卒然犯之，其名不祥"①，而这种去虚名而务实效的政策，恰恰是高氏荆南得以立足的政治前提。故此，在与中朝发生尖锐对立时，高氏荆南常常通过多种渠道表达称臣意愿，负荆请罪，乞修职贡，其目的即在于巩固中朝藩属国的地位。

在推行"事大"政策的同时，高氏荆南也能注重与周边政权建立睦邻友好关系，以求得多方支持和庇护。如后梁时期，荆南与楚屡有冲突，几乎每次又都以荆南的求和而止，两国关系亦因此而恢复如初。高从诲继位后，改奉后唐正朔，因此而与吴闹僵。长兴元年（930）三月，"吴遣兵击之，不克"②。然而，至末帝清泰三年（936）四月，高从诲"遣使奉笺劝吴臣徐知诰即帝位"；天福二年（937）十一月，又置邸金陵③。正是通过上述不懈努力，在吴、南唐易代之际，荆南与代吴而起的南唐结成了较为紧密的盟友关系。得益于与相邻政权间的这种良好关系，所以，荆南在遭受一国入侵时，往往能顺利得到别国的援助，击退来犯之敌。这种灵活的外交策略，是荆南屡次化险为夷，在夹缝中求生存的又一高明的政治手腕。

重视、重用人才，是高氏荆南走出误区、摆脱一轮又一轮危机的人才上的保证。高氏荆南所倚重的梁震、司空薰、孙光宪等文士，与倪可福、鲍唐、梁延嗣等武将，对稳固该政权的统治，发挥

---

① 《钓矶立谈》，第5011页。
② 《资治通鉴》卷二七七，后唐明宗长兴元年三月，第9040页。
③ 《十国春秋》卷一〇一《荆南二·文献王世家》，第1441页。

了积极作用。如司空薰"遇事时多匡正","唐舍江陵而竟先灭蜀者,亦薰一言力也"①。又如王保义,在天福六年(941)安从进反叛后晋的事件中,因高从诲不愿与之同叛,反遭诬陷,时任荆南行军司马的王保义,"劝从诲具奏其状,且请发兵助朝廷讨之"②,使高氏荆南成功躲过一场浩劫。这些文臣武将,或通过晓之以理,或通过制止高氏统治者的莽撞行为,从而使得高氏荆南"政宽事简"③,免遭覆灭,并保持了较长时期的和平稳定局面。

高氏荆南政权内部的稳定,也少见于南方诸国。中原五代王朝的迭相更替,是权臣争权夺利、强将擅兵的必然结果;南方诸国中,祸起肘腋、兄弟阋墙、父子相杀之类的现象,亦是屡见不鲜。如楚国自马殷死后,即陷入"众驹争皂栈"④的境地,不久即鼎移南唐;又如闽在王审知之后,王氏兄弟相互残杀,致使"福、建之间,暴骨如莽"⑤,终鹿死南唐。但是,高氏荆南境内既无父子兄弟间的攻伐,亦无武将的骄横跋扈,政局极为稳定。内部的安定,自然而然也相应减少了外来势力入侵荆南的可乘之机。

---

① 《十国春秋》卷一〇二《荆南三·司空薰传》,第1460页。
② 《资治通鉴》卷二八二,后晋高祖天福六年四月,第9222页。另,《新五代史》卷六九《南平世家》第858页载其事曰:"襄州安从进反,结从诲为援,从诲外为拒绝,阴与之通。晋师致讨,从诲遣将李端以舟师为应,从进诛,从诲求郢州为属郡,高祖不许。"《十国春秋》卷一〇一《荆南二·文献王世家》第1442页亦载:"天福五年(940)春三月,晋山南东道节度使安从进谋叛,王阴与之通。""天福六年(941)夏四月,晋安从进反,求援于我,王遣[遗]从进书,阳为拒绝,从进怒,诬王以他事。王用行军司马王保义言,具奏其事于晋,且请助兵讨之。"两说不同,兹从《资治通鉴》。
③ (宋)洪迈:《容斋续笔》卷一二《贻子录》,《容斋随笔》,中华书局,2005,点校本,第377页。
④ 《资治通鉴》卷二七六,后唐明宗天成三年五月,第9019页。
⑤ 《资治通鉴》卷二八二,后晋高祖天福六年七月,第9226页。

从军事上看，高氏荆南注意增强自我防御能力，扩大军队规模。在高氏荆南修建的一系列军事防御工程中，以城墙的修筑和军事水利设施的开凿最为突出和有效。高季兴曾于后梁乾化二年（912）[1]、龙德元年（921）[2]、后唐同光初年[3]、天成二年（927）[4]，四次大兴土木，构筑和修缮江陵子城与罗城，使江陵城整体的防卫能力得以大大提高。高保勖在位期间，"于纪南城北决江水潴之，凡七里余，谓之北海，以阁行者"[5]。北海工程的修筑，亦能起到阻击中原王朝军队进攻江陵城的作用。在增强军事防御能力的同时，高氏荆南的军队规模也有稳步增长，截至宋初，其兵员数额接近3万[6]。这种不断提高的军事实力，为高氏荆南的存在提供了军事上的保障。

从经济上看，高氏荆南能采取措施休养生息，发展商贸。高季兴始至荆南，便着手医治战争创伤，招辑抚绥，短期内便出现"流民归复"[7]的情景。其后，又在监利县修江堤，"以防水患"[8]；在潜江县西北筑高氏堤，"以障襄、汉二水"[9]。并且，充分利用本地交通条件，大力推动对外贸易的发展，促使荆南商业日趋繁荣。"本末兼治"，而又以商业发展为重点的经济发展政策，使荆南经济迅速自立，并渐渐呈现出富足的局面。而自身经济的逐步强大，

---

[1] 《资治通鉴》卷二六八，后梁太祖乾化二年五月闰，第8758页。
[2] 《资治通鉴》卷二七一，后梁均王龙德元年十二月，第8871页。
[3] 《旧五代史》卷一三三《世袭列传二·高季兴》，第1752页。
[4] 《十国春秋》卷一〇〇《荆南一·武信王世家》，第1436页。
[5] 《十国春秋》卷一〇一《荆南二·侍中保勖世家》，第1450页。
[6] 《续资治通鉴长编》卷四，乾德元年正月，第81页。
[7] 《旧五代史》卷一三三《世袭列传二·高季兴》，第1751页。
[8] 《十国春秋》卷一一二《十国地理表下》，第1622页。
[9] 《读史方舆纪要》卷七七《湖广三·承天府·潜江县·高氏堤》，第3591页。

也在一定程度上打消了邻国吞噬高氏荆南的企图。

上述内部条件，亦是高氏荆南存在的重要因素。若不具备以上数端，高氏荆南亦决无可能延续至宋初。

三、灭亡原因探讨

高氏荆南政权的灭亡，是五季宋初统一因素增长的必然结果。史载："唐室既衰，五季迭兴，五十余年，更易八姓，寓县分裂，莫之能一。"①在五代54年的历史中，天下分崩离析，中原政权自顾不暇，故而大江南北，政权林立，帝制自为的现象比比皆是。然而自后周立国之后，伴随中原王朝政局的日益稳定，中央集权的显著加强，统一的时机渐趋成熟，南方割据政权亦注定会被卷入统一洪流之中。

自唐末以迄宋初，中原地区屡经兵燹，黎民涂炭。锋镝余生的中原百姓呻吟于武夫悍卒的淫威已长达一个多世纪，迫切希望尽快终结暴政统治；北方人民长期为契丹铁骑所踩躏，不堪忍受，以至抗辽斗争不断；南方百姓亦不满暴政，奔向后周。故而，摆脱战祸屠戮，实现政局稳定，是饱受苦难的百姓的共同心声。显德元年（954）四月，后周世宗率军亲征，迎击北汉刘崇，"既入北汉境，其民争以食物迎周师"②。显德二年（955）五月，后蜀辖境内的秦、凤二州的人户，"怨蜀之苛政，相次诣阙，乞举兵收复旧地"③。显德三年（956），周军攻南唐，"及周师至，（民）争奉

---

① 《宋史》卷八五《地理志一》，第2093页。
② 《资治通鉴》卷二九一，后周太祖显德元年四月，第9509页。
③ 《旧五代史》卷一一五《周世宗纪二》，第1529页。

牛酒迎劳"①。其后，宋初在致力于统一战争时，各地割据政权统治下的百姓，同样壶浆箪食以迎王师，因为各地百姓无不祈求中原王朝能够统一天下，以期生活在安宁的社会环境中。

　　社会上层对和平的渴求，在五代末年也表现得分外强烈。经年出入于刀光剑影中的武夫悍卒，开始厌倦血雨腥风的争斗；长期深陷于无情政治倾轧中的权臣，亦因其地位之朝不保夕而惶惶不可终日。无论武将，抑或是文臣，其名利和地位都长期处于变动不居的动荡状态下，更为严重的是身家性命亦难保全。因此，寄望政治的清明和政局的安定，成为武将和文人共同的心理诉求。特别是士大夫阶层，在武人当政的晚唐五代，其社会地位极为低落，饱受迫害之苦，际遇悲惨。进入后周，长期仰武人鼻息而低声下气的文人，为免刀锯之祸，期待能摆脱武人专制的摧残，渴望改变现状，以期能重新走向政治舞台的前沿，实现政治抱负和理想。

　　此外，农业生产的恢复，水利事业的兴修，以及商业的发展也迫切要求和平局面的实现和藩镇壁垒的打破②，此乃众所周知的常识，无须多论。

　　故而，统一国家的重建确已成为全体社会成员的共同愿望，经济发展的内在要求。胡如雷在总结中国古代社会发展的规律时，曾说："从发展的观点看，分裂割据有越来越削弱的趋势，统一集权有越来越加强的趋势，而这种彼弱此强的最主要的变化，发生在五代、北宋之交。"也就是中国古代社会由前期走向后期之交③。史

---

① 《资治通鉴》卷二九三，后周世宗显德三年七月，第9558页。
② 《五代史略》，第294—298页。
③ 胡如雷：《中国封建社会形态研究》，三联书店，1979，第407页。

实表明,自后周开始,中原王朝已被公认为统一战争的执行者。

上述统一形势的出现,对于高氏荆南的存在构成了极大的威胁。特别是赵宋政权的建立,使其生存形势变得更为严峻。出于延续政权的目的,高氏荆南竭力以入贡的方式,巩固其臣属地位,即如史载:"宋兴,保融惧,一岁之间三入贡。"[①]但此举在统一洪流高涨之际,其作用自然有限。高氏荆南的臣僚对于即将出现的赵宋王朝一统天下的形势,亦有所预见。如孙光宪即言:"宋有天下,四方诸侯屈服面内,凡下诏书皆合仁义,此汤、武之君也。"[②]建隆二年(961),高保寅在朝宋归来后,甚至规劝高保勖趁早纳降于宋,其曰:"真主出世,天将混一区宇,兄宜首率诸国奉土归朝,无为他人取富贵资。"[③]这些言论,反映出的其实都是统一形势已无可阻挡的趋向。

而且,荆南地处长江中游,自古即为兵家重地,以荆州为龙头的长江中游地区,往往成为强大势力结束分裂局面、重建大一统王朝,必须首先予以掌控的关键性区域。历史事实多次昭明此理,如秦始皇统一南方的进程始于灭楚;晋将杜预攻克江陵,沿江东下,"沅湘以南,至于交广,吴之州郡皆望风归命"[④]。因此,控制长江中游地区,实际上是统一与分裂天平的一个决定因素[⑤]。切实控

---

① 《新五代史》卷六九《南平世家》,第860页。
② 《续资治通鉴长编》卷二,建隆二年九月,第53页。《十国春秋》卷一○二《荆南三·孙光宪传》第1463页载其语为:"中国自周世宗时,已有混一天下之志,况圣宋受命,真主出邪!"
③ 《宋史》卷四八三《世家六·荆南高氏》,第13955页。
④ (唐)房玄龄等:《晋书》卷三四《杜预传》,中华书局,1974,点校本,第1030页。
⑤ 王赓武著,赵鸿昌译:《长江中游地区在唐代的政治地位》,《研究集刊》1985年第1期,转引自李文澜:《湖北通史·隋唐五代卷》,第403页。

制具有超乎寻常军事意义的荆南，自然也是宋初实施"先南后北"战略的起点。

因此，在统一的浪潮不断高涨之际，荆南的覆亡已经不可避免。史臣有言：

> 自唐末乱离，海内分割，荆、湖、江、浙，各据一方，翼子贻孙，多历年所。夫如是者何也？盖值诸夏多艰，王风不竞故也。洎皇宋之抚运也，因朗、陵之肇乱，命王师以有征，一矢不亡，二方俱服。遂使瑶琨筱荡，咸遵作贡之文；江、汉、濉、漳，尽故朝宗之浪。夫如是者何也？盖属大统有归，人寰允洽故也。唯钱氏之守杭、越，逾八十年，盖事大勤王之节，与荆楚、湖湘不相侔矣。①

舍弃其中的天命思想和虚夸成分，上述言论对分裂与统一局面出现原因的分析，大致允当。

清代史家吴任臣对高氏荆南灭亡的原因，有如下总结：

> 真人出，四海一，理势之必然也。天水肇兴，群雄渐削，即无伐虢灭虞之谋，高氏其能常守此土乎？②

所强调的亦是宋初统一形势的高涨，对高氏荆南所带来的毁灭性打击。外在客观环境已然如此，内在条件发挥作用的空间与

---

① 《旧五代史》卷一三三《世袭列传二·史臣曰》，第1775—1776页。
② 《十国春秋》卷一〇一《荆南二·论曰》，第1454页。

舞台也日益缩小。而且，高保融之后，"御军治民皆无法，高氏始衰"①，国势也正走向下坡路。两相结合，高氏荆南入宋已是大势所趋，无可逆转。

---

① 《续资治通鉴长编》卷一，建隆元年八月，第22页。

第四章　高氏荆南的疆域

第一节　归州、峡州的改隶

研究高氏荆南之疆域，首先遇到的问题，便是归州与峡州的归属问题。

归州，战国时属楚，为南郡之地。西汉于此置秭归县。三国时，吴于此置建平郡，晋、宋、齐相沿无改。隋属巴东郡之秭归县。唐高祖武德二年（619），割夔州之秭归、巴东二县置归州。次年分秭归置兴山县，治白帝城。唐玄宗天宝元年（742），改为巴东郡。唐肃宗乾元元年（758），复为归州①。领秭归、巴东、兴山三县②。归州以秭归为理所。

峡州，春秋及战国属楚。秦、汉为南郡。三国时魏置临江郡，蜀改为宜都郡，吴称之为西陵。晋、宋、齐并为宜都郡。梁置宜

---

① 《太平寰宇记》卷一四八《山南东道七·归州》，第2877—2878页。
② （唐）杜佑：《通典》卷一八三《州郡十三·古荆州》，中华书局，1988，点校本，第4859页。《旧唐书》卷三九《地理志二·山南道》第1555页，同此。

州。西魏时，改为托州。后周以地扼三峡之险，改托州为硖州。隋改夷陵郡。唐复称硖州，更"硖"为"峡"。自唐太宗贞观八年（634）后，唐代夷陵（硖州）领五县，即夷陵、宜都、远安、长阳、巴山[①]。唐玄宗天宝八年（749），省巴山入长阳[②]。硖州以夷陵为治所。

归州、峡州在五代十国时期的归属，据《新五代史》卷六〇载：后梁王朝，系前蜀领地；后唐、后晋、后汉、后周四朝，乃南平（高氏荆南）辖土[③]。《十国春秋》卷一一二从之[④]。此说是否属实？后晋、后汉、后周三朝，归州、峡州为高氏荆南所有，诸史所记皆同，向无异议。而此前的后梁时期，前蜀与高氏荆南究竟何者领有归、峡，史籍所载却不尽相同，《资治通鉴》卷二六四、二六五、二七四所载及胡三省之注即视归、峡为高氏荆南（南平）属地。学界于此亦有不同意见，《中国历史地图集（第五册）》所绘924年前蜀政区图不包括归、峡二州[⑤]。亦有学者撰文力主此说，认为后梁时期归、峡二州不隶前蜀而属高氏荆南[⑥]。与上述观点相左，陶懋炳《五代史略》[⑦]、蒲孝荣《四川政区沿革与治地今

[①] 《通典》卷一八三《州郡十三·古荆州》，第4859页。《旧唐书》卷三九《地理志二·山南道》第1554页，同此。
[②] 《新唐书》卷四〇《地理志四·山南道》，第1028页。
[③] 《新五代史》卷六〇《职方考》，第728页。
[④] 《十国春秋》卷一一二《十国地理表下》，第1623页。
[⑤] 中国历史地图集编辑组：《中国历史地图集（第五册）》，中华地图学社，1975，第86页。
[⑥] 杨光华：《前蜀与荆南疆界辩误》，《西南大学学报（社会科学版）》1993年第4期。
[⑦] 《五代史略》，第175页。

释》①、杨伟立《前蜀后蜀史》②及朱玉龙《五代十国方镇年表》③明确指出，归、峡二州在后梁时辖于前蜀，后唐时方为高氏荆南所据有。另外，后唐时期归、峡归属前后颇有不同，前引欧阳修所载失于简略，言之未明。有鉴于此，仍有必要对此历史时期归、峡二州的隶属重加辩证。

一、后梁时期归、峡二州的归属

后梁开平元年（907），朱全忠篡唐，高季兴被擢升为节度使。其后，荆南由唐末方镇渐次演变为独立割据王国。后梁建立伊始，高氏荆南所辖地域仅有江陵，史载："季兴始至，江陵一城而已。"④另有史籍亦载："乾符以来，寇乱相继，（荆南）诸州皆为邻道所据，独余江陵。"⑤或称：荆南自"荆南旧统八州，僖、昭以来数为诸道蚕食，（高）季昌至，惟江陵一城而已。"⑥归、峡显然不在高氏荆南管辖范围内。同年，王建称帝，归、峡应仍隶前蜀。

后梁期间，归、峡地区时有战事发生。开平二年（908），"蜀兵入归州，执刺史张瑭"。胡三省注："归州，荆南巡属。"又云："不地曰入，言入之而不能有其地。"⑦另有史籍则曰：

---

① 蒲孝荣：《四川政区沿革与治地今释》，四川人民出版社，1986，第268页。
② 杨伟立：《前蜀后蜀史》，四川社会科学出版社，1986，第71页。
③ 朱玉龙：《五代十国方镇年表》，中华书局，1997，第536页。
④ 《新五代史》卷六九《南平世家》，第856页。
⑤ 《资治通鉴》卷二六六，后梁太祖开平元年五月，第8680页。
⑥ 《十国春秋》卷一〇〇《荆南一·武信王世家》，第1428页。
⑦ 《资治通鉴》卷二六六，后梁太祖开平二年二月，第8691页。

"我兵入归州，执梁刺史张瑭。"①张瑭生平，现存史籍缺乏详细记载，殊难详考。而关于张瑭为何方刺史，前引材料并未明示，后引材料却直言其为后梁刺史，未知何据。因高季兴为朱全忠养子朱友让义子，爰此且因军功而至荆南节度使，时高氏荆南仍为后梁方镇，若张瑭系后梁刺史，似可由此断定归州乃高氏荆南属地。详加考究，此推论稍嫌牵强。澄清是说仍当从《十国春秋》入手，通检该书，不难获悉，据此立论明显与前引《十国春秋·十国地理表下》所载后梁时期归、峡隶前蜀而不属南平（高氏荆南）的表述相抵牾。两说究竟如何取舍？再看《十国春秋·荆南三·列传》，其中所录高氏荆南人物并无于后梁时期出仕归、峡的任何记载，这恰与该书《十国地理表下》相合。故而张瑭虽为后梁刺史，《十国春秋》显然并未依此而视归州为高氏荆南巡属。胡三省注谓归州为高氏荆南巡属之语，或有未当。是时归、峡二州仍不辖于高氏荆南。此次蜀兵入归州事件，或可理解为后梁与前蜀抢占归、峡地区的又一次军事冲突，其结果是前蜀尽管再次攻入归州，但仍然难以实施有效管辖。即便如此，前蜀为确保归、峡战略要地，仍竭力杜绝其他势力进入。

乾化四年（914），高季兴上峡攻蜀，为蜀所败。关于此次攻取目标，《资治通鉴》卷二六九记为"夔、万、忠、涪四州"②；《新五代史》卷六三载作"侵蜀巫山"③，似不含归、峡。然《新五代史》卷六九又载："以兵攻归、峡。"④是说有无依据？按，

---

① 《十国春秋》卷三六《前蜀二·高祖本纪下》，第509页。
② 《资治通鉴》卷二六九，后梁均王乾化四年正月，第8781页。
③ 《新五代史》卷六三《前蜀世家》，第790页。
④ 《新五代史》卷六九《南平世家》，第856页。

成书稍早的《锦里耆旧传》和《九国志》均载其事，前书卷六云："发兵攻峡路。"①后书卷六曰："荆南高季昌略地三峡。"②故《新五代史》卷六九之说，由来有自。归、峡地处峡路、三峡之内，高季兴出师于此，归、峡自在攻击范围之列，显系二州仍属前蜀。《十国春秋》卷一〇〇则明言"以兵攻归、峡"③，但误述此事于乾化二年（912）、乾化四年（914）两处。

自乾化四年（914）直至后梁败亡，归、峡地区再无兵端见诸史籍，归、峡辖于前蜀的情形自无更改。《册府元龟》卷三三八有此总结："朱梁以高季兴镇荆州，与王建争夔、峡，竟不能复。"④从地理位置言，归州较峡州近于夔州，峡州尚且不能复隶高氏荆南，又何谈归州？《资治通鉴》卷二七三⑤、《十国春秋》卷一〇〇均载：高季兴"常欲取三峡，畏蜀峡路招讨使张武威名，不敢进"⑥。朱梁一朝，归、峡终究不为高氏荆南所有。及至后唐伐蜀，才乘唐兵势出师归、峡。此亦可证，归、峡二州自后梁直至后唐前期不隶于高氏荆南而辖于前蜀。

因此，《新五代史·职方考》与《十国春秋·十国地理表下》关于归、峡二州在后梁时期隶属于前蜀的记载，于史有征，并无不确。陶懋炳、蒲孝荣、杨伟立及朱玉龙在著述中沿承此说，自无不妥。而前引《中国历史地图集（第五册）》之《前蜀》政区图中前

---

① （宋）句延庆：《锦里耆旧传》卷六，五代史书汇编，第10册，杭州出版社，2004，点校本，第6037页。
② 《九国志》卷六《前蜀·王宗寿传》，第3283页。
③ 《十国春秋》卷一〇〇《荆南一·武信王世家》，第1429页。
④ 《册府元龟》卷三三八《宰辅部·贪黩》，第3809页。
⑤ 《资治通鉴》卷二七三，后唐庄宗同光三年十月，第8942页。
⑥ 《十国春秋》卷一〇〇《荆南一·武信王世家》，第1433页。

蜀不辖归、峡，有误。

然而，令人费解的是：在有关史籍中，尚未见前蜀归、峡二州官将活动的记载，失载原因何在？一方面，如上文所述，前蜀或未驻军于该地区，与之相应，即有可能未任官于此，是故史籍无载。另一方面，前蜀或任官于归、峡二州，但"五代乱世，文字不完，而史官所记亦有详略"①，终致湮没无闻。传世文献中同样不见后梁时期高氏荆南归、峡二州官员的记录。史载高从诲仕梁，尝"领濠州刺史，改归州刺史"②。濠州，后梁时期乃杨吴辖土。故此处所言"归州刺史"亦当如"濠州刺史"，同样为遥领，实未亲任其职。对于任职于高氏荆南政权的文臣武将，清代史家吴任臣所撰《十国春秋》卷一〇三搜罗较全，即令所收人物事迹淹没，该书亦有简短文字予以说明，唯独不见后梁时期高氏荆南人物出仕归、峡二州的材料，其原因则只能归结于归、峡不属高氏荆南。

二、后唐时期归、峡二州的归属

后唐庄宗朝，归、峡二州仍不属高氏荆南。同光三年（925）秋，庄宗遣师伐蜀。《资治通鉴》卷二七三云：庄宗"仍诏季兴自取夔、忠、万三州为巡属"③。此载并不准确。按，《旧五代史》卷六七载："季兴请攻峡内，庄宗许之：'如能得三州，俾为属郡。'"④另有史籍亦云："讨西蜀，季兴请攻峡内，先朝许之，

---

① 《新五代史》卷五八《司天考二》，第711页。
② 《旧五代史》卷一三三《世袭列传二·高从诲》，第1752页。
③ 《资治通鉴》卷二七三，后唐庄宗同光三年九月，第8937页。
④ 《旧五代史》卷六七《韦说传》，第886页。

如能得三州,俾为属郡。"①两处记载文字相近,或出一源,均许以事成则予三州为其属郡,攻取目标却皆为"峡内",而峡内所辖地域并非仅限于夔、忠、万三州,其说前后似有不一。又按,《册府元龟》卷三三七备载其事,言之甚确:"(高)季兴请攻峡内,庄宗许之,如能得三州,俾为八〔属〕郡。"②《新五代史》卷言:"季兴请以兵入三峡,庄宗许之,使季兴自取夔、忠、万、归、峡等州为属郡。"③同书卷六九则云:"季兴请以本道兵自取夔、忠、万、归、峡等州。"④《十国春秋》卷一〇〇载:唐"仍诏(高季兴)取夔、忠、万、归、峡五州为巡属"⑤。因而,这次攻击范围应包括同处"峡内""三峡"的夔、忠、万、归、峡五州。由此可见,归、峡地区在前蜀灭亡前的后唐前期仍属前蜀。另,史籍又载:蜀东川节度使宋承葆预见后唐将伐蜀,曾奏请防御之策,内中有"南师出江陵,利则进取,否则退保峡口"⑥之句。峡口当指西陵峡口。蜀南师不指向归、峡,而直接"出江陵",唯有归、峡辖于前蜀,此说方可成立。这是归、峡仍为蜀土的又一例证。

同光三年(925)十一月,后唐灭前蜀。《资治通鉴》卷二七三载:伐蜀期间,高氏荆南水军上峡取原管属郡,蜀将张武击却之,旋"以夔、忠、万三州遣使诣魏王降"⑦。《明宗实录》

---

① 《资治通鉴》卷二七五,后唐明宗天成元年六月胡三省注,第8987—8988页。
② 《册府元龟》卷三三七《宰辅部·徇私》,第3799页。
③ 《新五代史》卷二八《豆卢革传》,第303页。
④ 《新五代史》卷六九《南平世家》,第857页。
⑤ 《十国春秋》卷一〇〇《荆南一·武信王世家》,第1433页。
⑥ 《旧五代史》卷一三六《僭伪列传三·王衍》,第1820页。
⑦ 《资治通鉴》卷二七三,后唐庄宗同光三年十月,第8942页。

曰："三川既定，季兴无尺寸之功。"①《旧五代史》卷六七亦曰："西川既定，季兴无尺寸之功。"②然《明宗实录》又载："天成元年六月（926）甲寅，高季兴奏：'去冬先朝诏命攻取峡内属郡，寻有施州官吏知臣上峡，率先归投，忠、万、夔三州旦夕期于收复，被郭崇韬专将文字约臣回归，方欲陈论，便值更变。'"胡三省认为"此说颇近实，故从之"。是以"季兴奏请三州为属郡，《旧史》误云奏收复也"③。《资治通鉴》关于此事的记载盖本于此；据此亦可知，高季兴伐蜀无功系事出有因；《旧五代史》所言"收复"当为"奏请"。另外，史籍又载："荆南军未进，伪蜀夔、万连年率以州降继岌。"④"初，唐兵伐蜀，季兴请以本道兵自取夔、忠、万、归、峡等州，乃以季兴为峡路东南面招讨使，而季兴未尝出兵。魏王已破蜀。"⑤此说与上引《资治通鉴》卷二七三所载稍异，但最终结果却并无不同，故无考辨之必要。

仍须探究的是，上引《明宗实录》所言其后的奏请属郡是否仅为忠、万、夔三州？按，《旧五代史》卷三三、《册府元龟》卷四三五均载：同光三年（925）十一月，荆南高季兴奏，"收复归、夔、忠等州"⑥。后者误系其事于"二月"。再结合上述《资

---

① 《资治通鉴》卷二七五，后唐明宗天成元年六月胡三省注引《资治通鉴考异》，第8988页。
② 《旧五代史》卷六七《韦说传》，第886页。
③ 《资治通鉴》卷二七五，后唐明宗天成元年六月及胡三省注，第8988页。
④ 《册府元龟》卷三三八《宰辅部·贪黩》，第3809页。
⑤ 《新五代史》卷六九《南平世家》，第857页。
⑥ 《旧五代史》卷三三《唐庄宗纪七》，第460页；《册府元龟》卷四三五《将帅部·献捷二》，第4916页。

治通鉴》卷二七五"后唐明宗天成元年六月胡三省注"相关记述,"收复"之语亦有未妥。但此载之"奏请"已明确提及"归、夔、忠等州",有异前引《明宗实录》。《新五代史》卷二八详叙其事云:"唐兵伐蜀,季兴请以兵入三峡,庄宗许之,使季兴自取夔、忠、万、归、峡等州为属郡。及破蜀,季兴无功,而唐用它将取五州。"①既然高季兴伐蜀无功,是以包括归、峡在内的五州悉为后唐所取。当然,据现有史料确已无法知晓后唐取归、峡的具体时间,但置其事于同光三年(925)十一月,偏差或不至太大,本文即将此确定为归、峡入后唐的时间。

同光四年(926)三月②,高季兴再次奏请划割峡内原管属郡隶归当道。《旧五代史》卷三四记为"夔、忠、万等三州"③。《庄宗实录》载:"高季兴请峡内夔、忠、万等州割归当道。"④二书所记略同。《册府元龟》卷三三八亦载:"季兴数遣使请峡内三州依旧为巡属。"⑤未列州名。《十国春秋》卷一〇〇作"夔、忠等州"⑥。州数不明,且误系其时于"二月"。下引《十国纪年》作"夔、忠、万三州"。究竟所请几州,诸书所载不侔,似难取舍,但据下述明宗天成元年(926)有关史实,仍可判定归、峡依旧未为高氏荆南领地。高季兴此请获许,诏命未下,庄宗被杀,明宗入立。

---

① 《新五代史》卷二八《豆卢革传》,第303页。
② 《册府元龟》卷三三八《宰辅部·贪黩》第3808页记其事为"二月"。今从《旧五代史》。
③ 《旧五代史》卷三四《唐庄宗纪八》,第474页。
④ 《资治通鉴》卷二七五,后唐明宗天成元年六月胡三省注,第8988页。
⑤ 《册府元龟》卷三三八《宰辅部·贪黩》,第3809页。
⑥ 《十国春秋》卷一〇〇《荆南一·武信王世家》,第1434页。

归、峡成为高氏荆南巡属,事在明宗天成元年(926)六月。其时,高季兴第三次奏请后唐朝廷割归原管属郡。《旧五代史》卷三六云:"荆南节度使高季兴上言:'夔、忠、万三州,旧是当道属郡,先被西川侵据,今乞却割隶本管。'"①《资治通鉴》卷二七五云:"高季兴表求夔、忠、万三州为属郡,诏许之。"②归、峡不在请授之中。按,《旧五代史》卷一三三云:"明宗即位,复请夔、峡为属郡。"③上引《旧五代史》两处记载明显不一。奏请系高季兴所为,涉及此事之记述,其传内容当较可征信。另,参据《新五代史》卷二八所载"明宗初即位,(高)季兴数请五州"④之说,则此次奏请仍应包括归、峡二州。另,《舆地纪胜》卷七四亦云:归州于天成元年(926)隶南平⑤。《十国春秋》卷一〇〇言之甚详:"王表求夔、忠、万、归、峡五州于唐为属郡。"⑥此奏终获后唐朝廷许可。五州由此隶属荆南,归、峡在其内。据此亦可证明,同光(923—926)末年,归、峡不辖于高氏荆南。

天成元年(926)八月,高季兴请后唐不除夔、忠、万三州刺史,拟任以子弟,未得许可;乃乘夔州刺史罢官之机,袭据夔州,拒绝接受后唐委任刺史;又袭涪州,未果;且于峡口掠取后唐伐蜀所得财物,由是引来兵戎之争。天成二年(927)二月,后唐出师

---

① 《旧五代史》卷三六《唐明宗纪二》,第501页。
② 《资治通鉴》卷二七五,后唐明宗天成元年六月,第8987页。
③ 《旧五代史》卷一三三《世袭列传二·高季兴》,第1752页。
④ 《新五代史》卷二八《豆卢革传》,第303页。
⑤ 《舆地纪胜》卷七四《荆湖北路·归州·州沿革》,第2457页。
⑥ 《十国春秋》卷一〇〇《荆南一·武信王世家》,第1434页。

高氏荆南；六月，西方邺夺取夔、忠、万三州，夔、忠、万三州复为后唐所有，"季兴遂以荆、归、峡三州臣于吴"①。《十国春秋》卷一〇〇同此②。归、峡仍隶高氏荆南。

峡州自上述天成元年（926）六月隶入高氏荆南后，史籍中再未发现后唐时期峡州改隶的记载。与此不同的是，天成年间（926—929）后期，归州两度入后唐。第一次是天成三年（928）二月。《资治通鉴》卷二七六云："西方邺攻拔归州。"③而《旧五代史》卷三九云："西方邺上言，收复归州。"又云："于归州杀败荆南贼军。"④唯系其时于"三月"。同书卷六一称："又取归州，数败季兴之兵。"⑤《新五代史》本传同此⑥。是书卷六亦载："西方邺克归州。"⑦而《十国春秋》卷一〇〇注谓："他书无取归州之事。"⑧此说殊非，《旧五代史考异》卷二已辩其谬："薛《史》世久失传，《十国春秋》所引悉本《通鉴考异》，殊不知欧阳《史》《西方邺传》本于薛《史》，有可征信也。"⑨至于内中所言"《通鉴》不载取归州事"，亦误。西方邺取归州诚可征信，但归州旋为高氏荆南攻取，《资治通鉴》卷二七六载："未几，荆南复取之。"胡三省注："归州，高季兴巡属也。"⑩第二

---

① 《新五代史》卷六九《南平世家》，第857页。
② 《十国春秋》卷一〇〇《荆南一·武信王世家》，第1437页。
③ 《资治通鉴》卷二七六，后唐明宗天成三年二月，第9013页。
④ 《旧五代史》卷三九《唐明宗纪五》，第536—537页。
⑤ 《旧五代史》卷六一《西方邺传》，第824页。
⑥ 《新五代史》卷二五《西方邺传》，第275页。
⑦ 《新五代史》卷六《唐明宗纪》，第59页。
⑧ 《十国春秋》卷一〇〇《荆南一·武信王世家》，第1436页。
⑨ （清）邵晋涵：《旧五代史考异》卷二《西方邺传》，五代史书汇编，第1册，杭州出版社，2004，点校本，第233页。
⑩ 《资治通鉴》卷二七六，后唐明宗天成三年二月及胡三省注，第9013页。

次是天成三年（928）十一月。《资治通鉴》卷二七六云："忠州刺史王雅取归州。"胡三省注："忠州时属夔州宁江军，西方邺所部也。归州时属荆南军，高季兴所部也。"①后唐再获归州。

归州何时重入高氏荆南？史无明文。天成三年（928）十二月，高季兴薨，子从诲继立。次年六月，"高从诲自称前荆南行军司马、归州刺史，上表求内附"②。此处"归州刺史"当指后唐明宗初年至臣于吴之前高从诲所任官职，此亦为史籍中所能见到的高氏荆南人物出任归州刺史的最早记录。同年七月，后唐罢荆南招讨使，高氏荆南仍奉后唐正朔。《册府元龟》卷一七八载："长兴九〔元〕年（930）正月，荆南奏：峡州刺史高季雍、归州刺史孙文乞且依旧任，从之。"③此则材料明确反映出高氏荆南在归、峡二州均设有刺史，可证是时归、峡二州已属高氏荆南。由此两段记载，大致可推知，高氏荆南再度称臣于后唐后，归州随之改隶，惜史乘有间，具体时间已无从知晓，但其事必在天成四年（929）七月至长兴元年（930）正月之间。自此之后，归、峡二州在后唐时期再未脱离高氏荆南管辖，如下相关史实可以印证此点：其一，高氏荆南自求内附后，事后唐甚谨，彼此间绝无干戈之衅；其二，后唐官员并无至归、峡二州出仕的记录。因此，归、峡二州应无他属之可能。

通过以上考察不难看出，归、峡二州后唐时期的归属情况颇不一致。为便观览，兹表于下：

---

① 《资治通鉴》卷二七六，后唐明宗天成三年十一月及胡三省注，第9024页。
② 《资治通鉴》卷二七六，后唐明宗天成四年六月，第9030页。
③ 《册府元龟》卷一七八《帝王部·姑息三》，第1977页。

表4-1　后唐时期归、峡二州的隶属

时间	归州	峡州
同光元年（923）四月至同光三年（925）十一月	前蜀	前蜀
同光三年（925）十一月至天成元年（926）六月	后唐	后唐
天成元年（926）六月至天成三年（928）十一月	高氏荆南（注）	高氏荆南
天成三年（928）十一月至天成四年（929）七月	后唐	高氏荆南
天成四年（929）七月至长兴元年（930）正月	归属不明	高氏荆南
长兴元年（930）正月至清泰三年（936）十一月	高氏荆南	高氏荆南

注：天成三年二月，短期隶于后唐。

欧阳修、吴任臣将后唐时期归、峡二州笼统划归南平的记载，虽大致不误，但究竟失之过简。另，《舆地纪胜》卷七四引《五代职方考》云："归、峡二州自石晋以后并隶南平。"[①]此说亦有失察。

后唐明宗朝，归、峡既得为高氏荆南属郡，此一割据政权自此遂以荆、归、峡三州为其基本版图。后晋、后汉、后周三朝，高氏荆南大体以此三州为疆域，归、峡辖于高氏荆南之情形未见变更。关于此点，诸史所载并无不同。史乘之中涉及此一历史时期归、峡二州的直接记述材料不为多见，此当为该地区兵戈不兴、州属无改之客观史实的真切反映。后世论者对于归、峡二州自后晋至后周时期的隶属，亦无异议。是以，归、峡二州于此时隶属高氏荆南，固属不争之事实。

惟其如此，史籍中不乏南平归、峡二州将官任刺史职的史

---

① 《舆地纪胜》卷七四《荆湖北路·归州·州沿革》引《五代职方考》，第2457页。

料。兹略举数例，后晋时，王保义曾任归州刺史[①]；高保融于开运（944—946）末"领峡州刺史"[②]。《十国春秋》卷一〇一所载与此同[③]。《新五代史》卷六九记为："从诲时，为节度副使，兼峡州刺史。"[④]后汉乾祐元年（948）十二月，高保融在峡州刺史任上[⑤]。《十国春秋》卷一〇三还有下述记载："康张，事文献王为硖（峡）州长阳令。"[⑥]文献王乃高从诲谥号，其在位跨后唐、后晋、后汉三朝，依此载现已无法断定康张任长阳令之具体朝代，姑且附识于此。后周显德元年（954）前后，归州刺史为高保勖[⑦]。相关记载也见于他书，唯阙任职时间，但大致应为后汉、后周朝事。《入蜀记校注》卷六载："又有周显德中荆南判官孙光宪为知归州高从让所立碑。从让，盖南平王家子弟。光宪亦知名，国史有事迹。盖五代时归、峡皆隶荆渚也。"[⑧]《十国春秋》卷一〇二载：高保膺"起家知峡州事"；高继充"官至归州刺史"[⑨]。

后晋、后汉、后周三朝归、峡二州隶属于荆南，已无疑问，故不再赘述。

要之，五代十国时期，归、峡二州并非一直隶属高氏荆南。具体而言，后梁时期，归、峡二州隶于前蜀。后唐时期，庄宗朝

---

① 《旧五代史》卷六《晋高祖纪二》，第1003页。
② 《宋史》卷四八三《世家六·荆南高氏》，第13952页。
③ 《十国春秋》卷一〇一《荆南二·贞懿王世家》，第1446页。
④ 《新五代史》卷六九《南平世家》，第859页。
⑤ 《旧五代史》卷一〇一《汉隐帝纪上》，第1352页。
⑥ 《十国春秋》卷一〇三《荆南四·康张传》，第1467页。
⑦ 《旧五代史》卷一一四《周世宗纪一》，第1522页。
⑧ （宋）陆游撰，蒋方校注：《入蜀记校注》卷六，湖北人民出版社，2004，第224页。
⑨ 《十国春秋》卷一〇二《荆南三·列传》，第1459页。

绝大部分时间仍辖于前蜀，同光（923—926）、天成（926—929）之间，归、峡二州始有改易，尤其是归州隶属更是多有反复；直至天成、长兴（930—933）之际，归州重入高氏荆南，高氏荆南的基本疆域方始最终确立为荆、归、峡三州。后晋、后汉、后周三朝，这种状况相沿未改，并一直延续到乾德元年（963）高氏荆南亡于北宋。

三、归、峡二州的战略地理意义

地处三峡之间的归、峡二州，位于荆州以西，归州更与前后蜀夔州、施州接壤。由于归、峡二州与荆州之间有着极为密切的战略地理关系，此二州能否为高氏荆南所有，直接关乎荆州的安危。

关于归、峡二州地理位置的特殊性，古人多有论述。先说归州，《秭归志》云：归州，"左荆、襄，右巴、蜀，面施、黔，背金、房。大江经其前，香溪绕其后"[①]。对于荆襄和巴蜀而言，江河环绕的归州正介其间，是两地争胜负的关键性区域。所以，有人曾指出，"夔、归唇齿之邦，四川之门户"[②]。再看峡州，此州以夷陵郡（县）为其中心，所谓"荆门虎牙，楚之西塞，夷陵即其地，自古以为重镇"[③]。其地是捍御荆楚的西面门户。又《荆渚记》称："夷陵郡居大江之上，西通全蜀，故夷陵有安蜀

---

① （宋）祝穆：《方舆胜览》卷五八《归州》引《秭归志》，中华书局，2003，点校本，第1025页。
② 《方舆胜览》卷五八《归州》，转引自（宋）杨辅：《乞归峡甲兵司奏状》，第1025页。
③ （宋）范成大：《吴船录》卷下，景印文渊阁四库全书，第460册，台湾商务印书馆，1986，第867页。

古城。"①峡州境内有宜都县,该地"南有荆门山,北有虎牙山相对,楚之西塞也"②,亦是形胜之区。

五代时期,归、峡二州对于高氏荆南的重要意义,特别是此二州与荆州的军事地理关系,大致类似于三国时期孙吴所拥有的建平郡(治今湖北秭归县南)与西陵县(治今湖北宜昌市东南长江北岸),与荆州的地缘关系相仿。孙吴黄武元年(222),吴蜀夷陵之战爆发前,陆逊曾上疏于吴太祖孙权曰:"夷陵要害,国之关限,虽为易得,亦复易失。失之,非徒损一郡之地,荆州可忧,今日争之,当令必谐。"③可见,确保西陵,是荆州安全之所系。对此,胡三省有所分析:"自三峡下夷陵,连山叠嶂,江行其中,回旋湍激。至西陵峡口,始漫为平流。夷陵正当峡口,故以为吴之关限。"④也就是说,长江出西陵峡之后,水流变缓,无险可守,而夷陵正当峡口,是长江三峡自上而下的最后一道防线。并且,"巴峡之险,至此地始平夷"⑤,夷陵以下,地势平坦,很难抵御长江上游兵锋。孙吴灭亡前夕,大司马陆抗上疏说:"西陵、建平,国之蕃表,既处上流,受敌二境。若敌泛舟顺流,星奔电迈,非可恃援他部以救倒悬也。"⑥再次明确揭示出西陵、建平控扼长江上游之师的特殊意义。孙吴建平太守吾彦也说:"晋必有攻吴之计,宜

---

① 《方舆胜览》卷二九《峡州》,转引自《荆渚记》,第518页。
② 《方舆胜览》卷二九《峡州》,转引自(三国吴)袁崧:《宜都山川记》,第518页。
③ 《资治通鉴》卷六九,魏文帝黄初三年五月,第2202页。
④ 《资治通鉴》卷六九,魏文帝黄初三年五月胡三省注,第2202页。
⑤ (宋)欧阳修:《居士集》卷四四《送田画秀才宁亲万州序》,《欧阳修全集》,中华书局,2001,点校本,第624页。
⑥ 《资治通鉴》卷八〇,晋武帝泰始十年七月,第2537页。

增建平兵。建平不下，终不敢渡。"①孙皓不从其议。不久，晋将王濬自益州乘楼船顺江而下，吾彦归降后，晋军一路势如破竹，并于晋武帝太康元年（280）五月直抵建业（今江苏南京市），结束孙吴统治。

据此可知，归、峡二州确系荆州抵挡来自长江上游攻击的要塞，据有其地，即可使荆州免遭巴蜀之师的直接袭击。正是基于此点，故自后梁时期开始，高季兴就屡屡用兵归、峡二州，但"竟不能复"②。后唐伐蜀期间，趁势进兵，不料又为前蜀将领张武所败，此后归、峡二州隶入后唐。自庄宗同光三年（925）至明宗即位之初，季兴又三次奏请割隶归、峡二州，遂于天成元年（926）六月，得其所愿。至此，高氏荆南终于在荆州西面构建起阻击巴蜀势力的藩篱。

第二节 夔州、忠州、万州、复州、郢州的相关问题

高氏荆南在入宋时，其所辖地域为荆、归、峡三州。但在高氏荆南的发展历程中，其疆域范围并非一成不变。可考知的是，夔、忠、万三州曾于后唐天成（926—929）初年短暂隶入荆南，历时未久，即入后唐，再后则被纳入后蜀版图。复州则在后梁至后唐期间的大部分时间归属荆南，大约在明宗天成年间始改隶中朝。而在荆南扩展其势力范围的尝试之中，曾两次用兵郢州，均未能得逞。另

---

① （唐）房玄龄等：《晋书》卷四二《王濬传》，中华书局，1974，点校本，第1208页。

② 《册府元龟》卷三三八《宰辅部·贪黩》，第3809页。

外，高氏荆南所辖荆州较之前代已多领一县，此即监利县。以上数端，史籍均言之过简，今人亦罕有论及，兹就史料所得略为勾稽如次。

一、夔、忠、万三州的得而复失

后唐明宗天成初年，夔、忠、万三州曾短暂隶属于高氏荆南，虽历时不长，但仍是探讨高氏荆南疆域时，应予关注的问题之一。对此，顾祖禹尝言："（同光）四年（926）兼有夔、忠、万三州，寻复失之。"①惜具体时间仍不甚清晰，试辨析如下。

夔、忠、万三州自天复三年（903）为西川王建分割之后，截至后唐同光（923—926）初年，一直为王建政权所辖。在高季兴入主荆南之后，曾大动干戈，企图夺取包括夔、忠、万三州在内的峡内地区，但无一收其功效。

后梁乾化四年（914）正月，高季兴麾师进击峡路，这次攻击范围相较广泛，据史籍所载，涵盖夔、万、忠、涪、归、峡等州。如《资治通鉴》卷二六九即载：攻"夔、万、忠、涪四州"②；《新五代史·南平世家》又称："以兵攻归、峡。"《锦里耆旧传》卷六云："发兵攻峡路。"③《九国志》卷六也说："荆南高季昌略地三峡。"④故而，高氏荆南的此次用兵几乎遍及峡内地区，声势不可谓不大。

关于此次高季兴争夺峡内诸州的战争，《九国志》《新五代

---

① 《读史方舆纪要》卷六《历代州域形势六·唐下附五代九国》，第262页。
② 《资治通鉴》卷二六九，后梁均王乾化四年正月，第8782页。
③ 《锦里耆旧传》卷六，第6037页。
④ 《九国志》卷六《前蜀·王宗寿传》，第3283页。

史》《资治通鉴》与《十国春秋》有较为详细的记载：

> 荆南高季昌略地三峡，王建以宗寿为忠州节度使，兼行营招讨使。以铁锁断夷陵江，季昌战舰不能进。宗寿御之，大败荆人，季昌奔归。①
>
> 荆南高季昌侵蜀巫山，（前蜀）遣嘉王宗寿败之于瞿塘。②
>
> 高季昌以蜀夔、万、忠、涪四州旧隶荆南，兴兵取之，先以水军攻夔州。时镇江军节度使兼侍中嘉王宗寿镇忠州，夔州刺史王成先请甲，宗寿但以白布袍给之。成先帅之逆战，季昌纵火船焚蜀浮桥，招讨副使张武举铁絙拒之，船不得进。会风反，荆南兵焚溺死者甚众。季昌乘战舰，蒙以牛革，飞石中之，折其尾，季昌易小舟而遁。荆南兵大败，俘斩五千级。③
>
> 王以夔、万、忠、涪四州旧隶荆南，兴兵攻蜀，夔州刺史王成先逆战。王纵火船焚蜀浮桥，蜀招讨使张武举铁絙拒之，船不得进，我兵焚溺死者甚众。会飞石中王战舰之尾，王遁还，我兵大败，俘斩五千级。④

此次战役主要在夔州展开。是役，高氏荆南铩羽而归，图谋夔、忠、万三州的计划破产，其地仍为前蜀所辖。尽管高季兴有意收复荆南原管辖郡，但夔州之败，令其刻骨铭心，终后梁一朝，再

---

① 《九国志》卷六《前蜀·王宗寿传》，第3283页。
② 《新五代史》卷六三《前蜀世家》，第790页。
③ 《资治通鉴》卷二六九，后梁均王乾化四年正月，第8782页。
④ 《十国春秋》卷一〇〇《荆南一·武信王世家》，第1430页。

未举兵于三峡地区。如史所言：高季兴"常欲取三峡，畏蜀峡路招讨使张武威名，不敢进"[1]。所以说，"朱梁以高季兴镇荆州，与王建争夔、峡，竟不能复"[2]。

同光三年（925）九月，后唐伐蜀，同年十一月，前蜀灭亡。在后唐举兵进击前蜀期间，高季兴再度萌生夺取夔、忠、万三州的念头。史载："初，帝举军平蜀，诏高季兴率本军溯峡，自收元管属郡。荆南军未进，伪蜀夔、万连率以州降继岌。"[3]《新五代史·南平世家》亦称："初，唐兵伐蜀，季兴请以本道兵自取夔、忠、万、归、峡等州，乃以季兴为峡路东南面招讨使，而季兴未尝出兵。"《资治通鉴》卷二七三则记载：伐蜀期间，高氏荆南水军上峡，又为张武击败，此后才以夔、忠、万三州降于魏王继岌[4]。两说稍异，但高季兴并未取得夔、忠、万三州固为事实，此三州成为后唐属地。

实际上，《资治通鉴考异》曾引据《明宗实录》的相关记载进行辨析，认为在后唐获取夔、忠、万三州后，季兴曾奏请三州为属郡[5]。史载：同光三年（925）十一月，"荆南节度使高季兴奏，收复归、夔、忠等州"[6]。这是高季兴就此三州，向后唐朝廷提出的首次割隶请求。从其后的史实来看，这次奏请未获许可。

---

[1] 《资治通鉴》卷二七三，后唐庄宗同光三年十月，第8942页；《十国春秋》卷一〇〇《荆南一·武信王世家》，第1433页。
[2] 《册府元龟》卷三三八《宰辅部·贪黩》，第3809页。
[3] 同上。
[4] 《资治通鉴》卷二七三，后唐庄宗同光三年十月，第8942页。
[5] 《资治通鉴》卷二七五，后唐明宗天成元年六月胡三省注，第8988页。
[6] 《旧五代史》卷三三《唐庄宗纪七》，第460页。《册府元龟》卷四七五《将帅部·献捷二》，第4916页，误系其时于"二月"。

同光四年（926）二月，高季兴再次奏请庄宗，乞割夔、忠、万等州隶归荆南。史载：

> 荆南节度使高季兴奏请峡内夔、忠、万等州割归当道，依旧管系，又请云安监。……三川既平，季兴数遣使请峡内三州，依旧为属。又请云安监务，朝廷未之许。季兴数赂刘皇后与（韦）说及宰臣豆卢革。时枢密使张居翰年暮性昏，不酌可否，私相款昵，曲为奏之，内外附叶，因喻其请。①

这次奏请并非一蹴而就，季兴曾屡屡遣使赴朝，起初并无成效。后通过贿赂刘皇后与宰臣豆卢革，巴结枢密使张居翰，后唐庄宗才应允其请。未及下诏，次月，庄宗被害，明宗即位。

天成元年（926）六月，高季兴第三次奏请割隶夔、忠、万三州②。《新五代史·豆卢革传》载："明宗初即位，（高）季兴数请五州，以谓先帝所许，朝廷不得已而与之。"这次奏请也并非一帆风顺，"唐大臣以为季兴请自取之，而兵出无功，不与。季兴屡请，虽不得已而与之"，但后唐朝廷仍把持此数州刺史的除授之权③。至此，夔、忠、万三州终于在名义上隶归高氏荆南。

时隔未久，天成元年（926）八月，"荆南高季兴上言，峡内

---

① 《册府元龟》卷三三八《宰辅部·贪黩》，第3808—3809页。
② 《旧五代史》卷三六《唐明宗纪二》，第501页；《资治通鉴》卷二七五，后唐明宗天成元年六月，第8987页。按，关于归、峡二州的讨论见前揭，此处仅以夔、忠、万三州为考察重点。
③ 《新五代史》卷六九《南平世家》，第857页。

三州，请朝廷不除刺史"①，试图"自以子弟为之，唐主不允"②。《旧五代史·世袭列传三·高季兴传》记载其事："后朝廷除刺史，季兴上言，称已令子弟权知郡事，请不除刺史。"《新五代史·南平世家》则称："而唐犹自除刺史，季兴拒而不纳。"可见，后唐朝廷实则有意控制该地区，而不愿真正将其置于高氏荆南管下，原因即在于，"夔、忠、万三州，地连巴蜀，路扼荆蛮"③，即该地区是捍御两川、控扼荆楚的兵家要地。尽管高季兴拒绝接受朝廷所委任的各州刺史，但与后唐的矛盾尚未公开化。夔、忠、万三州表面上仍为高氏荆南所控制。

在此之后，高季兴对抗后唐朝廷的态度愈益彰显，史载：

> 及夔州刺史潘炕罢官，季兴辄遣兵突入州城，杀戍兵而据之。朝廷除奉圣指挥使西方邺为刺史，不受；又遣兵袭涪州，不克。魏王继岌遣押牙韩珙等部送蜀货金帛四十万，浮江而下，季兴杀珙等于峡口，尽掠取之。朝廷诘之，对曰："珙等身行下峡，涉数千里，欲知覆溺之故，自宜按问水神。"④

此类举动使"不臣之状既形"⑤，终于惹怒后唐明宗，遂于天成二年（927）二月下令出师征讨。史载：

---

① 《旧五代史》卷三七《唐明宗纪三》，第508页。
② 《十国春秋》卷一〇〇《荆南一·武信王世家》，第1434页。
③ 《旧五代史》卷六七《韦说传》，第886页。
④ 《资治通鉴》卷二七五，后唐明宗天成二年二月，第9002页。
⑤ 《旧五代史》卷一三三《世袭列传二·高季兴》，第1752页。

制曰:"荆南节度使、开府仪同三司、守太尉、尚书令、南平王高季兴可削夺官爵,仍令襄州节度使刘训充南面招讨使、知荆南行府事,许州节度使夏鲁奇为副招讨使,统蕃汉马步四万人进讨。"以其叛故也。又命湖南节度使马殷以湖南全军会合,以东川节度使董璋充南〔西〕面招讨使。新授岐〔夔〕州刺史西方邺为副招讨使,其〔共〕领川军下峡,三面齐进。①

三路大军从北、南、西三面进击高氏荆南,但实际投入战斗的只有刘训、西方邺所部。当年六月,西方邺败荆南水军于峡中,复取夔、忠、万三州②。此三州不复为高氏荆南所有,高季兴以荆、归、峡三州臣于吴③。

要之,夔、忠、万三州在后唐明宗即位之初,曾一度隶归高氏荆南,其具体时间为后唐明宗天成元年(926)六月至后唐明宗天成二年(927)六月,历时足足一年。自此以后,高氏荆南亦放弃对此三州的领土要求,其西部边境以扼守归州为务。

二、复州的得失与监利县的掌控

首先来看复州的得失经过。

---

① 《册府元龟》卷一二三《帝王部·征讨三》,第1344页。
② 《资治通鉴》卷二七五,后唐明宗天成二年六月,第9006页。《旧五代史》卷三8《唐明宗纪四》第525页载其事云:天成二年(927)七月,"夔州刺史西方邺奏,杀败荆南贼军,收峡内三州"。
③ 《新五代史》卷六九《南平世家》,第857页。

复州，在唐代为山南东道所辖，领沔阳、竟陵、监利三县①。五代时期，复州隶属情况发生变动，曾一度割隶荆南。不过，囿于史料的匮乏，其间的改隶情况难于一一予以澄清，故仅能述其大概如下。

据载：复州于"梁乾化二年（912）十月，割隶荆南。后唐天成二年（927）五月，却隶襄州。晋天福五年（940）七月，直属京，升为防御"②。《旧五代史》卷一五〇所载与此完全相同③，两者或出一源。于此可知，自后梁乾化二年（912）十月至后唐天成二年（927）五月的15年间，复州在荆南管内。至于后梁将复州改隶荆南的原因，上述记载并未明言，现存史籍中迄今亦尚未发现能够对此予以说明的任何相关材料，故目前仍难就此做出解说。尽管如此，复州曾经纳入荆南版图应为事实。

然而，在15年时间内，复州是否还有改隶情况出现呢？翻检史料，文献中有三种截然不同的记载。

其一，复州在贞明五年（919）五月之前归属马楚。史载：

（贞明五年五月），楚人攻荆南，高季昌求救于吴，吴命镇南节度使刘信等帅洪、吉、抚、信步兵自浏阳取潭州，武昌节度使李简等帅水军攻复州。信等至潭州东境，楚兵释荆南引

---

① （唐）李吉甫：《元和郡县图志》卷二一《山南道·复州》，中华书局，1983，点校本，第536—537页。
② 《五代会要》卷二〇《州县分道改置·册南道》，第332页；《旧五代史》卷一五〇《郡县志》，第2019页。
③ 《旧五代史》卷一五〇《郡县志》，第2019页。

归。简等入复州,执其知州鲍唐。①

按,吴军救援荆南所攻击的复州应与潭州同属马楚,否则似无法理解应援荆南的吴军何以有"入复州"之举。另有史籍即称:"荆南为楚人所攻,乞援于我,王(烈祖杨渥)遣镇南节度使刘信等率洪、吉、抚、信步兵,自浏阳趣楚潭州,武昌节度使李简等统水军攻楚复州。信等至潭州东境,楚兵释荆南引归。简等入复州,执其知州鲍唐。"②材料明言"楚复州",据此而言,"其知州鲍唐"当为马楚复州知州鲍唐。以上记载表明,至少在贞明五年(919)五月和稍前,复州不隶于荆南,而是属于马楚。然而,史籍中缺乏关于马楚何时、何故占领复州的任何记载,故很难判断马楚据有复州的准确时间和管辖此地的时间跨度。并且,此役之后,复州归属何方,史籍中亦无交代。因而,是说疑点多多,可信度令人怀疑。

其二,复州仍属后梁。《十国春秋》卷一〇二即云:

---

① 《资治通鉴》卷二七〇,后梁均王贞明五年五月,第8845—8846页。另,《九国志》卷一《吴·李简传》第3229页称:杨吴武义(919—921年)初年,镇西大将军李简,"袭复州破之,俘知州鲍唐以献"。《十国春秋》卷一〇〇《荆南一·武信王世家》第1431页亦云:"(李)简复入复州,执其知州鲍唐。"
洪州,治今江西南昌市西,为江南西道治,辖境东起江西永修、南昌、进贤诸县,西有铜陵、修水等县,南至上高、万载县,北至武宁县。南唐升为南昌府。
吉州,治今江西吉安市,辖境相当今江西新干、泰和间的赣江流域及安福、永新等县地。
抚州,治今江西临川市,辖境相当今江西临川以南抚河流域。南唐以后又有缩小。
信州,治今江西上饶市西北天津桥,辖境相当今江西贵溪以东,怀玉山以南地区。
② 《十国春秋》卷二《吴二·烈祖世家》,第52页。

> 鲍唐，故梁复州知州。为吴将李简所执，已而归武信王，武信王俾同倪可福隶戏下，遂与可福齐名。①

直称鲍唐为"梁复州知州"，则是吴军借救援荆南之机，一举攻陷后梁复州，复州为后梁辖地。不过，此说与同书卷六七《楚一·武穆王世家》②所述相抵牾。而且，吴任臣认为，鲍唐本为梁将，复州沦陷后，为吴所执，此后方归附武信王高季兴。这种看法也与下引《新五代史·南平世家》所述不合。因此，此说也难以采信。

其三，鲍唐为高氏荆南复州知州，复州系荆南领地。《新五代史》卷六九曰：

> 高季兴招缉绥抚，人士归之，乃以倪可福、鲍唐为将帅，梁震、司空薰、王保义等为宾客。③

此记载虽未明确系时，但由文意可知，其大致时间应在高季兴入据荆南之初，鲍唐即于此时便成为高季兴麾下，是高氏荆南政权早期的重要将领之一。据此而论，吴于贞明五年（919）攻打复州时，复州仍为荆南属地。是说有无佐证？以下三点或可有裨于此问题的解答。

首先，乾化二年（912）以后，后梁并未任命复州刺史。利用

---

① 《十国春秋》卷一〇二《荆南三·鲍唐传》，第1461页。
② 《十国春秋》卷六七《楚一·武穆王世家》第941页称："（李）简入复州，执知州鲍唐。"可知，复州知州鲍唐为马楚所任。
③ 《新五代史》卷六九《南平世家》，第856页。

电子文献检索工具，遍查《旧五代史》《册府元龟》《新五代史》诸书，尚未发现一例关于后梁王朝在乾化二年（912）之后任命复州刺史的记录，后唐同光元年（923）之后此类记载才逐渐出现并增多（说详后），这应当视为复州自此之后不隶于后梁的明证。前引《五代会要·州县分道改置》和《旧五代史·郡县志》已明确指出，后梁乾化二年（912）十月，复州已改隶荆南。此前，复州则应属后梁。而且，后梁在此期间确有复州刺史的任命，《新五代史》卷四五载：后梁山南东道乱军诛杀节度使王班，刘玘被推为留后，后会同梁将陈晖平定乱军，刘玘"以功拜复州刺史"①。据《资治通鉴》卷二六七所载，此事发生于后梁开平三年（909）七月②。

其次，上引《新五代史·南平世家》已表明，高季兴入主荆南之初，鲍唐已在其麾下，与倪可福同为得力干将。另，《十国春秋·荆南四·魏璘传》称：魏璘"事贞懿王为指挥使，勇略绝伦。……荆南自倪可福、鲍唐之后，故推璘为名将"。虽然此载并未显示出明确的时间概念，但仍以倪可福、鲍唐并举，是知鲍唐应与倪可福同时，均系高氏荆南前期的重要武将。

最后，吴军借应援荆南之机，趁势攻打本属于荆南的复州，亦有相当可能。史载：乾化二年（912）十二月，"高季昌出兵，声言助梁伐晋，进攻襄州。山南东道节度使孔勍击败之。自是朝贡路绝"③。在此之后，"高季昌造战舰五百艘，治城堑，缮器械，为

---

① 《新五代史》卷四五《刘玘传》，第499页。
② 《资治通鉴》卷二六七，后梁太祖开平三年七月，第8714页。
③ 《资治通鉴》卷二六八，后梁太祖乾化二年十二月，第8764—8765页。

攻守之具，招聚亡命，交通吴、蜀，朝廷浸不能制"①。可见，后梁太祖之后，荆南与后梁关系已经交恶，改而"交通吴、蜀"，公然对后梁采取对抗的态度。但由于其时梁、晋争霸正炽，后梁王朝无暇追究，"梁末帝优容之，封季兴渤海王，赐以衮冕剑佩"②。这种"绝贡赋累年"③的情况，一直延续至后梁贞明三年（917）五月，始有改观。是月，"高季昌与孔勍修好，复通贡献"④。其时，距复州之役仅整整两年。鉴于吴与后梁间水火不容的关系，针对高季兴出尔反尔、背吴附梁的举动，吴军借应援为名，顺便攻打荆南所辖复州，以示儆戒，这种可能性应该存在。嗣后吴并未占有其地，而将鲍唐放还荆南，则是出于缓和双方关系的考虑。

所以，终后梁一朝，复州一直辖于荆南，其间并无改隶。

后梁、后唐易代之际，复州方始脱离荆南，归属后唐，其原因或在于后唐的强取，或在于高季兴的主动奉献，其间原委，现已难知其详，但复州在后唐初期隶属于后唐，却是无可置疑的事实。同光元年（923）十月，后唐庄宗灭梁，大肆贬逐后梁旧臣，其中后梁中书舍人姚顗即被贬为复州司马⑤。窦廷琬，也有同光（923—926）初年"为复州游奕使"的经历⑥。袁光辅，"同光中，为复州刺史"⑦。凡此种种，均表明复州已改隶后唐。除此之外，尚有其

---

① 《资治通鉴》卷二六八，后梁均王乾化三年九月，第8776—8777页。
② 《新五代史》卷六九《南平世家》，第856页。
③ 《十国春秋》卷一〇〇《荆南一·武信王世家》，第1429页。
④ 《资治通鉴》卷二六九，后梁均王贞明三年五月，第8815页。
⑤ 《旧五代史》卷三〇《唐庄宗纪四》，第413页；《旧五代史》卷九二《姚顗传》，第1214页。
⑥ 《旧五代史》卷七四《窦廷琬传》，第972页。
⑦ 《册府元龟》卷八二五《总录部·名字二》，第9596页。

他记载可资佐证。据《五代史补》卷四载：高季兴朝觐后唐庄宗之后，心怀怨愤，"以兵袭取复州之监利、玉沙二县"①。《十国春秋·荆南四·梁延嗣传》亦称："唐同光中，将兵守复州监利，武信王之朝唐也，庄宗欲阴图之，既疾趣归，遂以兵攻监利、星沙二县，延嗣兵败，为王所获。"唯复州隶于后唐，故高季兴借攻复州之监利县，以发泄其不满。可见，复州在后唐庄宗同光初年的确属于后唐。

但此次更改持续的时间并不长，次年，复州又重隶荆南。史载：同光二年（924）五月，后唐庄宗"诏割复州为荆南属郡"②，即为明证。庄宗缘何颁下此令，亦无材料可资说明。不过，此次改隶之后，史籍中再未发现后唐庄宗朝任命复州刺史的事例。由此可知，后唐同光二年（924）五月之后，复州重又隶于荆南。

后唐明宗在位期间，复州隶属又有变更，惜史料记载多有冲突，其间渊源流变殊难厘清。兹将相关记述爬梳如下。

"（明宗天成）三年（928）四月，复州刺史周全武飞状上言：'湖南大军曾与淮南贼将王茂求等战于道人矶，茂求败绩。'"③此处复州刺史周武显系后唐所除，由是表明，复州为后唐所有。

---

① 《五代史补》卷四《汉·梁震神赞》，第2517页。按，此载以玉沙为五代复州之属，于史不合，当系宋人之误。据《舆地纪胜》卷七六《荆湖北路·复州·玉沙县》第2508页载：玉沙县，"本监利、沔阳二县地，后梁开平四年（910）分汉江南为白沙征料院，隶江陵县。皇朝乾德三年（965）升为玉沙县，隶江陵府"。另，《三楚新录》卷三第632页叙其事时，系其时为天成（926—929）初。亦误，今不取。
② 《旧五代史》卷三二《唐庄宗纪六》，第436页。
③ 《册府元龟》卷四三五《将帅部·献捷二》，第4916页。

梁延嗣为高季兴所获后，"至从诲既立，擢为大校，遂承制授归州刺史。未几，又迁复州团练使，仍掌亲军"①。据此可知，梁延嗣当于从诲继位之初，就任复州团练使，复州当由荆南所辖。按，从诲嗣位，乃在高季兴卒于天成三年（928）十二月二十五日后，其在位时间迄至后汉乾祐元年（948）十一月。那么，梁延嗣任职当在后唐明宗天成（926—930）、长兴（930—933）之际，即大约在长兴元年（930）前后。

两相比较，前一条材料所记在任复州刺史的时间，略早于后一条，但其时间前后相距亦不过两年。是否自后唐明宗即位之初，复州即属后唐？抑或是天成四年（929）六月，鉴于高从诲"上表求内附"②，后唐又将复州割隶荆南呢？或许两者又兼而有之呢？

事实上，自明宗天成二年（927）二月之后，荆南与后唐已成对峙之状，后唐并曾出兵攻伐荆南。至于其间原委本末，史载如下：

> 明宗即位，复请夔、峡为属郡，初俞其请，后朝廷除刺史，季兴上言，称已令子弟权知郡事，请不除刺史。不臣之状既形，诏削夺其官爵。天成初，命西方邺兴师收复三州，又遣襄州节度使刘训总兵围荆南，以问其罪。属霖潦，班师。③

---

① 《三楚新录》卷三，第6329页。《十国春秋》卷一〇三《荆南四·梁延嗣传》第1469页亦称："至文献王立，擢为大校，承制授归州刺史。已又领复州团练使，仍掌亲军。"
② 《资治通鉴》卷二七六，后唐明宗天成四年六月，第9030页。
③ 《旧五代史》卷一三三《世袭列传二·高季兴》，第1752页。

高季兴请后唐不除夔、忠、万三州刺史，事在天成元年（926）八月；天成二年（927）二月，后唐即出师攻打高氏荆南；六月，西方邺夺取夔、忠、万三州。嗣后，"季兴遂以荆、归、峡三州臣于吴"①。据此，是否就可断定，此次用兵波及复州，而且后唐军队乘机攻占其地？结合前引《五代会要》的记载，天成二年（927）五月，复州割隶襄州。应该就是上述情形发生的结果。故而，前引《册府元龟》之记载亦可征信；而至天成四年（929）七月，后唐明宗赦高从诲无罪之后，复州又重入荆南，则《三楚新录》之记载亦不诬。此说缺乏史源论证，或多或少有些牵强，仍需置诸高明评判。

上引《册府元龟》记载明确显示，天成三年（928）四月后唐任命复州刺史的记录之后，迄止后唐末帝清泰三年（936）八月，史籍再次脱载复州刺史的任职情况。在此时间下限，该书又载："复州刺史郭延鲁贡钱五百贯、马十匹，助征。"②《旧五代史》卷九四亦称："清泰（934—936）中，迁复州刺史，正俸之外，未尝敛贷，庶事就理，一郡赖焉。"③《新五代史》卷四六本传④，亦大体同此。据是，复州已于清泰年间改隶后唐无疑。至于始自何时，因史乘有缺，已无法详考。也正是自此时开始，史籍中再未见到荆南领有复州的任何记载，复州至此归属中朝，终五代而不改。

后晋天福元年（936），"复州竟陵，晋改曰景陵"⑤。其间原

---

① 《新五代史》卷六九《南平世家》，第857页。
② 《册府元龟》卷四八五《邦计部·济军》，第5501页。
③ 《旧五代史》卷九四《郭延鲁传》，第1248页。
④ 《新五代史》卷四六《郭延鲁传》，第516页。
⑤ 《新五代史》卷六〇《职方考》，第744页。

第四章 高氏荆南的疆域 147

因,诚如史载:"石晋改竟陵曰景陵郡。"避晋讳故也①。则复州当隶后晋。天福五年(940)七月,后晋高祖升复州为防御州②。自此以降,出任复州的军政长官概以防御使为名。如后晋高祖时,吴峦曾任复州防御使③;白延遇曾迁复州防御使④。

综上所述,复州改隶情况极为复杂,隶属荆南的时间大致在后梁乾化二年(912)至后唐末帝清泰期间,其间又在同光初年和天成二年(928)两度改隶后唐,至迟至后唐清泰三年(936)八月,复州重隶中朝,后晋、后汉、后周三朝因之不变。

其次再看监利县的据有过程。

监利县(今湖北监利县),在唐代是复州下辖三县之一。史载:复州领三县,即沔阳、竟陵、监利⑤。至五代时期,监利县改属荆州,成为高氏荆南辖地。即如史籍所载:"监利,故属复州,梁割隶江陵。"⑥《文献通考》卷三一九亦载:监利县,唐时属复州,后梁改隶江陵府⑦。《十国春秋》卷一一二亦曰:监利,"旧属复州,梁时来属,县南五里有古堤院,文昭王筑以防水患"⑧。

---

① 《舆地纪胜》卷七六《荆湖北路·复州·州沿革》,第2507页。
② 《太平寰宇记》卷一四四《山南东道三·复州》第2802页亦载:"晋天福五年(940)升为防御州。"
③ 《旧五代史》卷九五《吴峦传》,第1267页。《新五代史》卷二九《吴峦传》第325页亦有是载。
④ 《旧五代史》卷一二四《白延遇传》,第1635页。
⑤ 《通典》卷一八三《州郡十三·古荆州》,第4868页。另,《元和郡县图志》卷二一《山南道二》第536—537页、《旧唐书》卷三九《地理志二·山南东道》第1549页、《新唐书》卷四〇《地理志四·山南道》第1033页,所载皆同于此。
⑥ 《新五代史》卷六〇《职方考》,第744页。
⑦ 《文献通考》卷三一九《舆地考五·古荆州·江陵府》,考2506。
⑧ 《十国春秋》卷一一二《十国地理表下》,第1622页。

是为其证。三者说法均指出监利隶入荆南的时间为后梁，惜皆未指明确切时间。吴任臣又引据《五代史》"监利故属复州，梁割隶江陵"之说，认为"武信王得监利之后，始属荆州矣"①。那么，武信王又何时据有监利县呢？

实际上，关于监利县并入荆州的时间，史籍记载并不完全一致。

《太平寰宇记》卷一四六载：

> 梁开平三年以荆州割据，遂属荆州。②

《舆地广记》卷二七称：

> 唐属复州。朱梁开平三年来属。③

据是，则监利县并入荆州的时间为后梁开平三年（909）。

值得关注的是，在此之后，监利县隶属情况有无改动？史载：

> （朝唐之后），自是（高）季兴怨愤，以兵袭取复州之监利、玉沙二县，命震草奏，请以江为界。……既而奏发，未

---

① 《十国春秋》卷一〇三《荆南四·梁延嗣传》，第1469页。
② 《太平寰宇记》卷一四六《山南东道五·荆州·监利县》，第2845页。
③ （宋）欧阳忞：《舆地广记》卷二七《荆湖北路上·江陵府》，中华书局，2023，点校本，第538页。

几,朝廷遣夏鲁奇、房知温等领兵来伐。①

又《三楚新录》卷三亦云:

> 有梁延嗣者,复州景陵人。唐天成中,将兵守复州监利。季兴之入觐也,庄宗欲杀之,既而逃归,益怀怨愤,遂以兵攻取复之监利、星沙二县。延嗣兵败,为季兴所获。至从诲既立,擢为大校,遂承制授归州刺史。未几,又迁复州团练使,仍掌亲军。②

又有史籍称:

> 唐同光中,(梁延嗣)将兵守复州监利。武信王之朝唐也,庄宗阴欲图之,既疾趣归,遂以兵攻监利、星[玉]沙二县,延嗣兵败,为王所获。③

通过上述三段记载判断,后唐期间荆南曾攻取监利县,唯具体时间各有不同说法。综合来看,以上三说之中,前者虽系时不明,然结合前引相关史实,可知后唐讨伐荆南乃在天成二年(927)三月,故荆南攻取监利之时当距此未远,或在天成元年(926)。后

---

① 《五代史补》卷四《汉·梁震褥赞》,第2517页。按,此处以"玉沙"为县,有误,前已辨明,兹不冗。
② 《三楚新录》卷三,第6329页。按,此载所云"天成(926—929)初"、玉沙县,均误,皆见前揭,不赘。
③ 《十国春秋》卷一〇三《荆南四·梁延嗣传》,第1469页。

两者一曰"天成中",一曰"同光中"。然据三者文意,不难获悉,季兴"怨愤"所指乃后唐庄宗,故荆南攻取监利县应在后唐庄宗朝,庄宗年号同光,而季兴朝唐归来乃在同光元年(923)十二月①。袭取监利县之事当在庄宗同光年间,系时于"天成中"恐误,今不取。

粗略来看,上述两种说法,似有歧异。据前引《通典》《新五代史》《文献通考》《十国春秋》诸书所载,既然后梁开平三年(907)监利县已经来属,又何以在同光初年,高氏荆南又要"以兵袭取"呢?换一个思路,如果上述记载均不误,则在后梁、后唐之间,监利县必有改隶情况发生。联系上文关于复州隶属高氏荆南情况的讨论,复州自后梁乾化二年(912)十月,即已割隶江陵,此时复州已不领监利县,而仅存竟陵(今湖北天门市)和沔阳(治今湖北仙桃市西南沔城镇)二县,监利县已为高氏荆南的荆州所领;而在后梁、后唐易代之际,监利县极有可能同复州一并隶入后唐,并且恢复其原有隶属关系。只是到后唐同光初年,高季兴凭借武力方将其再度隶于荆州。这种解释或有牵强之嫌,但糅合了上述两种不同观点,亦并非无稽之谈,有俟将来再考。

另外,监利县在五代时期的改属,也使自唐代以来的荆州辖县状况发生变更。史载:自贞观八年(634)后,江陵(荆州)长期领七县:即江陵、枝江、松滋、当阳、公安、长林、石首②。贞元二十一年(805),析长林置荆门县,始有八县③。监利县割隶高

---

① 《资治通鉴》卷二七二,后唐庄宗同光元年十二月,第8910页。
② 《通典》卷一八三《州郡十三·古荆州》,第4859页;《旧唐书》卷三九《地理志二·山南东道》,第1552—1553页。
③ 《新唐书》卷四〇《地理志四·山南道》,第1028页。

氏荆南的荆州之后，荆州所领县增至九县。《十国春秋》卷一一二载：江陵府（荆州）领县八，即江陵、枝江、松滋、监利、石首、当阳、公安、长林。荆门军，治当阳，寻省①。荆门军，即以唐代荆门县和当阳县为领地，治当阳。所以，在五代较长时间内，荆州实际领有九县。由于其后荆门军或兴或废，宋初又在本区新增数县，荆州辖县一度达到12个，《太平寰宇记》卷一四六即称：荆州，"元领县八，今九。江陵、枝江、公安、松滋、石首、建宁、潜江、玉沙（以上三县新置）、监利（复州割隶）。三县割出，荆门（别为军），当阳（入荆门），武安（并入荆门）"②。其中的玉沙县，"本监利、沔阳二县地，后梁开平四年（910）分汉江南为白沙征料院，隶江陵县。皇朝乾德三年（965）升为玉沙县，隶江陵府"③。可见，尽管荆州辖县虽屡有增减，但监利县一直属入荆州管辖，这种变化即肇始于五代高氏荆南统治时期。

三、郢州的求割未果

唐代郢州领京山、长寿、富水三县④。五代因之。后晋、后汉时期，高氏荆南曾两度乞中朝割郢州隶于荆南，且采取过军事行动，但均未能奏效。

第一次求郢州未果，乃在后晋少帝即位之初。襄州安从进反叛，后晋高祖天福六年（941）十一月，"晋师致讨，从诲遣将李

---

① 《十国春秋》卷一一二《十国地理表下》，第1622—1623页。
② 《太平寰宇记》卷一四六《山南东道五·荆州》，第2833页。
③ 《舆地纪胜》卷七六《荆湖北路·复州·玉沙县》，第2508页。
④ 《旧唐书》卷三九《地理志二·山南东道》，第1548—1549页。

端以舟师为应,从进诛,从诲求郢州为属郡,高祖不许"①。实际上,拒绝高从诲割隶郢州的请求者,并非后晋高祖,而是后晋少帝。按,后晋高祖石敬瑭已于天福七年(942)六月薨,是月,后晋少帝石重贵嗣位②;而至天福七年(942)八月,后晋高行周才攻陷襄州,安从进自焚而死③。故"王求郢州为属郡,晋不许"④,其实是后晋少帝登基不久的事。此次请求遭拒,高氏荆南不了了之。

第二次乞割郢州为属郡,发生于后晋、后汉更迭之际。对此,史籍有如下记载:

> 及契丹入汴,汉高祖起义于太原,间道遣使奉贡,密有祈请,言俟车驾定河、汴,愿赐郢州为属郡,汉祖依违之。及入汴,从诲致贡,求践前言,汉高祖不从。⑤

另有史籍亦称:

> 契丹灭晋,汉高祖起太原,从诲遣人间道奉表劝进,且言汉得天下,愿乞郢州为属,汉高祖阳诺之。高祖入汴,从诲遣使朝贡,因求郢州,高祖不与。⑥

---

① 《新五代史》卷六九《南平世家》,第858页。
② 《旧五代史》卷八〇《晋高祖纪六》,第1062页。
③ 《旧五代史》卷八一《晋少帝纪一》,第1071页。
④ 《十国春秋》卷一〇一《荆南二·文献王世家》,第1443页。
⑤ 《旧五代史》卷一三三《世袭列传二·高从诲》,第1753页。
⑥ 《新五代史》卷六九《南平世家》,第858页。

后汉高祖刘知远在登基之前，佯为允诺高氏荆南割隶郢州为属郡的请求，其实不过是笼络人心、求得各方势力支持的手腕罢了；而一旦获登大宝，是否践履前言，则可另当别论。高从诲乞割郢州的请求，再次遭拒。

然而，后汉高祖此举却激怒了高从诲。天福十二年（947）六月，后汉加恩使至荆南，高从诲"拒而不受"。胡三省注："自唐以来，新君践祚，则遣使加恩于诸镇。"[1]高从诲拒绝加恩，显然是对后汉高祖不践前言有所不满。事态至此并未止步，接下来高从诲还采取了过激的军事行动。当年七月，杜重威据邺都反叛后汉。高从诲闻讯，即于次月，调遣水军袭后汉襄州，不料却为后汉山南东道节度使安审琦所败；又寇郢州，为后汉郢州刺史尹实击败[2]。乾祐元年四月（948），荆南再次陈兵于郢州，仍然无疾而终[3]。

这次郢州之争的未果，使得高氏荆南与后汉关系彻底恶化，其臣属关系亦因此而中断。即如史载："从诲自求郢州不得，遂自绝于汉。逾年，复通朝贡。"[4]史料又称："王乃绝汉，附于唐、蜀。"[5]高氏荆南将其疆域扩及至郢州的目的，最终未能实现。

第三节　疆域沿革大势及行政地理

高氏荆南从最初仅有一州之地，至入宋，以荆、归、峡三州纳

---

[1]　《资治通鉴》卷二八七，后汉高祖天福十二年六月及胡三省注，第9368页。
[2]　《资治通鉴》卷二八七，后汉高祖天福十二年八月，第9375页。
[3]　《旧五代史》卷一〇一《汉隐帝纪上》，第1346—1347页。
[4]　《新五代史》卷六九《南平世家》，第859页。
[5]　《十国春秋》卷一〇一《荆南二·文献王世家》，第1444页。

降,表面上看,其疆域沿革大势不出于此。实际上,正如前述,在其近60年的历程中,尚有其他州的出入和其他县的隶入,诸书所载未明,仍有必要细加梳理,以明其实。高氏荆南的地方行政区划,以州、县二级制为主,分别以刺史、县令综理民政。高氏荆南又曾一度设置"军"这种统县政区,其行政地位与州平级,成为一种新型的地方行政建置。

一、疆域的伸缩与确立

高氏荆南疆域的沿革,《新五代史·职方考》与《十国春秋·十国地理表下》皆仅述荆、归、峡三州,未能准确反映出其具体经过。实际上高氏荆南前期疆域伸缩较大,除归、峡二州在明宗即位初年隶入外,复州、夔州、忠州、万州等都在不同时期,一度纳入高氏荆南辖境。并且,原属复州的监利县,自后梁割隶后,一直至高氏荆南归降于宋,均属荆州。此类相关事实,前节已分别有所叙述。但因其间头绪较多,不便察看,今依上节所述,表之如下。

表4-2 高氏荆南疆域沿革一览表

归属州(县) 时间	州(县)名							
	荆	归	峡	复	监利县	夔	忠	万
后梁开平元年(907)四月	有	前蜀	前蜀	后梁	后梁	前蜀	前蜀	前蜀
开平二年(908)	有	前蜀	前蜀	后梁	后梁	前蜀	前蜀	前蜀
开平三年(909)	有	前蜀	前蜀	后梁	有	前蜀	前蜀	前蜀
开平四年(910)	有	前蜀	前蜀	后梁	有	前蜀	前蜀	前蜀

表4-2续表1

归属州（县） 时间	州（县）名							
	荆	归	峡	复	监利县	夔	忠	万
乾化元年（911）	有	前蜀	前蜀	后梁	有	前蜀	前蜀	前蜀
乾化二年（912）十月	有	前蜀	前蜀	有	有	前蜀	前蜀	前蜀
乾化三年（913）	有	前蜀	前蜀	有	有	前蜀	前蜀	前蜀
乾化四年（914）	有	前蜀	前蜀	有	有	前蜀	前蜀	前蜀
贞明元年（915）	有	前蜀	前蜀	有	有	前蜀	前蜀	前蜀
贞明二年（916）	有	前蜀	前蜀	有	有	前蜀	前蜀	前蜀
贞明三年（917）	有	前蜀	前蜀	有	有	前蜀	前蜀	前蜀
贞明四年（918）	有	前蜀	前蜀	有	有	前蜀	前蜀	前蜀
贞明五年（919）	有	前蜀	前蜀	有	有	前蜀	前蜀	前蜀
贞明六年（920）	有	前蜀	前蜀	有	有	前蜀	前蜀	前蜀
龙德元年（921）	有	前蜀	前蜀	有	有	前蜀	前蜀	前蜀
龙德二年（922）	有	前蜀	前蜀	有	有	前蜀	前蜀	前蜀
后唐同光元年（923）四月	有	前蜀	前蜀	后唐	后唐	前蜀	前蜀	前蜀
同光二年（924）五月	有	前蜀	前蜀	有	有①	前蜀	前蜀	前蜀
同光三年（925）十一月	有	后唐	后唐	有	有	后唐	后唐	后唐
天成元年（926）六月	有	有	有	后唐②	有	有	有	有
吴乾贞二年（928）十一月	有	后唐③	后唐	后唐	后唐	后唐	后唐	后唐
乾贞三年（929）七月	有	不明	有	或有④	有	后唐	后唐	后唐
后唐长兴元年（930）正月	有	有	有	或有	有	后唐	后唐	后唐

注：①监利县，或于同光初年改隶中朝，不久即重入高氏荆南。
②复州，或于天成二年（927）二月稍后，改隶后唐。
③归州，或于天成三年（928）二月，短期隶于后唐。
④复州，或于天成三年（928）七月，重入高氏荆南。

表4-2续表2

归属州（县） 时间	州（县）名							
	荆	归	峡	复	监利县	夔	忠	万
后唐长兴二年（931）	有	有	有	或有	有	后唐	后唐	后唐
长兴三年（932）	有	有	有	或有	有	后唐	后唐	后唐
长兴四年（933）	有	有	有	或有	有	后唐	后唐	后唐
清泰元年（934）四月	有	有	有	后唐	有	后蜀	后蜀	后蜀
清泰二年（935）	有	有	有	后唐	有	后蜀	后蜀	后蜀
后晋天福元年（936）	有	有	有	后晋	有	后蜀	后蜀	后蜀
天福二年（937）	有	有	有	后晋	有	后蜀	后蜀	后蜀
天福三年（938）	有	有	有	后晋	有	后蜀	后蜀	后蜀
天福四年（939）	有	有	有	后晋	有	后蜀	后蜀	后蜀
天福五年（940）	有	有	有	后晋	有	后蜀	后蜀	后蜀
天福六年（941）	有	有	有	后晋	有	后蜀	后蜀	后蜀
天福七年（942）	有	有	有	后晋	有	后蜀	后蜀	后蜀
天福八年（943）	有	有	有	后晋	有	后蜀	后蜀	后蜀
开运元年（944）	有	有	有	后晋	有	后蜀	后蜀	后蜀
开运二年（945）	有	有	有	后晋	有	后蜀	后蜀	后蜀
开运三年（946）	有	有	有	后晋	有	后蜀	后蜀	后蜀
后汉天福十二年（947）	有	有	有	后汉	有	后蜀	后蜀	后蜀
乾祐元年（948）	有	有	有	后汉	有	后蜀	后蜀	后蜀
乾祐二年（949）	有	有	有	后汉	有	后蜀	后蜀	后蜀
乾祐三年（950）	有	有	有	后汉	有	后蜀	后蜀	后蜀
后周广顺元年（951）	有	有	有	后周	有	后蜀	后蜀	后蜀

第四章　高氏荆南的疆域

表4-2续表3

时间 \ 归属州（县）	州（县）名							
	荆	归	峡	复	监利县	夔	忠	万
广顺二年（952）	有	有	有	后周	有	后蜀	后蜀	后蜀
广顺三年（953）	有	有	有	后周	有	后蜀	后蜀	后蜀
显德元年（954）	有	有	有	后周	有	后蜀	后蜀	后蜀
显德二年（955）	有	有	有	后周	有	后蜀	后蜀	后蜀
显德三年（956）	有	有	有	后周	有	后蜀	后蜀	后蜀
显德四年（957）四月	有	有	有	后周	有	后蜀	后蜀	后蜀
显德五年（958）	有	有	有	后周	有	后蜀	后蜀	后蜀
显德六年（959）	有	有	有	后周	有	后蜀	后蜀	后蜀
北宋建隆元年（960）	有	有	有	北宋	有	后蜀	后蜀	后蜀
建隆二年（961）	有	有	有	北宋	有	后蜀	后蜀	后蜀
建隆三年（962）	有	有	有	北宋	有	后蜀	后蜀	后蜀
乾德元年（963）二月	有	有	有	北宋	有	后蜀	后蜀	后蜀

由上表可知，高氏荆南疆域在五代前期，变动颇大，其最盛时，一度辖七州，这种情形前后不过一年而已。至天成、长兴之际，其疆域逐渐缩小。大约在后唐清泰元年（934）前后，高氏荆南疆域最终固定为荆、归、峡三州。

二、州、县二级地方行政制度

唐代中叶伊始，地方行政制度形成以道、州、县为基本形式的三级结构，分别以观察使、刺史、县令为行政长官。五代十国大体沿承此制。但因高氏荆南所辖仅有残缺不全的荆南镇，长时间只领荆、归、峡三州，故而作为一个独立的割据政权，在其辖境内，道一级行政区划，实际已不复存在。就此而论，其行政区划唯有州、县二级，以州统县，这与唐末五代藩镇治理各自辖区，一脉相承。

荆州为高氏荆南的国都，其实也就是唐代荆南镇的治所，其军政长官仍旧由高氏五主兼任。若其主外出征战或病重之际，则以其子弟权知军府事，即代为综理节度使军府。如同光三年（925）九月，高季兴趁后唐伐蜀之际，举兵攻取荆南镇原管辖州，以其子行军司马从诲权知军府事[1]。又如天成三年（928）三月，"荆南节度使高季兴寝疾，命其子行军司马、忠义节度使、同平章事从诲权知军府事"[2]。此亦为五代十国时期的普遍现象，季兴之后，高氏各主皆依此而行。

归、峡等州，则分别委以刺史，或知州，或团练使。县以县令为长官，其职责为"导风化，察冤滞，听狱讼"[3]，催征两税[4]，统管一县所有军政事务。高氏荆南以藩镇体制为其政权的基本组织形式，故辖境内的刺史与县令，名义上应当皆由中央政府任命，前者由中书门下商议拟定，上奏皇帝定夺，以册授、制授、敕授而除拜；后者由尚书省吏部拟定，以旨授而注官。

但是，制度与实际的操作通常并不一致，至少从刺史的任命情况来看，即是如此。自唐末五代初期开始，伴随藩镇权力的急剧扩张，节度使便屡屡委任其将吏、亲信为刺史或权知州事[5]，高氏荆

---

[1] 《十国春秋》卷一〇〇《荆南一·武信王世家》，第1437页。
[2] 《资治通鉴》卷二七六，后唐明宗天成三年十二月，第9025页。
[3] 《新唐书》卷四九下《百官志四下》，第1319页。
[4] 《五代会要》卷一九《县令上》，第314页。
[5] 《五代十国史研究》，第49—50页。

南亦踵行其法。实际上，早在后唐明宗天成（926—929）初年，高季兴获得夔、忠、万、归、峡等五州之后，就已采取以子弟权知郡事的举动，并请求后唐不除刺史①，"而唐犹自除刺史"②。虽然此次尝试未获许可，而且引来后唐军队的大举进攻。然而，正是在此后不久，高氏荆南以荆、归、峡三州依附于吴，则归、峡二州的权知州事，仍系此前所委任。所以，高从诲改奉后唐正朔后，于长兴元年（93）正月上奏，"峡州刺史高季雍、归州刺史孙文乞且依旧任"③。据此可知，两州军政长官实际上都已被高氏荆南任命，只不过形式上仍需经过上报中央王朝批准的环节。这种方式与前述刺史一律由中央政权直接除授的制度，显然并不吻合。并且，从下述表4-3、表4-4两州刺史、知州，皆为高氏荆南政权的核心人物或高氏子弟的状况进行分析，高氏荆南先行委任刺史、知州，再奏请朝廷的现象绝非偶然。就此来说，高氏荆南对其辖境内州级长官的任命，仍然具有相当的自主权，但因其藩镇体制使然，又不得不经过奏请中央政权认可的手续。至于县令的情况，是否也是如此，囿于史料，已不易知。考虑到刺史的情况已是如此，县令大概亦应与此相仿。

关于高氏荆南州刺史、知州事的情况，本章第一节已略有所述，兹汇聚相关事实，勒成表4-3与表4-4。

---

① 《旧五代史》卷一三三《世袭列传二·高季兴》，第1752页。
② 《新五代史》卷六九《南平世家》，第857页。
③ 《册府元龟》卷一七八《帝王部·姑息三》，第1977页。

表4-3 高氏荆南归州刺史（知归州）一览表

任职者	原文	史料出处
高从诲	高从诲自称前荆南行军司马、归州刺史，上表求内附。	《资治通鉴》卷二七六，后唐明宗天成四年六月，第9030页。①
孙文	（长兴元年正月，荆南奏）……归州刺史孙文乞且依旧任。	《册府元龟》卷一七八《帝王部·姑息三》，第1977页。
梁延嗣	至文献王立……承制授归州刺史。	《十国春秋》卷一〇三《荆南四·梁延嗣传》，第1469页。
王保义	（后晋高祖天福二年六月），摄荆南节度行军司马、检校太保、归州刺史王保义加检校太傅，知武泰军节度观察留后，充荆南行军司马兼沿淮巡检使。	《旧五代史》卷七六《晋高祖纪二》，第1003页。
高保勖	（后周显德元年十一月），以荆南节度副使、归州刺史高保勖为宁江军节度使、检校太尉，充荆南节度行军司马。	《旧五代史》卷一一四《周世宗纪一》，第1522页。
高从让	又有周显德中荆南判官孙光宪为知归州高从让所立碑。	《入蜀记校注》卷六，第224页。
高继充	继充官至归州刺史。	《十国春秋》卷一〇二《荆南三·高继充传》，第1459页。

由上表可知，归州刺史、知州事的任职者，除孙文、王保义、梁延嗣外，均为高氏子弟。另有一则记载亦称：秭归郡草圣僧怀浚

---

① 《旧五代史》卷一三三《世袭列传·高从诲》第1752页载："初仕梁……领濠州刺史，改归州刺史，累官至检校太傅。"按，因后梁期间，归州不属荆南，故此载"归州刺史"有如"濠州刺史"，同为遥领，实未亲任其职。

圆寂后,"刺史高公为荼毗之"①。此处所言"高公"当亦为高氏子弟,惜难确知其名。

峡州刺史(知峡州)的任职者,则仅见高氏子弟,见表4-4。

表4-4 高氏荆南峡州刺史(知峡州)一览表

任职者	原文	史料出处
高季雍	(长兴元年正月,荆南奏),峡州刺史高季雍……乞且依旧任。	《册府元龟》卷一七八《帝王部·姑息三》,第1977页。
高保融	从诲时,为节度副使、兼峡州刺史。	《新五代史》卷六九《南平世家》,第859页。②
高保膺	保膺亦文献王子,起家知峡州事。	《十国春秋》卷一〇二《荆南三·高保膺传》,第1459页。③

高氏荆南峡州刺史的任用,见于记载者,皆为高氏子弟。

之所以会出现上述情形,原因恐怕在于归、峡二州极其重要的军事地理位置,以高氏子弟或麾下腹心将佐权当方面之重,目的无非是力保西境无虞。

除归、峡二州外,高氏荆南所属复州亦有军政长官,是为复州团练使,任职者仅见梁延嗣。史载:梁延嗣"已又领复州团练使,仍掌亲军"④。

---

① 《北梦琐言逸文》卷一《僧怀浚书吉凶》,《北梦琐言》,第383页。
② 《旧五代史》卷一〇三《汉隐帝纪上》第1352页载:后汉隐帝乾祐元年(948)十二月,"荆南节度副使、检校太傅、行峡州刺史高保融起复,授荆南节度使、检校太尉、同平章事、渤海郡侯"。《宋史》卷四八三《世家六·荆南高氏》第13952页与《十国春秋》卷一〇一《荆南三·贞懿王世家》第1446页均载:"开运(944—946)末,领峡州刺史。"
③ 《宋史》卷四八三《世家六·荆南高氏家》,第13954页。
④ 《十国春秋》卷一〇三《荆南四·梁延嗣传》,第1469页。

中原政权还屡屡以高氏子弟遥领刺史一职，如高从诲，"初仕梁……领濠州刺史，改归州刺史"①。因后梁时，归州不隶高氏荆南，故归州刺史即为遥领，并非实职，仅有寓其官品之意。另有巴州刺史高保衡②，合州刺史高从翙③，巴州、合州并非高氏荆南属地，故"巴州刺史""合州刺史"同样是遥领。

关于高氏荆南辖境内县令任职的记载，史籍中极其少见。迄今为止，仅发现一例。史载："康张，事文献王为硖州长阳令。有良吏才，一邑称治。"④

总括前言，高氏荆南的行政区划仅有州、县二级，由刺史（知州）与县令为其军政首长，这种形式与唐末五代藩镇并无二致。不过，在南方九国中，州、县二级地方行政体制，只存在于高氏荆南，其间的根源即在于该政权唯有原唐代荆南镇一地，而且其原管诸州大多在唐末已被分割而出，在如此狭小的疆域内，显然已无法采用道、州、县的三级地方行政，其地方行政建制也只能因陋就简。

尚需补充的是，在地方行政区划上，高氏荆南的统县政区并非仅有州，还曾一度设置与州平级的"军"级政区，此点单独说明如下。

---

① 《旧五代史》卷一三三《世袭列传二·高从诲》，第1752页。
② 《宋史》卷四八三《世家六·荆南高氏》，第13954页；《十国春秋》卷一〇二《荆南三·高保衡传》，第1458页。
③ 《宋史》卷四八三《世家六·荆南高氏》，第13954页。
④ 《十国春秋》卷一〇三《荆南四·康张传》，第1467页。

三、荆门军的设置及演变

高氏荆南的地方行政管理体制以州、县二级制为主,在此之外,还曾出现一种新型的、与州平级的统县政区——"军",此即荆门军的设置。在宋代地方行政管理制度中,军是与府、州、监平行的一级地方行政单位,大多设置于军事战略地位突出的地区,下辖若干县。从宋初亦在原地设置荆门军的举措来看,两者间显然存在一脉相承的关系,清代学者顾祖禹即曾言:"五代时高氏置荆门军,宋因之,领长林等县二。"①

五代之前,军是军垒,仅具军事意义,并非行政区,与县亦无统属关系。置军之处,县制同时撤销②。如唐代岚州岚谷县,"旧苛岚军也,在宜芳县北界。长安三年(703),分宜芳于苛岚旧军置岚谷县。神龙二年(706),废县置军。开元十二年(724),复置县"③。可知,唐代军、县不并置。五代时期,这种意义上的军,仍然存在。如后梁开平元年(907)十二月,"于辉州砀山县置崇德军"④。在此之后,新型的统县政区开始出现,高氏荆南荆门军即为其例。

荆门军是在原荆门县的基础上发展而致。荆门县始置于唐德宗贞元二十一年(805),系从原江陵府(荆州)七县之一的长林县

---

① 《读史方舆纪要》卷七《历代州域形势七·宋上·荆门军》,第307页。
② 参见李昌宪:《中国行政区划通史·宋西夏卷》,复旦大学出版社,2007,第101页。
③ 《旧唐书》卷三九《地理志二·河东道》,第1485页。
④ 《五代会要》卷二四《军》,第387页。

中,析置而出的新县,仍隶属于江陵府(荆州)。①至后梁立国,荆门县依旧是荆州所辖八县之一。该地介于荆、襄之间,"俯云梦,连巫峡,据襄阳之阻,通沮、漳之利,由楚、汉迄唐季,为用武之国"②。是汉水中游的军事要地。其战略地理的意义,诚如陆九渊所言:"郡居江、汉之间,为四集之地,南捍江陵,北援襄阳,东护随、郢之胁,西当光化、夷陵之冲。荆门固则四邻有所恃,否则有背胁腹心之虞。"③

关于高氏荆南设置荆门军的问题,史籍多有反映。如《太平寰宇记》卷一四六即载:

（荆门军）,唐末,荆州高氏割据,建为军,领荆州当阳县。④

另有南宋时的记载亦称:"五代高季兴置军,治当阳。"⑤其后,这种说法逐渐增多,并广泛见之于明清方志,兹不一一列举。清代学者大多踵行其说,如《读史方舆纪要》卷七七即云:"五代

---

① 《新唐书》卷四〇《地理志四·山南道》,第1028页。
② 《方舆胜览》卷二九《湖北路·荆门军》,转引自朱汉:《图经序》,第526页。
③ 《宋史》卷四三四《陆九渊传》,第12881页。
深州,唐玄宗先天二年(713),始治今河北深州市西旧州村;天宝元年(742),改为饶阳郡;唐肃宗乾元元年(759),复为深州。北宋太宗雍熙四年(987),迁治今河北深州市南。辖境相当今河北深州、安平、饶阳、辛集等县市地。
④ 《太平寰宇记》卷一四六《山南东道五·荆门军》,第2845页。
⑤ （宋）潘自牧:《记纂渊海》卷一一四《郡县部·荆门军》注引《地理沿革表》,景印文渊阁四库全书,第930册,台湾商务印书馆,1986,第347页。

时高氏置荆门军（治当阳县），寻废。"①《十国春秋》卷一一二亦曰："五代更荆门县为军，治当阳，寻省。"②该书又引《湖广志》云："高季昌以荆门县为军。"③照此而言，荆门军创置于高季兴统治高氏荆南时期，殆属可信。

不过，上引记载均未表明高季兴创置、废罢荆门军的具体时间。根据《十国春秋》卷一〇〇的记载，荆门军创置于天成二年（927），其原文为：

> 是岁（乾贞元年，即天成二年）……置荆门军于当阳县。④

吴任臣断言荆门军创立于此时，不知何据。然而，这也是迄今所能看到的反映高氏荆南设置荆门军具体时间的唯一一条材料。在并无同类记载的情况下，此则材料所揭示的具体时间概念，是否可信，自然会令人怀疑。但是，如果联系高氏荆南当时所处的客观环境，设置荆门军似可理解为乃应付紧急军情的无奈之举。

是年二月，针对高季兴伐蜀之后的种种"不臣之状"，后唐明宗下诏出师征讨。三路大军中，其中一支即是襄州节度使刘训所率领的部伍⑤。由于荆门居于江陵和襄阳之间，"南至荆南界

---

① 《读史方舆纪要》卷七七《湖广三·荆门州》，第3592页。
② 《十国春秋》卷一一二《十国地理表下》，第1623页。
③ 同上。
④ 《十国春秋》卷一〇〇《荆南一·武信王世家》，第1436页。
⑤ 《旧五代史》卷一三三《世袭列传二·高季兴》，第1752页。

一百五十五里，北至襄州界一百七十里"①，是后唐襄州军队进攻江陵的必经要道，一旦后唐之师越过此道关隘，江陵势必直接暴露于兵锋之下，故而双方的军事冲突首先即在此展开。这在史籍中也有显示，《旧五代史》卷九〇载：

> 天成中，为深州刺史，改雄捷右厢马军都指挥使。会南伐荆门，思铎亦预其行。时高季兴以身兵拒王师，思铎每发矢中敌，则洞胸达掖，由是贼锋稍挫，不敢轻进，诸军咸壮之。②

《旧五代史》卷九四亦载：

> 明宗即位，除成德军节度副使，俄以荆门用军，促诏汉筠移倅襄州，权知军州事。③

上述材料所指，均应为当时双方在荆门交战的反映。

由此似可推测，为避免江陵遭后唐军队直接奔袭，高氏荆南先于此处置军，以缓冲敌势，应是一种必然的应对之策。限于史籍无载，未知此说当否，仍有待将来进一步考究。

高氏荆南设置的荆门军，辖二县，即荆门县、当阳县；而

---

① 《太平寰宇记》卷一四六《山南东道五·荆门军》，第2846页。
② 《旧五代史》卷九〇《陆思铎传》，第1189页。
③ 《旧五代史》卷九四《高汉筠传》，第1253页。
成德军，治今河北正定县，较长期领有恒、冀、深、赵四州，辖境相当今河北沙河、滹沱河下游以南，献县、阜城、景县以西，临城、柏乡、南宫、枣强以北地。

且，荆门军的建置，不久即被废罢，此点在前面所引材料中已有所现，无复赘述。只是难以明了荆门军究竟何时所废？由于天成四年（929）七月之后，高从诲表求内附的举动已获明宗许可，并授予官爵①，荆南重奉后唐正朔。鉴于来自中朝的军事威胁已经解除，为示好后唐，大约在此前后，高氏荆南即应废置荆门军，荆门军所辖二县仍当复隶荆州，这种情形可能一直持续到高氏荆南政权灭亡②。

入宋以后，由于人口增长，经济水平提升，尤其是军事上的重要意义格外突出，荆门县遂复建为军。宋太祖开宝五年（972）二月，"以荆南荆门镇为荆门军"③，重又设置荆门军，其后则时废时兴，其大致经过，即如史载：

> （荆门军），开宝五年即江陵府长林县建军。以长林、当阳二县来隶。熙宁五年，军废，二县复隶江陵府。熙宁六年，废为长林县，隶江陵府。元祐三年，复为军。④

---

① 《旧五代史》卷四〇《唐明宗纪六》，第552页。
② 按，此处有误。入宋之时，荆门称为"荆门镇"，并无荆门县之建置。张跃飞：《高氏荆南入宋县数考》，《宋史论丛》第13辑，河北大学出版社，2012，第78页。另，笔者稍后亦有改正，见与伍松合撰《五代宋初荆门军考述》，《荆楚文化与长江文明》，湖北人民出版社，2012。
③ 《续资治通鉴长编》卷一三，开宝五年二月，第279页。
④ 《宋会要辑稿》方域六之三七，第7424页。按，此载所记"元祐三年（1088）复为军"，与《宋史》卷八八《地理志四·荆湖北路·荆门军》第2198页同。另，《舆地广记》卷二八《荆湖北路下·荆门军》第563页则称"元祐元年（1086）复置"。《太平寰宇记》卷一四六《山南东道五·荆门军》第2845页曰："皇朝开宝五年割荆州之长林县、襄州之故乐乡县合为一县，置于郭下。"兹从《宋会要辑稿》与《宋史》。又，《宋史》卷八八《地理志四·荆门军》第2198页称"熙宁六年（1073），废军"，不同于《宋会要辑稿》之"熙宁五年，军废"。两说时间不一，俟考。

《宋史》卷八八另载有荆门军在两宋时期的沿革情况，原文如下：

> 荆门军，开宝五年，长林、当阳二县自江陵来隶。熙宁六年，废军，县复隶江陵府。元祐三年，复为军。端平三年，移治当阳县。县二，长林（次畿）、当阳（次畿。绍兴十四年，废入长林；十六年，复）。①

而在宋神宗熙宁六年（1073）荆门军省废不久，鉴于其地位之重要，有人曾建议复置，权发遣荆湖南路转运判官唐义问曾说："北路近年废荆门军为长林县，隶江陵府。此军控制巴蜀，备防百越，今以为县，城郭不完，屯兵减少，不足以控制要会。比者奉使访察之臣，惟以兴事塞责，减放役人，桩留役钱为利。闻自废军以来，盐酒课息每岁亏数过于所存役钱。乞复建军。"虽然宋廷诏湖北路监司相度以闻，但终不行②。此后，直到宋哲宗元祐三年（1088），宋廷方复置荆门军。这些都是入宋以后的事，与本题关系不大，无烦具论。

---

① 《宋史》卷八八《地理志四·荆门军》，第2198页。
② 《续资治通鉴长编》卷二八〇，熙宁十年正月，第6850页。

第五章　高氏荆南的政治与军事体制

第一节　藩镇体制与王国体制的并行

高氏荆南在其50余年的发展历程中，因受制于其时特定的政治、军事环境，从未称帝，而一直以藩镇自居，故在其独立的小王国之内，藩镇体制占据主导地位。然而，较之唐末藩镇而言，高氏荆南割据性更强，自主权更大，即便是藩属中朝，称臣于吴、南唐，亦不过是借此以庇护自身，免遭灭顶之灾而已。而在藩镇体制之外，高氏荆南的政治亦不乏王国体制的色彩，尽管这种特征并不明显，且被藩镇体制所主导，也始终未达到成熟体制的地步，但其已然有所显现，并作为藩镇体制的补充而长期存在。就此而言，高氏荆南在政治上具有典型的双轨制特点，实际上与马楚、吴越政权并无本质差别。

一、藩镇体制的政权组织形式

高氏荆南在其历史发展过程中，自始至终以藩镇自处，故其政权组织形式脱胎于唐末以来的藩镇体制，两者形式上高度一致。

依唐代藩镇惯例，在节度使身兼的各种使职当中，观察使是最基本、最普遍的使衔，掌督察州县，系地方一级行政长官。若是军事重镇，则以节度使兼领，无节度者例加都防御使或都团练使，以负责军政。故唐后期40余个藩镇，无不带观察使，而带节度使者则不多[①]。正因为节度使职掌军事，对唐末五代十国时期志在独擅一方的割据势力而言，其意义远非其他使衔可比。而且，节度使府与观察使府各有其幕职。另外，藩镇一般还要兼支度、营田、招讨、经略、按抚等使职，各使之下亦有副使、判官、巡官等一批幕僚。因此，所谓藩镇幕府，实际上是上述各种使职全部幕员的混合，以此构成一支可观的官僚队伍[②]。其中，两使幕僚又是藩镇幕府的主体。

高氏荆南政权一直保留藩镇特点，故高氏五主最基本的使职皆为"节度使"（详后），亦依旧例仍兼观察使。史载：高季兴（本名季昌）始任荆南留后，"及梁祖禅代，正拜江陵尹，兼管内节度观察处置等使"[③]。又如，长兴元年（930）十二月，明宗制词亦说：

> 荆南节度使高从诲亡父，扶天辅国翊佐功臣、荆南节度、归峡等州观察处置等使、开府仪同三司、检校太尉、尚书令、

---

① 张国刚：《唐代藩镇研究（增订版）》，中国人民大学出版社，2010，第132页。
② 《唐代藩镇研究（增订版）》，第132页。
③ 《三楚新录》卷三，第6327页。

江陵尹、上柱国、南平王、食邑八千户、食实封五百户高季兴，可赠太尉。①

上述制词在追述高季兴生前官爵时，即提到"归峡等州观察处置等使"，此为季兴在世时曾兼观察使一职的明证。并且，季兴时亦曾辟署李载仁为观察推官②，此亦可证季兴确兼观察使。其后高保融亦曾被授此职，如后汉初年，高保融继位之初，曾被授"荆归峡观察使"③；显德元年（954）正月，仍兼荆归峡观察使④。尽管高从诲等三主兼观察使的记载，迄今未见，但由节度使必兼观察使的唐后期旧制来看，高氏五主应当均领此衔。

据此而言，高氏荆南的藩镇幕府中，亦应包括两使幕职。两使幕职中，除一些彼此并不相同的幕职极易区分外，由于观察使与节度使往往两使合一，又因为节度使府与观察使府僚佐多有同名者，而史载中常常并未明确标识其所属关系，故很难辨清其所属使府系统。因此，在下文中仍以节度使府的幕职为主要叙述对象，对于观察使府幕职不再进行单独探讨，其中，史载明确显示为观察使府僚佐者，则予以特别指出。

藩镇体制至唐末业已形成由幕职官系统、牙军系统和外镇军系统构成的体系。就权力运作的角度而言，幕职官系统是藩镇开展各项政务的核心机制。幕职官包括文职和武职两个部分。节

---

① 《册府元龟》卷一七八《帝王部·姑息三》，第1977—1978页。
② 《三楚新录》卷三，第6328页。
③ 《宋史》卷四八三《世家六·荆南高氏》，第13952页。
④ 《册府元龟》卷一二九《帝王部·封建》，第1416页。

度使府的主要文职有副使、行军司马、判官、掌书记、参谋、推官、衙推等。观察使府的主要文职有副使、支使、判官、掌书记、推官、巡官、衙推、随军、要籍、进奏官等①。不过，观察使兼节度使时，观察使下无副使，故《新唐书》卷四九下云：节度使"兼观察使，又有判官"②，而不言副使。并且，藩镇幕府中还有不少武职，如都知兵马使、兵马使、都虞候、虞候、都押衙、押衙、都教练使、教练使、都指挥使、指挥使等，这些人员主要出自行伍，是藩镇节帅驾驭其麾下军队所倚重的军事指挥骨干。

仍有必要予以说明的是，上述文职和武职并非皆见于高氏荆南的藩镇幕府中，以下仅就史料所载，分文职与武职两个系列分别予以说明。

首先来看幕职中的文职。

节度副使，即节度使副贰，是节度使的首要僚佐。《通典》卷三二述节度使僚佐，首列副使，云"有副使一人（副贰使）"③。佐节度使总揽全军的政令。高氏荆南节度副使的任职详情，见表5-1。

---

① 《唐代藩镇研究（增订版）》，第132页。
② 《新唐书》卷四九下《百官志四下·外官》，第1309页。
③ 《通典》卷三二《职官十四·州郡上·都督（总管、节度、团练、都统等使附）》，第895页。

表5-1　高氏荆南节度副使一览表

任职者	史载原文	史料出处
高保融	从诲时，为节度副使，兼峡州刺史。	《新五代史》卷六九《南平世家》，第859页。①
高保勖	（后）周广顺元年，加检校太傅，充荆南节度副使。	《十国春秋》卷一〇一《荆南二·侍中保勖世家》，第1450页。②
高继冲	（后）周显德六年，以荫授检校司空，领荆南节度副使。	《十国春秋》卷一〇一《荆南二·侍中继冲世家》，第1451页。③

另，高从诲并未担任节度副使一职④，季兴在位时此职或许长期空缺。另有说法认为，孙光宪曾担任荆南节度副使。史载：孙光

---

① 《旧五代史》卷一〇一《汉隐帝纪上》第1352页载：后汉隐帝乾祐元年（948）十二月，"荆南节度副使、检校太傅、行峡州刺史高保融起复，授荆南节度使、检校太尉、同平章事、渤海郡侯"。另，《资治通鉴》卷二八八"后汉高祖乾祐元年十月"第9401页载："荆南节度使、南平文献王高从诲寝疾，以其子节度副使保融判内外兵马事。"又，《十国春秋》卷一〇一《荆南二·贞懿王世家》第1446页亦载："晋天福（936—944）中，制授检校司空、判内外诸军，俄迁荆南节度副使。开运（944—946）末，领峡州刺史。累加至检校太傅。"

② 《旧五代史》卷一一四《周世宗纪一》第1522页载：显德元年（954）十一月，"以荆南节度副使、归州刺史高保勖为宁江军节度使、检校太尉，充荆南节度行军司马"。

③ 《续资治通鉴长编》卷四"乾德元年正月"第82页载："以荆南节度副使、权知军府事高继冲为荆南节度使。"又《十国春秋》卷一〇一《荆南二·贞懿王世家》第1449页载：显德六年（959），"是岁，王奏授长子继冲为荆南节度副使"。

④ 《册府元龟》卷一七八《帝王部·姑息三》第1977页载：天成四年（929）七月，"荆南节度行军司马高从诲遣都押衙刘谦己进赎罪银三千两"。另，《新五代史》六九《南平世家》第858页载："从诲字遵圣。季兴时，入梁为供奉官，累迁鞍辔库使，赐告归宁，季兴遂留为马步军都指挥使、行军司马。"又，《资治通鉴》卷二七六"后唐明宗天成三年十二月"第9025—9026页载："荆南节度使高季兴寝疾，命其子行军司马、忠义节度使、同平章事从诲权知军府事；丙辰，季兴卒。吴主以从诲为荆南节度使兼侍中。"又，同书卷二七六"后唐明宗天成

宪"累官荆南节度副使、朝议郎、检校秘书少监、试御史中丞,赐紫金鱼袋"①。而从上述表5-1所列举情况来看,此职全由高氏子弟充任,连高从诲亦未出任此职,孙光宪似无可能官至荆南节度副使,其说当误,故不取。

行军司马 又称"节度行军司马"。《通典》卷三二记节度使僚佐云:"行军司马一人(申习法令)。"②掌军籍符伍,号令印信,是最重要的军事行政官员,此职最为节帅看重,其实权有时在节度副使之上。后唐明宗天成四年(929)六月的敕令即称:"诸道节度行军司马,名位虽高,或帅臣不在,其军州军事节度副使权知。"③可知,此前即有以行军司马权知军州事的先例,其权已超越节度副使。此次敕令之后,行军司马重回节度副使之后,渐成制度。作为将军文职僚佐的行军司马系从起初武职演变而来④,其所理虽为军务,而其职却是文职,大多以有学识者充任。其地位与副使相侔,又略次于副使⑤。不过,在高氏荆南幕府中,亦有以武人充任此职者。高氏荆南行军司马的任职情况,见

　　四年六月"第9030页载:"高从诲自称前荆南行军司马、归州刺史,上表求内附。秋,七月,甲申,以从诲为荆南节度使兼侍中。己丑,罢荆南招讨使。"又,《十国春秋》卷一〇〇《荆南一·武信王世家》第1433页亦称:后唐庄宗同光三年(925)九月,后唐伐蜀时,季兴被庄宗任以西川东南面行营招讨使,"至是,乘唐兵势,使其子行军司马从诲权军府事"。据此可知,高从诲乃由行军司马一职直接升为节度使,并未担任节度副使一职,或许季兴时,此职并未授人。
① (宋)孙光宪:《白莲集·序》,(清)董诰等:《全唐文》卷九〇〇,第9390—9391页。《十国春秋》卷一〇二《荆南三·孙光宪传》,第1463页。
② 《通典》卷三二《职官十四·州郡上·都督(总管、节度、团练、都统等使附)》,第895页。
③ 《五代会要》卷二五《幕府》,第396页。
④ (唐)李翰:《淮南节度行军马厅壁记》,《全唐文》卷四三〇,第1939页。
⑤ 石云涛:《唐代幕府制度研究》,中国社会科学出版社,2001,第92—93页。

表5-2。

表5-2 高氏荆南行军司马一览表

任职者	史载原文	史料出处
王保义	及庄宗平河、洛,(刘)去非(即王保义)乃弃郡归高季兴,为行军司马,仍改易姓名。	《旧五代史》卷一三三《世袭列传二·高季兴》,第1754页。①
高从诲	(天成四年七月),荆南节度行军司马高从诲遣都押衙刘谦己进赎罪银三千两。	《册府元龟》卷一七八《帝王部·姑息三》,第1977页。②
高保勖	(显德元年十一月),以荆南节度副使、归州刺史高保勖为宁江军节度使、检校太尉,充荆南节度行军司马。	《旧五代史》卷一一四《周世宗纪一》,第1522页。③

史籍所见,任高氏荆南行军司马且确能考知者,唯上述3人。

---

① 《旧五代史》卷七六《晋高祖纪二》第1003页载:天福二年(937)六月,"摄荆南节度行军司马、检校太保、归州刺史王保义加检校太傅,知武泰军节度观察留后,充荆南行军司马兼沿淮巡检使"。《资治通鉴》卷二八二"后晋高祖天福六年四月"第9222页载:山南东道节度使安从进谋反,"求援于荆南,高从诲遣从进书,谕以祸福;从进怒,反诬奏从诲。荆南行军司马王保义劝从诲具奏其状,且请发兵助朝廷讨之;从诲从之"。《旧五代史》卷一〇二《汉隐帝纪中》第1357页载:乾祐二年(949)四月,"以荆南节度行军司马、武泰军节度留后王保义为检校太尉,领武泰军节度使,行军如故"。按,据前引可知,王保义任行军司马时间甚长,始任时间当在后唐庄宗同光元年(923),直至后汉隐帝乾祐二年(949)四月仍领此职,长达27年。另,《北梦琐言逸文》卷三《孙光宪异梦》第413页有"光宪请行军司马王甲判之"一语,"王甲"恐即为"王保义"。
② 《新五代史》卷六九《南平世家》第858页则曰:"(高)从诲亦遣押衙刘知谦奉表自归,进赎罪银三千两。"据此,"刘谦己"与"刘知谦"当为一人。《资治通鉴》卷二七六,后唐明宗天成四年五—七月,第9030页;《十国春秋》卷一〇〇《荆南二·文献王世家》,第1439页。
③ 《续资治通鉴长编》卷一第22页"建隆元年八月"载:保融寝疾,"以其子继元幼弱,未堪承嗣,命其弟行军司马保勖总判内外军马事"。

其中，王保义为武将（详后）。高从诲、高保勖均为高氏子弟。照此来看，或因其职权任甚重，高氏荆南在王保义之后，或未再署外人，仅以高氏子弟充任。另外，高季昌在后梁期间，常常"以贵公子任行军司马"，但中朝士族子弟不达时变，被后唐除官后，即"匆匆办装，即俟归朝，视行军蔑如也"①。唯其姓名已不可考，暂付之阙如。

判官　《通典》卷三二记节度使僚佐云："判官二人（分判仓、兵、骑、胄四曹事）。"②是副使和行军司马之下掌具体府务者，系佐戎务之职，所谓"分判军事"。其后，藩帅往往尽委钱谷支计于判官③。胡三省尝云："唐诸使之属，判官位次副使，尽总府事。"④这是就节度使府的情况而言，因观察使府无副使和行军司马，故以判官尽总府事⑤。高氏荆南幕府中，任判官一职者仅见孙光宪一人。史载：宋太祖乾德元年（963）二月，"高继冲自以年幼，未知民事，刑政、赋役委节度判官孙光宪"⑥。在此之前，是否还有任职者，难于知晓。

支使　唯见于观察使府，节度府无支使。支使的职能虽不甚清晰，但并非专掌表笺书翰之任，而是偏重于政务⑦。高氏荆南所设支使唯见两例。一为孙光宪，如齐己曾作《夏满日偶作寄孙支使》

---

①　《北梦琐言逸文》卷三《薛韦轻高氏》，《北梦琐言》，第410—411页。
②　《通典》卷三二《职官十四·州郡上·都督（总管、节度、团练、都统等使附）》，第895页。
③　《旧唐书》卷一四五《董晋传》，第3937页。
④　《资治通鉴》卷二一六，唐玄宗天宝六载十二月胡三省注，第6888页。
⑤　《唐代幕府制度研究》，第94页。
⑥　《续资治通鉴长编》卷四，乾德元年二月，第84页。又，《入蜀记校注》卷四第224页亦云："又有周显德中荆南判官孙光宪为知归州高从让所立碑。"
⑦　《唐代幕府制度研究》，第211—213页。

《孙支使来借诗集因有谢》等诗①，可为其证。继冲纳土之后，曾遣"支使王崇范"②上贡金银财宝。可知，王崇范为高氏荆南观察支使。

掌书记，《通典》卷三二记节度使府僚佐云："掌书记一人。"③其职掌为："掌朝觐、聘慰、荐祭祀、祈祝之文，与号令、升绌之事。"④常由有学识者充任，负责起草表奏书檄，凡文辞之事，均出于掌书记。史载："军中之书记，节度之喉舌。指事立言而上达，思中天心；发号出令以下行，期悦人意。谅非容易，而可专据。"⑤史载又称："掌书记，位判官下，古记室参军之任。"⑥有学者指出，节度府与观察府分别置掌书记和支使，不仅不并置，而且也不互置⑦。高氏荆南时期，任掌书记者有李载仁、孙光宪、高保寅三人，见表5-3。

---

① （五代）齐己：《白莲集》卷四、卷六，景印文渊阁四库全书，第1084册，台湾商务印书馆，1986，第358页、第374页。
② 《宋史》卷四八三《世家六·荆南高氏》，第13954页。《十国春秋》卷一〇三《荆南四·王崇范传》第1468页亦载："王崇范，事继冲为支使。"
③ 《通典》卷三二《职官十四·州郡上·都督（总管、节度、团练、都统等使附）》，第895页。
④ 《资治通鉴》卷二六〇，唐昭宗乾宁二年十二月胡三省注，第8480—8481页。
⑤ （唐）令狐楚：《荐齐孝若书》，《全唐文》卷五四三，第2438页。
⑥ 《资治通鉴》卷二一六，唐玄宗天宝十载二月胡三省注，第6905页。
⑦ 《唐代幕府制度研究》，第212页。

表5-3　高氏荆南掌书记一览表

任职者	史载原文	史料出处
李载仁	明年，保勖（"保勖"系"从诲之误）嗣袭，辟李为掌记。	《北梦琐言逸文》卷二《薛韦轻高氏》，《北梦琐言》，第411页。①
孙光宪	（天成元年四月），（梁震）荐前陵州判官贵平孙光宪于季兴，使掌书记。	《资治通鉴》卷二七五，第8979页。②
高保寅	宋兴，保勖既袭封，遣保寅入觐，太祖召对便殿，授掌书记遣还。	《宋史》卷四八三《世家六·荆南高氏》，第13955页。③

上述3人中，高保寅于宋太祖建隆二年（961）九月入觐时，被授以掌书记之职，则光宪已不复再任，或于此时即为判官。

推官，据《新唐书》卷四九记载，节度使僚佐有推官一人④。其职掌为理军讼，即推勾狱讼。而观察使推官则理民讼，使主职掌性质上的差异，是推官职责不同的根源。高氏荆南所署推官，见表5-4。

---

① 《太平广记》卷二六六《韦薛轻高氏》同此，第2087页。
② 《十国春秋》卷一〇〇《荆南一·武信王世家》，第1434页。按，《三楚新录》卷三，第6328页；（宋）晁公武撰，孙猛校证：《郡斋读书志校证》卷一八《别集类中》，上海古籍出版社，1990，第943页；《宋史》卷四八三《世家六·荆南高氏》，第13956页。皆谓光宪始见于从诲时，均误。另，《续资治通鉴长编》卷二"建隆二年九月"第53页载有"记室孙光宪"，据此可知，孙光宪此时仍为掌书记。
③ 按，《宋史》卷一《太祖纪一》第10页载：建隆二年（961）九月，"荆南节度使高保勖遣其弟保寅来朝"。据此可知，保寅任掌书记即应在此时或稍后。另，《续资治通鉴长编》卷四"乾德元年二月"第85页载："继冲遣［梁］延嗣与其叔父掌书记保寅，奉牛酒来犒师，且觇师之所为。"《宋史》卷四八三《世家六·荆南高氏》第13954页载有"节院使保寅"。
④ 《新唐书》卷四九下《百官志四下·外官》，第1309页。

表5-4　高氏荆南推官一览表

任职者	史载原文	史料出处
李载仁	有李载仁者，唐室之后也。唐末避乱于江陵，季兴署为观察推官。	《三楚新录》卷三，第6328页。
王贞范	荆南推官王少监贞范。	《北梦琐言逸文补遗》之《王氏女》，《北梦琐言》，第453页。
王惠范	以门荫为文学，累迁观察推官。	《三楚新录》卷三，第6329页。

据上表可知，高氏荆南推官为3人，其中李载仁、王惠范为观察推官，王贞范仅言推官，不知是否亦为观察推官。

孔目官，孔目，原指档案目录，后成为掌书记之吏员名称。胡三省云："孔目官，衙前吏职也，唐世始有此名；言凡使司之事，一孔一目，皆须经由其手也。"[①]又曰："诸镇州皆有孔目官，以综理众事，吏职也。言一孔一目，皆所综理也。"[②]又称："唐藩镇吏职，使院有孔目官，军府事无细大皆经其手，言一孔一目，无不综理也。"[③]是节度使僚佐之中的亲近之职，其职掌大都与财计出纳有关。高氏荆南孔目官仅见二人，见表5-5。

---

① 《资治通鉴》卷二一六，唐玄宗天宝十载二月胡三省注，第6905页。
② 《资治通鉴》卷二二五，唐代宗大历十三年十二月胡三省注，第7254页。
③ 《资治通鉴》卷二二八，唐德宗建中四年十月胡三省注，第7357页。

表5-5 高氏荆南孔目官一览表

任职者	史载原文	史料出处
王仁厚	（高季昌）召孔目官王仁厚谓曰……	《北梦琐言逸文》卷二《高季昌推崇梁王》，《北梦琐言》，第402页。
严光楚①	进士郑起谒荆州节度高从诲，馆于空宅。其夕，梦一人告诉曰："孔目官严光楚无礼。"意甚不平。	《北梦琐言逸文》卷三《郑起空宅梦异》，《北梦琐言》，第415页。

从上述所列幕职的文职情况来看，高氏荆南幕府文职僚佐有节度副使、行军司马、判官、支使、掌书记、推官、孔目官七种，藩镇幕职中其他文职均不见设置。

再来看幕职中的武职。

都押衙与押衙，押衙，武官名，亦作押牙。牙指牙旗，即军中对立的两旗，因其如虎牙之状，故以牙旗为称。押衙掌领仪仗侍卫。节度使属官中有都押衙，除掌领侍卫仪仗之外，并稽察军法之执行。五代沿置，后唐时石敬瑭留守北京，以心腹刘知远、周环为都押衙，分典兵、财两务②。都押衙、押衙在高氏荆南幕职中的情形，见表5-6。

---

① 按，《北梦琐言逸文》卷三《孙光宪异梦》又称"掌节吏严光楚""节院将严光楚"，《北梦琐言》，第413页。
② 《资治通鉴》卷二七八，后唐明宗长兴三年十一月，第9080页。

表5-6 高氏荆南都押衙、押衙一览表

任职者	史载原文	史料出处
刘知谦	从诲亦遣押衙刘知谦奉表自归，进赎罪银三千两。	《新五代史》卷六九《南平世家》，第858页。①
孙仲文	（乾德元年二月，宋太祖以）右都押衙孙仲文为武胜军节度副使。	《宋史》卷四八三《世家六·荆南高氏》，第13954页。②

都指挥使，五代时期的藩镇都指挥使，种类繁多，含义不一。首先，藩镇中，权任仅次于节度使而掌管本道兵权、统率诸军者，称为马步军都指挥使和牙（通"衙"）内（马步军）都指挥使，前者亦称内外军都指挥使；后者之设置则源于唐代牙兵的出现，统领牙兵者即称为牙内都指挥使，或牙内指挥使，此职多以节度使子弟为之。胡三省尝云："此都指挥使尽统诸将，非一都之指挥使。"③即指马步军都指挥使与牙内都指挥使而言，两者实际为同

---

① 《十国春秋》卷一〇一《荆南二·文献王世家》第1439页载："从诲亦遣神牙刘知谦奉表内附，自称前荆南行军司马、归州刺史，进赎罪银三千两。"按，"神牙"当系"押牙"之误。另，《册府元龟》卷一七八《帝王部·姑息三》第1977页载：后唐明宗天成四年（929）七月，"荆南节度行军司马高从诲遣都押衙刘谦己进赎罪银三千两"。结合两处记载，可知，高氏荆南幕职中"都押衙"与"押衙"似无分别，而"刘谦己"与"刘知谦"当为同一人。
② 按，《北梦琐言逸文》卷一《僧怀浚书吉凶》载有"押衙孙道能"，《北梦琐言》，第383页。未知"孙仲文"与"孙道能"是否为同一人，俟考。
③ 《资治通鉴》卷二六九，后梁均王乾化四年四月胡三省注，第8783页。
④ 按，《旧五代史》卷九《梁末帝纪中》第134页载：贞明四年（918）五月，"以荆南衙内马步军都指挥使、检校司徒高从诲领濠州刺史"。《旧五代史》卷一三三《世袭列传二·高从诲》第1752页载："从诲，初仕梁，历殿前控鹤都头、鞍辔库副使、左军巡使、如京使、左千牛大将军、荆南牙内都指挥使、领濠州刺史，改归州刺史。"《新五代史》卷六九《南平世家》第858页载："从诲字遵圣。"

职异称④。其次，藩镇中因兵种的差异，常有马军、步军都指挥使的区分，亦有水军（手）都指挥的名目。最后，藩镇所属部队中不同军号的各军，亦有作为统兵将校的都指挥使，甚至军下辖的左、右厢，也设置都指挥使①。明乎于此，以下不再一一加以辨析，高氏荆南都指挥使任职情况见表5-7。

表5-7　高氏荆南都指挥使一览表

任职者	史载原文	史料出处
高从诲	季兴遂留为马步军都指挥使。	《新五代史》卷六九《南平世家》，第858页。
倪可福	高季昌遣都指挥使倪可福以卒万人修江陵外郭……	《资治通鉴》卷二七一，后梁均王龙德元年十二月，第8871页。②
李端	高从诲遣都指挥使李端将水军数千至南津……	《资治通鉴》卷二八二，后晋高祖天福六年十二月，第9230页。
梁延嗣	荆南节度使高保勖寝疾，召牙内都指挥使长安梁延嗣谓曰……	《续资治通鉴长编》卷三，太祖建隆三年十一月，第75页。③
李景威	李景威，荆州长阳人也。文献王时，未知名，及仕贞懿王，擢水手都指挥使。	《十国春秋》卷一〇三《荆南四·李景威传》，第1468页。

季兴时，入梁为供奉官，累迁鞍辔库使，赐告归宁，季兴遂留为马步军都指挥使、行军司马。"据此可知，衙内马步军都指挥使、牙内都指挥使与马步军都指挥使，实为同职异称。

① 参见杜文玉：《晚唐五代都指挥使考》，《学术界》1995年第1期。
② 《十国春秋》卷一〇二《荆南三·倪可福传》第1460页载："俄迁都指挥使。"另，《资治通鉴》卷二六六"后梁太祖开平元年十月"第8685页，称"其将倪可福"，未言其为"牙将"。《十国春秋》卷一〇〇《荆南一·武信王世家》第1428页称：高季兴"遣牙将倪可福会楚将秦彦晖攻朗州"。《十国春秋》卷一〇二《荆南三·倪可福传》第1460页载："武信王爱其勇，使隶戏下为亲校。"
③ 《续资治通鉴长编》卷四"乾德元年二月"第84页亦载：高继冲以"军旅、调度委衙内指挥使梁延嗣"。

另外，李景威曾任衙内兵马副使①，此当为牙内指挥使之副贰。

指挥使，指挥是五代时期军以下的一级编制，其统兵长官即指挥使。高氏荆南指挥使见表5-8。

表5-8　高氏荆南指挥使一览表

任职者	史载原文	史料出处
高从嗣	（楚军奉唐命攻荆南），季兴从子云猛指挥使从嗣单骑造楚壁，请与希范挑战决胜……	《资治通鉴》卷二七六，后唐明宗天成三年六月，第9020页。
魏璘	世宗征淮，保融遣指挥使魏璘率兵三千，出夏口以为应。	《新五代史》卷六九《南平世家》，第859页。②
李景威	累以战功迁云猛指挥副使。保勖以为衙内兵马副使。	《九国志》卷一二《北楚·李景威传》，第3371页。③

高氏荆南幕职中的武职部分已如上述，其主要有都押衙、都指挥使、指挥使等幕员。藩镇幕职中的其他武职，似皆不见于高氏荆南。

高氏荆南的幕府成员，除上述正职外，尚有摄官。如刘暐，

---

① 《九国志》卷一二《北楚·李景威传》，第3371页。另，《续资治通鉴长编》卷四"乾德元年二月"第84页记作"兵马副使"。
② 《资治通鉴》卷二九四"后周世宗显德五年正月"第9578页载："高保融遣指挥使魏璘，将战船百艘东下会伐唐，至于鄂州。"《十国春秋》卷一〇三《荆南四·魏璘传》第1467页载：魏璘"事贞懿王为指挥使，勇略绝伦"。
③ 《十国春秋》卷一〇一《荆南二·侍中继冲世家》第1451页载：宋太祖"诏江陵发水军三千人赴潭州，继冲即遣亲校李景威将以往"。

"后唐初投高季兴于荆南,累为荆州摄官"①。刘暐所摄何职,难以明了。而在高氏荆南的摄官中,也有摄职明确的记载。如穆昭嗣,"幼好药术……后以医药有效,南平王高从诲与巾裹,摄府衙推"②。衙推者,即指藩镇幕府中的医官,所谓"北方人市医皆称衙推"③。又有材料径称:"有穆昭嗣者事高氏为医官。"④并且,另有不入幕的僚佐,如梁震,其与"与司空薰、王保义同为宾客,而震独不受辟署,称前进士"⑤。

前述幕职成员,即为高氏荆南政权文武班底的骨干力量,亦是高氏荆南推行军政、民政措施的关键人物。

以上幕职成员皆因高氏荆南自行辟署而入幕。藩镇幕府的辟署制度肇始于唐代,其实行有表奏朝廷的必经手续,在辟署僚佐方面朝廷还曾有诸多限令,后梁时期甚至一度废除使府辟署制,使府幕职尽由除授,后唐庄宗在位时重新恢复辟署制度,但在幕职的辟署上仍然有所限制。后唐庄宗同光二年(924)八月,中书门下奏云:

> 诸道除节度副使及两使判官除授外,其余职员并军事判官,伏以翘车著咏,戋帛垂文,式重弓旌,以光樽俎。由是副知己之荐,成接士之荣,必当备悉行藏,习知才行,允奉幕中之画,以称席上之珍。爰自伪梁,颇乖斯义,皆从除授,以佐

---

① 《册府元龟》卷七二九《幕府部·辟署四》,第8403页。
② 《北梦琐言逸文》卷一《僧怀浚书吉凶》,《北梦琐言》,第383页。
③ (宋)陆游:《老学庵笔记》卷二,中华书局,1979,点校本,第25页。
④ 《舆地纪胜》卷六四《荆湖北路·江陵府上·风俗形胜》,第2200页。
⑤ 《十国春秋》卷一〇二《荆南三·梁震传》,第1461页。

藩宣。因缘多事之秋,虑爽得人之选,将期推择,式示更张。今后诸道除节度副使、两使判官除授外,其余职员并诸州军事判官等,并任本道,本州各当辟举。其军事判官,仍不在奏官之限。①

其后中原各朝大体沿用此制。也就是说,幕职中的节度副使、两使判官和使府军事判官,自后唐庄宗同光二年(924)八月之后,即由除授,藩镇无权辟署。但实际上藩镇辟请的自主权仍相当大,特别是对于像高氏荆南这样的割据政权而言,其境内官员的任命,基本上都是采用辟署制的方式,包括节度副使、两使判官和使府军事判官,无一例外地均出于高氏荆南管内,中原王朝无力干预。

与唐代藩镇行用辟署制度以延用人才入幕的程序相同,高氏荆南幕职僚佐的任用,应当也是遵循先署职和后辟官的途径,即士人入幕后即被高氏五主署为上述各种幕职,然后再上报所臣属政权的中央有关部门,请求授予某官。故而,高氏荆南的幕僚,同样有"官"有"职"。"职"的具体职掌与"官"的改迁并无关联,幕府成员的"职"由高氏五主自行确定,而"官"的迁转则须奏请所奉事的中央政权。以孙光宪为例,其在高氏荆南幕府期间,曾任掌书记和判官,此皆为幕职,即由高氏荆南所署。又"累官至检校秘书监兼御史大夫,赐金紫"②,其中秘书监为检校官,御史大夫是宪官,前者寓意地位尊崇与升迁经历,后者自唐代中后期已然成为

---

① 《五代会要》卷二五《幕府》,第395页。
② 《宋史》卷四八三《世家六·荆南高氏》,第13956页。

幕职，亦与具体职掌无涉。又因御史大夫为从三品，依唐制尚不能服金紫，故须"赐金紫"。凡此种种，皆来自于中央政权的授予。

需要提及的是，高氏荆南亦设节院，其长官称为节院使，亦称"掌节吏""节院将"。这是唐五代藩镇旌节制度的保留，亦是节度使获赐权力的重要标志。依照唐代旧制，节度使所持旌节至镇后，藏于节院，由节院使看护；节度使离任，则闭锁节院，不时祭奠，以尽礼节。节院使一般由押衙、都头兼任[①]。高氏荆南节院使，见于记载者，有严光楚，如《北梦琐言逸文·孙光宪异梦》即称"掌节吏严光楚""节院将严光楚"。又有高保寅，《宋史·世家六·荆南高氏》载有"节院使保寅"。

另外，高氏荆南设有客司机构，并以客将为其官长。唐末和五代的客司与客将，性质类似于中央的客省和客省使，均为接待来自四方来使的礼仪机构和官员[②]。客司与客将的主要职能，是赞导藩镇礼仪，接待朝廷及他镇来使。高氏荆南客将已可考知者有2人，一为刘扶，史载：后周世宗征淮，高保融除出兵相助外，"又遣客将刘扶奉笺南唐，劝其内附"[③]。一为王昭济，史称：宋军以假道袭据江陵后，高继冲"诣延钊，纳牌印，遣客将王昭济等奉表以三州，十七县，十四万二千三百户来归"[④]。

依据上述，高氏荆南政权的组织形式，沿袭的是唐代后期藩

---

① 参见冯培红：《唐五代归义军节院与节院使略考》，《敦煌学辑刊》2000年第1期。
② 吴丽娱：《试论晚唐五代的客将、客司与客省》，《中国史研究》2002年第4期。
③ 《新五代史》卷六九《南平世家》，第859页。
④ 《续资治通鉴长编》卷四，乾德元年二月，第85页。

镇的模式，两者几无不同。之所以如此，这其中固然有地域狭小的因素所使然，更为重要的是，该政权基于立国、延续的需要，出于自保的目的，而不能不采用这种以藩镇体制为主体的政治架构。一言以蔽之，高氏荆南依凭藩镇身份可称臣于中朝，或屈事于吴、南唐，利用实力强大的政治实体间的相互牵制关系，依附于某一方，借此以寻求政治、军事庇护，从而使自身摆脱腹背受敌的困境，避免覆亡的命运。这是高氏荆南藩镇体制的最大特色，而且，在南方割据政权中，也仅有高氏荆南自始至终均以藩镇的政治体制为主体。

不过，高氏荆南的政治运作方式，又不完全等同于唐末藩镇，其在内政外交上的自主权并非昔时藩镇可比，高氏荆南实际上已经是一个独立的割据政权，但因该政权不得不确立藩镇的政治体制，因此，其王国体制并不是非常明显，但多少还是有所显现。

二、王国体制的显现

如前所述，高氏荆南的政权组织形式以唐代后期的藩镇体制为基本骨架，其文臣武将几乎都是幕职成员。然而，作为一个独立的政权，在藩镇体制的架构之外，高氏荆南多少还体现出一些王国体制的味道，虽说这种体制的色彩较为淡薄，且始终居于从属和次要地位，不得不屈从于藩镇体制，但这一切又始终无法掩盖其已然显现的王国体制的痕迹。

客观而言，高氏荆南的王国体制与马楚、吴越的情形，既有不同点，亦有相同之处。

马殷于后梁太祖开平四年（910）六月，"求为天策上将，诏加天策上将军"①，且被允许在管内置武平、静江等节度使。马殷遂"署置天官幕府，有文苑学士之号，知诏令之名，总制二十余州，自署官吏，征赋不贡"②。后唐明宗天成二年（927）六月，马殷被封为楚国王，乃建国，立宫殿，置百官，皆如天子。马殷死后，其子马希声继位，"称遗命去建国之制，复藩镇之旧"③，且终生未被册封为王，其后继诸马亦仅有"楚王"封号，再无被封为"楚国王"者。"楚王"与"楚国王"相比，仅差一字，但两者之间的政治意义却迥然有别。拥有"楚国王"封号，则马楚的王国体制便可顺理成章地建立与实施；仅有"楚王"之册封，即无"建国之制"，唯能推行藩镇旧法，以藩镇体制为政权组织形式。如以"楚王"之封号，而行"建国之制"，实则有逾藩臣之礼，亦不可能奉中朝正朔。一旦如此，马楚依凭中朝制约吴、南唐而确保自身的政治图谋，自然无法实现。而且，还应注意到，马楚"去建国之制"并非中朝强迫所致，实际上是出于维护自身安全为目的的自愿选择。

与马楚类似，吴越钱镠于后梁末帝龙德三年（923）被封为吴越国王，至此，"（钱）镠始建国，仪卫名称多如天子之制，谓所居曰宫殿，府署曰朝廷，教令下统内曰制敕，将吏皆称臣，惟不改元，表疏称吴越国而不言军"④，其后甚至有改元之举⑤。但钱镠临终前，嘱其子传瓘："子孙善事中国，勿以易姓废事大之礼。"所

---

① 《资治通鉴》卷二六七，后梁太祖开平四年六月，第8724页。
② 《旧五代史》卷一三三《世袭列传二·马殷》，第1757页。
③ 《资治通鉴》卷二七七，后唐明宗长兴元年十一月，第9052页。
④ 《资治通鉴》卷二七二，后唐庄宗同光元年二月，第8880页。
⑤ 《新五代史》卷七一《十国世家年谱》，第873页。

以,钱传瓘袭位后,"更名元瓘,兄弟名'传'者皆更为'元'。以遗命去国仪,用藩镇法"①,仍然回复到藩镇之法的老路上来。之所以吴越宁愿自觉舍弃"国仪",而屈纡降尊为藩镇,其间原因亦在于,冀望以称臣中朝求得"护身符",使吴、南唐投鼠忌器,不敢贸然出师吴越,以求得政权的稳定与延续。就此来说,马楚与吴越统治体制的演变轨迹,都曾经历"藩镇—王国—藩镇"的过程,而两者均从王国体制倒退到藩镇体制,其实都是在巨大的生存压力下,无可奈何的政治抉择。

从马楚与吴越的统治体制转轨的历程上看,对于其时的弱小政权而言,以藩镇体制示人,而行奉事中朝之策,可谓是自保一方的共同政治取向。就此而论,高氏荆南与吴越并无不同。而其相异之处则在于,高氏荆南的四世五主,从未接受过"××国王"的封号,缺乏公然实施王国体制的合理名义,故该政权并未如马楚和吴越一样,正式设置王国体制。但这毕竟只是一种假象,深入到高氏荆南历史发展的实际,仍能发现其潜藏着王国体制的诸多因素,明显有逾藩臣之礼,其具体表现为下述几方面。

其一,宗庙制度。史载:宋太祖乾德元年(963)九月,继冲赴朝前,"具文告三庙"②,随后方至京师。史载:"周显德二年(955),孙光宪撰,今在城西三王庙前。"③据此可知,前述"三庙"当是"三王庙"。而在高氏五主中,被封为南平王者,仅有高

---

① 《资治通鉴》卷二七七,后唐明宗长兴三年三月,第9066页。
② 《新五代史》卷六九《南平世家》,第861页;《十国春秋》卷一〇一《荆南二·侍中继冲世家》,第1453页。
③ 《舆地纪胜》卷六五《荆湖北路·江陵府下·碑记》"南平高王庙碑",第2235—2236页。

季兴、高从诲和高保融（详后），所以，"三庙"或"三王庙"，应该就是此三人薨后所立。至于"三王"有无各自庙号，限于史籍所载，已难考知。尽管高氏荆南的宗庙制度，看似与唐宋时期普遍存在的官僚家庙制度并无二致，较之古代帝王典型的七庙或五庙制度，相去甚远，不合规矩；甚至亦未达到四庙的宗庙基数[①]，与传袭久远的丧服制度和客观的人伦关系不相吻合，但其已然有所设立，固为不争事实，只不过较为粗陋或隐蔽罢了，这也正是藩镇体制占据主导地位的客观情势使然。

其二，宫室与车服制度。如后晋天福八年（943），高从诲"凿江陵城西南隅为池，立亭于上，曰渚宫。先是，城东南旧有渚宫，王特仿其名而称之，又置亭于渚宫侧，曰迎春"[②]。虽说此处"渚宫"仅是袭用旧名而重建的亭子，然而考虑到"宫"是帝王房屋、宫殿的特有专称，高从诲不避忌讳敢于以"渚宫"为亭名，无疑属于僭越礼制之举。

在车服的使用上，高氏荆南也突破了藩臣本分。高从诲时，即"饰车服，尚鲜华"[③]，可能已不大恪守王制。其后，更呈愈演愈烈之势。史载：

（窦）俨显德中奉使荆南。荆南自唐季以来，高氏据有其地，虽名藩臣，车服多僭侈逾制，以至司宾贱隶、候馆小胥，皆盛服彰缨，与王人亢礼。俨讽以天子在上，诸侯当各守法

---

① 陈戍国：《中国礼制史·隋唐五代卷》，湖南教育出版社，1998，第483页。
② 《十国春秋》卷一〇一《荆南二·文献王世家》，第1443页。
③ 《诗话总龟·丙集》卷二二《宴游门》，第239页。

度,悉令去之,然后宣达君命。①

连"司宾贱隶、候馆小驿"都盛装华服,可知高氏荆南车服"僭侈逾制"的现象已是何等普遍,其不守法度、不守臣礼的情形又是何其严重。而这已然是后周立国后的景象,值此之时,高氏荆南可能多少还有些收敛,而在此前中原王朝力量相对弱小的时期,此种现象,或许更为昭著和露骨。

其三,伶伦的豢养与教坊制度。高从诲在位时,即"广招伶伦"②。随后,伶官数量更有增多。乾德元年(963)五月,高继冲"籍伶官一百四十三人"献于宋廷③。高氏荆南政权中还置有为数不少的乐工,以其充实教坊。史载:"从诲明音律,僻好弹胡琴。有女妓数十,皆善其事。"④后晋开运元年(944)七月,"晋学士王仁裕来聘,王出十伎弹琴以乐之"⑤。另有史籍亦载:

> 宋初循旧制,置教坊,凡四部。其后平荆南,得乐工三十二人;平西川,得一百三十九人;平江南,得十六人;平太原,得十九人;余藩臣所贡者八十三人;又太宗藩邸有七十一人。由是,四方执艺之精者皆在籍中。⑥

---

① 《宋史》卷二六三《窦偁传》,第9097页。
② 《诗话总龟·丙集》卷二二《宴游门》,第239页。
③ 《续资治通鉴长编》卷四,乾德元年五月,第91页。
④ 《诗话总龟·丙集》卷二二《宴游门》,第239页。
⑤ 《十国春秋》卷一〇一《荆南二·文献王世家》,第1443页。
⑥ 《宋史》卷一四二《乐志十七·教坊》,第3347—3348页。

仅有三州之地的高氏荆南，在入宋之时，乐工竟有32人，其数量甚至超过入宋时的南唐与北汉，据此可知其教坊规模之大。

上述种种表现，已经突破藩镇体制的框架，绝非一般藩镇所能想象，就是唐末割据性极强的藩镇，除极少数外，亦不可能一一达到此般地步。而高氏荆南在外交、战争上所具有的自主权，也已大大超出于唐末割据藩镇之上。所有这些，莫不与其王国体制有着内在的联系。

三、二元政治体制的优劣

高氏荆南兼具藩镇体制与王国体制，前者居于主导地位，后者从属于前者，由此形成并非十分均衡、对等的二元政治体制。这种双轨制的政治建构，是高氏荆南基于现实需要、针对客观实际而采取的应对之道，两者在高氏荆南的历史发展进程中，所发挥的作用各有其利弊短长。

先来看藩镇体制的优劣。

藩镇体制的最大优长之处可集中归结为一点，即凭借藩镇身份称臣于中朝，或者吴、南唐，从而利用两者之间的牵制关系，为自身营造相对安全的外部环境。中朝或者吴、南唐，一旦接受高氏荆南的臣属，从理论上来说，有义务在高氏荆南遭受攻击时，出兵援助。关于此点，亦有具体解说见诸史载。后唐明宗天成二年（927）五月，时为杨吴权臣的徐温，曾对高季兴请求称臣于吴的举动，发表如下见解：

> 为国者当务实效而去虚名。高氏事唐久矣，洛阳去江陵不

远，唐人步骑袭之甚易，我以舟师溯流救之甚难。夫臣人而弗能救，使之危亡，能无愧乎！

既然"臣人而弗能救"会产生内疚心理，反之，"臣人而能救之"才是合于正道的举措。其时，正值后唐出师进击高氏荆南之际，高季兴希望通过依附于吴而获得吴军的应援，不料徐温从"自保其国，不务远略"的目的出发，"乃受其贡物，辞其称臣，听其自附于唐"[①]。但徐温所言，已明确指出正朔国在臣属国遭遇外来侵略时，理当肩负出师援助的义务，而这才是臣服之国所追求的实质性内容。如后梁开平二年（908）四月，"淮南遣兵寇石首，襄州兵败之于瀺港"[②]。此处襄州兵，即后梁山南东道军队。此例或许不太恰切，因为此时高氏荆南实际上与后梁其他藩镇差别还不是太大，独立性较之后梁太祖以后尚有不小差距。然而，后梁与其后的中原四朝，大体上均将臣属国视为藩镇。就此而论，后梁此次出兵与应援臣属国并无太大区别。

不过，对于臣属国而言，与称臣举动未必一定就能打动所欲依附之国颇相类似的是，称臣也未见得一定就能在邻国入寇时得到正朔国军队的襄助。如高氏荆南于天成三年（928）六月，改奉吴正朔，当时后唐讨伐荆南之师仍未撤回，一直到要到天成四年

---

① 以上引文俱见《资治通鉴》卷二七五，后唐明宗天成二年五月，第9005—9006页。《十国春秋》卷一〇〇《荆南一·武信王世家》第1435—1436页所载略与此同。
② 《资治通鉴》卷二六六，后梁太祖开平二年四月，第8694页。

（929）六月①，明宗才应允高从诲"乞修职贡"，同年七月，遂有罢荆南招讨使之举。其间，不见杨吴出兵援救荆南的行动。

实际上，能否在边境告急之时切实得到正朔国的援助，并非臣属国一厢情愿的事，此与正朔国特定时期的政治、军事局势大有干系。如后汉乾祐年间（948—950），马希萼与马希广兄弟争权，前者奉南唐正朔，后者臣属于后汉，而在马希萼攻打马希广时，后汉未派一兵一卒，希萼成为马楚新主②。其时，后汉政局不宁，契丹入寇，自救尚有不及，何能他顾？此例表明，称臣的政治寓意未必一定与实际的军事援助产生直接关联，愿望与现实的不同步、不一致，甚至背离，诚为习见现象，称臣的政治寓意及其所能产生的客观效果间，也莫不如是。

如此来看，称臣行为往往具有政治象征意义，有时与实际的军事援助无涉。即便如此，其作用仍不可低估，否则就很难解释马楚与吴越何以亦会成为奉中朝正朔的政权，王闽政权在王审知时期同样如此。南唐烈祖李昪就是否吞并吴越的问题，曾阐述过这样的看法："钱氏父子动以奉事中国为辞，卒然犯之，其名不祥。"甚至会"享天下之恶名"，此乃"我不愿也"③。据此不难看出，五代十国时期，中原政权具有的正统性及其号召力，其他割据势力确实难以比肩，而这种名义上无与伦比的合法性，恰恰是吸引吴越、马楚与王闽政权称臣纳贡于中朝的核心。也正是由于吴越长期以奉事

---

① 《旧五代史》卷四〇《唐明宗纪六》，第551页；《册府元龟》卷一六六《帝王部·招怀四》，第1851页。另，《资治通鉴》卷二七六"后唐明宗天成四年六月"第9030页亦记其事为"六月"。
② 《资治通鉴》卷二八九，后汉隐帝乾祐三年十二月，第9444—9446页。
③ 《钓矶立谈》，第5011页。

中朝为旗号，故而南唐对贸然加兵于吴越，始终心存忌讳。与吴、南唐相邻的闽、楚，之所以也奉行事大政策，其要害也正在于此。马殷之弟马賨自淮南遣归后，曾劝马殷与杨行密结好，马殷断然作色曰："杨王不事天子，一旦朝廷致讨，罪将及吾。汝置此论，勿为吾祸！"①此语将奉事中朝的意义，说得再明白不过了。

具体到高氏荆南政权而言，虽说其曾两绝于中朝，但为时都不是太长，在享国50余年的历程中，该政权绝大部分时间都臣属于中原政权，其所倾心的也是这种看似虚有其表，却又不乏实际内涵的政治象征意蕴，借此起到震慑其他相邻政权的作用，使之不敢率意陈兵于疆场，从而缓解边境压力。

然而，藩镇的政治体制亦有弊端。与藩镇体制相对应的即是臣属国的政治地位，高氏荆南自始至终都以藩镇面貌示人，或奉事中朝，或依附于吴、南唐，这种政治上的屈从性格，可谓是高氏荆南与生俱来的政治禀性。此点带来的负面影响，突出表现为内政上的无法完全自治和外交上的不平等。

高氏荆南自治权的缺陷，尤为集中地体现于不具备独立的人事权上。高氏荆南文武将佐的任用，沿用的是唐代藩镇的辟署制，绕不开奏请正朔国中央有关部门的环节，此点前面已有叙述，此处不赘。而且，辖境内州刺史的任命，高氏荆南亦须上报中央朝廷批准。如后唐明宗天成（926—929）初年，高季兴在获得夔、忠、万、归、峡等五州之后，令子弟权知郡事，请求后唐不除刺史②。再如，高从诲改奉中朝正朔后，于长兴元年（930）正月上奏，

---

① 《资治通鉴》卷二六五，唐昭宗天祐元年十二月，第8638页。
② 《旧五代史》卷一三三《世袭列传二·高季兴》，第1752页。

"峡州刺史高季雍、归州刺史孙文乞且依旧任"①。此类奏请大多犹如过场,但也并非尽然,例如前者,即未获后唐朝廷许可。这种人事权的缺失,一定程度上有碍于高氏荆南对辖境实施完全自治,其独立性较之于称帝的政权,至少在形式上明显有所不及。

由藩镇体制而带来的外交上的不平等,则体现为高氏荆南在其时总体外交格局中地位的低下,特别是在与吴、南唐、前后蜀、南汉等政权交往时,往往无法采用平等的敌国之礼,只能以藩臣的身份屈节而事之。以与南唐的交往为例,即可表明此点。吴天祚三年(937)十月,权臣徐知诰篡位,建立南唐,改元昇元,是为烈祖李昇。当年十一月,高从诲即表请置邸建康,此请得允②。所谓置邸,是指设立进奏院,是藩镇表示自身隶属关系的政治举措。照理而言,高氏荆南已奉后晋正朔,不当贰属于南唐。但迫于南唐对其东部边境的军事压力,与之结盟确有缓和双方对峙状态的可能,特别是在烈祖登基,需抬高南唐在邻国中的政治声望之时,高氏荆南不失时机地表明臣属意愿的举动,尤为适合时宜,其结果不出所料。然而,这种结盟并非两国间平等交往的产物,而是以高氏荆南的臣属为前提而缔结的同盟关系。高氏荆南此前称臣于吴,亦当是如此。正因为高氏荆南在与大国交往时,屡屡有称臣行为,所以,诚如胡三省所言:"高从诲以区区三州介居唐、吴、蜀之间,利其赏赐,所向称臣,诸国谓之'高赖子',其有以也夫。"③"高赖

---

① 《册府元龟》卷一七八《帝王部·姑息三》,第1977页。
② (宋)陆游:《南唐书》卷一《烈祖本纪》,五代史书汇编,第9册,杭州出版社,点校本,2004,第5465页;《十国春秋》卷一〇一《荆南二·文献王世家》,第1441页。
③ 《资治通鉴》卷二八〇,后晋高祖天福元年四月胡三省注,第9141页。

子"之得名，与外交上的这种称臣行为，大有渊源。基于此，高氏荆南在与邻国交往时，难免会遭歧视，所谓"诸国贱之"①，反映的其实就是高氏荆南在其时外交舞台上的低下地位。

再来看王国体制的利与弊。

高氏荆南的王国体制并不明显，是藩镇体制的附属物。其优点的集中表现是，有利于增强该政权的独立性。其内政外交的处理，尽管有受制于藩镇体制的因素，但绝大多数时候，高氏荆南的统治意志仍能畅行无阻。其人事任命，固然有无可避免的上奏手续，但其人选皆非正朔国从境外委任而至，包括节度副使、两使判官和军事判官等要职，无一不是高氏荆南先做主张，再以表请的方式经朝廷认可，虽然必须拘于形式，可是较之于五代王朝辖境内的藩镇已有较大差别。更不用说，中原王朝或吴、南唐从未派驻监军使至高氏荆南，监督和干涉其政务了。在外交上，如前文所说，高氏荆南也有同时奉两国正朔的情况出现，不要说其时的一般藩镇不可能做到此点，这种现象在南方割据政权中也是绝无仅有的。

并且，在对外战争上，高氏荆南的军事行动基本上也不受正朔国的控制，甚至常常采取针对正朔国的军事行为。如早在后梁太祖乾化二年（912）十二月，高季兴就曾以助梁伐晋为借口，进攻襄州②。后汉初年，高从诲亦有攻打襄州和郢州之举③。五代十国时期，强藩对抗中原王朝发生叛乱的事例，固然为数不少，但像高氏荆南这样能屡屡与中原王朝抗衡，却依然能够自立一方者，亦仅此

---

① 《资治通鉴》卷二八七，后汉高祖天福十二年八月，第9376页。
② 《资治通鉴》卷二六八，后梁太祖乾化二年十二月，第8764页。
③ 《资治通鉴》卷二八七，后汉高祖天福十二年八月，第9375页。

而已。

诸如此类，皆非唐末至五代所谓的强藩所能实现者，由此亦可断言，高氏荆南已远非强藩可比，其权力运作的空间不仅更大，而且一度呈现出膨胀之势；其在辖境内统治意志的贯彻与执行，外部势力无法染指；其对外用兵，更多时候体现出的是本国的战略意图与动机。凡此种种，都是其独立性超越于藩镇的明证，而其根源则在于王国体制的存在。

反过来说，因王国体制而产生的独立性，又往往使高氏荆南深陷困境，为大国打击高氏荆南提供口实，这正是王国体制的弊端。毕竟高氏荆南在政治上始终是臣属国，藩镇体制才是其本色，而王国体制有违藩镇本分，不合道义原则，并无存在的理由与根据。天成二年（927），后唐曾举兵讨伐高氏荆南，其原因即是高氏荆南抵制后唐除授夔州刺史，并趁原刺史罢官之机，袭据州城[1]。如此举动，显然有悖藩臣之礼，是为"不臣之状"[2]，而这也恰恰是高氏荆南王国体制的极端表现。由此而引来后唐讨伐，可谓是咎由自取。事实上，针对臣属国王国体制的种种不轨现象，中央政权无不有意予以扼杀。尤其是中原王朝日益强大之际，这种王国体制的成分亦随之相应减少。前引窦俨出使高氏荆南的例子，已可表明此点。所谓"天子在上，诸侯当各守法度"，在令高氏荆南尽去"僭侈逾制"的车服之后，窦俨方才"宣达君命"[3]。

综合上述，高氏荆南的藩镇体制与王国体制各有优长，亦各

---

[1] 《资治通鉴》卷二七五，后唐明宗天成二年二月，第9002页。
[2] 《旧五代史》卷一三三《世袭列传二·高季兴》，第1752页。
[3] 《宋史》卷二六三《窦俨传》，第9097页。

有弊病，两者相辅相存，究其实是一种互补性关系。唯有藩镇体制，高氏荆南无法成为一个独立性的割据政权，王国体制的存在，正可补其不足，凸显出独立性；王国体制于理不容，故易招致兵戎相加，此时藩镇体制又派上用场，称臣求和，以玉帛而化干戈。就此而论，两种体制又极具兼容性，相得益彰，同为高氏荆南的生存之道，只不过藩镇体制始终占据主导地位，而王国体制居于边缘地位，王国体制一直是藩镇体制的附庸。

第二节　高氏荆南的军事体制

高氏荆南的兵制脱胎于唐末五代的藩镇兵制，其藩镇兵体系并不完整，仍以亲军和牙军为精锐之师。兵种包括水军、马军和步军，尤以水军力量最为强大，是内外战争中的主力军种；马军与步军虽有设置，但并非主要的野战部队。高氏荆南的军事实力，迭经发展，军事防御能力逐步增强，军队规模至入宋时已接近30 000人。

一、藩镇兵制的渊源及藩镇兵体系

藩镇兵，是唐中后期设置藩镇的产物，藩镇的出现与节度使制度的形成、发展密切相关。节度使制度肇始于唐高宗永徽年间（650—655），形成于唐睿宗景云年间（710—711），广施于唐玄宗开元（713—741）、天宝（742—756）时期。安史之乱以后，边疆节度使与内地采访使（后改为观察处置使）相结合，逐渐推广于内地，节度使体制遂普及于全国。在此过程中，起初仅为地方军政首脑的节度使，相继又掌管地方行政、财政等大权。与之相应的是，唐前期监察意义上的道与单纯军事上的道，渐趋合流，由此而形成一种凌驾于地方州县之上的地方行政实体，此即唐后期的道，也称方镇或藩镇。每道皆有支州，"大者连州十余，小者犹兼三四"[1]，藩镇割据的局面自此出现，军事格局中的外重内轻、尾大不掉之势，愈演愈炽，并一直延续至唐亡。五代十国，系由唐末藩镇割据发展而来，唐代设置节度使和藩镇的遗制，也被继承下来。藩镇辖区内直属于节帅之兵，即为藩镇兵，唐代中后期以来即是如此，五代十国沿而不改。

藩镇兵的兵员，自唐代中叶以降，已开始采用募兵制的方式征集。与以义务兵役制为特色的府兵制有所不同的是，募兵制是职业雇佣兵制度，以自愿入募为前提，此前的强制征兵措施，原则上已被取消。士兵一经入籍，即为官健，衣粮、作战所需武器装备等，均由政府提供，且长年为兵，直至年老脱籍。但是，募兵制的自愿投募原则往往很难付诸实施，于是，驱民为兵、抓夫入伍等以强制手段征兵的方式，从未绝迹，兵役仍然存在。故而，五代十国时期兵员的征集，主要有募兵制和征兵制两种。

藩镇兵是地方兵，与作为中央王朝核心武装力量的禁军有所区别。迄止唐末，藩镇兵体系主要由亲兵、牙兵、外牙兵、外镇兵、州兵与乡兵等组成，其职责各有不同。以下仅述其大概，具体史源不再一一引征[2]。

亲兵，至迟出现于唐末，常称亲军，驻扎于节度使治所所在

---

[1] 《新唐书》卷五〇《兵志》，第1329页。
[2] 可参酌陶懋炳著，张其凡、曾育荣增补：《中国历史·五代史》，人民出版社，2009，第341—366页。

州内，是藩镇兵中的精锐，也是构成节帅私人武装的骨干力量，直接听命于节帅，在藩镇兵体系中，其地位类似于中央政权的禁军。藩镇兵中亲军的创设，源于牙军的桀骜不驯。唐末以降，向为藩帅倚重的牙军，愈益骄横难制，废置主帅，有同儿戏。为此，节帅为巩固其地位，有必要在牙军之外，另外设立一支精干的武装力量，是为亲军。起初，亲军驻守于节帅使院及内宅，位于牙城之内，遂形成于牙军共同守护牙城、相互牵制的局面。其后，随着亲军规模、数量的扩大，一部分亲军当移于牙城之外。亲军本为抑制牙军而设，其精锐程度当在牙军之上，唯有如此，节帅方能借助亲军打击骄纵的牙军，否则便难以形成对牙军的压力。亲军的兵员，以流亡客户、盗匪、无赖不逞之徒为主体，其最高统帅为节帅，又因编制层级的不同，分别有都指挥使、指挥使、都知兵马使、都虞候、军使、都头等军官职级，具体负责管理和指挥。随着实力的不断壮大，亲军逐渐演变为藩镇兵中的主要野战部队，并被冠以"都""军"等名目各异的种种军号。由于屡立奇功，亲军在藩镇亲卫军权力结构中遂居核心地位，演变为节帅至为倚重的主力部队。一旦节帅入主中朝，亲军亦相应地被擢升为禁军，故禁军中亦有亲军之称。

牙兵，往往又称作牙中军、牙内军、牙内亲军、内牙军、内衙亲军，其实皆因守卫使牙而得名。节度使治所的州城，由内而外分别为牙城、子城与罗城，牙军即驻于牙城之内，起初的职责为"番宿衙城"[①]，即宿卫牙城与保卫节帅。牙兵的设置，渊源于唐肃宗

---

① 《旧唐书》卷一九上《懿宗纪》，第653页。

至德年间（756—758）魏博镇田承嗣时期，所谓"魏之牙中军者，自至德中，田承嗣盗据相、魏、澶、博、卫、贝[①]等六州，召募军中子弟置之部下，遂以为号"[②]。自此之后，节度使在其麾下设置牙军，殆为常事。五代时期，其风不息。作为节帅卫队的牙军，之后也慢慢演变为节帅攻城略地、对外征讨的主力部队之一。其与节帅的关系较为密切，比之于唐末已有所改善，亦是节帅所豢养的私兵。

牙外兵与外镇兵也均是直属于节度使的藩镇武装。牙外兵，是指布防于藩镇治所州城的子城、罗城，以及州城之外邻近州县的军队，通常也称为府兵，其职责包括戍守子城与罗城、戍边与参加战斗，有时也有遏制、打击亲军的作用。外镇兵，则指屯驻于藩镇会府之外巡属诸州县的军队，其指挥权归属于镇将。直属于藩镇的镇将是藩镇对巡属州郡实施自治的有力工具，其所依凭的正是藩镇派驻各镇的外镇兵。外镇兵的本职是治安防卫，也常常承担外出作战的军事任务。

州兵，指藩镇下辖各州由刺史统领的军队，系由唐代团结兵发展而来。但此时的州兵征集主要依靠召募的方式，实为官健。州

[①] 相州，治今河南安阳市，辖境相当今河北磁县、成安县以南，河南内黄县以西，汤阴县以北，林州市以东地。
魏州，治今河北大名县东北大街乡，辖境相当今河北大名、魏县、河南南乐、清丰、范县、河北馆陶，山东冠县、莘县等市县地。
博州，治今山东聊城市东北25里，辖境相当今山东聊城市及高唐、茌平等县。
卫州，治今河南卫辉市，辖境相当今河南新乡、卫辉、辉县、浚县、淇县、滑县、新乡等市县地。
贝州，治今河北清河县城关乡西北12里，辖境相当今河北清河县、山东临清市及武城、夏津等县地。
[②] 《旧唐书》卷一八一《罗弘信附子威传》，第4692页。

兵，以土著为主要成员，兵力不是太多，故以保土安民为本职，在州境遭遇外来武装侵略时，肩负抵御外侮的重责。州兵奉命对外作战时，方离开本土，配合藩镇或中央政府的军事行动。

乡兵，即地方乡里武装，并非正规化部队，是临时强征乡里百姓或募集群盗悍匪而组成的军队，属于民兵性质。中央政府和地方官府，都有权征召乡兵，乡兵的职责主要是自卫乡里，但由于不娴战事、缺乏训练，故其作战能力一般不是太强。

二、高氏荆南兵制

前已有述，高氏荆南以藩镇的政治体制为主，其兵制与唐末以来的藩镇兵制同出一辙，具有鲜明的藩镇兵制特色，而无禁军建制，这在南方割据政权中也是独此一例。从目前所掌握的材料看，高氏荆南的藩镇兵制似乎不太健全，在其藩镇兵体系中，唯见亲军和牙军，藩镇兵体系中的其余部队，诸如牙外军、外镇兵、州兵与乡兵，均未见设置。之所以如此，既有可能源于史籍脱载，亦有可能基于地域狭小的缘故，在亲军和牙军之外，其余军队一概未予创立。

亲军和牙军，自唐末以来即已成为节帅麾下的精锐部伍，高氏荆南的主力部队同样由亲军和牙军组成，并且皆以将才出众者为统兵将领，其最高统帅理所当然是高氏五主。

高氏荆南亲军的产生，晚于牙军。起初，高季兴以颍州防御使身份出任荆南留后时，朱全忠从赵氏兄弟手中夺取荆南未久，荆南军队的建制应该不会很完整，藩镇兵的体系存在缺陷，兵力也必然不会太多，所以，此前雷彦恭屡寇荆南时，高季兴前任贺瑰唯能闭城自守而已。及至季兴赴任，朱全忠又专门派遣驾前指挥使倪可福率兵五千戍守荆南，以备吴、蜀，朗兵至此方退。^①由此大致可推知，季兴进驻荆南之前，荆南军队的数量与规模必定有限。另据相关史料记载："初，季兴之镇，梁以兵五千为牙兵，衣食皆给于梁。"^②可知，这支牙兵是季兴在荆南拥有的第一支正规部伍，因其原来的防御使身份，即便麾下有牙兵，数量也不可能太多，纵使其全部尾随高季兴至荆南，也难以和五千牙兵的规模媲美。否则，朱全忠也不至于另派部队前来协助。正是在最初的这支牙军队伍的基础上，亲军才逐渐产生、发展和壮大起来。唯史籍阙载，其具体经过尚不甚明了。

高氏荆南的亲军亦有名号。《五代史补》卷四载："荆南高季兴次子，忘其名，管亲军云猛都，谓之云猛郎君。"[3]另有史料则称"季兴从子云猛指挥使从嗣"[4]。综合两处记载可知，"云猛都"为亲军军号，其指挥使高从嗣亦因统帅此军，而得名"云猛郎君"。从嗣其人，"骁勇有力，喜驰突，深入敌军，率以为常"[5]。由于屡立军功，加之又为高季昌从子，故能掌管亲军。

高氏荆南的重要武将梁延嗣，也曾一度统领亲军。后唐同光年间（923—926），梁延嗣归附于高氏荆南，"从诲既立，擢为大校，遂承制授归州刺史。未几，又迁复州团练使，仍掌亲军"[6]。

---

① 《资治通鉴》卷二六五，唐昭宗天祐三年十月，第8663页。
② 《新五代史》卷六九《南平世家》，第859页。
③ 《五代史补》卷四《汉·廖氏世胄》，第2518页。
④ 《资治通鉴》卷二七六，后唐明宗天成三年六月，第9020页。
⑤ 《十国春秋》卷一〇二《荆南三·高从嗣传》，第1456页。
⑥ 《三楚新录》卷三，第6329页；《十国春秋》卷一〇三《荆南四·梁延嗣传》，第1469页。

可见，梁延嗣在较长时期内，一直是高氏荆南亲军的直接统帅。

如前所述，牙军在高季昌入据荆南之时，即已设置，其前身为朱全忠宣武镇牙军，由驾前指挥使倪可福掌管。其后牙军不废，与亲军并置，同为高氏荆南的精锐之师。如后周显德年间（954—960），世宗曾诏"以泰州盐给荆南牙兵"①。其指挥官有牙内指挥使和牙内兵马副使（亲校），任前职者有梁延嗣②，任后职者有李景威③。另有牙将，亦是牙军军官，任此职者有倪可福④、高从诜⑤、高保逊⑥与刘扶⑦。

高氏荆南亲军和牙军的兵员，亦由召募方式而来。高季兴在后梁开平年间（907—910），即"招聚亡命"⑧；在后梁、后唐易代之际，又大肆招揽后梁军队，因此，"梁朝旧军多为季兴所诱，由是兵众渐多"⑨。其中提到的"招聚"与"诱"都不同于强征，致使亡命之徒和后梁军队加入高氏荆南的主要原因，在于物质利益的诱惑。质言之，高氏荆南能提供较为丰厚的衣粮酱菜，此点至为关键。因为，募兵制时代的兵员，以当兵为职业，不仅需要以此解决个人生计，还承担养家糊口的重任，所以往往出现一人当兵而家属随营的状况。在这种情况下，优厚的生活待遇自然能吸引更多投募者。所谓"招聚"与"诱"，无非就是高氏荆南以丰富的生活物资

---

① 《十国春秋》卷一〇二《荆南三·高保绅传》，第1457页。
② 《续资治通鉴长编》卷四，乾德元年二月，第84页。
③ 《九国志》卷一二《北楚·李景威传》，第3371页。
④ 《十国春秋》卷一〇〇《荆南一·武信王世家》，第1428页。
⑤ 《十国春秋》卷一〇二《荆南三·高从诜传》，第1456页。
⑥ 《十国春秋》卷一〇二《荆南三·高保逊传》，第1458页。
⑦ 《旧五代史》卷一〇一《汉隐帝纪上》，第1348页。
⑧ 《旧五代史》卷一三三《世袭列传二·高季兴》，第1751页。
⑨ 《旧五代史》卷一三三《世袭列传二·高季兴》，第1752页。

为诱饵，吸引自愿投募者和后梁士卒加入荆南军队的举措。

正因为兵员的筹措以募兵制为手段，故高氏荆南士卒也称官健，并照样长年为兵，其中甚至不乏年老而在营者，至少宋初时的情形便是如此。宋太祖乾德元年（963）五月，"诏荆南军士年老者听自便"①。入籍士兵，按照惯例仍由政府统一提供衣粮与器械，在高季兴入主荆南相当长的一段时间内，兵士的供养甚至由后梁解决，即"衣食皆给于梁"②。由于自唐末以来，健儿文面、刺字之风已渐趋盛行，如兖州节度使朱瑾、宣武节度使朱全忠、幽州节度使刘仁恭③，都曾采取上述措施。此风一开，踵者相继，渐成制度，诚如史载："初梁太祖令诸军悉黥面为细字，各识军号，五代至本朝因之。"④故而，黥面实际上已逐渐演变为一种身份标识，因黥面本为刑罚之一种，将其移植到召募士兵的制度中，无形中会影响到时人对军士的价值判断，军人的社会地位亦随之下降，当兵已成为时人所不耻的卑贱职业，"健儿"则是极具贬斥意义的词语。如梁延嗣，"起家行伍，居恒讳健儿士卒之语"⑤，可证其是。

---

① 《续资治通鉴长编》卷四，乾德元年五月，第91页。
② 《新五代史》卷六九《南平世家》，第859页。
③ 分见《册府元龟》卷四一三《将帅部·召募》，第4684页。《资治通鉴》卷二六六，后梁太祖开平元年十一月，第8687页。卷二六五，唐昭宣帝天祐三年九月，第8662页。
幽州，治今北京市城区西南，辖境相当今北京市区及所辖通县、房山区、大兴县和天津市武清县，河北易县、永清、安次等县。
④ （宋）沈作宾修，施宿等纂：《嘉泰会稽志》卷四《军营》，宋元方志丛刊，第7册，中华书局影印本，1990，第6775页。
⑤ 《十国春秋》卷一〇三《荆南四·梁延嗣传》，第1469页。

三、军队构成及军事实力

高氏荆南的军队由水军、马军和步军三个兵种组成,其中,水军是内外战争的主力部队,马军和步军作用不大,或仅系应名而已。高氏荆南的军事实力逊色于相邻政权中的任何一方,诚为事实,但另一方面,由于军事防御工程的大量修建和军队规模的不断扩大,高氏荆南的军事实力明显经历了一个由弱小渐至相对转强的过程,未必不堪一击。

先来看高氏荆南的兵种构成情况。

水军,是高氏荆南历次战争中的骨干队伍。由于地处河湖纵横的江汉平原腹心,且靠近长江、汉江,荆南军队以水军最为重要,对外征战多以水军为主力部队。有关荆南水军作战的记载比比皆是,后梁末帝乾化四年(914)正月,高季兴举兵前蜀,"先以水军攻夔州",因张武锁峡,"船不得进",结果大败而还[①]。后唐庄宗同光三年(925)十月,趁后唐伐蜀之机,高季兴"自将水军上峡取施州",再次阻于峡中铁锁,舟船不能进退,多为矢石所坏,"季兴轻舟遁去",铩羽而归[②]。后唐明宗天成年间(926—929),针对讨伐,高季兴以舟兵拒敌[③]。后晋高祖天福六年(941)十二月,为配合后晋讨伐公然叛乱的山南东道节度使安从进,高从诲派遣都指挥使李端率水军数千至南津[④]。还有,宋初

---

① 《资治通鉴》卷二六九,后梁均王乾化四年正月,第8782页。
② 《资治通鉴》卷二七三,后唐庄宗同光三年十月,第8942页。
③ 《旧五代史》卷九〇《陆思铎传》,第1189页。
④ 《资治通鉴》卷二八二,后晋高祖天福六年十二月,第9230页。

为平定湖南张文表叛乱，曾命荆南水军三千赴潭州应援①。类似记载甚多，无须一一列举。据此，即已可知，水军是高氏荆南对外征战的常备之师。

水军既以舟船为运载工具，兴造战舰自不可少。后梁乾化年间（911—915），高季兴即造战舰五百艘，以为攻守之备②。后唐天成元年（926）四月，高季兴大规模制造战船，欲攻楚③。高从诲甚至在后晋使者出使时，借机"大陈战舰于楼下"，声言"愿修武备、习水战"，助晋攻伐南唐与后蜀④。炫耀兵力的目的在于奉承后晋，故此次所陈战舰数量必定不会太少。

水军统帅，称为"水手都指挥使"。如"李景威，荆州长阳人也。文献王时，未知名，及仕贞懿王，擢水手都指挥使"⑤。按照五代十国时期正规的军事编制而言，都指挥使下的军职还当有指挥使、都头、军使、副兵马使、十将、副将、队长、节级长行等⑥。但除指挥使这一级外，其他军职皆不见于高氏荆南时期。至于前面所提到的大校、牙将，是否设置于水军，又分别对应于何种军职，尚难断定。

马军与步军，在高氏荆南时期，尚未见到有单独作战的记载，可能与其实力不济有关。而从高氏荆南设有"马步军都指挥使"⑦一职来看，马军、步军已形成单独建制，应该不成问题。步军甚少

---

① 《续资治通鉴长编》卷四，乾德元年正月，第82页。
② 《资治通鉴》卷二六八，后梁均王乾化三年九月，第8776页。
③ 《资治通鉴》卷二七五，后唐明宗天成元年四月，第8980页。
④ 《十国春秋》卷一〇一《荆南二·文献王世家》，第1442页。
⑤ 《十国春秋》卷一〇三《荆南四·李景威传》，第1468页。
⑥ 杜文玉：《五代十国制度研究》，人民出版社，2006，第440—447页。
⑦ 《新五代史》卷六九《南平世家》，第858页。

见到直接材料，无法具体叙述，相形之下，关于高氏荆南使用马匹、渴望获得战马的记载，倒是不少，此亦可证马军的设立，并非妄言。只不过由于荆南地近南方，境内河港交织，不利于马战，加之并无良马出产，因此，马军部队规模可能极为有限，战斗力也一般。但是，若据此即否认马军的设置，或有不妥。

高氏荆南境内用马代步的现象，确有存在。后唐明宗天成三年（928）六月，马殷奉命进攻荆南，"季兴从子云猛指挥使从嗣单骑造楚壁，请与（马）希范挑战决胜"①。这是军事将领用马的例子。又有史载："一日，（梁延嗣）与孙光宪同赴球场，光宪上马，左右掖之者颇众。"②这是文臣骑马的事例。另外，军中急递亦采用乘马的方式，如荆南灭亡前夕，梁延嗣等奉命前往宋军营寨，借犒师之名打探虚实，自认无虞后，即"驰使报继冲"③。由此可知，用马现象并非仅见，而上述三例中，有两例均为军中用马。

战马的获取，主要通过求赐手段。长兴三年（932）十月，高从诲向后唐贡银、茶，乞赐战马，获马二十匹④。后晋高祖天福三年（938）六月，荆南获赐官马二十匹⑤。天福五年（940），荆南又获赐甲马百匹。⑥后晋灭亡以后，契丹入主中原，"高从诲遣使入贡于契丹，契丹遣使以马赐之"⑦。尽管每次获赐马匹不多，但

---

① 《资治通鉴》卷二七六，后唐明宗天成三年六月，第9020页。
② 《十国春秋》卷一〇三《荆南四·梁延嗣传》，第1469页。
③ 《续资治通鉴长编》卷四，乾德元年二月，第85页。
④ 《十国春秋》卷一〇一《荆南二·文献王世家》，第1440页。
⑤ 《册府元龟》卷一六九《帝王部·纳贡献》，第1881页。
⑥ 《新五代史》卷六九《南平世家》，第858页。
⑦ 《资治通鉴》卷二八六，后汉高祖天福十二年正月，第9337页。

高氏荆南均以战马为求赐对象，其目的当然是藉此以组建马军。以后唐明宗长兴年间（930—933）为例，高从诲求赐战马，即上章称："与强寇比邻，长资防捍，希宣赐战马，以助军容。"①可知，添置战马以增强军事实力，才是高氏荆南求赐战马的真实意图。

可能是由于境内马匹较多的缘故，高从诲对于鉴定马匹的优劣还独具心得。史载：

> 周先帝命内臣李廷玉赐马与南平王，且问所好何马。（从诲）乃曰："良马千万无一，若骏者即可得而选。苟要坐下坦稳，免劳控制，唯骗庶几也。既免蹄齿，不假衔枚，两军列阵，万骑如一。苟未经骗，乱气狡愤，介胄在身，与马争力，鏖控不暇，安能左旋右抽，舍辔挥兵乎？"自是江南蜀马，往往学骗，甚便乘跨。②

其说大概合乎常情，故南唐、后蜀纷纷依此而行。

依据上述情况而言，高氏荆南应当有马军的建制。但是，因高氏荆南与中朝接壤，若其马军壮大，军事实力亦相应会有所增强，由此势必对中朝的军事部署产生一定影响。所以，从控扼荆南的战略意图出发，中朝对高氏荆南设置马军仍心存芥蒂，如后唐明宗即尝说："荆南在内地，何烦设备？"③其意即在于遏制高氏荆南，使

---

① 《册府元龟》卷一六八《帝王部·却贡献》，第1871—1872页。
② 《北梦琐言》卷一〇《非意致祸》，第218—219页。另《十国春秋》卷一〇一《荆南二·贞懿王世家》第1447页记其事为高保融。兹从前说。
③ 《册府元龟》卷一六八《帝王部·却贡献》，第1872页。

其恪守藩臣本分,不至轻举妄动,惹事生非。受制于此,高氏荆南的马军规模当然不会太大,战斗力自然一般,对外征战亦非其长。

再来看高氏荆南军事实力的发展情况。

军事实力提高的第一个表现,是防御能力的增强。在军事防御设施的修建上,高季兴在位时,极为留意江陵城郭的构筑与完善。后梁乾化二年(912)五月,高季兴"潜有据荆南之志,乃奏筑江陵外郭,增广之"①,所谓"荆南旧无外垒,季兴始城之"②,并"建雄楚楼、望江楼为捍敌"③。后梁末帝龙德元年(921)十二月,季昌再次派遣都指挥使倪可福率领士卒万余人修筑江陵外郭④。后唐同光(923—926)初年,季兴"增筑西面罗城,备御敌之具"⑤。后唐天成二年(927),又"筑内城以自固,名曰子城"⑥。至此,江陵城大致已形成完备的罗城与子城结构,即在牙城之外增设了两道防御屏障,其目的就是抵御外来势力直接进犯牙城。事实证明,此举果然有效。后唐天成年间(926—929),明宗遣军讨伐荆南,进围江陵城,高季兴坚壁不战,后唐军队久攻不下。明宗又以枢密使孔循至军中督战,"及孔循至,得襄之小校献竹龙之术,及造竹龙二道,傅于城下,竟无所济"⑦,遂于天成二年(927)五月,罢荆南之师⑧。是役,高氏荆南能赖以保全,江

---

① 《资治通鉴》卷二六八,后梁太祖乾化二年五月,第8758页。
② 《旧五代史》卷一三三《世袭列传二·高季兴》,第1751页。
③ 《十国春秋》卷一〇〇《荆南一·武信王世家》,第1429页。
④ 《资治通鉴》卷二七一,后梁均王龙德元年十二月,第8871页。
⑤ 《旧五代史》卷一三三《世袭列传二·高季兴》,第1752页。
⑥ 《十国春秋》卷一〇〇《荆南一·武信王世家》,第1436页。
⑦ 《旧五代史》卷六一《刘训传》,第820—821页。《册府元龟》第4944页卷四三八《将帅部·无功》与此大致相同。
⑧ 《旧五代史》卷三八《唐明宗纪四》,第524页。

陵城的易守难攻是其中至为重要的因素之一，乃至施之以"竹龙之术"亦无法奏效。

又"江陵以水为险"①，在军事水利防御工程的营建上，高氏荆南亦颇具特色。其中，至为有代表性的即是"北海"的修筑。《舆地纪胜》卷六四称：高保融于周世宗显德二年（955）"自西山分江流，方五七里，筑堤而居，谓之北海"②。另有史籍亦载：高保融"于纪南城北决江水潴之，凡七里余，谓之北海，以阂行者"③。此工程可能不乏其他用途，但既可"阂行者"，当然亦能起到阻挡敌军的作用。北宋初年，因高保寅朝觐而归，太祖"谕旨令决去（北海），使道路无阻"④。至南宋时期，为阻止金军南牧，再次筑堤蓄水，先后修建"三海八柜"，此举即是效仿高氏荆南的"北海"工程。诚如后世论者所言：

> 古称江陵以水为险，吴陆抗筑大堰……高保融名为北海。宋孝宗时知江陵府吴猎、刘甲皆修筑之。开禧初，孟珙再筑，引沮泽及诸湖水注之三海，绵亘数百里，遂为江陵天险。又为八柜，蓄泄水势。金人尝犯荆门州，距江陵裁百里而去，以有三海之险也。⑤

---

① 《舆地纪胜》卷六四《荆湖北路·江陵府上·景物上·三海》，第2201页。
② 《十国春秋》卷一〇一《荆南二·侍中保勖世家》第1447页记其事为：后周太祖显德元年（954），"是时，王修江陵大堰，改名曰北海"。按，此载系其时为"显德元年"，与《舆地纪胜》不同，今从《舆地纪胜》。
③ 《十国春秋》卷一〇一《荆南二·侍中保勖世家》，第1450页。
④ 《宋史》卷四八三《世家六·荆南高氏》，第13953页。
⑤ （清）储大文：《存研楼文集》卷三《荆州论》，景印文渊阁四库全书，第1327册，台湾商务印书馆，1986，第24页。

据此可见，北海工程的军事意义的确突出，其原本是高氏荆南为阻挡中原军队南下侵袭而设置的一道军事防线，故而宋太祖从顺利开展统一战争的角度出发，下令决去，其间深意亦在于减小未来战争中可能遭遇到的阻力。

军事实力提高的第二个表现是军队规模的扩大。高季兴出任荆南留后时，因军队过少，朱全忠恐其难以抵御武贞军雷彦威的入寇，特意派遣驾前指挥使倪可福率兵五千，戍守荆南以备吴、蜀，雷彦威军队随之撤退[1]。这支为数5 000人的军队，应该就是高季昌最初的主力队伍，当然，还需加上原荆南留后的部队，但估计人数不会太多，两者相加大约不会超过万人。后梁乾化四年（914）正月，季兴曾举兵进攻前蜀所辖原荆南镇隶属州郡，仅夔州一役，荆南水兵即被俘斩五千级[2]。仅水兵俘斩者即达5 000之众，可以想见，此次用兵规模之大，至于这一数字在当时荆南军队中的比例，史籍无载，故无法据此测知此时荆南军队的具体规模。不过，此次大败，令季兴沉寂了许久，直至后梁灭亡，也未再敢越雷池半步，寻衅于前蜀。所谓"荆人缩于归、峡，不敢西窥以争故地"[3]。由此来看，夔州一役损失的5 000余人，对于高氏荆南而言，绝非一个小数字。所以，这时高氏荆南军队的规模可能会超过万人，但应该不会多出太多。夔州一役的损耗，历经多年，才有所恢复。龙德元年（921）十一月，高季兴派遣倪可福率领士卒万人修江陵外郭。此次军事性力役，不可能是高氏荆南全部的武装力量。但至少可说

---

[1] 《资治通鉴》卷二六五，唐昭宣帝天祐三年十月，第8663页。
[2] 《资治通鉴》卷二六九，后梁均王乾化四年正月，第8782页。
[3] （宋）欧阳修：《居士集》卷四四《送田画秀才宁亲万州序》，《欧阳修全集》，第623—624页。

明，其军队数量明显已突破万人。大致已回复到乾化四年（914）伐蜀前的水准，或者已有所增加。

高氏荆南军队规模的大幅扩充，始于后梁、后唐更迭之时。高季兴借机大肆招诱后梁旧部，由是"兵众渐多"[①]。虽然具体数字仍然不详，但较之此前的万余人，定然已是大大增加。天福六年（941）十二月，后晋平定襄州叛乱期间，高从诲派遣都指挥使李端将水军数千至南津[②]。能以数千军队援助晋军，其军队规模少说也应有此数的两三倍。

直到宋初，高氏荆南军队的具体规模才有一个较为明确的数字，所谓"控弦不过三万"[③]，抛开此语所隐含的敌意成分，则荆南军队人数在30 000上下，应该不成问题。从最初仅有万余人的部队，至宋初规模达到30 000人，其间尽管经过近60年的时间，但高氏荆南军队人数始终处于不断扩大之中，却是事实。而军队人数的增多，无疑是其军事实力增强的体现。

总体而言，高氏荆南的军事实力呈现稳步增长的趋势。但由于其发展军事的重点和中心在于确保自身安全，此点从其所修建的一系列防御工程上即可窥知，由此亦决定了高氏荆南军队攻敌不足、守境有余的特点。所以，高氏荆南对外作战能力一般，外出征战屡吃败仗，而在固邦守土上，则能应付裕余。

---

① 《旧五代史》卷一三三《世袭列传二·高季兴》，第1752页。
② 《资治通鉴》卷二八二，后晋高祖天福六年十二月，第9230页。
③ 《续资治通鉴长编》卷四，乾德元年正月，第81页。

第三节　高氏荆南的武将群体

高氏荆南的武将，既是军队的日常管理者，又是高氏荆南开展对外战争的具体指挥者。在该政权由藩镇发展为独立的割据性政权过程中，经常有相邻势力入侵其境，高氏荆南为拓展疆域，亦往往对外开战，诸如此类的大小战事，皆有武将参与其中。正是凭借武将的指挥作战，高氏荆南多次御敌于国门之外，保有其境。

一、武将群体与高氏荆南的内外战争

在高氏荆南的对外战争中，屡屡见到武将指挥作战或参与军事谋划的事例。

如倪可福，为高季兴入主荆南之初的得力干将，曾多次率兵出战或拒敌。后梁开平元年（907）十月，会同楚将秦彦晖攻击朗州，迫使雷彦恭投降淮南[1]。开平三年（909）八月，后梁叛将李洪入寇荆南，倪可福奉命御敌，一举击败李洪叛军[2]。乾化二年（912）十一月，吴淮南节度副使陈璋等于突袭楚岳州后，趁机进攻荆南，倪可福统兵作战。次年正月，吴军撤退[3]。见于史载的这三则由倪可福统兵作战的事例，都以荆南的胜利而告终，由此不难窥知倪可福非同一般的指挥才能。

再如王保义，原名刘去非，本系唐末幽州节度使刘仁恭之子

---

[1]　《资治通鉴》卷二六六，后梁太祖开平元年十月，第8685页。
[2]　《资治通鉴》卷二六七，后梁太祖开平三年八月，第8716页。
[3]　《资治通鉴》卷二六八，后梁太祖乾化二年十一月，第8764页；《资治通鉴》卷二六八，后梁均王乾化三年正月，第8765页。

守奇部将，在经多次改投后，于后梁、后唐易代之际，投奔高氏荆南。王保义在荆南内外战争中所发挥的作用，惟见一例。后晋高祖六年（940）四月，襄州节度使安从进谋反，欲联络荆南共同起兵，高从诲不为所动，遂遗书劝其消除叛逆之心。安从进心怀怨恨，反而上奏后晋朝廷，诬陷高从诲。时任荆南行军司马的王保义，劝高从诲将事情的真相上奏于后晋，且表达出兵援助后晋平叛的意愿。高从诲采纳其议①，并在后晋讨伐安从进的战争中，出兵相助。不久，安从进败亡，荆南亦未因此事而受到牵连。出现这种结果，当然有王保义谋划之功。

如李端，在后晋出兵平定安从进的叛乱时，奉高从诲之命，以都指挥使的身份，率领水军数千进抵南津，声援后晋的平叛②。

如魏璘，在后周世宗显德五年（958）攻伐南唐的战事爆发后，奉高保融之命，"将战船百艘东下会伐唐，至于鄂州"③。因此类军事行动，往往徒具助其声威的意义，魏璘在战争中的具体表现，现已无法详知。

如李景威，太祖乾德元年（963），"湖南张文表叛，周保权求救于朝廷，诏江陵发水军三千人赴潭州，（高）继冲即遣亲校李景威将之而往"④。但事实上，高氏荆南军队未及参与战斗，张文表之叛已被平定。

史籍所见，唯上述诸人或统兵作战，或参与谋划，或指挥军旅，其他武将率军征战的事例，则无复可见。这种情况的出现，一

---

① 《资治通鉴》卷二八二，后晋高祖天福六年四月，第9222页。
② 《资治通鉴》卷二八二，后晋高祖天福六年十二月，第9230页。
③ 《资治通鉴》卷二九四，后周世宗显德五年正月，第9578页。
④ 《宋史》卷四八三《世家六·荆南高氏》，第13953—13954页。

定程度上当与高氏荆南后期战争较少有关。

二、武将群体与高氏荆南国运

武将群体是高氏荆南指挥军队的基本人员，其对军队的统御与指挥，是高氏荆南成功抵抗外侮、自保一方的重要因素之一。具体来看，武将群体在高氏荆南的发展过程中，所发挥的作用与高氏荆南国运密切相关，这种作用主要表现为：

其一，驱逐入侵势力，保全其境。如后梁开平二年（908）八月，山南东道节度使李洪举兵反叛，麾师南下进攻荆南。高季兴命倪可福率军迎敌，击退李洪的进犯。又如乾化二年（912）十一月，吴淮南节度副使陈璋统领水军袭击楚岳州，执其刺史；回师途中，顺势攻击荆南，高季兴"遣其将倪可福拒之"[①]。不久，吴军撤离。上述两次外来势力的入侵，均在倪可福的指挥下而被击退。这对于其时立足未久、根基不稳的高氏荆南而言，无疑有利于政权的巩固。

其二，消除生存隐患，免遭兵燹。上引王保义的例子，即为明证。安从进的谋反，很快招致后晋军队的讨伐。后晋高祖天福七年（942）八月，安从进兵败，举族自焚。就此来看，当初王保义对高从诲的建议，至少使高氏荆南避免了后晋军队的打击，得以远离战祸。

其三，归降纳土，永保富贵。赵宋政权建立后，统一形势日益明朗，高氏荆南被纳入大一统的版图亦成大势所趋。高继冲嗣

---

① 《资治通鉴》卷二六八，后梁太祖乾化二年十一月，第8764页。

位以后，军政大权尽归梁延嗣，而身为高氏荆南后期重要武将的梁延嗣，对于高继冲的归降纳土，起到了积极的促进作用。宋太祖欲借平定张文表叛乱、出师湖南的机会，利用借道荆南之计，顺便吞并荆南。在宋使第二次向高继冲提出假道请求时，孙光宪与梁延嗣皆劝高继冲应允①。正是在两人的劝说下，高继冲方始同意宋军假道的要求。关于此点，即如史载："继冲之纳土也，延嗣亦尝劝之。"②可以设想，如果梁延嗣与孙光宪意见不一致，则宋军假道之计未必能如此顺利地得以实施。一旦高氏荆南采取与宋军对抗的态度，其结果不唯是丧师灭国、黎民涂炭，而且，荆南高氏很有可能遭遇灭族之祸。就此来看，梁延嗣的劝说与建议，亦是荆南高氏在入宋以后仍能继续传承的原因之一。

要之，高氏荆南的武将群体，在该政权由自立、自保至和平入宋的过程中，都曾以种种方式影响到荆南高氏的走势，是高氏荆南政权中一股不容忽视的力量。

三、武将群体的个案考察

据史籍所载，高氏荆南武将，今可考知者，有如下数人。

倪可福，生卒年无考。《十国春秋》卷一〇四《荆南三》有传。

可福，本系朱全忠部下驾前指挥使，唐天祐三年（906）十月，高季兴取代贺瑰任荆南留后，以抵御武贞节度使雷彦恭进攻江陵，为防备吴、蜀乘机出兵，朱全忠又遣倪可福"将兵五千戍荆南

---

① 《续资治通鉴长编》卷四，乾德元年二月，第84页。
② 《宋史》卷四八三《世家六·荆南高氏》，第13956页。

以备吴、蜀"①。倪可福自此追随高季兴。可福指挥有方,朗兵随即退去。"武信王爱其勇,使隶戏下为亲校",并嫁其女与可福之子,"心相得也"②。

可福进入荆南后,作为该政权前期的重要将领,曾多次参与内外战争,"摧锋陷陈,所向克敌"③,屡立战功。在高氏荆南前期巩固立足之地的过程中,倪可福屡次率军成功抵御朗州雷氏军队和吴军的入侵。

可福竟以功名卒于荆南。其死后,荆南高氏"赐田于江陵东三十里,子孙聚居其处,号曰诸倪冈"④。

另外,《江陵志余》载:

> 诸倪岗有转鱼台,乃将军倪可福故宅。
>
> 倪军市在城东六十里,倪可福屯军之所。地有八井,岁久湮没。又有倪将军庙在城西五里,以其有修堤功,故祀之。⑤

凡此种种,都表明倪可福功勋卓著,不仅深得荆南高氏器重,而且为民所景仰。

鲍唐,生卒年无考。《十国春秋》卷一〇二《荆南三》有传。史载:

---

① 《资治通鉴》卷二六五,唐昭宣帝天祐三年十月,第8663页。
② 《十国春秋》卷一〇二《荆南三·倪可福传》,第1460页。
③ 同上。
④ 同上。
⑤ 《十国春秋》卷一〇二《荆南三·倪可福传》注引《江陵志余》,第1460—1461页。

鲍唐，故梁州复州知州。为吴将李简所执，已而归武信王，武信王俾同倪可福隶戏下，遂与可福齐名。①

王保义，生卒年无考，幽州人②。《十国春秋》卷一○二《荆南三》有传。

关于王保义投奔荆南前的事迹，《旧五代史》卷一三三记载如下：

保义本姓刘，名去非，幽州人。少为县吏，粗暴无行，习骑射，敢斗击。刘仁恭之子守奇善射，惟去非许以为能。守奇以兄守光夺父位，亡入契丹，又自契丹奔太原，去非皆从之。庄宗之伐燕也，守奇从周德威引军前进，师次涿州，刺史姜行敢登陴固守。去非呼行敢曰："河东小刘郎领军来为父除凶，尔何敢拒！"守奇免胄劳之，行敢遥拜，即开门迎降。德威害其功，密告庄宗，言守奇心不可保。庄宗召守奇还计事，行次土门，去非说守奇曰："公不施寸兵下涿郡，周公以得非己力，必有如簧之间，太原不宜往也。公家于梁，素有君臣之分，宜往依之，介福万全矣。"守奇乃奔梁，梁以守奇为沧州留后，以去非为河阳行军司马。时谢彦章移去非为郢州刺史。及庄宗平河、洛，去非乃弃郡归高季兴，为行军司马，仍改易

---

① 《十国春秋》卷一○二《荆南三·鲍唐传》，第1461页。
② 按，《十国春秋》卷一○二《荆南三·王保义传》第1459页以其为"江陵人"。今不取，从下引《旧五代史》《册府元龟》所载。

第五章　高氏荆南的政治与军事体制

姓名。①

对此，《册府元龟》卷八七九亦有大致相同的记载：

> 汉王保义，本姓刘，名去非，幽州人。唐末，平州刺史刘守奇引为帐中亲信。守奇以兄守光夺父政，亡入虏中，又自虏奔太原，去非皆从之。庄宗之伐燕也，令守奇从周德威引军前进，师次涿州。刺史姜行敢登陴固守。去非呼行敢曰："河东小刘郎，领军来为父除凶，尔何据守？"守奇免胄劳之。行敢遥拜，即开门迎降。德威害其功，密告庄宗，言守奇心不可保，翻然作变，则无如之何。庄宗以书召守奇还计事，行次土门，去非密说守奇曰："公不施寸兵下涿郡，周公以得非己力，必有如簧之间，太原不宜往也。公家于梁朝，素有君臣之分，今往依之，介福万全矣。"乃马首而南。梁以守奇为沧州留后，以去非为河阳行军。②

结合上述两段记载可知，王保义有勇有谋，善于见微知著，审时度势，绝非一介莽夫。另孙光宪曾称王保义为"王蜀黔南节度使"③。对此，有学者认为，庄宗灭后梁，刘去非惧祸，遂投奔前

---

① 《旧五代史》卷一三三《世袭列传二·高从诲》，第1753—1754页。
涿州，治今河北涿州市，辖境相当今涿州市、雄县及固安县地。
沧州，治今沧县东南40里旧州镇，辖境相当今天津市海河以南，静海县及河北青县、泊头市以东，东光及山东宁津、乐陵、无棣以北地区。
② 《册府元龟》卷八七九《总录部·计策二》，第10224—10225页。
③ 《北梦琐言逸文补遗》之《王氏女》，《北梦琐言》，第453页。

蜀，被任命为黔南节度，其"王保义"之姓名，或为前蜀后主王衍所赐。不久，后唐灭前蜀，王保义转而依附朱梁旧臣荆南高季兴。《旧五代史》《册府元龟》即有可能脱载此事。①

上述经历表明，王保义其确系一员猛将，有独当一面之将才。俗谓"千军易得，一将难求"，这样一位不可多得的统军将领，能主动投归荆南，对于高氏荆南军事实力的提升，意义格外重大。王保义在荆南期间，深得高氏父子信任，是荆南实施对外战争方略的重要决策者之一，"季兴父子倚为腹心，凡守藩规画，出兵方略，言必从之"②。为笼络王保义，高从诲还采取结为姻亲的手段，以确保其能一心为高氏荆南政权服务。据载，王保义之子惠范娶高从诲之女③；王保义女嫁高从诲之子保节④。王保义本人也屡屡被委以重任，后晋高祖天福二年（937）六月，"摄荆南节度行军司马、检校太保、归州刺史王保义加检校太傅，知武泰军节度观察留后，充荆南行军司马兼沿淮巡检使"⑤。后汉隐帝乾祐二年（949）四月，"以荆南节度行军司马、武泰军节度留后王保义为检校太尉，领武泰军节度使，行军如故"⑥。

史籍中关于王保义的记载并不多见，但在有限的材料中，王保义临事果敢、智勇双全、随机应变的风格，依然有所显现。史载：后晋高祖天福六年（940）四月，山南东道节度使安从进举兵

---

① 参见房锐：《孙光宪与〈北梦琐言〉研究》，中华书局，2006，第42页。
② 《旧五代史》卷一三三《世袭列传二·高从诲》，第1754页。
③ 《三楚新录》卷三，第6329页。
④ 《北梦琐言逸文补遗》之《王氏女》，《北梦琐言》，第453页。
⑤ 《旧五代史》卷七六《晋高祖纪二》，第1003页。
⑥ 《旧五代史》卷一〇二《汉隐帝纪中》，第1357页。
  武泰军，治今重庆涪陵市，所辖即唐末黔中道地域。

叛乱，"求援于荆南，高从诲遗从进书，谕以祸福。从进怒，反诬奏从诲。荆南行军司马王保义劝从诲具奏其状，且请发兵助朝廷讨之；从诲从之"①。荆、襄唇齿相依，襄州局势混乱，势必波及荆南，故从诲以大局为重劝安从进息事宁人。不料，安从进倒打一耙，反而诬陷从诲。值此情势，稍有不慎，即会将战火引至荆南，甚至僵化与中原王朝的关系，使荆南的生存处境更加艰难。深谙此点的王保义，建议从诲向后晋朝廷陈述事实，并明确表达出兵帮助平叛的意向。从诲依计而行，果然成功化解了危机。这一事件的妥善解决，王保义居功至伟。

作为幕府要员之一的孙光宪，对王保义的军事才华也是格外赞赏，呼其为"同僚王行军"②，并称："时有行军王副使，幽燕旧将，声闻宇内。"③

魏璘，生卒年无考。《十国春秋》卷一〇三《荆南四》有传。

魏璘，"勇略绝伦"，是荆南继倪可福、鲍唐之后的又一名将④。高保融在位时，曾任指挥使。后周世宗征南唐，魏璘曾领兵助战。

李端，生卒年无考。现存史籍中唯知其曾率军助后晋讨伐襄州，史载："高从诲遣都指挥使李端将水军数千至南津。"⑤

刘扶，生卒年无考。仅《十国春秋》卷一〇三《荆南四·魏璘

---

① 《资治通鉴》卷二八二，后晋高祖天福六年四月，第9222页。另，《十国春秋》卷一〇二《荆南三·王保义传》第1459页亦载此事。
② 《北梦琐言》卷一一《李璧尚书戮律僧》，第241页。
③ 《北梦琐言逸文》卷二《赵生王舍人颜云迁诞》，《北梦琐言》，第407页。
④ 《十国春秋》卷一〇三《荆南四·魏璘传》，第1467页。
⑤ 《资治通鉴》卷二八二，后晋高祖天福六年十二月，第9230页。

传》载:"同时又有客将陆扶者骁果亦亚于璘。"①

梁延嗣,生卒年无考,复州竟陵(今湖北天门市)人②,是高氏荆南后期的重要将领。《宋史》卷四八三、《十国春秋》卷一〇三《荆南四》有传。

延嗣原为后唐将领,后被高季兴所获。高从诲继任后,提拔他为大校,授归州刺史。后又领复州团练使,掌管亲军。高保勖病危时,梁延嗣主张立高保融之子高继冲,故"继冲之得立,延嗣功居多焉"③。继冲即位后,"刑政、赋役委节度判官孙光宪,军旅、调度委衙内指挥使梁延嗣"④,全力负责军政事宜。

宋太祖乾德元年(963),梁延嗣与孙光宪等极力劝说继冲归顺宋朝。随后,他"率荆之水军从慕容延钊越战",被太祖授予复州防御使,充湖南前军步军都指挥使兼排阵使,后改濠州防御使。因"有善政,诏书褒美"⑤。

梁延嗣富有识见,"颇知书,好接士"⑥。但因长期以来,军士地位不高,当兵被视为下等职业,故梁延嗣深以出身行伍为耻。史载:"延嗣出家行伍,居恒讳健儿士卒之语。一日,与孙光宪同赴球场,光宪上马,左右掖之者颇众,延嗣在后戏曰:'孰谓大卿

---

① 《十国春秋》卷一〇三《荆南四·魏璘传》,第1467页。按,《旧五代史》卷一〇一《汉隐帝纪上》第1348页载:乾祐元年(948)六月,"荆南节度使高从诲上表归命,从诲尝拒朝命,至是方遣牙将刘扶诣阙请罪"。据此可知,《十国春秋》所载"陆扶"当为"刘扶"之误。
② 《三楚新录》卷三,第6329页。另,《宋史》卷四八三《世家六·荆南高氏》第13956页称其为"京兆长安人"。今从前者。
③ 《十国春秋》卷一〇三《荆南四·梁延嗣传》,第1469页。
④ 《续资治通鉴长编》卷四,乾德元年二月,第84页。
⑤ 《宋史》卷四八三《世家六·荆南高氏》,第13956—13957页。
⑥ 《宋史》卷四八三《世家六·荆南高氏》,第13957页。

年老而弥壮邪？良由扶持力尔！'光宪回顾曰：'非是众扶，盖是老健。'延嗣不胜怒，论者少之。"①

李景威　生卒年无考，峡州长阳（今湖北长阳土家族自治县）人②。高氏政权后期重要武将之一。《九国志》卷一二《北楚》、《十国春秋》卷一〇二《荆南三》有传。

景威"幼隶于军，颇有智略"。因战功屡迁至云猛指挥使、衙内兵马副使。"继冲嗣立，多委任之"③，亦曾担任水手都指挥使④，应为荆南水军统帅，下述事实似可印证此点。史载：太祖乾德元年（963），"湖南张文表叛，周保权求救于朝廷，诏江陵发水军三千人赴潭州，继冲即遣亲校李景威将之而往"⑤。李景威忠于高氏，性格刚烈，献计阻挡宋军南下。史载其语为：

> 兵尚权变，城外之说，实不可信。以臣观之，彼实欲乘衅伐我耳。况今精兵数万，自先王已训练备矣，景威虽不才，愿

---

① 《十国春秋》卷一〇三《荆南四·梁延嗣传》，第1469页。
② 《舆地纪胜》卷七三《荆湖北路·峡州·人物·李景威》第2443页注云："长阳下鱼乡人也。……其子孙及墓在长阳。天成之契要，开宝之公据，墓前之经幢，皆足证。而《长编》指以为归州人，非也。"同书同卷《荆湖北路·峡州·碑记·李将军墓经幢》第2446页注云："在清江北雾洞山。李景威尝事高季兴，高氏纳土，守义以死，子孙因家墓傍，有经幢可考。"《新五代史》卷六九《南平世家》第860页记孙光宪之语，谓其为"峡江一民"。《续资治通鉴长编》卷四第84—85页"乾德元年二月"亦称其为"峡江一民""归州人"。关于李景威籍贯，亦另有他说。如《九国志》卷一二《北楚·李景威传》第3371页称其为"公安人"。《十国春秋》卷一〇三《荆南四·李景威传》，第1468页称其为"荆州长阳人"。按，《舆地纪胜》之说，有实物为证，较之他说，可信度更高，兹从之。
③ 《九国志》卷一二《北楚·李景威传》，第3371页。
④ 《舆地纪胜》卷七三《荆湖北路·峡州·人物·李景威》，第2443页。
⑤ 《宋史》卷四八三《世家六·荆南高氏》，第13953—13954页。

尽以相付，不顾性命，为大王拒之。①

其言不被高继冲采纳，遂自杀而死。宋太祖"闻李景威之谋，曰：'忠臣也。'命王仁赡厚恤其家"②。

虽然李景威、孙光宪在归降宋朝的态度上截然有别，但在后世学者看来，各有其理。清人何焯曾说："景威、光宪，无妨两是。区区三州，固宜效顺，以全宗祀。非若刘禅有汉家四百余年统绪之责也。"③此说较为平实，亦是公允之论。

王昭济，生卒年无考。《十国春秋》卷一〇三《荆南四》有传。

王昭济曾任高氏荆南客将，宋太祖乾德元年（963），奉高继冲之命与萧仁楷奉表纳土。入宋后，宋太祖嘉其功，署为左领军卫将军。

王延范，生卒年无考，江陵人，王保义之子。《宋史》卷四八三、《十国春秋》卷一〇三《荆南四》有传。

王延范，"形貌奇伟，性任侠，家富于财，好施不倦"④；又"性豪率尚气，尤好术数"⑤。高从诲在位时，署其为太子舍人，入宋后，继冲荐其为大理寺丞，知泰州⑥，累迁司门员外郎。太平

---

① 《三楚新录》卷三，第6329—6330页。
② 《续资治通鉴长编》卷四，乾德元年二月，第86页。
③ （宋）何焯：《义门读书记》卷二九《五代史》，景印文渊阁四库全书，第860册，台湾商务印书馆，1986，第397页。
④ 《十国春秋》卷一〇三《荆南四·王延范传》，第1467页。
⑤ 《宋史》卷二八〇《王延范传》，第9510页。
⑥ 泰州，唐高祖武德二年（619）后治今山西河津市西，辖境相当今山西河津、万荣等县地。

兴国九年（984），为广南转运使。兵因罪被斩。

上述诸人，即为史载中所能见到的高氏荆南武将，亦是高氏荆南统兵作战的基本骨干。惜史乘有缺，以上大多数人在战场上的表现，亦不得而知。

第六章　高氏荆南的外交

第一节　五代十国时期南方诸国的外交主张

五代十国时期，相对于北方而言，南方形势总体上较为稳定，各政权间的相互攻伐不是太多。这种局面的形成，是南方各国大多推行保境安民国策的结果。从保境之策的外交取向上来看，各国有其相通之处，即少有吞并邻邦的战略意图。但在外交政策的具体内容上，因地缘条件的差异、政治利益的不同，各国又不尽一致。

一、吴、南唐的外交战略

先来看吴的外交战略。吴自杨行密创业，至其子杨渥在位，其辖区已达三十州，包括原唐代淮南道全境，江南西道东境和江南东道[①]北境，四境之上有中原政权、高氏荆南、楚、南汉、闽与吴越。淮南政权的外交策略在领土不断扩大的过程中，逐渐趋于完善

---

① 江南东道，治今江苏扬州市，辖境相当今江苏长江以南，浙江、福建二省以及安徽歙县、绩溪、休宁、祁门、黟县与江西婺源、玉山等县地。

和成型，其核心内容为对抗中朝，交好南方诸国。

对于北方中原政权，淮南采取的是对立之策。唐末伊始，杨行密即不服朱温，视其为寇仇，汴、淮早已势不两立。唐昭宗乾宁四年（897），汴军大举侵淮，十一月的清口（今江苏盱眙县西北）一役，遭吴军重创，所谓"自古丧师之甚，无如此也"①。"王自是保据江、淮之间，汴人不能与我争矣。"②自古以来，守江必须守淮，失去淮南的屏蔽，江南势难自全。宋人刘季裴即道："清口之役，杨行密以三万人当朱全忠八州之师，众寡殊绝，而卒以胜者，扼淮以拒敌，而不纵敌以入淮故也。"③天祐元年（904），为解鄂州之围，朱全忠遣使诣行密，请舍鄂岳，复修旧好。杨行密答曰："俟天子还长安，然后罢兵修好。"④明确摆出与朱全忠彻底决裂的姿态。后梁建立后，淮南仍行"天祐"年号，杨隆演建立吴国的头几年依然如此。乾化三年（913），后梁再次遣将进攻淮南，仍被打败，此后，因忙于对付晋军进攻，后梁再也无力南下，淮南与后梁间也不再有大的战争爆发，来自北方的威胁基本消除。天祐十六年（919）四月，杨隆演称吴国王，建元武义，以示不复为唐朝之藩镇，对抗中原王朝的政策，也一直沿而不改。如后唐庄宗攻占汴州后，曾遣使告于吴，"唐使称诏，吴人不受"，庄宗改用敌国之礼，曰"大唐皇帝致书于吴国主"，吴复书称"大吴国主

---

① 《旧唐书》卷二〇上《昭宗纪》，第763页。
② 《十国春秋》卷一《吴一·太祖世家》，第16页。
③ （明）周弘祖：《建康论》，（清）顾炎武：《天下郡国利病书》之《江宁庐州安庆备录》，上海古籍出版社，2012，点校本，第860—861页。
④ 《资治通鉴》卷二六四，唐昭宗天祐元年三月，第8630页。

上大唐皇帝"①。

对于相邻的南方诸国，淮南从对抗中朝的目的出发，重在推行睦邻政策，以联合邻邦，而明显缺乏吞并南方诸国的意图。淮南以鄂州为西境重镇，控扼长江中游地区，并以此作为阻挡中原政权顺江东下的要塞，也能借此箝制高氏荆南与楚国。天祐二年（905）二月，杨行密攻拔其地②。鄂州为长江中游重镇，杨行密占据这一地区，不但可以稳固全境形势，有利于长江下游地区的安定，还可以威胁中原朝廷的襄阳、江陵，以及武安军马殷的势力。杨行密很早就定下与马殷互通有无的基调。马殷之弟马赉本孙儒部将，孙儒败死后降于淮南。杨行密知其家世后，便礼送长沙，临别宴请时说："勉为吾合二国之欢，通商贾、易有无以相资。"③马赉自淮南遣归后，曾劝马殷与杨行密结好，马殷虽然表面上断然拒绝，但实际上已默任杨行密的致意。在对待高氏荆南的问题上，淮南虽屡次加兵于其境，却无吞并之志，仍然以实施和好之策为主。后梁末帝乾化三年（913）至贞明三年（917），两国交往颇为密切④。后唐明宗天成二年（927）五月，高季兴请求附于吴，遭拒⑤。次年六月，高季兴复请称藩，吴进季兴爵秦王⑥。不久，荆南又改奉后唐正朔，吴遣兵击之，不克。两国关系稍有不睦，却也不见大规模战事的发生。在与南面的南汉、闽交往时，未见淮南有兵戈相向之

---

① 《资治通鉴》卷二七二，后唐庄宗同光元年十月，第8903页。
② 《资治通鉴》卷二六五，唐昭宣帝天祐二年二月，第8641页。
③ 《新五代史》卷六六《楚世家》，第822页。
④ 《资治通鉴》卷二六八，后梁均王乾化三年九月，第8776—8777页。《资治通鉴》卷二六九，后梁均王贞明三年五月，第8815页。
⑤ 《资治通鉴》卷二七五，后唐明宗天成二年五月，第9005—9006页。
⑥ 《资治通鉴》卷二七六，后唐明宗天成三年六月，第9020页。

举,实行的也应是和平相处的策略。

在与东面两浙钱氏打交道时,杨行密与钱镠于唐末曾经一度斗得不可开交。唐昭宗天复二年(902)九月,杨行密同意钱镠求婚的请求①,两国关系渐趋缓和。后梁末帝贞明五年(919),吴越境内大旱,吴政权内部有人主张趁机出兵吴越,权臣徐温则认为:"天下离乱久矣,民困已甚,钱公亦未易可轻;若连兵不解,方为诸君之忧。今战胜以惧之,戢兵以怀之,使两地之民各安其业,君臣高枕,岂不乐哉!多杀何为!"②次年八月,徐温遣还吴越战俘,钱镠遣使请和,"自是吴国休兵息民,三十余州民乐业者二十余年"③。

再来看南唐的外交方略。吴天祚三年(937),权臣徐(知)诰受禅,改元昇元,建立南唐,是为南唐烈祖。

南唐依然以中原王朝为最大对手。烈祖尝言:"今大敌在北,北方平,则诸国可尺书召之,何以兵为?"④为对付中原政权,"唐自烈祖以来,常遣使泛海与契丹相结,欲与之共制中国,更相馈遗,约为兄弟。然契丹利其货,徒与虚语往来,实不为唐用也"⑤。这种策略虽然在联兵攻击中原政权上毫无效果,但一定程度上牵制了中原政权,使其不敢全力南下,有利于巩固南唐的北部边界,扩大南唐的政治影响。不过,终烈祖之世,从未寻衅于中原

---

① 《资治通鉴》卷二六三,唐昭宗天复二年九月,第8583—8584页。
② 《资治通鉴》卷二七〇,后梁均王贞明五年七月,第8847页。
③ 《资治通鉴》卷二七〇,后梁均王贞明五年八月,第8849页。
④ (宋)马令:《南唐书》卷一《先主书》,五代史书汇编,第9册,杭州出版社,点校本,2004,第5264页。
⑤ 《资治通鉴》卷二九〇,后周太祖广顺二年二月,第9475页。

政权，仍以保守境土为最大目标。对此，王夫之尝言：

> 当其时，石敬瑭虽不竞，而李氏诸臣求可为刘知远、安重荣之敌者，亦无其人。……即令幸胜石氏，而北受契丹之劲敌，东启吴越之乘虚，南召马氏之争起，外成无已之争，内有空虚之害，江、淮亘立于中以撄众怒，危亡在旦夕之间，而夸功生事者谁执其咎乎？故曰量力度德，自保之令图也。①

对待南方诸国，因烈祖坚持"保境息民"之策，故能通好邻邦，追求与邻国间的相安无事。昇元六年（942），鉴于"江淮之地，频年丰稔，兵食既足，士乐为用。天意人心，未厌唐德"②，大臣纷纷建议从楚、南汉入手拓展疆土，烈祖不以为是，对其时形势有如下看法：

> 天下之势，低昂如权衡。要当以河山为腹背，腹背奠，然后手足有所运。朕藉杨、徐遗业，抚有东夏。地势未便，犹如绘事，窘于边幅，虽有手笔，无所纵放。毛遂云："锥未得处囊中故也，如得处囊中，则必颖脱而出矣。"我之所志，大有以似此。每思高祖、太宗之基绪，若坠冰谷。痿人不忘起，盲人不忘视，以方我心未足以训其勤。然所以不能躬执干戈，为士卒先者，非有所顾慑也，未得处囊中故也。③

---

① 《读通鉴论》卷三〇《五代下》，第1071—1072页。
② （宋）马令：《南唐书》卷一《先主书》，第5264页。
③ 《钓矶立谈》，第5010页。

在疆土的开拓上,就是否吞并吴越、闽、楚等国,烈祖亦自有主张,曾说:

> 钱氏父子,动以奉事中国为辞,卒然犯之,其名不详。闽土险瘠,若连之以兵,必半岁乃能下,恐所得不能当所失也。况其俗怙强喜乱,既平之后,弥烦经防。唯诸马在湖湘间,恣为不法,兵若南指,易如拾芥。孟子谓齐人取燕,恐动四邻之兵。徒得尺寸地,而享天下之恶名,我不愿也。孰若悉舆税之入,君臣共为节俭,惟是不腆之圭币,以奉四邻之欢,结之以盟诅,要之以神明,四对[封]之外,俾人自为守。是我之存三国,乃外以为蔽障者也。疆场之虞不警于外廷,则宽刑平政得以施之于统内,男不失秉耒,女无废机织,如此数年,国必殷足。兵旅训练,积日而不试,则其气必倍。有如天启其意,而中原忽有变故,朕将投袂而起,为天下倡。倘得遂北平潜窃,宁又[乂]旧邦,然后拱揖以招诸国,意虽折简可致也,亦何以兵为哉。①

可见,烈祖根本不愿加兵南方诸国,而之所以保留吴越、闽、楚三国,其意在于"以为蔽障者也"。烈祖还认为,轻举兵革,屡兴战事,无益于民,所谓"吾少长军旅,见兵之为民害深矣,不忍复言。使彼民安,则吾民亦安矣。又何求焉!"南汉遣使于唐,谋划联合攻楚之事,烈祖亦予以回绝,所以,"史言唐主能保境息

---

① 《钓矶立谈》,第5011页。

民"①。

南唐烈祖的外交主张,付诸实践所取得的客观效果是,"南唐与南汉、南平、后蜀同盟关系的建立,使李昇完成了他的战略构想的最后一环。五代十国的版图通过李昇的安排形成了一个双环阵势。南唐是这一阵势的圆心,其外围是中原及其盟友吴越、闽、楚;在这一同盟之外,是契丹、南汉、南平、后蜀等南唐盟友。牵一发而动全身。南唐是这一平衡局面中的关键因素,这一阵势既符合'远交近攻'的传统原则,又符合南唐自身的实力状况。南唐利用这一平衡,争取了恢复与发展的时间。一旦南唐克平中原,暂存以为'障蔽'的吴越、闽、楚三国,便将处于南唐及其同盟的团团包围之中,可'尺书而招之'"②。

元宗李璟时期,用人不当,辅佐者多轻薄浮躁之徒,"于是南生楚隙,西结越衅,晚举全国之力,而顿兵于瓯闽坚壁之下。飞挽刍粟,征发徭戍,四境之内,为之骚然"③。南唐渐致衰败。

对于南唐未能一统中原,陆游曾有如下评论:

> 元宗举闽、楚之师,境内虚耗。及契丹灭晋,中原有隙可乘,而南唐兵力国用,既已弗支,熟视而不能出,世以为恨。予谓不然。唐有江淮,比同时割据诸国,地大力强,人材众多,且据长江之险,隐然大邦也。若用得其人,乘闽、楚昏乱,一举而平之;然后东取吴越,南下五岭,成南北之势,中

---

① 《资治通鉴》卷二八二,后晋高祖天福六年四月及胡三省注,第9221—9222页。
② 任爽:《南唐史》,东北师范大学出版社,1995,第116页。
③ 《钓矶立谈》,第5009页。

第六章 高氏荆南的外交 235

原虽欲睥睨，岂易动哉！不幸诸将失律，贪功轻举，大事弗成，国势遂弱，非始谋之失，所以行之者非也。且陈觉、冯延鲁辈用师闽、楚，犹丧败若此，若北向而争天下，与秦、晋、赵、魏之师战于中原，角一旦胜负，其祸可胜言哉！①

是为一家之论，历史自有评判，无复赘述。

二、前蜀、后蜀的外交原则

先说前蜀。王建时期，辖境已包括原唐代剑南道、山南西道全境，山南东道西境与黔中道②北境、西境部分地域，与中原政权、高氏荆南、马楚相接。前蜀、后蜀的外交原则一脉相承，其核心内容是不服中朝，自守其土。

自尊于巴蜀的王建，较早即与朱全忠交恶。史载："及梁祖将谋强禅，建与诸藩同谋兴复，乃令其将康晏率兵三万会于凤翔，数与汴将王重师战，不利而还。"③后梁建立后，遣使者来告，王建拒而不纳，甚至"驰檄四方，会兵讨梁"④。双方关系更为僵化。后梁开平元年（907）九月，王建即皇帝位，国号大蜀⑤。与后梁平起平坐，行敌国之礼。后主王衍继位期间，耽于享乐，国政日紊。后唐庄宗灭梁后，遣使告捷于蜀，蜀人皆惶惧不安，王衍致礼复

---

① （宋）陆游：《南唐书》卷二《元宗纪》"论曰"，第5484—5485页。
② 黔中道，治今四川彭水苗族土家族自治县，辖境约当今重庆彭水、綦江，湖北利川、建始等县市以南，湖南沅陵、溆浦等县以西，贵州铜仁、思南、遵义等县市以北地区。唐昭宗大顺元年（890）号为武泰军。
③ 《旧五代史》卷一三六《僭伪列传三·王建》，第1819页。
④ 《新五代史》卷六三《前蜀世家》，第787页。
⑤ 《资治通鉴》卷二六六，后梁太祖开平元年九月，第8685页。

命,称"大蜀国主致书上大唐皇帝",词理不逊①。这种不识时务的举动,最终导致了前蜀的灭亡。

在与相邻势力交往时,王建不以争城夺地为务,志在守境。唐昭宗天复元年(901),王建力排众议,反对出兵消灭凤翔李茂贞,认为:"吾所得已多,不俟复增岐下。茂贞虽常才,然名望宿素,与朱公力争不足,守境有余。韩生所谓人为扞蔽,出为席藉是也。适宜援而固之,为吾盾卤耳。"②依靠凤翔以对抗朱全忠,无啻于为前蜀设置了一道天然的屏障,王建保全凤翔之举远较夺取其地更为高明。此后,王建与李茂贞修好,并结为婚姻③。

天复三年(903),王建在获取荆南原管五州后,采纳僚佐建议,"以瞿塘,蜀之险要,乃弃归、峡,屯军夔州"④。实际上,前蜀是以夔门之险作为国之东门,无意挥师三峡以东地区。后梁乾化四年(914)八月,荆南与前蜀不睦,"峡上有堰,或劝蜀主乘夏秋江涨,决之以灌江陵,毛文锡谏曰:'高季昌不服,其民何罪!陛下方以德怀天下,忍以邻国之民为鱼鳖食乎!'"⑤王建乃止。

再说后蜀。后唐清泰元年(934)正月闰,剑南东西两川节度使孟知祥称帝于成都,建立后蜀。

后蜀孟昶继位后,骄矜自大,敌视中朝。后蜀广政四年(941)四月,后晋山南东道节度使安从进谋反,遣使奉表诣蜀,

---

① 《旧五代史》卷一三六《僭伪列传三·王衍》,第1820页。
② 《旧五代史》卷一三六《僭伪列传三·王建》,第1819页。
③ 《资治通鉴》卷二六五,唐昭宗天祐元年七月,第8634页。
④ 《资治通鉴》卷二六四,唐昭宗天复三年十月,第8619页。
⑤ 《资治通鉴》卷二六九,后梁均王乾化四年八月,第8784页。

请出师金、商以为声援。孟昶召集群臣商议，臣僚均认为，"金、商险远，少出师则不足制敌，多则漕挽不继"。蜀主遂辞之①。后蜀之所以拒绝出兵声援安从进，主要原因在于道路险远，那么，据此亦可知，后蜀并非无意攻打后晋，不过因地缘不便，无能施为而已。后蜀广政十八年（955），后周世宗派兵进攻后蜀，夺取秦、凤、成、阶诸州。两年之后，"世宗以所得蜀俘归之，昶亦归所获周将胡立于京师，因寓书于世宗，世宗怒昶无臣礼，不答"②。这是后蜀不愿屈居后周之下的例子。延及宋初，后蜀仍然不以中原政权为意。

后蜀以夔州为控扼三峡的门户，无意逾此而与东诸侯抗衡，故与楚、高氏荆南相安无事。

三、楚、吴越的外交政策

先看楚的对外政策。楚国极盛时，辖境包括原唐代江南西道西境、黔中道东境，和岭南道西境的部分地域，介于南唐、高氏荆南、前后蜀、南汉之间。楚的对外政策的中心是奉事中朝，联合高氏荆南、吴越、南汉对付淮南。

奉事中朝是楚外交政策的第一要义。唐末马殷任武安军节度使时，兵力寡弱，与杨行密、成汭、刘䶮（即刘岩）等为敌国，马殷忧心不已，问策于其将高郁，高郁曰："成汭地狭兵寡，不足为吾患，而刘䶮志在五管而已，杨行密、孙儒之仇，虽以万金交之，不能得其欢心。然尊王仗顺，霸者之业也，今宜内奉朝廷以

---

① 《资治通鉴》卷二八二，后晋高祖天福六年四月，第9222页。
② 《新五代史》卷六四《后蜀世家》，第805页。

求封爵而外夸邻敌，然后退修兵农，畜力而有待尔。"①马殷采纳其议，开始修贡京师，这是该政权实施奉事中朝政策的起点。天祐元年（904），马殷之弟马賨劝马殷与杨行密结好，马殷断然作色曰："杨王不事天子，一旦朝廷致讨，罪将及吾。汝置此论，勿为吾祸！"②仍然重申藩属唐廷的主张。朱梁代唐，马殷立即遣使修贡③。晋王李存勖平定河北，尚未及灭梁，马殷就已"遣使通好"④。后唐庄宗平蜀后，马殷深恐大难将至，上表称："臣已营衡麓之间为菟裘之地，愿上印绶以保余龄。"胡三省注曰："马殷言将致事而归老于衡麓，闻蜀亡而惧也。"⑤由此既可反映出中原王朝力量的加强，对于南方诸国的震动，更能表明马殷奉事中朝政策的坚定与执着。

实际上，后梁太祖在位期间，马殷曾以"天策上将"的名义，自署官吏，不供征赋⑥。后唐明宗初年，马殷获封楚国王，乃用建国之制，设官分职，大兴宫室，有同天子。其子马希声继位后，禀承父命，"去建国之制，复藩镇之旧"⑦，重新称臣于后唐。之所以楚甘愿从王国体制退回到藩镇体制的轨道上来，实则是寄望以称臣中朝为掩护，牵制淮南政权的进攻。

在称臣中朝的同时，楚注重发展与邻邦间的友好关系。虽然与他国间时有摩擦，但其主流仍然是和平。而高氏荆南的存在，

---

① 《新五代史》卷六六《楚世家》，第824页。
② 《资治通鉴》卷二六五，唐昭宗天祐元年十二月，第8638页。
③ 《新五代史》卷六六《楚世家》，第823页。
④ 《资治通鉴》卷二六九，后梁均王贞明二年十二月，第8808页。
⑤ 《资治通鉴》卷二七四，后唐庄宗同光三年十一月及胡三省注，第8946页。
⑥ 《旧五代史》卷一三三《世袭列传二·马殷》，第1757页。
⑦ 《资治通鉴》卷二七七，后唐明宗长兴元年十一月，第9052页。

对于马楚的安危又有着极为特殊的意义。天成三年（928）三月，楚于刘郎洑大败高季兴之后，主动放弃一举攻下江陵的机会。其间因果，诚如楚将王环所言："江陵在中朝及吴、蜀之间，四战之地也，宜存之以为吾扞蔽。"①即视高氏荆南为扞蔽中原王朝、吴、蜀兵锋的缓冲之地。对此，王夫之认为："策之善者也"，"（高）季兴虽存，不能复为殷患，而委靡以苟存于吴、蜀、汴、洛之交，以间隔长沙而不受兵，故殷得以保其疆土"②。其实"湖南、荆南辅车相依"③的情形，一直到宋初仍然如此，所谓"北有荆渚，以为唇齿"④。楚与南面的南汉，自后梁太祖开平二年（908）九月，昭、贺、梧、蒙、龚、富⑤六州为楚攻取后，亦少有兵戎之争。盖"土宇既广"，马殷至此始以"养士息民"为治国之要，无心争城夺地⑥。两国亦以联姻方式巩固相互关系，由此形成"世为与国"⑦的局面。楚与前后蜀并无争端，即使与并不相邻的闽、吴越，出于对付淮南的目的，楚亦采取联合的方式，与之交往。

再来看吴越的对外策略。吴越的基本辖区即原唐代江南东道

---

① 《资治通鉴》卷二七六，后唐明宗天成三年三月，第9015—9016页。
② 《读通鉴论》卷二九《五代中》，第1050页。
③ 《资治通鉴》卷二七五，后唐明宗天成二年五月胡三省注，第9005页。
④ 《续资治通鉴长编》卷四，乾德元年二月，第85页。
⑤ 昭州，治今广西平乐县西南，辖境相当今广西平乐县及恭城瑶族自治县地。
贺州，治今广西贺县东南贺街镇，辖境相当今广西贺县、钟山、富川等地。
梧州，治今广西梧州市，辖境相当今广西梧州市、苍梧县地。
蒙州，治今广西蒙山县东南20里蒙江南岸，辖境相当今广西蒙山县地。
龚州，治今广西平南县，辖境相当今广西平南县地。
富州，治今广西昭平县，辖境相当今昭平县地。
⑥ 《资治通鉴》卷二六七，后梁太祖开平二年九月，第8704页。
⑦ 《资治通鉴》卷二九〇，后周太祖广顺元年十一月，第9468页。

的浙东与浙西之地。吴越北面与东面皆为淮南政权（吴、南唐）领地，感受到的压力也比其他南方相邻政权更大，故而其外交原则为"尊崇中原，连横诸藩，对抗淮南"①。

吴越的事大政策亦颇有特点。唐末，针对董昌擅自称帝的举动，钱镠即劝谕道："与其闭门作天子，与九族、百姓俱陷涂炭，岂若开门作节度使，终身富贵邪！"②此语可谓钱镠奉行事大政策心迹的流露。唐昭宗天祐元年（904）四月，钱镠求封吴越王，朝廷不许，时为宣武等四镇节度使的朱全忠从中斡旋，遂更封吴王③。钱镠对此自然心存感激，所以，至后梁初期，钱镠仍谨奉朝廷，一心事主。曾有人劝钱镠抗拒后梁，钱镠答曰："吾岂失为孙仲谋邪！"④镇海节度判官罗隐亦曾劝说钱镠举兵讨梁，曰："纵无成功，犹可退保杭、越，自为东帝；奈何交臂事贼，为终古之羞乎！"钱镠亦不用其言⑤。依然奉后梁正朔，甚至不惜绕海道至大梁进贡，后梁末帝"嘉吴越王贡献之勤"，"加镠诸道兵马元帅"⑥。史籍亦称：钱镠"于梁室，庄宗中兴以来，每来扬帆越海，贡奉无阙"⑦。可见，事大政策确系吴越国策的重要内容，乃至"吴王及徐温屡遗吴越王镠书，劝镠自王其国"⑧，钱镠亦极力拒绝。史籍又载：

---

① 何勇强：《钱氏吴越国史论稿》，浙江大学出版社，2002，第218页。
② 《资治通鉴》卷二六〇，唐昭宗乾宁二年二月，第8464页。
③ 《资治通鉴》卷二六四，唐昭宗天祐元年四月闰，第8632页。
④ 《新五代史》卷六七《吴越世家》，第839页。
⑤ 《资治通鉴》卷二六六，后梁太祖开平元年四月，第8676页。
⑥ 《资治通鉴》卷二六九，后梁均王贞明二年七月，第8803页。
⑦ 《旧五代史》卷一三三《世袭列传二·钱镠》，第1771页。
⑧ 《资治通鉴》卷二七〇，后梁均王贞明五年八月，第8849页。

天祐以后，中原多事，西川王氏称蜀，邗沟杨氏称吴，南海刘氏称汉，长溪王氏称闽，皆窃大号，或通姻戚，或达聘好，咸以龙衣玉册泊书疏等劝王（钱镠）自大。王尝笑曰："此儿辈自坐炉炭之上，又以踞我于上邪？吾以去伪平贼，承天子畴庸之命，至于封建车服之制，悉有所由，岂图一时之利，乃随波于尔辈也。"皆却之不纳，而诸国之主无不咸以父兄事之。①

不过，称臣中原政权虽然不假，钱镠却亦非逆来顺受之辈。后梁末帝贞明五年（919）九月，因南汉刘岩称帝，"诏削夺刘岩官爵，命吴越王镠讨之。镠虽受命，竟不行"。所谓"受命者，不逆梁之意；不行者，不肯自弊其力以伐与国；此割据者之常计也"②。还有更甚此举者，后梁末帝龙德三年（923），钱镠被封为吴越国王后，开始采用王国体制，仪卫名称皆仿照天子制度③。并且，"伪行制册，加封爵于新罗、渤海，海中夷落亦皆遣使行封册焉"④。后唐明宗天成元年（926），钱镠"以中国丧乱，朝命不通，改元宝正；其后复通中国，乃讳而不称"⑤。但钱镠临终前，嘱其子传瓘："子孙善事中国，勿以易姓废事大之礼。"⑥另有史载，亦称钱镠遗训中有下述内容："凡中国之君，虽易异姓，

---

① （宋）钱俨：《吴越备史》卷一《武肃王》，五代史书汇编，第10册，杭州出版社，点校本，2004，第6218页。
② 《资治通鉴》卷二七〇，后梁均王贞明五年九月及胡三省注，第8849页。
③ 《资治通鉴》卷二七二，后唐庄宗同光元年二月，第8880页。
④ 《旧五代史》卷一三三《世袭列传二·钱镠》，第1768页。
⑤ 《资治通鉴》卷二七五，后唐明宗天成元年十二月，第8997页。
⑥ 《资治通鉴》卷二七七，后唐明宗长兴三年三月，第9066页。

宜善事之。""要度德量力而识时务，如遇真主，宜速归附。"①对此，胡三省曾分析道："时中国率数年一易姓。钱镠之意，盖谓偏据一隅，知以小事大而已。苟中国有主，则臣事之，其自兴自仆，吾不问也。"②正因偏据一隅，生存环境险恶，臣事中朝成为吴越用以制衡吴、南唐的法宝。所以，钱传瓘袭位后，"以遗命去国仪，用藩镇法"③。自此之后，事大政策仍然是吴越对外交往的第一法则。长兴元年（930），吴进攻荆南，明宗怀疑吴越参与其中，"因降诏诘之，元瓘等复遣使自淮南间道上表，云：……近知侵轶荆门，乖张事大，倘王师之问罪，愿率众以齐攻，必致先登，庶观后效"④。其输诚之心，非比一般，明宗阅其表，允许吴越恢复朝贡关系。

吴越奉行事大政策，其着眼点在于对抗淮南政权。但两者间的关系，并非不可救药。实际上，自唐末开始就已呈现缓和迹象。唐昭宗天复二年（902），钱镠之子传璙娶杨行密之女⑤。姻亲关系的建立，使双方的紧张气氛有所缓和。"先是，王（杨行密）与钱氏不相能，常命以大索为钱贯，号曰'穿钱眼'，两浙亦岁以大斧斫柳，谓之'斫杨头'，至是二姓通昏，两境渐睦焉"⑥。徐温柄政淮南之际，两国间的和好关系更加稳定，原因即在于"钱、徐之智力足以相制而不足以相胜"⑦。

---

① 钱文选辑：《钱氏家乘》，上海书店出版社，1996，影印本，第141页。
② 《资治通鉴》卷二七七，后唐明宗长兴三年三月胡三省注，第9066页。
③ 《资治通鉴》卷二七七，后唐明宗长兴三年三月，第9066页。
④ 《旧五代史》卷一三三《世袭列传二·钱镠》，第1768—1770页。
⑤ 《资治通鉴》卷二六三，唐昭宗天复二年九月，第8584页。
⑥ 《十国春秋》卷一《吴一·太祖世家》，第26页。
⑦ 《资治通鉴》卷二七四，后唐明宗天成元年三月胡三省注，第8971页。

从对付淮南的战略需要出发，吴越亦与闽、楚建立婚姻关系，旨在形成连横之势，牵制介于彼此之间的淮南政权。因与闽国接壤，两国关系更为密切，自后唐庄宗末年起，因王审知诸子相争，闽国内乱不已，吴越一度成为闽国政争中失败者的收容之地。两国间的睦邻友好关系，之所以能持久得以维系，其间还有一个重要原因，此即吴越地处闽取道海上朝贡中原的必经之途。关于此点，胡三省尝言：

> 自福建入贡大梁，陆行者当由衢、信取饶、池界渡江，取舒、庐、寿渡淮，而后入梁境。然自信、饶至庐、寿皆属杨氏，而朱、杨为世仇，不可得而假道，故航海入贡。今自福州洋过温州洋，取台州洋过天门山入明州象山洋，过浙江，掠洌港，直东北渡大洋抵登、莱岸，风涛至险，故没溺者众。[①]

四、闽、南汉的外交线路

先看闽国的外交线路。闽王审知在位时，奄有原唐代福建观察使所辖全境，毗邻政权有吴越、吴和南汉。闽国也以事大政策为其轴心，并与吴越形成稳固的同盟关系，与南汉亦以交好为主，目的依然是对付北面的淮南政权。

王审知在位时，"致君愈勤，述职无怠，万里输贡，川陆不

---

① 《资治通鉴》卷二六七，后梁太祖开平三年九月胡三省注，第8717页。

系其赊;一心尊戴,风雨不改其志"①。在淮南尚未吞并江西时,淮南与闽并非邻邦,为与闽结盟,淮南曾遣使者张知远出使福建,"知远倨慢,闽王审知斩之,表上其书,始与淮南绝"②。事大政策更为坚定。及至后唐同光四年(926),审知之子王延翰继位后,因"中国多故",遂建国称王,但是"犹禀唐正朔"③。不过,闽尊崇中原的政策,一度有所中断。王延钧在位时,其向后唐请求:"钱镠卒,请以臣为吴越王;马殷卒,请以臣为尚书令。"④未获许可,王延钧遂于后唐明宗长兴四年(933)正月,"即皇帝位,国号大闽"⑤,正式走上建国称帝的道路。然而,断绝后唐朝贡的行为,立即招致兵戎,吴信州刺史蒋延徽引兵攻建州。因此,王昶于后唐末帝清泰三年(936)三月袭位后,仍上奏朝廷,所谓"是时延钧父子虽僭窃于闽岭,犹称藩于朝廷,故有是奏"⑥。后晋高祖天福二年(937),王昶又遣使朝贡京师⑦,重新恢复称臣于中朝的措施。

在南方诸国中,闽最为注重发展与吴越的盟友关系,两国关系之紧密非同一般。早在唐末,正是通过钱镠的上奏,王潮才被唐廷授予"本道廉察及泉州符印偕命"⑧。后梁末帝贞明二年

---

① (宋)钱昱:《福州重修忠懿王庙碑》,(清)王昶:《金石萃编》卷一二五,上海古籍出版社,2020,影印本,第2268页。
② 《资治通鉴》卷二六七,后梁太祖开平三年九月,第8716—8717页。
③ 《新五代史》卷六八《闽世家》,第847页。
④ 《资治通鉴》卷二七七,后唐明宗长兴三年六月,第9073页。另,《新五代史》卷六八《闽世家》第848页载其语为:"楚王马殷、吴越王钱镠皆为尚书令,今皆已薨,请授臣尚书令。"稍异于《通鉴》。
⑤ 《资治通鉴》卷二七八,后唐明宗长兴四年正月,第9081页。
⑥ 《旧五代史》卷四八《唐末帝纪下》,第658页。
⑦ 《新五代史》卷六八《闽世家》,第850页。
⑧ (宋)钱昱:《福州重修忠懿王庙碑》,《金石萃编》卷一二五,第2268页。

第六章 高氏荆南的外交

（916），"吴越牙内先锋都指挥使钱传珦逆妇于闽，自是闽与吴越通好"①。两年之后，吴遣将进攻虔州，闽与吴越、楚联合出兵援助谭全播②。这种巩固的盟友关系，持续时间甚长，在闽国后期无休止的内乱中，往往有政争中的失意者投奔吴越。即便王延钧建国称帝期间，也是"自以国小地僻，常谨事四邻"③，与吴越的友好关系依然如故。

闽与东境的南汉，大致都以边境无虞为目标，不见战事。

再来看南汉的外交策略。南汉辖境为原唐代岭南道大部分地区，与闽、楚、南唐接壤。在对外交往上，南汉耻于称臣中朝，与马楚、闽联系频繁。

南汉的建立者刘隐曾于唐末向朱全忠"遣使持重赂以求保荐"④，故后梁初期，仍能谨事中原政权。及至刘岩嗣位不久，臣属中朝政权的政策明显发生改变。后梁末帝贞明元年（915）十二月，因吴越王钱镠被册封为吴越国王，而自己仍为南平王，故刘岩表请加封南越王及加都统，未得后梁许可。刘岩谓其僚属曰："今中国纷纷，孰为天子！安能梯航万里，远事伪庭乎！"⑤自是贡使遂绝。贞明三年（917）八月，刘岩于广州称帝，国号大汉，改元乾亨⑥。同年十月，刘岩"遣客省使刘瑭使于吴，告即位，且劝吴王称帝"⑦。后唐庄宗灭梁后，刘岩以何词来聘，意在窥探后唐虚

---

① 《资治通鉴》卷二六九，后梁均王贞明二年十二月，第8808页。
② 《资治通鉴》卷二七〇，后梁均王贞明四年七月，第8833页。
③ 《资治通鉴》卷二七八，后唐明宗长兴四年正月，第9081页。
④ 《旧五代史》卷一三五《世袭列传二·刘陟》，第1807页。
⑤ 《资治通鉴》卷二六九，后梁均王贞明元年十二月，第8799页。
⑥ 《旧五代史》卷一三五《世袭列传二·刘陟》，第1808页。
⑦ 《资治通鉴》卷二七〇，后梁均王贞明三年十月，第8821页。

实，其表称"大汉国主致书上大唐皇帝"，"时朝政已紊，庄宗亦不能以道制御远方，南海贡亦不至，自是与中国遂绝"①。刘岩偏霸岭表，自视甚高，"常谓中国天子为'洛州刺史'"，胡三省注曰："以中国天子都洛阳，洛阳之地，盖本洛州刺史所治也。言其政令不能及远，特昔时洛州刺史之任耳。"②即此可知，南汉对中原政权之不屑。

虽说地僻海滨的南汉，与中原关山万重，江河无限，不太在意来自于中原政权的威胁，但为自立一方，南汉亦推行交好邻道之策，不启衅于邻邦。在击退虔州③卢全播的入侵之后，划大庾岭自守，与吴、南唐各得其所；只是在南唐趁灭楚之势，进犯郴州时，才以逸待劳，打败长途奔袭的来犯之敌。南汉与闽互不侵犯，纵使闽国陷入内乱、行将败亡之际，也未派兵深入其境。与南汉屡有争战者，唯楚而已，为争夺桂管④和郴州，两国曾屡启兵端。后梁末帝乾化三年（913）十月，"刘岩求婚于楚，楚王许以女妻之"⑤，和亲使两国在较长时间内保持和平局面。及至楚亡，南汉方尽取桂管和郴州。

总而言之，南方诸国无不推行保境安民的政策，但由于地缘关系的差别和各自政治利益的不同，致使外交政策的具体内容亦不尽相同。或为对付中朝，或为对付淮南，各国都极尽所能，交结

---

① 《旧五代史》卷一三五《世袭列传二·刘陟》，第1808页。
② 《资治通鉴》卷二八三，后晋高祖天福七年四月及胡三省注，第9236页。
③ 虔州，治今江西赣州市，辖境相当今江西赣县以南的赣江流域。
④ 桂管，唐岭南五管之一，为岭南西道桂管经略观察使简称，领桂、梧、贺、连、柳、富、昭、蒙、环、古、思唐、龚十四州，辖境相当今广西东部地。
⑤ 《资治通鉴》卷二六八，后梁均王乾化三年十月，第8777页。

邻邦，形成彼此牵制、相互制衡的政治地理格局。这种格局是唐末以来南方军阀长期血战而成，每个置身其中的政权，都是这个复杂系统中的构成部分，任何一方的存亡得失，注定会对整体的均衡局势产生震荡，甚至产生不可估量的影响。如闽、楚的相继败亡，削弱了南唐实力，南唐收复中原的梦想化为泡影，南方政治地理格局的微妙变化，由此显现出来，南方与中原政权保持多年的均势，亦随之被打破，南北力量对比的天平悄然倾向于北方。即此而论，南方割据局面的形成与维系，前提条件是中原政权的衰弱不振，一旦中原政局稳定，南方诸国无不感到震惊。如后唐庄宗灭梁后，不仅楚、南汉、高氏荆南，连忙遣使入贡或朝觐，就是吴、蜀，也是"二国皆惧"[①]。自后周至宋初，中原政权日益强大，南方诸国赖以存在的先决条件亦相应丧失，利用外交以保全其国的做法，也失去了立足的根基，各国被卷入统一的洪流，已经是时间先后的问题，而不再是安全、存在的与否。宋太祖建隆三年（962）十月，湖南张文表的叛乱，为宋初拉开统一战争的大幕提供了难得的契机，南方各国随后次第纳入赵宋王朝版图，自唐末以来的分裂割据局面就此结束。

第二节　高氏荆南的事大政策

高氏荆南外交的立足点在于事大政策，亦即尊崇中原王朝，此点与南方未曾称帝建国的诸政权，普遍执行此种政策，颇相一致。

---

① 《资治通鉴》卷二七二，后唐庄宗同光元年十月，第8903页。

但与其他政权相比，高氏荆南自始至终都保留藩镇体制，从未公开实施王国体制，故其事大政策更为突出。虽然其间事大政策屡有中断，但为时不是太长，总体上来讲，事大政策是高氏荆南立国的根本性政策，特别是后周以后，迫于中原政权力量的日益强大，高氏荆南推行事大政策尤为用力。事大政策的具体内涵即称臣于中朝，奉其命令，修其职贡。中原政权既视之为藩臣，亦不时加官授爵于高氏五主。凭借事大政策所包含的政治象征意义，高氏荆南得以抗衡吴、南唐、楚，有利于自全其境。

一、事大政策的奉行与确立

唐代末年，在以求自保的藩镇内，即已出现"礼藩邻，奉朝廷，则家业不坠"[①]的说法。对此，南方各地军阀大多身体力行，如湖北的杜洪、江西的钟传与危全讽、湖南的马殷、福建的王审知、两浙的钱镠，莫不如此。但未及五代，杜洪、钟传与危全讽就已灭绝。后梁建立之初，"惟河东、凤翔、淮南称'天祐'，西川称'天复'年号；余皆禀梁正塑，称臣奉贡"[②]。马殷、钱镠与王审知仍然沿袭称臣纳贡中朝的做法，周旋于诸般势力之间。高季兴本为朱全忠干将，对朱全忠崇敬有加，称臣后梁，自然不甘人后[③]。开平元年（907）五月，后梁拜季兴荆南节度使[④]。是月，季兴贡质状百味的瑞橘数十颗于梁[⑤]。高氏荆南的事大政策，即推行

---

① 《新唐书》卷二一一《王廷凑附绍鼎传》，第5962页。
② 《资治通鉴》卷二六六，后梁太祖开平元年四月，第8675页。
③ 《北梦琐言逸文》卷二《高季昌推崇梁王》，《北梦琐言》，第402—403页。
④ 《十国春秋》卷一〇〇《荆南一·武信王世家》，第1428页。
⑤ 《旧五代史》卷三《梁太祖纪三》，第52页。

于此时。

具体来说，高氏荆南在奉行事大政策时，也历经波折，中间还两度出现改奉正朔的现象，并且还有臣属于两国的情形，一直到后汉隐帝在位年间，高氏荆南外交上的摇摆状态才告终止，转而对事大政策奉行不渝，延及后周、北宋，贡献愈勤，臣节更著。

高氏荆南的事大政策，经历了由推行至正式确立的过程，这一过程发轫于高季兴，其间迭有变化，至高从诲在位末年，事大政策才成为永久国策，终高氏荆南灭亡而不改。

高季兴在位时，事大政策的执行屡有反复，其变化过程大致可分为如下四个阶段：

第一阶段，自后梁太祖开平元年（907）四月至末帝乾化二年（912）十二月，此为事大政策的初步推行阶段。后梁立国后的次月，季兴即由荆南留后被拔擢为荆南节度使。后梁太祖在位期间，季兴尚能忠实于藩镇本分，谨遵朝命。不仅时修职贡，而且还奉命出师征讨。如开平元年（907）十月，高季兴奉诏遣倪可福会同楚将进攻朗州。但后梁太祖末年，政事日坏，季兴逐渐萌生割据之念，事大政策的执行力度相对减弱，并于乾化二年（912）五月，开始筑城修楼，欲为自全之计。当年六月，郢王朱友珪弑父袭位。高季兴亦加快了割据的步伐。

第二阶段，自后梁乾化二年（912）十二月至贞明三年（917）四月，此为放弃事大政策、自守一方阶段。这次转变始于乾化二年（912）十二月，高季兴打着助梁伐晋的旗号，出兵进攻襄州，

"自是朝贡路绝"①。事大政策暂时中止。次年九月，高季兴又大造战舰，招纳亡命，反叛之状更加明显。此后，季兴东通于吴，西通于蜀，未尝称臣于任何一方，实际已然成为一个独立的小王国。后梁对此徒呼负负，唯能放任不顾。

第三阶段，自后梁贞明三年（917）四月至后唐明宗天成三年（928）六月，此为重拾事大政策并再度背叛中朝阶段。贞明三年（917）四月，高季兴主动与山南东道节度使孔勍修好，重新称臣于后梁，复通贡献，恢复事大政策。关于这次外交政策发生重大调整的原因，史籍不载，无法确知。此后，一直至后梁灭亡，高氏荆南奉事中朝的政策未曾改变。

后唐建立后，庄宗遣使宣谕诸道，后梁所除节使五十余人皆上表入贡。高季昌避唐庙讳，改名季兴；并不顾梁震劝谏，执意入洛阳朝觐庄宗。侥幸归来后，认为庄宗矜伐自大，又荒畋放纵，不必为虑，"乃缮城积粟，招纳梁旧兵，为战守之备"②。由此可见，庄宗在位时，尽管高季兴表面臣属于唐，似无二心，但私下却不断扩充军备，壮大实力，割据之心犹存。

同光（923—926）、天成（926—929）之交，季兴经多次奏请，终于获得唐荆南镇原管辖郡夔、忠、万、归、峡五州。后因劫夺伐蜀财宝、抢占夔州和进攻涪州的军事行动，触怒明宗。天成二年（927）二月，后唐出师讨伐荆南，高氏荆南与后唐关系彻底破裂。兵临城下，高季兴方知事态严重，是年五月，请求称臣于吴，

---

① 《资治通鉴》卷二六八，后梁太祖乾化二年十二月，第8764页。
② 《资治通鉴》卷二七二，后唐庄宗同光元年十二月，第8910页。

遭徐温拒绝①；九月，季兴转而又遣使持书乞修贡奉于后唐，明宗诏令不纳②。争取称臣后唐而不果，标志着高氏荆南重行事大政策的道路已然被堵死。有鉴于此，季兴"复请称藩于吴"③，终获许可，"遂以荆、归、峡三州臣于吴，吴册季兴秦王"④。这次改图，恰值后唐出兵讨伐荆南之时，高季兴向吴称臣的目的，应该是希望借此获得淮南军队的支持与援助。

第四阶段，自吴睿帝乾贞二年（928）六月至是年十二月，此为奉吴正朔阶段。在称臣于吴的当年十二月，高季兴病逝。也就是说，高季兴外交政策的第四阶段，仅有半年时间。从之后的事实来看，这种策略的效果并不明显。

高从诲在位时，事大政策的奉行情况亦前后不一，其过程也可划分为如下四个阶段：

第一阶段，自吴乾贞二年（928）十二月至吴乾贞三年（929）六月，此为称臣于吴阶段。在这半年时间里，继位不久的高从诲，实际并不情愿臣属于吴，明确表示"唐近而吴远，非计也"⑤。实际上，早在天成二年（927）五月，高季兴据城阻命时，高从诲即劝其父首过于后唐，但未被采纳⑥。为能改图于后唐，高从诲先后通过楚马殷、后唐山南东道节度使安审琦，向明宗表达称臣复修职贡的愿望；并于天成四年（929）六月，上章首罪，乞修职贡，

---

① 《资治通鉴》卷二七五，后唐明宗天成二年五月，第9005—9006页。《十国春秋》卷一〇〇《荆南一·武信王世家》第1435—1436页亦载，略与此同。
② 《旧五代史》卷三八《唐明宗纪四》，第527页。
③ 《资治通鉴》卷二七六，后唐明宗天成三年六月，第9020页。
④ 《新五代史》卷六九《南平世家》，第857页。
⑤ 《资治通鉴》卷二七六，后唐明宗天成四年五月，第9030页。
⑥ 《册府元龟》卷一六六《帝王部·招怀四》，第1851页。

进献赎罪银三千两①。上述不懈努力，终于打动明宗，明宗认为，"先臣叛命，不预从诲事，可待之如初"②。同年七月，明宗授高从诲检校太傅、兼侍中，充荆南节度使③。事大政策再次被确立。

第二阶段，自后唐天成四年（929）七月至后汉高祖天福十二年（947）八月，此为奉行事大政策阶段。高从诲改奉后唐正朔的目的达到后，遂于长兴元年（930）三月，"遣使奉表诣吴，告以坟墓在中国，恐为唐所讨，吴兵援之不及，谢绝之。吴遣兵击之，不克"④。至此，荆南才正式结束与吴的臣属关系。由此来看，自天成四年（929）六月至长兴元年（930）三月间，高氏荆南实际上贰属于后唐与吴。这也是高氏荆南第一次臣属于两国的时期，前后共计9个月。

在与吴断绝关系后，高氏荆南以事大政策作为外交的核心原则，努力保持与后唐、后晋的臣属关系，一直到后汉初期，都未曾出现与中朝直接对抗的现象。但是，高从诲并未放弃与淮南的交往，特别是在吴、南唐禅代之前，针对吴权臣徐知诰代吴迹象的日益公开化，高从诲敏锐捕捉时机，于天福元年（936）四月，遣使劝其即帝位⑤；次年十月，徐知诰称帝，改国号曰唐，是为南唐烈祖李昇；十一月，高从诲又不失时机地请求置邸建康，得到李昇认可⑥。天福三年（938）正月，高从诲又专门派遣使者至南唐，贺

---

① 《旧五代史》卷四〇《唐明宗纪六》，第551页。
② 《册府元龟》卷一六六《帝王部·招怀四》，第1851页。
③ 《旧五代史》卷四〇《唐明宗纪六》，第552页。
④ 《资治通鉴》卷二七七，后唐明宗长兴元年三月，第9040页。
⑤ 《资治通鉴》卷二八〇，后晋高祖天福元年四月，第9141页。
⑥ （宋）陆游：《南唐书》卷一《烈祖本纪》，第5465页。

即位。

在上述一系列行动中，尤为值得注意的是，"置邸建康"的行为所隐含的政治寓意。所谓"置邸建康"，即是在建康设置进奏院。始于唐代中叶的进奏院制度，本与"飞钱"（或称"便换"）、"邸报"等现象有关，但其后政治意义更为突出。因为，"进奏院的设立，不仅是中央政治统治的象征，也适应了朝廷政令贯彻上的特殊需要。……进奏院作为地方驻京机关，进奏官作为藩帅的心腹，主要还是作为藩镇对付朝廷的工具"[1]。延及五代，置邸成为各割据政权表示自己隶属关系的行动。如湖南马希萼、希广兄弟争权，希广已置邸于后汉首都汴州，希萼为与之抗衡，"表请别置进奏务于京师"。"诏以湖南已有进奏务，不许。"马希萼以为"朝廷意佑楚王希广"，乃"遣使称藩于（南）唐"[2]。此例表明，置邸于某国，其实就是表示臣属于某国。如后周时，南唐称臣于中朝，其中的重要内容之一，即"置进奏邸于汴都"[3]。一般而言，一国不能同时置邸于两国。如后周世宗显德年间（954—959），"（南）唐清源军节度使留从效遣使入贡，请置进奏院于京师，直隶中朝。诏报以'江南近服，方务绥怀，卿久奉金陵（指南唐），未可改图。若置邸上都，与彼抗衡，受而有之，罪在于朕'"[4]。之所以后周世宗不同意留从效置邸汴州的请求，原因之一即在于留从效久奉南唐正朔，不宜改图。

据此来看，高从诲"置邸建康"，实际上就是向南唐称臣。而

---

[1] 《唐代藩镇研究（增订版）》，第130页。
[2] 《资治通鉴》卷二八九，后汉隐帝乾祐三年九月，第9426页。
[3] （宋）陆游：《南唐书》卷二《元宗本纪》，第5482页。
[4] 《资治通鉴》卷二九四，后周世宗显德六年六月，第9599页。

高氏荆南自天成四年（929）六月后，已奉后唐正朔，此时的称臣关系并无改变。因此，自设置进奏院于建康后，高氏荆南又第二次出现臣属于两国的情形。至于这种局面持续至何时，史籍无载，难做判断。

所以说，高氏荆南在此阶段的外交，固然以奉事中朝为基本原则，但在后晋天福（936—944）初年，仍有称臣于南唐的行为，这种情况又是南方诸国中所未见者。个中原因，当与高氏荆南周边形势的变化有关。其时，后晋立国未久，政局不稳，高祖石敬瑭不仅媚事辽朝，无所不用其极，而且姑息藩镇，以求换取诸镇的支持，保住皇位。鉴于中朝形势已经如此，难以庇护高氏荆南，高从诲为免遭日益强大的淮南政权的打击，主动称臣于李昪，不失为一种有效的策略。对此，后晋仅能坐视不顾而已。

第三阶段，自后汉天福十二年（947）八月至隐帝乾祐元年（948）六月，此为绝贡中朝阶段。后晋末年，中原再度陷入大乱之中，乃至契丹一度入主中原。为求得新政权的支持，高从诲不仅遣使贡于契丹，亦派人至太原，劝刘知远称帝，并"密有祈请，言俟车驾定河、汴，愿赐郢州为属郡，汉祖依违之"[①]。对此，胡三省尝言："荆南高氏父子事大以保其国，为谋大率如此。"[②] 及至汉高祖进入汴州，高从诲请求践履前言，遭到拒绝。于是，高从诲先是拒绝后汉加恩，并于当年八月，派遣水军袭击后汉襄州，不料却为山南东道节度使安审琦所败；进攻郢州，又败于后

---

① 《旧五代史》卷一三三《世袭列传二·高从诲》，第1753页。
② 《资治通鉴》卷二八六，后汉高祖天福十二年正月胡三省注，第9337页。

汉刺史尹实①。乾祐元年（948）四月，荆南又一次陈兵郢州，仍无疾而终②。此次郢州之争未遂，彻底激化高氏荆南与后汉间的矛盾，其臣属关系就此中断。史载："从诲自求郢州不得，遂自绝于汉。"③史料又称："王乃绝汉，附于唐、蜀。"④

第四阶段，自后汉乾祐元年（948）六月至北宋太祖乾德元年（963）二月，此为坚定奉行事大政策阶段。与后汉断绝关系后，一直依赖商税收入的高氏荆南，竟然出现"北方商旅不至，境内贫乏"⑤的境况，迫不得已，高从诲又重新称臣于后汉。史载：后汉乾祐元年（948）六月，"荆南节度使高从诲上表归命，从诲尝拒朝命，至是方遣牙将刘扶诣阙请罪"⑥。隐帝释其无罪。

自此之后，一直到宋初，高氏荆南的事大政策不仅再未改易，而且进入后周以后，执行力度呈现出日益加强的趋势。其表现之一，即为入贡次数的增多，诚如史载："荆南自后唐以来，常数岁一贡京师，而中间两绝。及世宗时，无岁不贡矣。保融以谓器械金帛，皆土地常产，不足以效诚节，乃遣其弟保绅来朝，世宗益嘉之。"⑦其表现之二，是在中朝攻打南唐与后蜀时，或出兵援助，或主动表达声援的意愿。后周显德五年（958），世宗进军南唐，当年三月，荆南发遣水军至鄂州声援⑧。同年十月，鉴于后周

---

① 《资治通鉴》卷二八七，后汉高祖天福十二年八月，第9375页。
② 《旧五代史》卷一〇一《汉隐帝纪上》，第1346—1347页。
③ 《新五代史》卷六九《南平世家》，第859页。
④ 《十国春秋》卷一〇一《荆南二·文献王世家》，第1444页。
⑤ 同上。
⑥ 《旧五代史》卷一〇一《汉隐帝纪上》，第1348页。
⑦ 《新五代史》卷六九《南平世家》，第859页。
⑧ 《旧五代史》卷一一八《周世宗纪五》，第1569页。

准备再次用兵后蜀，"高保融奏，闻王师将伐蜀，请以水军趣三峡"①。这种情形的出现，自然与中朝政权力量的日益强大有关，荆南也由此而日益感受到来自中原政权的压力，故而勤于贡献、派兵相助，以维系、巩固与中朝的臣属关系，并免受覆亡之祸。

二、臣属关系的内容与实质

高氏荆南外交中的事大政策，落到实处也就是与中朝建立臣属关系。因高氏荆南并未走称帝建国的道路，而始终以藩制的统治体制示之于人，故而从表面上看，这种与中原政权间的臣属关系，类似于唐代藩镇与朝廷间的关系。但实际上，两者间有着本质的区别，不宜等而视之。

有学者指出，臣属关系包括五个方面的内容：第一，承认中原政权的天子为唯一合法的天子，尊奉其正朔，秉行其政令。第二，藩镇节帅必须由朝廷任命。第三，藩帅在京师中设置进奏院，委派进奏官，向朝廷汇报地方事务。第四，朝廷在藩镇统内设置监军使院，委派监军使，对其政务进行监督和干预。第五，藩镇有交纳赋税与遣使朝贡的义务②。

依据上述标准，一一比照高氏荆南时期奉行事大政策的有关情况，不难发现，高氏荆南虽说在绝大部分时间内臣属于中朝，但却不是一一恪守上述内容，除第二项奉行不渝外，其他或有折扣，或者根本就从未出现于高氏荆南时期。就此而论，高氏荆南与真正隶属于中央朝廷的藩镇，差别极为显著。

---

① 《资治通鉴》卷二九四，后周世宗显德五年十月，第9588页。
② 《钱氏吴越国史论稿》，第218—219页。

首先，高氏荆南在第一项的执行上并不十分严格。前面已经提到，高氏荆南在后唐明宗时期、后晋高祖时期，曾有两次贰属的情况发生，而这显然未将中原政权的天子视作唯一的真命天子。而且，高氏荆南不遵朝命的事，也是常常发生，甚至不乏与中朝直接对抗的事例。

其次，高氏荆南在进奏院的设置上，似乎也不太健全。进奏院的长官为都知进奏官，也称作进奏吏、邸吏等。进奏官并非独立的幕职，而是由本镇众多的幕职中选派一人充任①。唐代的进奏院是藩镇的落脚点、中转站、情报所、办事处，是联系藩镇与中央的桥梁②。但至五代，进奏院是表示臣属关系的政治行为。从有关记载来看，高氏荆南的进奏官唯见一例，即"知进奏郑景玫"③，而这还是宋初的例子。在此之前，尚未见到高氏荆南有人担任知进奏官者。据此而论，虽然不能断言此前的高氏荆南一定未设知进奏官，但至少可表明，此项制度的执行并不是十分到位。

再次，高氏荆南未设中原政权的监军使。唐前期的监军为临时设置，随军出征，对将帅进行监督，事毕即罢。安史乱后，唐廷大量派遣心腹宦官至各地监军，从而使监军成为长驻地方的固定使职。五代时期依然如此，如后唐同光二年（924）十月，庄宗以"天平军监军使柴重厚可特进、右领卫将军同正，充凤翔监军使"④。即为其例。但是，中朝的监军制度从未施行于高氏荆南，当然也就无法谈及中朝以监军使对其政务进行干预和监督了。

---

① 《唐代藩镇研究（增订版）》，第122页。
② 《唐代藩镇研究（增订版）》，第128页。
③ 《宋史》卷四八三《世家六·荆南高氏》，第13954页。
④ 《旧五代史》卷三二《唐庄宗纪六》，第442页。

最后，高氏荆南臣属于中朝后，屡屡遣使上贡，诚为事实。而交纳赋税，则未见其例。所谓上贡，系职贡，乃藩属或外国对于朝廷按时的纳贡，与地方赋税缴纳于中央，完全是两码事。自唐末以来，藩镇财赋分为上供、留使、留州三部分，其中的上供部分，是藩镇向朝廷履行经济义务的主要表现，也是中央控制地方财权的重要举措。然而，高氏荆南的财政并不受中朝控制，具有完全的自主权。

王夫之在谈到朱温建立后梁之初的情况时，曾说：

> 当朱温之时，李克用既与敌立，李茂贞、刘仁恭、王镕、罗绍威亦拥土而不相下，其他杨行密、徐知诰、王建、孟知祥、钱镠、马殷、刘隐、王潮、高季兴先后并峙，帝制自为，分土而守，虽或用其正朔，究未尝奉冠带、祠春秋、一日奔走于汴、洛也。①

> （朱温）乃以势言之，而抑不足以雄也。西挫于李茂贞，东折于杨行密，王建在蜀，视之蔑如也；罗绍威、马殷、钱镠、高季昌，虽暂尔屈从，而一兵尺土粒米寸丝不为之用。②

尽管此处所言为后梁立国初期的情形，但在五代时期的很长一短时间内，中朝与南方奉其正朔的割据政权间的关系，大致与材料所反映的情形类似。

因此，尽管高氏荆南奉行事大政策，名义上仍然是中原政权的

---

① 《读通鉴论》卷二八《五代上》，第1010—1011页。
② 《读通鉴论》卷二八《五代上》，第1023页。

藩镇，但实际上，这种臣属关系，与中原政权辖境内的藩镇与中央间的关系，有着显著的区别。从本质上来说，高氏荆南已经是一个独立的王国，其与中原政权间的关系，已远远突破地方与中央的关系。正如前面所说，之所以高氏荆南要努力巩固、并保持与中原政权间的密切联系，主要原因在于利用中朝的力量，牵制淮南，从而使自身立于不败之地。

三、事大政策的后果与作用

高氏荆南长时期奉行事大政策，是其保全自身的重要原因之一。

事大政策的后果直接表现为臣属关系的建立，而中朝对于称臣诸国，也往往以藩镇视之，并屡屡在新君即位或重大国事活动的前后，对于诸国之主加官晋爵，以笼络诸国。故而，高氏五主亦是中朝授以官爵的对象。今据史籍所载，先将高氏五主接受中朝官爵的情况，制成如下数表，以见其实。需要说明的是，以下对官爵情况的有关分析，主要依据陈茂同《历代职官沿革史》有关唐代官职的介绍[①]。

高季兴接受中原政权官爵的情况，见表6-1。

[①] 陈茂同：《历代职官沿革史》，华东师范大学出版社，1988，第253—318页。

表6-1 高季兴接受中朝官爵一览表

	时间	授受官爵	史料出处
后梁 太祖	开平元年五月	拜荆南节度使[①]。	《十国春秋》卷一〇〇《荆南一·武信王世家》，第1428页。
后梁 太祖	开平二年	加同中书门下平章事。	《十国春秋》卷一〇〇《荆南一·武信王世家》，第1429页。
后梁 末帝	乾化三年八月	赐爵渤海王。	《资治通鉴》卷二六八，第8776页。
后梁 末帝	龙德元年二月	以荆南节度使、检校太师、兼中书令、渤海郡王高季昌为守中书令，依前荆南节度使。	《旧五代史》卷一〇《梁末帝纪下》，第145页。
后唐 庄宗	同光元年十一月	依前检校太师、守中书令，余如故。	《资治通鉴》卷二七二，第8907页。
后唐 庄宗	同光二年三月	依前检校太师、兼尚书令，封南平王。	《旧五代史》卷三一《唐庄宗纪五》，第431页。
后唐 明宗	天成元年六月	加守太尉、兼尚书令。	《旧五代史》卷三六《唐明宗纪二》，第500页。
后唐 明宗	长兴元年正月	追封季兴楚王，谥曰武信。	《新五代史》卷六九《南平世家》，第858页。
后唐 明宗	长兴元年十二月	故荆南节度使、检校太尉、兼尚书令、南平王高季兴赠太尉。	《旧五代史》卷四一《唐明宗纪七》，第572页。

据表可知，高季昌最初所领唯荆南节度使一职，此为差遣。后梁开平二年（908）所加"同中书门下平章事"，及其后的"兼中书令""兼尚书令"，则为使相，即以节度使而带宰相之名者，使相并不参与政事。节度使为使相者，"并列衔于敕牒，侧书

[①] 《十国春秋》卷一〇〇《荆南一·武信王世家》，第1428页。另，《三楚新录》卷三第6327页称："拜江陵尹，兼管内节度观察处置等使。"

'使'字"。因尚书令为南省官资，故带尚书令则不合署敕尾①。"渤海王""南平王"与"楚王"，则是封爵。"检校太师""检校太尉"则为检校官，其性质为假借官资的形式，是分属于"三师""三公"的虚衔，仅有累计官资、班序和薨卒辍朝等特权，寓寄衔之意，亦不亲掌其事。史载：高季兴生前官爵实则为扶天辅国翊佐功臣、荆南节度、归峡等州观察处置等使、开府仪同三司、检校太尉、尚书令、江陵尹、上柱国、南平王、食邑八千户、食实封五百户②。据此，在功臣名号、差遣、文官散阶、检校官、使相、勋官、封爵与虚封之外，高季兴所任职事官实际为江陵尹。

高从诲接受中朝官爵的有关情况，见表6-2。

表6-2　高从诲接受中朝官爵一览表

	时间	授受官爵	史料出处
后梁		殿前控鹤都头、鞍辔库副使、左军巡使、如京使、左千牛大将军、荆南牙内都指挥使，领濠州刺史，改归州刺史，累官至检校太傅。	《旧五代史》卷一三三《世袭列传二·高季兴》，第1752页。c

---

① 《旧五代史》卷四〇《唐明宗纪六》，第553—554页。
② 《册府元龟》卷一七八《帝王部·姑息三》，第1977—1978页。
③ 另，《新五代史》卷六九《南平世家》第858页载：从诲，"季兴时，入梁为供奉官，累迁鞍辔库使，赐告归宁，季兴遂留为马步军都指挥使、行军司马"。

续表6-2

	时间		授受官爵	史料出处
后唐	庄宗		荆南行军司马、检校太傅。	《旧五代史》卷四〇《唐明宗纪六》，第552页。
	明宗	天成四年七月	授检校太傅、兼侍中，充荆南节度使。	《旧五代史》卷四〇《唐明宗纪六》，第552页。
		长兴二年正月	加兼中书令。	《旧五代史》卷四二《唐明宗纪八》，第575页。a
		长兴三年二月	赐爵渤海王。	《十国春秋》卷一〇一《荆南二·文献王世家》，第1440页。
		长兴三年九月	加检校太尉、兼中书令。	《旧五代史》卷四三《唐明宗纪九》，第594页。
	闵帝	应顺元年正月	封南平王。	《旧五代史》卷四五《唐闵帝纪》，第616页。
后晋	高祖	天福二年正月	加食邑实封，改功臣名号。	《旧五代史》卷七六《晋高祖纪二》，第996页。
		天福三年二月	加食邑实封。	《旧五代史》卷七七《晋高祖纪三》，第1013页。
	少帝	天福七年七月	加兼尚书令。（从诲辞不受。）	《旧五代史》卷八一《晋少帝纪一》，第1070页。
后汉	隐帝	乾祐元年十一月	诏赠尚书令，谥曰文献。	《旧五代史》卷一三三《世袭列传二·高从诲》，第1753页。

由表可知，自后唐天成四年（929）七月，高从诲被授检校太傅、兼侍中，充荆南节度使，至后汉乾祐元年（948）十一月卒之前，其官爵已是荆南节度使、检校太尉、兼中书令、南平王，分别对应于差遣、检校官、使相、封爵。

---

① 按，《十国春秋》卷一〇一《荆南二·文献王世家》第1440页载："唐加从诲检校太尉、兼中书令、江陵尹。"恐将"检校太傅"误作"检校太尉"，今不取。

高保融接受中朝官爵的有关情况，见表6-3。

表6-3 高保融接受中朝官爵一览表

时间		授受官爵	史料出处
后晋	少帝	检校司空、判内外诸军；荆南节度副使、领峡州刺史、检校太傅。	《十国春秋》卷一○一《荆南二·贞懿王世家》，第1446页。
后汉	隐帝	乾祐元年十二月	授荆南节度使、检校太尉、同平章事、渤海郡侯。	《旧五代史》卷一○三《汉隐帝纪上》，第1352页。①
		乾祐二年十月	加检校太师、兼侍中。	《十国春秋》卷一○一《荆南二·贞懿王世家》，第1446页。
后周	太祖	广顺元年正月	进封渤海郡王。	《旧五代史》卷一一○《周太祖纪一》，第1463页。②
		显德元年正月	以荆南节度、荆归峡观察等使、检校太师、兼中书令、江陵尹、渤海郡王高保融封南平王。	《旧五代史》卷一一三《周太祖纪四》，第1501页。③
	世宗	显德元年七月	加守中书令。	《旧五代史》卷一一四《周世宗纪一》，第1518页。
	恭帝	显德六年八月	加守太保。	《旧五代史》卷一二○《周恭帝纪》，第1593页。

① 另，《资治通鉴》卷二八八"后汉高祖乾祐元年十二月"第9404页载："以高保融为荆南节度使、同平章事。"《十国春秋》卷一○一《荆南二·贞懿王世家》第1446页载："授起复检校太尉、同平章事、江陵尹、荆南节度、荆归峡观察使。"今从《旧五代史》。
② 另，《十国春秋》卷一○一《荆南二·贞懿王世家》第1446—1447页载："周加保融兼中书令，封渤海郡王。"今从《旧五代史》。
③ 又《册府元龟》卷一二九《帝王部·封建》第1416页载：显德元年（954）正月，"以荆南节度使、荆归峡观察等使、检校太师、兼中书令、江陵尹、渤海郡王高保融封南平王"。《十国春秋》卷一○一《荆南二·贞懿王世家》第1447页同《旧五代史》。

续表6-3

		时间	授受官爵	史料出处
北宋	太祖	建隆元年正月	守太傅。	《宋史》卷一《太祖纪一》，第5页。
		建隆元年秋	谥曰贞懿。	《旧五代史》卷一三三《世袭列传二·高从诲》，第1753页。

由表可知，自后汉乾祐元年（948）十二月，高保融被授荆南节度使、检校太尉、同平章事、渤海郡侯，至北宋建隆元年（960）八月卒之前，其官爵为荆南节度、荆归峡观察等使、检校太师、守太傅、兼中书令、江陵尹、南平王，分别对应于差遣、检校官、使相、职事官和封爵。

高保勖接受中朝官爵的有关情况见表6-4。

表6-4 高保勖接受中朝官爵一览表

		时间	授受官爵	史料出处
后晋	高祖	天福初	领汉州刺史。	《十国春秋》卷一〇一《荆南二·侍中保勖世家》，第1450页。
后周	太祖	广顺元年	加检校太傅，充荆南节度副使。	同上。
		显德初	加检校太尉、充行军司马、领宁江军节度使。	同上。
北宋	太祖	建隆二年九月	拜荆南节度使。	《续资治通鉴长编》卷二，太祖建隆二年九月，第53页。

由表可知，高保勖在位时官爵为荆南节度使、检校太尉，分别

第六章 高氏荆南的外交

对应于差遣和检校官。

高继冲接受中朝官爵的有情况见表6-5。

表6-5 高继冲接受中朝官爵一览表

时间			授受官爵	史料出处
后周	世宗	显德六年	以荫授检校司空，领荆南节度副使。	《十国春秋》卷一〇一《荆南二·侍中继冲世家》，第1451页。
北宋	太祖	乾德元年正月	除检校太保、江陵尹、荆南节度使。	同上。①

由表可知，高继冲在位时官爵仅为荆南节度使、检校太保、江陵尹，分别对应于差遣、检校官和职事官。

仍须指出的是，自唐代中叶以来，使职差遣制度已然萌现，起初事毕即罢，嗣后渐成制度。所谓差遣，实际上即以职事官负责他事，由此呈现出职事官与具体职掌分离的状况。但被差遣者皆先前已带职事官。五代时期依然如此。故而，高氏五主照例当以江陵尹为职事官，亦即高从诲、高保勖两人亦当担任江陵尹。

结合以上所述，高氏五主最基本的使职为荆南节度使、荆归峡观察处置等使，职事官一律皆为江陵尹，上述这些，五主尽皆相同。而在此之外，封爵、检校官、使相的授受，前后却有较大差别。从封爵的赐予来看，获赐"南平王"者，仅高季兴、高从诲与高保融三人，高保勖与高继冲均未获此封爵。从检校官的授受来

---

① 《续资治通鉴长编》卷四"乾德元年正月"第82页记作："以荆南节度副使、权知军府事高继冲为荆南节度使。"

看，高氏五主以被除授检校太尉最为常见，其中官阶最高者为高保融的"检校太师"，官阶最低者则为高继冲的"检校太保"。若从使相的层面予以考察，则高季兴、高从诲和高保融生前末任，已分别为"尚书令""兼中书令"和"兼中书令"，高保勖、高继冲已不再领有使相衔。联系高保勖、高继冲的在位时间，出现上述官爵品级下降的情形，并非不可理喻。原因概在于赵宋王朝建立后，随着中央集权的日益加强，宋廷对南方诸国也不再一味执行姑息之策，而是有意抑制、削弱诸臣属国君主的权力，其主要途径就是不断降低臣属国最高统治者的官爵品级，高保勖、高继冲官爵品级远逊于其先人，实际上就是这种手段施行后的结果。

尽管如此，高氏荆南称臣于中朝，其最高统治者高氏五主不时被五代各朝加官晋爵，却是常见现象。这种由称臣而导致的加官晋爵，虽然并无太多的实质性内容，但其所发挥的作用却至为显著，主要表现为下述三点：

其一，高氏荆南利用奉事中朝而建立的臣属关系，依靠中原政权为其后盾，震慑相邻政权，使之不敢贸然加兵于荆南，从而为自身构筑一个相对安全、稳定的外部环境。反之，则极易招致中原政权的兵戈相向，而且，中原政权往往号令与高氏荆南相邻的臣属国，共同出兵围剿。如天成二年（927）二月，明宗下令讨伐高氏荆南，在派遣后唐军队的同时，亦命东川节度使董璋、楚马殷，率军从西、南两面合围荆南[①]。形势一旦如此，荆南无啻于命悬一线。好在其时董璋旨在自保东川，无意东向，楚军亦止步不前，加

---

① 《资治通鉴》卷二七五，后唐明宗天成二年二月，第9002页。

上大雨不歇，后唐军队中疾疫盛行，荆南才得以保全。但是，据此不难看出，高氏荆南不奉王命、背叛中朝，将会产生何其严重的后果。

其二，依靠事大政策，高氏荆南拓展了疆域。单凭武力，荆南很难将其疆域由一州扩展开来，但事大政策的推行，却成功解决了武力未能解决的疆土问题。前面已经提到，包括复州的隶入、监利县的掌控，乃至夔、忠、万、归、峡等州的获得，均非强取硬夺而来。尤其是监利县和归、峡二州的永久性据有，实际上无一不是来自后梁、后唐的割隶，之所以会有如此结果，关键就在于高氏荆南所奉行的事大政策。

其三，事大称臣政策，也有利于保证可靠的商税收入来源。高氏荆南的经济以通商为基本特色，对商税收入较为依赖，如果与中朝断绝关系，来自北方的商人自然会急剧减少，征商所得亦会随之下滑，甚至直接导致境内的贫乏。所以，稳定保持对中朝的臣属关系，亦是高氏荆南保障商税收入的重要前提。正因如此，高从诲与后汉交恶不足一年，便主动"遣使谢罪，乞修职贡"[①]。

总之，奉行事大政策，不仅具有政治象征意义，能使高氏五主不断接受来自中朝的加官晋爵，并借此牵制南方相邻政权的入侵，而且起到了拓展疆域的作用，也有利于稳定征至其境贸易的北方商人的商税，改善高氏荆南的经济状况，的确收到了一石三鸟之效。

---

① 《十国春秋》卷一〇一《荆南二·文献王世家》，第1444页。

第三节　高氏荆南的睦邻策略

高氏荆南的外交方略中，并非唯有奉事中朝的内容。在其发展历程中，高氏荆南亦能采取保境息民政策，注重与南方诸国形成睦邻关系。高氏荆南所推行的睦邻策略，有其特定的内容，独具特色，所发挥的作用也极为明显。

一、内容

高氏荆南的睦邻政策，是依据自身所处的特定环境而做出的外交选择。其介于诸国之间，面临的生存威胁也最为严重，尤其是当荆南与中朝关系陷入僵局时，妥善处理与邻国间的关系，利用与其交好的邻邦以牵制中朝的进攻，无疑是捍卫自身安全的有效手段。大致说来，高氏荆南睦邻政策的内容，主要包括下述三点：

首先是交结、依附南方强国。在南方诸国中，割据于淮南与两川的吴、南唐与前后蜀，实力最为雄强，这四个前后相继兴起的政权，均与中朝对峙。有鉴于此，高氏荆南在与中朝交恶时，往往将其外交触角伸展至淮南与两川政权。

后梁乾化二年（912）十二月，高季兴以助梁伐晋为借口，兴兵进攻襄州，被后梁山南东道节度使孔勍击败。自此，拒绝朝贡于后梁[①]。随后，高季兴潜力扩充军备，积蓄力量，图谋割据、自王一方的姿态更见明显。尽管后梁末帝乾化三年（913）正月，吴军

---

① 《资治通鉴》卷二六八，后梁太祖乾化二年十二月，第8764页。

攻打荆南未遂，但因已失去中朝庇护，荆南必须重新寻求强援作为后盾，故高季兴遂于乾化三年（913）九月，与吴、蜀交结[1]，形成盟友关系。一直到贞明三年（917）五月，高季兴才恢复对后梁的朝贡。按说荆南与吴、蜀的关系多少会因此而受到影响，但从贞明五年（919）五月楚攻荆南时，荆南求救于吴[2]，吴仍派遣水军进行援助一事来看，至少荆南与吴的关系，大体还算不错。后汉高祖天福十二年（947）八月，高从诲因求郢州未果，先后率军进攻襄州、郢州，被击败后，"乃绝汉，附于唐、蜀"[3]。据载，后周世宗征淮南时，高保融尝"遣客将刘扶奉笺南唐，劝其内附"[4]；又曾在世宗伐后蜀前，两度遗书于孟昶，劝其称臣于后周，孟昶未予理睬[5]。可知，荆南与南唐、后蜀关系一直较为友好。

相比较而言，荆南与吴、南唐的联系更为紧密。后唐明宗天成二年（927）三月，荆南遭到后唐军队的进攻，"高季兴坚壁不战，求救于吴，吴人遣水军援之"[6]。为进一步巩固与吴的关系，以抵御后唐兵锋，当年五月，高季兴"请举镇兵自附于吴"，吴权臣徐温认为："高氏事唐久矣，洛阳去江陵不远，唐人步骑袭之甚易，我以舟师溯流救之甚难。"[7]故而拒绝荆南称臣请求。荆南称臣于吴的第一次尝试，遂告失败。不过，双方仍有合作，所谓"荆

---

[1] 《资治通鉴》卷二六八，后梁均王乾化三年九月，第8776—8777页。
[2] 《资治通鉴》卷二七〇，后梁均王贞明五年五月，第8845页。
[3] 《资治通鉴》卷二八七，后汉高祖天福十二年八月，第9375页。
[4] 《新五代史》卷六九《南平世家》，第859页。
[5] 分见《资治通鉴》卷二九四，后周世宗显德五年六月、十月，第9585页、第9587页。
[6] 《资治通鉴》卷二七五，后唐明宗天成二年三月，第9004页。
[7] 《资治通鉴》卷二七五，后唐明宗天成二年五月，第9005页。

南拒命，通连淮夷"①。天成三年（928）四月，吴军欲进攻楚国岳州，邀约荆南共同出击②。

吴乾贞二年（928）六月，"高季兴复请称藩于吴，吴进季兴爵秦王"③。荆南自此奉吴正朔，即如史载："季兴臣于杨溥，受伪爵命。"④高从诲继位后，于后唐天成四年（929）六月，上章于后唐，请求重修职贡。同年七月，荆南改图于后唐。之后，直到长兴元年（930）三月，高从诲才正式断绝对吴的臣属关系。吴派遣军队进攻荆南，不克而还⑤。荆南与吴的关系已经彻底破裂。

杨吴末年，南唐权臣徐知诰大权独揽，代吴而立的企图可谓已是路人皆知。高从诲为缓和与淮南政权的关系，遂于天福元年（936）四月，"遣使奉笺于徐知诰，劝即帝位"⑥。次年十月，徐知诰建立南唐，是为烈祖李昇，并遣使至荆南告即位。同年十一月，高从诲请求置邸于金陵，得到南唐烈祖许可。至此，荆南不仅重新恢复与淮南政权的联系，而且更以称臣南唐的方式巩固了彼此间的关系。此后，双方偃旗息鼓，边境再无兵戈。

另据史籍记载，后汉乾祐三年（950），在湖南马希广、马希萼兄弟相争之时，荆南甚至与南唐、南汉联合起来，图谋分割湖南。马希广在向后汉上奏时就说到："又探得荆南继差人下淮南与广州，三处结构，荆南欲取澧、朗州，广南攻桂州，淮南欲取

---

① 《旧五代史》卷三九《唐明宗纪五》，第535页。
② 《资治通鉴》卷二七六，后唐明宗天成三年四月，第9017页。
③ 《资治通鉴》卷二七六，后唐明宗天成三年六月，第9020页。
④ 《册府元龟》卷一七八《帝王部·姑息三》，第1977页。
⑤ 《资治通鉴》卷二七七，后唐明宗长兴元年三月，第9040页。
⑥ 《资治通鉴》卷二八〇，后晋高祖天福元年四月，第9141页。

湖南。"①

其次是拉拢、结盟于楚。地处荆南南面的楚,曾于后梁开平元年(907)伙同朗州节度使雷彦恭,联合出兵进攻荆南,故而荆南与楚在后梁期间屡有摩擦。及至后唐天成二年(927)二月,明宗命楚马殷派军自南面攻打荆南,但马殷却迟迟按兵不动,其间原因即在于,"湖南、荆南辅车相依"②。直到次年五月,楚马殷才奉命遣将配合后唐军队进攻荆南,并在刘郎洑大败荆南军队,又趁势进逼江陵,高季兴求和,楚军乃止。对于不取荆南的原因,楚六军副使王环有如下解释:"江陵在中朝及吴、蜀之间,四战之地也,宜存之以为吾扦蔽。"③对此,马殷深以为然。楚所定下的这种以荆南为缓冲之地的基调,也为其后荆南与楚的结盟奠定了基础。

天成四年(929)五月,高从诲"乃因楚王殷以谢罪于唐"④。通过楚王马殷而乞和于中朝,可知荆南与楚的关系较之此前确有改善。这也意味着荆南与楚之间,长达二十余年对峙局面的瓦解。截至马楚灭亡前夕,双方的和好关系一直得以维持。

最后是交好南汉、闽与吴越。此三国并不与荆南接壤,但荆南仍与其有所交往。南汉、闽、吴越与荆南的友好关系,相当程度上依赖于朝贡之路而建立。后梁末帝贞明二年(916)五月,"吴越王(钱)镠遣浙西安抚判官皮光业自建、汀、虔、郴、潭、岳、荆南道入贡"⑤。自吴称帝以后,因南汉、闽、楚"皆奉梁正

---

① (五代)马希广:《请发兵击朗州奏》,《全唐文》卷一二九,第570页。
② 《资治通鉴》卷二七五,后唐明宗天成二年五月胡三省注,第9005页。
③ 《资治通鉴》卷二七六,后唐明宗天成三年三月,第9015—9016页。
④ 《资治通鉴》卷二七六,后唐明宗天成四年五月,第9030页。
⑤ 《资治通鉴》卷二六七,后梁均王贞明二年五月,第8803页。

朔，岁时贡奉，皆假道荆南"①。司马光亦言："初，荆南介居湖南、岭南、福建之间。"胡三省注曰："此语专为三道入贡过荆南发。"②正是基于朝贡之路的特殊地理位置，荆南得以与上述三国保持较为密切的往来。

以南汉为例。刘岩僭号之前，曾于后梁贞明二年（917）派遣"王定保来聘"③。可知，荆南与南汉已有联系。后汉末年，湖南诸马相争之际，荆南与南唐、南汉密谋共同出兵湖南，伙同南唐瓜分湖湘④。

二、特点

因独特的地缘条件所致，高氏荆南的睦邻策略亦有其与众不同之处。

首先即是攀附强邻。如前所述，高氏荆南在后梁期间，曾经一度不奉王命，其率先交结的对象，就是作为南方大国的吴与前蜀。后唐明宗初年，为与后唐对抗，高季兴竟不惜称臣于吴。后晋高祖初年，高从诲更是公然无视藩臣不得贰属的约束，同时与后晋、南唐建立臣属关系。诸如此类，都是荆南将睦邻策略的重点，优先定位于强邻的例子。

高氏荆南之所以要以强邻作为睦邻策略的首选对象，原因在于，荆南"介群雄之间，形势不便，而寡弱固无能为也"⑤。换言

---

① 《新五代史》卷六九《南平世家》，第859页。
② 《资治通鉴》卷二八七，后汉高祖天福十二年八月及胡三省注，第9375页。
③ 《十国春秋》卷一〇〇《荆南一·武信王世家》，第1430页。
④ 《旧五代史》卷一〇三《汉隐帝纪下》，第1369页。
⑤ 《读通鉴论》卷二八《五代上》，第1014—1015页。

之,处于诸强之间的高氏荆南,自身能力明显相对不足,无法与邻国一较短长,出于保全自身的需要,依凭强邻的声势,或在危急时直接获得援助,一定意义上可弥补其实力的不济,构建出相对安全的外部环境。

其次,交好四方。传统的外交原则以"远交近攻"为核心要义,但从高氏荆南自身的实际情况而言,依凭武力而与南方相邻政权殊死相搏,无异于以卵击石,自取其辱。在高氏荆南57年的历史中,但凡其主动出击邻邦的战争,无一例外地均以失败或求和而告终。其本身的实力,已经决定高氏荆南唯能守土安邦而已。并且,高氏荆南地处吴越、闽、南汉与楚自陆路朝贡中朝的必经要道上,这种得天独厚的地理交通条件,本身就为高氏荆南与南方小国交往提供了大量机会。

虽然,也曾发生过荆南劫持楚国贡使的情况,但这样的事例毕竟极为少见。而且,此类现象似仅仅出现于高季兴在位期间。史载:"初,荆南介居湖南、岭南、福建之间,地狭兵弱,自武信王季兴时,诸道入贡过其境者,多掠夺其货币。及诸道移书诘让,或加以兵,不得已复归之,曾不为愧。"①至高从诲在位,此类记载不复见诸史载。这或可视为荆南与上述政权间关系更为和睦的一种反映,其实更是荆南主动交好的一种结果,否则,劫掠过境使者的情形必然会再度出现。

最后,屈节事之。史称:"及从诲立,唐、晋、契丹、汉更据中原,南汉、闽、吴、蜀皆称帝,从诲利其赐与,所向称臣。"②

---

① 《资治通鉴》卷二八七,后汉高祖天福十二年八月,第9375页。
② 《资治通鉴》卷二八八,后汉高祖天福十二年八月,第9375—9376页。

结合前面所述，高氏荆南除臣属于中朝外，曾先后附于吴、南唐，而未见有称臣于前蜀、后蜀的记载，故"所向称臣"一语或有夸大。不过，即便如此，五代十国时期，类似于高氏荆南这样屡有称藩于不同政权的南方小国，也是独此一家，别无他国。"称臣"之举，本身即有示人以弱的意味，而高氏荆南又经常变换奉正朔的对象，故"诸国贱之"①，良有以也。但是，如果抛开道义层面的评判，客观予以分析，屈节称臣实则是高氏荆南睦邻政策的必要之举。毋庸置疑的是，与高氏荆南相邻的任何一个南方割据政权，其实力都远在荆南之上，亦皆具备吞并荆南的军事能力。与其装出一副合乎正道的强国形象，以力相拼而惨遭覆灭，倒不如屈节称臣，自保其境。两种不同的选择，呈现出两种不同的结果，其结局孰优孰劣，高下立判。

三、作用

高氏荆南所推行的睦邻策略，在维护边境安全，遏制相邻势力的入侵，以及获取供军财货等方面，均发挥了积极作用。

其一，消除了直接来自南方邻邦的战争威胁。特别是在高氏荆南后期，伴随交好四邻政策的推行，在相当长的一段时期内，高氏荆南边境无虞，与邻国的军事纷争也基本绝迹。根据史籍记载所显示的情况来看，至迟在长兴元年（930）三月之后，高氏荆南再未遭遇南方诸国的侵袭。这其间固然有奉事中朝所取得的震慑效果，以及南方相邻政权推行保境息民政策等因素所起的作用，但恐怕更

---

① 《资治通鉴》卷二八七，后汉高祖天福十二年八月，第9376页。

应与高氏荆南交好四邻的政策有关。

其二，牵制、打击了相邻势力的入侵。睦邻政策以建立盟友关系为基本目标，一旦达成上述关系，结盟双方在一方遭遇外来势力入侵时，另一方有义务派兵援助。以荆南与吴的关系为例，后梁贞明五年（919）五月，楚进攻荆南，高季兴求救于吴，吴派遣两路大军分别出师潭州、复州，楚军不战而退①。后唐天成二年（927）三月，后唐将领刘训率军进抵荆南，楚将许德勋亦屯兵岳州，荆南危在旦夕，"高季兴坚壁不战，求救于吴，吴人遣水军援之"②。这是吴军援助荆南的事例。也有荆南应吴之约，共同出兵进攻他国的战例。天成三年（928）四月，吴将苗璘、王彦章率水军万人欲攻打楚国岳州，"吴人进军荆江口，将会荆南兵"③，拟联兵出击，结果被楚军打败，吴军铩羽而归。上述事例，虽说结果颇不一致，但客观上显然具有牵制相邻势力入侵的效果，有时甚至可以借此驱逐外来势力。

其三，获取供军财货。史载："从诲东通于吴，西通于蜀，皆利其供军财货而已。"④胡三省亦云："高从诲以区区三州介居唐、吴、蜀之间，利其赏赐，所向称臣。"⑤可见，交好南方邻国，不仅可以在战事吃紧时，给高氏荆南带来军事上的援助，而且还能以此获取供军财货。这种手段与方法，较之于加重对百姓的盘剥来获得养军费用，无疑更为高明。

---

① 《资治通鉴》卷二七〇，后梁均王贞明五年五月，第8845—8846页。
② 《资治通鉴》卷二七五，后唐明宗天成二年三月，第9004页。
③ 《资治通鉴》卷二七六，后唐明宗天成三年四月，第9017页。
④ 《旧五代史》卷一三三《世袭列传二·高从诲》，第1753页。
⑤ 《资治通鉴》卷二八〇，后晋高祖天福元年四月，第9141页。

第四节　高氏荆南与邻国的军事纷争

五代十国典型的时代特征，即是干戈四起，兵燹不休。尽管从总体上看，南方战事的频次与烈度均不如北方，但战火仍时兴时灭。高氏荆南与相邻政权间的争斗，亦是屡有所见。

一、经过与结果

除后周与北宋外，高氏荆南与其相邻的其他政权间，均发生过次数不一、规模不等的战事。

首先来看荆南与中朝的军事纷争，见表6-6。

表6-6　荆南与中朝的军事纷争一览表

朝代	时间	战争经过与结果	史料出处
后梁	末帝乾化二年十二月	高季兴声言出兵助梁伐晋，进攻后梁襄州，为山南东道节度使孔勍击败。自是朝贡路绝。	《资治通鉴》卷二六八，第8764页。
后唐	明宗天成二年二月	高季兴遣兵突入后唐夔州城而据之；复遣兵袭后唐涪州，不克。	《资治通鉴》卷二七五，第9002页。
后唐	天成二年三月至五月	三月，后唐山南东道节度使刘训至荆南，楚军屯岳州，高季兴坚壁不战。久攻不下。五月，后唐枢密使孔循至前线，亦不能下。后唐班师。	《资治通鉴》卷二七五，第9002、9004、9005页。
后唐	天成二年六月	后唐夔州刺史西方邺击败荆南水军于峡中，复取夔、忠、万三州。	《资治通鉴》卷二七五，第9006页。
后唐	天成三年二月	后唐宁江节度使西方邺攻拔归州；未几，荆南复取之。	《资治通鉴》卷二七六，第9013页。

续表6-6

朝代	时间	战争经过与结果	史料出处
后唐	天成三年九月至天成四年七月	三年九月，后唐以武宁节度使房知温兼荆南行营招讨使，知荆南行府事，讨伐高季兴。四年七月，后唐罢荆南招讨使。	《资治通鉴》卷二七六，第9023—9024页，第9030页。
	天成三年十一月	后唐忠州刺史王雅取荆南归州。	《资治通鉴》卷二七六，第9024页。
后汉	高祖天福十二年八月	高从诲袭后汉襄州，为山南东道节度使安审琦击败。又寇后汉郢州，为郢州刺史尹实打败。	《资治通鉴》卷二八七，第9375页。
	隐帝乾祐元年四月	高从诲欲攻郢州，未遂。	《旧五代史》卷一〇一《汉隐帝纪上》，第1346—1347页。

据上表可知，荆南与后梁、后唐、后汉累计发生九次战争（包括未遂）。其中，后梁、后汉期间的三次战争，都是高氏荆南主动出击中朝所辖襄州或郢州，但均无功而返。而自后唐明宗天成二年（927）二月至三年（928）十一月，计有战事六次之多，除在夔州、归州的争夺中，一度获胜外，高氏荆南未尝胜果。

另外，荆南曾于后梁太祖开平三年（909）八月，击败后梁叛将李洪的入侵。又于后晋高祖天福六年（941）十二月，出兵援助后晋讨伐山南东道节度使安从进的叛乱。

其次，再来看荆南与楚的军事纷争，见表6-7。

表6-7 荆南与楚的军事纷争一览表

时间	战争经过与结果	史料出处
后梁太祖开平元年六月	武贞节度使雷彦恭与楚兵联合进攻江陵。高季兴引兵屯公安，击败联军。	《资治通鉴》卷二六六，第8683页。
开平二年九月	楚将许德勋率水军至荆南沙头，高季兴惧而请和。	《资治通鉴》卷二六七，第8704页。
开平四年六月	楚军侵荆南，军于油口，高季兴打败楚军，斩首五千级，逐北至白田而还。	《资治通鉴》卷二六七，第8724页。
后梁末帝贞明五年五月	楚军攻荆南，高季兴求救于吴，吴遣军来援，楚兵引退。	《资治通鉴》卷二七〇，第8845—8846页。
后唐明宗天成三年三月	楚水军攻荆南，在刘郎洑大败荆南军队，进逼江陵，季兴请和，归还楚使史光宪及后唐赐物。	《资治通鉴》卷二七六，第9015页。
天成三年四月	吴军将会荆南兵进攻岳州，被楚军打败。	《资治通鉴》卷二七六，第9017页。
天成三年六月	楚将许德勋率兵攻荆南，次沙头，高季兴从子高从嗣被楚将拉杀，季兴请和。	《资治通鉴》卷二七六，第9020页。
天成三年九月	荆南败楚兵于白田，执楚岳州刺史李廷规。	《资治通鉴》卷二七六，第9023页。
天成四年四月	楚六军副使王环败荆南兵于石首。	《资治通鉴》卷二七六，第9029页。

据表可知，荆南与楚在天成四年（929）四月之前，共发生大小战事九次，荆南仅获三次胜利，双方的战斗主要在公安、沙头、油口（今湖北公安县西北隅）、石首（今湖北石首市）和白田（今湖南岳阳市北）等地展开。并且，其中至少有六次，皆为楚主动向荆南宣战。这就表明，至迟在后唐明宗天成四年（929）四月之前，楚在军事上一直处于攻势，而荆南绝大多数时间均处于守势。

另外，尚需补充的是，在高季兴入据荆南之初，朗州节度使雷彦恭曾于后梁开平元年（907）六月联合楚军进攻荆南，又于同年九月单独出兵攻打荆南涔阳、公安，但均被高季兴击退。是年十月，荆南将倪可福、楚将秦彦晖联手攻击朗州雷彦恭，雷彦恭降于淮南，朗州并入楚，这股威胁势力就此消除。因朗州雷彦恭并非南方割据政权，故荆南与其战争不以表格形式单独列出。

再次来看荆南与吴、南唐的军事纷争，见表6-8。

表6-8　荆南与吴、南唐的军事纷争一览表

时间	战争经过与结果	史料出处
后梁太祖开平二年四月	淮南遣兵寇石首，襄州兵败之于瀸港。淮南又遣其将李厚率水军万五千人攻荆南，高季兴在马头大败敌军。	《资治通鉴》卷二六六，第8694页。
后梁末帝乾化二年十一月至乾化三年正月	二年十一月，吴淮南节度副使陈璋等率水军进攻荆南，荆南将倪可福率兵迎敌。三年正月，吴军不克而还。荆南兵与楚军追之不能及。	《资治通鉴》卷二六八，第8764页。《资治通鉴》卷二六八，第8765页。
后唐明宗长兴元年三月	吴派遣军队进攻荆南，不克。	《资治通鉴》卷二七七，第9040页。
后周世宗显德五年正月	荆南派兵援助后周伐南唐。	《资治通鉴》卷二九四，第9578页。

据表可知，荆南与吴、南唐战事相对较少，而且主要发生在后梁、后唐期间。至于后周世宗讨伐南唐时，荆南的出兵相助，实际上至多不过是虚张声势而已，并未投入实质性的战斗。这也是荆南与南唐长期保持良好关系的客观反映。

最后来看荆南与前蜀、后蜀的军事纷争，见表6-9。

表6-9 荆南与前蜀、后蜀的军事纷争一览表

时间	战争经过与结果	史料出处
后梁末帝乾化四年正月	高季兴欲取旧隶荆南的夔、忠、万、涪等州，以水军攻夔州，前蜀夔州招讨副使张武打败荆南军队，俘斩五千级。	《资治通鉴》卷二六九，第8782页。
后唐庄宗同光三年十月	高季兴率水军上峡取施州，被前蜀峡路应援招讨使张武击败。	《资治通鉴》卷二七三，第8942页。
后周世宗显德五年十月	获知后周将伐蜀，高保融请以水军趣三峡。	《资治通鉴》卷二九四，第9588页。

据表可知，荆南仅与前蜀有过两次军事交锋，与后蜀基本上并无战事。至于世宗显德五年（958）伐蜀之前，高保融亦只是故作姿态罢了，其后亦未见有实质性的军事举动。

综括前述，不难发现，自高保融改变其父成策，重奉后唐正朔后，荆南与相邻势力间的战争明显减少，这种边境无虞的状况一直持续到高继冲纳降于宋。

二、原因分析

在考察了高氏荆南与邻国军事纷争的具体情况后，无妨对上述一系列战争爆发的原因稍做分析。

其一，高氏荆南拓展地域的尝试。此点在高季兴在位时，表现得尤其明显。如后梁末帝乾化二年（912）进攻襄州，乾化四年（914）攻击夔州，后唐庄宗同光三年（925）率水军进逼施州，明宗天成二年（927）突入夔州、攻打涪州，无一不是争城夺地，扩张地盘的军事行动。但由于实力平平，上述战事均未奏效，高季兴

甚至屡屡大败而归。高从诲在位前期,亦有意于拓展疆域。后汉高祖天福十二年(947),高从诲曾先后攻打襄州和郢州;次年,又有试图用兵郢州的举动,但依然难逃失败的结局。鉴于扩张领土的军事行动,一次次以折戟而收场,自此之后,高氏荆南完全放弃扩大版图的计划,而以自保三州为务。

其二,不尊王命的结果。由不尊王命而引发的战争,至为典型的是,后唐明宗天成年间(926—929)中朝对荆南的大规模用兵。此次战争分两个阶段,前一阶段为天成二年(927)三月至当年五月,后一阶段为天成三年(928)九月至天成四年(929)七月。其间,西有西方邺等对夔、忠、万、归州的攻取,南有楚马殷的不断进逼,高氏荆南政权几乎就此不保。再有就是高从诲于天成四年(929)七月,改图于后唐后,于长兴元年(930)三月断绝与吴的臣属关系,亦引来吴军的攻击,而此次战争似乎影响并不大。

其三,邻国逞兵的表现。虽然南方各割据势力大多推行保境安民政策,但绝非刀枪入库,马放南山,或为削弱他方以减少威胁,或为吞并邻邦而壮大实力,南方各国间互启边衅、交相攻伐的战事亦时有发生。高氏荆南在后梁、后唐期间屡遭侵袭,其中有相当一部分就是楚、吴两国的扩张战争。以南方的楚国为例,后梁开平二年(908),楚将许德勋进攻荆南;开平四年(910),楚军陈兵油口;贞明五年(919),楚军再次寻衅于荆南;后唐天成三年(928)和天成四年(929),又先后三次进击荆南。楚军数次挥师荆南,起初不乏吞并其地的意图,嗣后,因楚国君臣深感保存荆南有利于缓冲中朝兵锋,故而才不再以荆南为敌。楚国主动出击荆南的战事,随之消失。吴在后梁期间,也曾两度进攻荆南,其实也是该国向东拓展地域的努力。

另外，因荆南断绝楚朝贡之路而引发的战争也有两例。后梁开平二年（908）九月，高季兴屯兵汉口，阻断楚出使中原的道路，引来楚将许德勋的进攻。天成二年（927）五月，高季兴拦劫楚贡使及后唐赐物，次年三月，楚马殷即派水军攻击荆南。两次战事均以高季兴的请和而结束。

要之，高氏荆南与邻国间的军事纷争，既有因自身向外扩张而引发者，亦有因自身挑衅而致者，还有因邻邦逞强用武而来者。因此，高氏荆南在其前期，一直深陷战争阴霾之中，一连串的战事屡屡给荆南的存在造成莫大的威胁。就此来说，如何处理战争与立足的问题，实际上是高季兴在位时必须予以解决的最大难题。

三、影响与意义

高季兴在位期间，荆南与邻国间的军事纷争不断。客观而言，不论荆南在上述历次战争中是主动者，还是被动者，在一系列的内外战争之后，高氏荆南不仅成功地捍卫了自身的安全，显示了自身的防御实力，并且在四境之上构建出一种相互制衡的军事地理格局。

首先是捍卫自身安全。前文已述，地狭兵弱的高氏荆南在后梁、后唐期间，屡屡是邻邦觊觎的对象，特别是南面的马楚更是多次用强于荆南。其主要原因在于，楚与荆南在长江一线地理相接，加之荆南荆州属县，如公安、石首等均在长江以南，与楚国北境毗邻，无险可守，直接暴露于楚军兵锋之一，颇便奔袭，所以公安、石首等地便屡屡成为楚军攻击的对象。更有甚者，楚军往往直接纵深，抵达江陵城郊的沙头，威胁江陵城的安全。因此，抵御楚军进攻，成为高氏荆南前期经常性的任务。尽管在与楚军的交战中，高氏荆南常处下风，但高季兴并未一味采取困守之策，而是屡有率军迎敌的行动。但这种迎击，亦并非孤注一掷、鱼死网破的冒险，在成算不大，或势穷力竭之时，高季兴往往不惜屈节求和，如后梁开平二年（908）九月、后唐天成三年（928）三月、天成三年（928）六月的战争，均以高季兴请和而止，在实力明显不足的情况下，这种手段无疑是保全自身的明智之举。所以，尽管与楚的战争不断，乃至其后更有中朝的大军压境，但高氏荆南或施之以逆战、或行之以求和、或御之以坚守，终能使荆南成功躲过一次又一次的致命性打击，免于覆灭之灾。

其次是展示自身实力。在频繁的内外战争中，高氏荆南的军事实力也得以显现。虽然荆南主动进攻的能力确实有所欠缺，在战场上少有胜绩，但在守御能力上却非同一般。正面迎敌而获胜的例子，有后梁开平四年（910）六月和后唐天成三年（928）九月的两次战争。至于坚守江陵城而退敌的事例，至为有代表性的，莫过于后唐明宗天成二年（927）和天成三年（928）的两次战事。天成二年（927）二月，明宗下诏调发三路大军围攻荆南。次月，后唐军队来势汹汹，直逼江陵城下，高季兴坚壁不战。明宗原以为可一举荡平荆南，不料一月之后，江陵城仍然固若金汤。明宗遂于四月下诏荆南招讨使刘训：

> 朕昨以妙选帅臣，往除凶孽，自长驱于锐旅，将并击于孤城，已发使臣，叠颁诏谕，料龙韬之此举，顾蚁蛭以即平。

今已渐向炎蒸，不可持久，切在训齐貔虎，速进梯冲，必期此月之中，须殄干天之逆。贵令战士免至疲劳，兼翼生民早谐苏息。惟卿忠烈，体朕忧勤，倘能克副于指呼，便见立成其功效，固于酬奖，予无吝焉。①

即便如此，刘训仍然未能攻下江陵。明宗不得已，又于同年五月，派遣枢密使孔循至前线督战，"及孔循至，得襄之小校献竹龙之术，及造竹龙二道，傅于城下，竟无所济"②，遂罢兵。天成三年（928）九月，明宗又任命房知温为荆南招讨使，但直至次年七月，后唐军队仍然无法攻克江陵。

高氏荆南能够取得这次江陵保卫战的胜利，固然有其他因素的介入，如久雨、后唐军队的疾疫、刘训的病重等，但至为关键的因素，无疑是江陵城的坚固。后梁期间，高季兴屡次扩修江陵城，其作用至此终于得以体现。通过上述两次战役亦可看出，高氏荆南并非不堪一击，特别是江陵的防御能力，足可抵挡大规模的军事进攻。高氏荆南的军事实力，也由此得到一定程度的展示。这种军事实力的显露，多少能使其他势力企图入侵荆南时心存顾忌。

最后是构建相互制衡的军事地理格局。在高氏荆南与邻国的军事纷争中，经常能见到荆南在遭侵袭时求救于邻邦的事例。如后梁末帝贞明五年（919）五月，楚军攻荆南，高季昌求救于吴，吴遣军援之。也有荆南与他国联手对付另一方的记载。如后唐天成

---

① 《册府元龟》卷一二三《帝王部·征讨三》，第1345页。
② 《旧五代史》卷六一《刘训传》，第821页。《册府元龟》卷四三八《将帅部·无功》第4944页所载大致相同。

三年（928）四月，吴军联合荆南进攻楚岳州。虽然这些事例并不多见，但其间所隐含的意义颇当留意。简单来说，高氏荆南依赖与中朝、吴等政权所建立的良好关系，充分利用各政权间的矛盾与冲突，在其四境之上构建出一种相互牵制的势力网，从而使自身从孤立无援的境地中摆脱出来，亦使相邻势力不敢率意陈兵于荆南，最终实现保全其境的目的。

"兵者，凶器也"，但五代十国时期，狼烟遍地，兵戈不息，若全然缺乏军事实力的支撑，割据政权注定不可能长久地自立一方。高氏荆南既是战争的产物，同时伴随着战争的进行，又经受了多次战火的考验和洗礼，并日益巩固了对本地区的统治。

第七章　高氏荆南的经济

第一节　高氏荆南经济发展的基础

高氏荆南经济发展的基础，离不开前代的开发之功，特别是有唐一代本地区经济的发展，直接为高氏荆南经济的恢复和上升，提供了前提。并且，本地区丰富的物产资源、多样化的产业资源，以及便利的交通条件，同样为高氏荆南经济的增长，奠定了良好的基础。

一、唐代本地经济发展概况

有唐一代，荆、归、峡三州的经济发展水平，高下不一，归州、峡州远逊于荆州。

峡州至北宋仍相当落后，即如史载："士女事麻楮，不事蚕桑，男子刀耕火种，不知文学。其信巫鬼，重淫祀，与蜀同风。"

①欧阳修亦曾说过:"峡州治夷陵,地滨大江,虽有椒、漆、纸以通商贾,而民俗俭陋,常自足,无所仰于四方。贩夫所售不过鲭鱼腐鲍,民所嗜而已。富商大贾皆无为而至。地僻而贫,故夷陵为下县,而峡为小州。"②北宋尚且如此,唐五代的情形自然更差。关于唐代峡州的生产、生活状况,杜甫有诗云:"孤城麦秀边……下水不劳牵。"③唐末郑谷亦云:"江春铺网阔,市晚鬻蔬迟。""夜船归草市,春步上茶山。"④多少能反映出峡州小农生活的一些面貌。峡州山地农业的特点较为鲜明,即所谓刀耕火种,这是该地农业仍处于较为原始落后阶段的真实写照,其方法通常首先是由男人砍树伐草,就地焚毁,以其灰作肥料,继而挖土为洞,撒上种子,之后则少有田间管理,基本上是属于"望天收"的简单农作方式。由于缺乏耕地、锄草等必要环节,故而地力下降迅速,几年之后,即濒临绝收之境,惟能弃置,另辟新地耕种。

归州始建于唐初,位于峡州以西。由于两地相近,州民生产生活习俗亦大体一致。其耕作方式一如上述峡州,麻楮的生产,亦依赖刀耕火种。尽管史籍中记载唐至五代归州经济的文字极为少见,但从南宋时期反映本地区经济状况的有关记述来看,归州经济发展水平在唐代较之峡州更低,所谓"峡路州郡固皆荒凉,未有若归之甚者"⑤。有史籍亦称:"湖楚之北,郡十有二,归之地最为墝

---

① 《太平寰宇记》卷一四七《山南东道·峡州》,第2861页。
② 《居士集》卷三九《夷陵县至喜堂记》,《欧阳修全集》,第562页。
③ (唐)杜甫:《行次古城店泛江作不揆鄙拙奉呈江陵幕府诸公》,(清)彭定求等:《全唐诗》卷二三二,中华书局,1960,点校本,第2556页。
④ (五代)郑谷:《峡中寓止二首》,《全唐诗》卷六七四,第7712页。
⑤ (宋)范成大:《吴船录》卷下,景印文渊阁四库全书,第460册,台湾商务印书馆,1986,第865页。

瘠。"① 又云："郡少农桑,农不如工,工不如商。"② 而据南宋陆游《入蜀记》卷六引贾守之语曰："州仓岁收秋夏二料,麦、粟、粳米,共五千余石,仅比吴中一下户耳。"③ 这时已是南宋孝宗时期,即使距高氏荆南统治时期,也已长达200余年,更无论唐代了。此时归州一州所纳税仅比吴中一下户,或许多少有些失实,但归州税收极少应是毋庸置疑的。而导致两税甚少的原因,当然在于本地粮食产量较低的客观事实。唐代归州经济发展水平之落后,即此不难窥知。

地处江汉平原腹心的荆州,则是本地区经济发展的翘楚。荆州的政治、经济、军事中心为江陵,本地是先秦楚国和南朝萧梁的都城,又是唐代全国五大都督府之一,且是南都所在。地当南北交会之处,水陆来往极为便利。六朝时期,荆、扬并举,极其繁荣。北周灭萧梁后,因受战火冲击,本地农业一度中衰。隋代南郡辖地,较唐代荆州为广。唐高祖武德四年(621),平定萧铣后,荆州大总管李恭"开置屯田,创立铜冶,百姓利焉"④。安史乱起,中原残破,"自至德(756—758)后,中原多故,襄、邓百姓,两京衣冠,尽投江、湘,故荆南井邑,十倍其初"⑤。唐德宗贞元(785—805)中,荆南节度使李皋于江陵东北修复汉水冲坏的古堤两处,

---

① 《舆地纪胜》卷七四《荆湖北路·归州·风俗形胜》引《建平郡嘉禾诗序》,第2461页。
② 《舆地纪胜》卷七四《荆湖北路·归州·风俗形胜》引《荆州记·建平郡下》,第2461页。
③ 《入蜀记校注》卷六,第222页。
④ 《旧唐书》卷六〇《李孝恭传》,第2348页;《册府元龟》卷六七八《牧守部·兴利》,第7813页。
⑤ 《旧唐书》卷三九《地理志二·山南东道》,第1552页。

"广田五千顷,亩得一钟"①。经济的恢复,致使流民纷至沓来,唐僖宗乾符五年(878)春正月,在王仙芝撤离江陵之前,"江陵城下旧三十万户",此役之后,"至是死者什三四"②。实际上,以上引文所称"荆南井邑,十倍其初",主要是流民所致,所谓"唐至德之后,流佣聚食者众,五方杂居,风俗大变"③。本地居民住宅原先普遍为茅舍,材料以竹为主,架竹苫茅,和之以泥,因而居之,渴饮江水、塘水。中唐之后,瓦屋渐兴,汲引井水。习俗的改变与生产发展密切相关④。

就农业生产的耕作技术而言,盛唐以前的长江流域已经产生稻麦复种制,其后又逐渐向周边地区推广⑤。荆州所在的江汉平原地区,由于气候温暖湿润,生长期较长,自然灾害频率不高,加之早、中、晚三大水稻品种在唐代的出现,以及包括绿肥等多种肥料的开始使用,大致本地区在唐代也已出现稻麦复种制⑥。在这种耕作制度下,荆州种植,首推水稻。孟浩然曾说,"始慰蝉鸣柳(一作稻)"⑦。王建诗称:"看炊红米煮白鱼,夜向鸡鸣店家

---

① 《旧唐书》卷一三一《李皋传》,第3640页。《新唐书》卷四〇《地理志四·山南道》第1028页记为"亩收一钟"。
② 《资治通鉴》卷二五三,唐僖宗乾符五年正月,第8195页。
③ 《太平寰宇记》卷一四六《山南东道五·荆州·风俗》,第2833页。
④ 张泽咸:《汉晋唐时期农业》,中国社会科学出版社,2003,第467—469页。
⑤ 参见李伯重:《我国稻麦复种制产生于唐代长江流域考》,《农业考古》1982年第2期;林立平:《唐代主粮生产的轮作复种制》,《暨南学报》1984年第1期。
⑥ 参见牟发松:《唐代长江中游的经济与社会》,武汉大学出版社,1989,第47页;陈钧等:《湖北农业开发史》,中国文史出版社,1992,第68页。
⑦ (唐)孟浩然:《荆门上张丞相》,《全唐诗》卷一六〇,第1658页。

宿。"①白居易亦云，在江陵"水餐红粒稻"②，可知唐代荆州盛产蝉鸣稻。而红米饭与白鱼并举，虽颇有秦汉时期饭稻羹鱼的色彩，但其时的生产早已告别火耕水耨的时代。这种生产方式，实则是农业生产中多样化、多成分的有机结合，即复合农业③。中唐诗人钱起说：在荆州，"时和俗勤业，播殖农厥壤。阴阴桑陌连，漠漠水田广"④。晚唐宰相韦宙，"江陵府东有别业，良田美产，最号膏腴，而积稻如坻，皆为滞穗"。其自述"江陵庄积谷尚有七千堆"，唐懿宗称之为"足谷翁"⑤。这些正是荆州水田众多、生产走向复合型阶段、田亩产量大幅度提高的客观反映。

既然采用的是复种制耕作模式，水田之外，自然少不了旱地。事实上，荆州旱地亦不少。李白尝云："荆州麦熟茧成蛾。"⑥王建谈到荆南时也说："卖马市耕牛，却归湘浦山。麦收蚕上簇，衣食应丰足。"⑦李绅亦言："青青麦陇啼飞鸦。"⑧王建又有诗云："人家烧竹种山田。"⑨荆门僧尚颜说，"黍苗一顷垂秋日，茅栋

---

① （唐）王建：《荆门行》，《全唐诗》卷二九八，第3385页。
② （唐）白居易：《江州赴忠州至江陵以来舟中示舍弟五十韵》，《全唐诗》卷四四〇，第4913页。
③ 参见张家炎：《复合农业——认识中国传统农业的新视野》，《农业考古》1995年第3期。
④ （唐）钱起：《奉和张荆州巡农晚望》，《全唐诗》卷二三六，第2615页。
⑤ 《北梦琐言》卷三《韦宙相足谷翁》，第54页。《太平广记》卷四九九《韦宙》第4095页略同。
⑥ （唐）李白：《荆州乐》，《全唐诗》卷二六，第358页；李白：《荆州歌》，《全唐诗》卷一六三，第1692页。
⑦ （唐）王建：《荆州赠别李肇著作转韵诗》，《全唐诗》卷二九七，第3366页。
⑧ （唐）李绅：《过荆门》，《全唐诗》卷四八〇，第5462页。
⑨ （唐）王建：《荆门行》，《全唐诗》卷二九八，第3385页。

三间映古原"①。蚕麦同时收获，田间还种黍子，俟秋收刈，体现的仍然是复合农业的路子。

有学者根据上引李皋在江陵"广田五千顷""亩收一钟"的说法，推断唐代江陵地区亩收一钟的产量，折合今制为一市亩产662市斤②。这种亩产数量，比西汉时期的江陵高产水稻折合亩产400斤提高了近六成③。也大大超过唐代湖北一般亩产300斤一倍有余④。如此高的亩产数量，固然可能有复种制的因素在起作用，但其土地生产率显然已经达到一个全新的高度，这是不容置疑的事实。当然，这种情况可能仅仅限于生产条件较好的江陵及其附近地区，其他如丘陵、山区等地则无疑要低很多。农业生产水平的急剧攀升，致使江陵余粮众多，甚至支持外地以赈灾，盛唐时即已有"河朔人无岁，荆南义廪开"⑤的说法。

与农业的迅速发展相呼应，农业的多种经营亦很普遍。因种橘而获利者，亦见诸史籍："唐荆南有富人崔导者，家贫乏，偶种橘约千余株，每岁大获其利。"⑥

唐代荆州的丝蚕、麻布均列为贡物。其中蚕桑业的发达，为纺织业的兴盛创造了条件，荆州即是江汉纺织业的中心，李白曾

---

① （唐代）僧尚颜：《赠村公》，《全唐诗》卷八四八，第9602页。
② 胡戟：《李皋与江陵创造的唐代粮食单产记录》，黄惠贤、李文澜主编：《古代长江中游的经济开发》，第151页。
③ 西汉江陵亩产数估记，引据游修龄：《西汉古稻小析》，《农业考古》1981年第2期。
④ 《湖北通史·隋唐五代卷》，第259—260页。
⑤ （唐）张说：《送任御史江南发粮以赈河北百姓》，《全唐诗》卷八七，第949页。
⑥ 《太平广记》卷四一五《崔导》，第3382页。

说:"荆州麦熟茧成蛾,缫丝忆君头绪多。"①元稹诗云:"东家头白双女儿,为解挑纹嫁不得。"缘由是"贡绫户有终老不嫁之女"②。可见,当地不仅丝织业的专业水平很高,而且还有区别于一般民户自缫自织的专业贡绫户,专门织造上贡物品。

手工业中,造船业亦有一定基础。唐末成汭镇荆南时,尝"造巨舰一艘,三年而成,号曰'和州载'。舰上列厅事洎司局,有若衙府之制。又有'齐山''截海'之名,其于华壮,即可知也"③。淮南将李神福大败成汭之后,即"获其战舰二百艘"④。由此不难想见荆南造船业的规模何等可观。

而且,江陵地处长江中游,是唐代南北东西的重要转运中心。刘禹锡指出,江陵"……自古如今要路津。……风天气色属商人"⑤。杜甫亦一再说,江陵"地利西通蜀,天文北照秦。风烟含越鸟,舟楫控吴人"。"……大儿结束随商旅。……朝发白帝暮江陵"。"蜀麻久不来,吴盐拥荆门。……商旅自星奔"⑥。因此,江陵城内,遍布商行、旅店,但即便如此,邸店亦是供不应求,以至有"荆楚贾者,与闽商争宿邸"⑦之事发生。云集于此的行商坐贾,除有湘、蜀、扬、广以及北方商人外,其中亦不乏来自异域的

---

① (唐)李白:《荆州乐》,《全唐诗》卷二六,第358页。
② (唐)元稹:《元稹集》卷二三《织妇词》,中华书局,1982,点校本,第260页。
③ 《北梦琐言》卷五《成令公和州载》,第107页。
④ 《资治通鉴》卷二六四,唐昭宗天复三年五月,第8609页。
⑤ (唐)刘禹锡:《自江陵沿流道中》,《全唐诗》卷三六一,第4082页。
⑥ (唐)杜甫:《江陵望幸》,《全唐诗》卷二三二,第2560页;(唐)杜甫:《最能行》《客居》,《全唐诗》卷二二一,第2331、2335页。
⑦ (宋)陶穀:《清异录》卷上《么麼门·腹兵》,《全宋笔记》第一编,第2册,大象出版社,2003,点校本,第28页。

外商,城内的"高丽坡底宅"①,就是"寄住蕃客"的所在。而在中外商人中,一些大批发商实力最为雄厚,其贸易以批发销售南北货物为主。江陵的郭七郎即是典型代表,据说"其家资产甚殷,乃楚城富民之首,江淮河朔间,悉有贾客仗其货买易往来者"②。在本地转运和批发的货物品种,以外地产品为大宗,前引唐诗中的"蜀麻"与"吴盐"即是其证。并且,这种转运和批发贸易,在江陵地区的表现,唐代后期明显超过前期③。

二、物产资源与产业资源

在决定一个地区经济发展现状的众多因素中,物产资源和产业资源亦是不可忽视的内容。物产资源与产业资源包括众多因素,此处物产资源主要指本地的土产,而产业资源则强调本地农业、手工业、商业等行业。

先说物产资源。五代时期,荆、归、峡三州物产资源的有关情况,现存史籍缺乏记载。但一般说来,某地区物产资源受时代变迁的影响,并不是非常明显,尤其是高氏荆南统治本地区仅有50余年,其物产资源应与其前后的唐宋两代差别不大,因此,高氏荆南物产资源的基本情况,可从唐宋时期的有关记述中得到反映。

峡州在唐代的物产主要有,纻葛、箭竹、柑、茶、蜡、芒硝、五加、杜若、鬼臼等④。开元(713—741)时期的上贡物品及具体数额为:"茶二百五斤;柑子二千颗;五加皮二斤;杜若二斤;

---

① (宋)钱易:《南部新书》卷丁,中华书局,2002,点校本,第46页。
② 《太平广记》卷四九九《郭使君》,第4097页。
③ 《湖北通史·隋唐五代卷》,第299—300页。
④ 《新唐书》卷四〇《地理志四·山南道》,第1028页。

芒硝四十斤；鬼臼二斤；蜡百斤。"①宋代峡州土产大体如此，有葛、蜡、硝、茶四项②，土贡有"芒硝、杜若、五加皮各一十斤"③。而在上述数项物产中，峡州茶最负盛名。中唐以前，峡州茶就已驰名，陆羽《茶经》卷下《八之出》首列峡州茶，该州下辖远安、宜都、夷陵三县所产茶叶高居上等。峡州所产碧涧、明月、茱萸诸品种，始终是唐代茶叶中的上乘，在饮茶风气尚未普及开来的唐代前期，峡州是当仁不让的贡茶州。中唐以后，据杨晔《膳夫经手录》载：夷陵又有小江源茶，产量虽不高，其质量却"又胜于茱萸簝矣"。至宋代，峡州茶的地位则明显有所下降，已不再被列入贡品。

唐代归州出产物品主要有，纻葛、茶、蜜、蜡四项④。物产瘠薄，故开元（713—741）年间仅"贡蜡四十斤"⑤。宋代归州土产主要黄蜡、白茶、椒、马鞭、纻麻、葶苈子等⑥，所贡物品唯有纻一项⑦。

荆州物产资源相较丰富。唐代，"江陵郡（今荆州），贡白方文绫二十四；橘皮九十斤；栀子五斤；贝母七斤；覆盆子三斤；石龙芮一斤；乌梅肉十斤"⑧。另有史书亦称：江陵府江陵郡土贡，

---

① 《通典》卷六《食货六·赋税下》，第122页。
② 《太平寰宇记》卷一四七《山南东道六·峡州·土产》，第2862页。
③ （宋）王存：《元丰九域志》卷六《荆湖路·北路·峡州》，中华书局，1984，点校本，第271页。《宋史》卷八八《地理志四·荆湖北路·峡州》第2195页载："贡五加皮、芒硝、杜若。"
④ 《新唐书》卷四〇《地理志四·山南道》，第1028页。
⑤ 《通典》卷六《食货六·赋税下》，第122页。
⑥ 《太平寰宇记》卷一四八《山南东道七·归州·土产》，第2878页。
⑦ 《宋史》卷八八《地理志四·荆湖北路·归州》，第2196页。
⑧ 《通典》卷六《食货六·赋税下》，第120页。

有方纹绫、纻布、柑、橙、橘、椑、白鱼、糖蟹、栀子、贝母、覆盆、乌梅、石龙芮①。江陵上述物产中，橙、柑、橘尤为丰盛，唐诗中即有不少吟咏荆州橙、柑、橘的诗句，如"邑人半舻舰，津树多枫橘"②；再如"白鱼如切玉，朱橘不论钱"③；又如"无贪合浦珠，念守江陵橘"④。本地柑橘种植之广、出产之多、味道之美，概可想见。五代时期，柑橘仍是本地特产。史载：后梁开平元年（907）五月，"荆南高季昌进瑞橘数十颗，质状百味，倍胜常贡。且橘当冬熟，今方仲夏，时人咸异其事，因称为瑞"⑤。此处提到的瑞橘虽然数量不多，本当冬熟之橘如何保存至五月，亦不得而知，但此例已显示出柑橘在当时的江陵，确实是较有特点的土产之一。

宋代江陵府土产，则有"绵绢、方绫、甘草、乌梅、贝母、柑子、橙子、白鱼、橘"。"松滋县出碧涧茶（沈子曰茶饼、茶牙，今贡）"⑥。土贡物色为，"绫、纻布各一十匹。碧涧茶芽六百斤"⑦。另有史籍亦载："贡绫、纻、碧涧茶芽、柑橘。"⑧而在上述数项物产中，松滋县出产的碧涧茶已然跻身于名茶之列，五代时期是否如此，尚难判定。

将上述唐、宋两朝三州的土产与上贡物品加以比较，可知两者

---

① 《新唐书》卷四〇《地理志四·山南道》，第1027页。
② （唐）张九龄：《登郡城南楼》，《全唐诗》卷四七，第567页。
③ （唐）杜甫：《峡隘》，《全唐诗》卷二二九，第2506页。
④ （唐）杨衡：《送王秀才往安南》，《全唐诗》卷四六五，第5283页。
⑤ 《旧五代史》卷三《梁太祖纪三》，第52页。
⑥ 《太平寰宇记》卷一四六《山南东道五·荆州·土产》，第2834页。
⑦ 《元丰九域志》卷六《荆湖路·北路·江陵府》，第266页。
⑧ 《宋史》卷八八《地理志四·荆湖北路·江陵府》，第2193页。

差别并不太大，其间的渊源关系甚为明了。如宋代峡州的葛、蜡、茶、芒硝等土产，芒硝、杜若、五加皮等土贡物色，唐代皆有。再如宋代归州土产的蜡、纻布，亦见于唐代，唯上贡之物由蜡变为纻布。又如宋代江陵府土贡中的绫与柑橘，在唐代即为上贡物资。由此来看，介于唐宋之间的高氏荆南统治时期，其物产资源可能也应居于唐、宋两代物产的中间水平，并无可能与此前此后有太多不同，至少应接近于宋代。如果这种推测大体不误，则高氏荆南时期，以上三州土产大致有葛、蜡、茶、芒硝、纻布、绫与柑橘等数项。其中，茶之一项，尚有具体例证。长兴三年（932）十月，荆南即曾向后唐贡茶①。

另外，高氏荆南曾设置荆门军，此地在唐代是江陵府下辖县，宋代中叶曾复置荆门军，其后则屡兴屡废。据记载，该地"土产并与襄、荆二州同"②。不过，值得一提的是，因荆门军境内遍布丘陵、山地，适宜竹林生长，故而竹材相对充足。此点仍可从北宋时期的有关情况予以说明。史载：宋仁宗年间，李参"知荆门军，荆门岁以夏伐竹，并税簿输荆南造舟，积日久多蠹恶不可用，牙校破产不偿责。参请冬伐竹，度其费以给，余募商人与为市，遂除其害"③。既然每年伐竹用以造船，可知竹资源之丰富。考虑到竹林再生性极强的特点，五代时期的荆门军或荆门县竹资源的情形，应该与此相近。

再说产业资源。荆州所在的江汉平原地区，自秦汉以来即已

---

① 《旧五代史》卷四三《唐明宗纪九》，第595页。
② 《太平寰宇记》卷一四六《山南东道五·荆门军》，第2846页。
③ 《宋史》卷三三〇《李参传》，第10618—10619页。

形成"饭稻羹鱼"的生产生活模式，是典型的鱼米之乡。唐代农业情形已如上述，至高氏荆南时期，以水稻种植为特色的农业，仍当是本地区基础性产业之一，一直到宋代仍有"其土宜谷稻"①的说法。在后晋天福六年（941）十二月，后晋讨伐安从进的叛乱中，高从诲曾"馈军食以助"②晋军，其中的粮食应当以稻米为主。

纺织业中丝织业的情形，通过考察高氏荆南的上贡物品即能略知一二。兹将史籍所见历次上贡丝织品及其数量制成下表。

表7-1 高氏荆南历次上贡丝织品及数量一览表

时间	上贡丝织品及数量	史料出处
后晋高祖天福五年（940）十一月	御衣缎罗绫绢一百五十匹。	《册府元龟》卷一六九《帝王部·纳贡献》，第1882页。
后晋高祖天福七年（942）五月	菵绯。	《册府元龟》卷一六九《帝王部·纳贡献》，第1883页。
后汉高祖天福十二年（947）	异纹绮锦法锦三百匹，筒卷白罗二百匹，白花罗一百匹。	《册府元龟》卷一六九《帝王部·纳贡献》，第1883页。
后汉高祖乾祐元年（948）六月	细绵五十匹、绣锦六铢五十段、罗二百匹。	同上。③
后周太祖广顺元年（951）正月	法锦二十匹。	《十国春秋》卷一〇一《荆南二·贞懿王世家》，第1446页。
后周太祖广顺三年（953）六月	法锦五十匹、鹿胎袴段六、缁襈面等各一百事。	《十国春秋》卷一〇一《荆南二·贞懿王世家》，第1447页。

① 《宋史》卷八八《地理志四·荆湖北路》，第2201页。
② 《旧五代史》卷一三三《世袭列传二·高从诲》，第1753页。
③ 《十国春秋》卷一〇一《荆南二·文献王世家》第1445页记作"细锦五十匹"。今不取。

续表7-1

时间	上贡丝织品及数量	史料出处
宋太祖建隆二年（961）正月	锦绮。	《宋会要辑稿》蕃夷七之一，第7840页。
宋太祖建隆四年（963）二月	绢五千匹，锦绮二百段，锦绣帏幞二百事。	《宋会要辑稿》蕃夷七之二，第7840页。

另外，高氏荆南灭亡后，宋太祖建隆四年（963）四月，时为宋廷荆南节度使的高继冲又借助宴名义，献绢二千匹，紫罗云凤额三十，龙凤柱衣二十[①]。

上述进贡物品中，绢、锦绮、绮锦、白罗、白花罗、网锦、绣锦、法锦、袴段、缁襜面、锦绣帏幞等，都是丝织品无疑，尽管不能排除其中有来自外地而通过贸易所得者，但其中的绝大部分必然是本地所产。表中所列丝织品，又以绢进贡的数额最大，出自本地丝织业的可能性也最大。据此，至少可以说明，丝织业中绢的生产最为普遍和常见，这也是本地丝织业发展的表征。高保融在位时，曾有"器械金帛，皆土地常产"[②]的话头，其中提到的"帛"，乃本地经常性的产品，由此亦可印证本地丝织业是长期存在的产业。并且，高氏荆南屡屡以丝织品作为贡奉之物，想来其质量亦不会太差。

本地造船业则是由来有自，唐末成汭即于此地大规模制造战船[③]，高氏荆南时期亦未中辍。荆州以水为险，荆南军队的主体为水军，在其内外战争中，舰船之类的运载工具必不可少，造船业缘

---

① 《宋会要辑稿》蕃夷七之二，第7840页。
② 《新五代史》卷六九《南平世家》，第859页。
③ 《北梦琐言》卷五《成令公和州载》，第107页。

此而兴。史载，后梁乾化三年（913）九月，高季兴即造战舰五百艘①。后唐天成元年（926）四月，高季兴又有大造战舰之举②。后晋高祖时，高从诲为邀赏求媚于中朝，曾在后晋使者陶穀出使荆南期间，"大陈战舰于楼下"③，假意表达助晋伐吴、蜀的愿望。后周世宗用兵南唐，荆南以战舰五百艘驻鄂州助战④。关于高氏荆南舰船的此类记载还有很多，无须一一胪列。上述事例已足以表明，高氏荆南官营造船业的兴盛。

高氏荆南的官营手工业亦不止造船一项，器械之类大多亦是本地所产。后周显德三年（956）二月，在高氏荆南的贡物之中，即有"九炼纯钢手刀、弓箭诸物"⑤。诸般物事，显然均系高氏荆南官营作坊制造。

上述物产资源与产业资源，是高氏荆南赖以发展经济的基本条件。此外，高氏荆南还具有极为便利的水陆交通条件，是沟通南北、连结东西的交通枢纽。

三、交通条件

古代中国疆域以黄河、长江流域为主体，而其间横亘秦岭、伏牛、桐柏、大别等山脉，自秦汉以来，南北交通大体形成东、西、中三条主线。西线由关中越秦岭西段，循嘉陵江进入巴蜀。东线由黄淮平原逾淮水入长江，抵长江下游地区，运河开凿后，汴河河道

---

① 《资治通鉴》卷二六八，后梁均王乾化三年九月，第8776页。
② 《资治通鉴》卷二七五，后唐明宗天成元年四月，第8979—8980页。
③ 《新五代史》卷六九《南平世家》，第858页。
④ 《十国春秋》卷一〇三《荆南四·魏璘传》，第1467页。
⑤ 《十国春秋》卷一〇一《荆南二·贞懿王世家》，第1448页。

为其主要通道。中线则由关中东南行，由河洛西南行，皆至宛（南阳）、邓，再循白水流域，南下襄阳，复南循汉水至长江中游的荆楚地区。三线之中，中道最为通衢，"此道南行则有长江最大支源汉水为之灌输，水陆均便，正南为荆州（江陵），东南为鄂州（武昌），乃古云梦之两端，长江之中游，西溯巴、蜀，东下吴、越，南由洞庭、鄱阳达于岭表。故此道北输，兼及关中盆地与黄河平原；此道南输，网及长江、珠江两流域"。"就唐代三道所属之交通网而言，中道最广，西道固远逊，即东道亦非其比"①。自唐代中期开始，由于藩镇割据愈益猖獗，淮、汴阻兵，中道更成为转输东南财赋至关中的唯一孔道，此条运输线以江、汉路与商山路为主干，亦时常被谓为南路②。南路运输在唐代中后期一度极为活跃，江陵即处于这条交通要道的枢纽位置，唐廷之所以在荆州置镇设都，其意图即在于通过严控江陵以确保这条大唐帝国生命线的畅通无阻。唐末，荆州地区虽然形势不稳，兵连祸结，但南北交往仍主要依赖此条干线而进行。

迄至五代，中原政权均以汴州或洛阳为都，但因吴与南唐先后雄峙淮南，与中朝对立；前后蜀相继盘踞两川，帝制自为，传统的东、西两道已然断绝，不复可通。与此不同的是，中道却并未因南北对峙而中断，相反，这条通道成为其时沟通南北政权、联系各地商旅的重要交通干线。高氏荆南所处荆州，"南通五岭，旁

---

① 严耕望：《唐代交通图考》卷四《山剑滇黔区·荆襄驿道与大堤艳曲》，北京联合出版公司，2021，第1039、1045页。
② 王力平：《唐肃、代、德时期的南路运输》，黄惠贤、李文澜主编：《古代长江中游的经济开发》，第331—345页。

第七章　高氏荆南的经济　301

带一江,接壤吴、蜀,舟车四达"①。而其政治、军事、经济中心江陵,则系"江汉全封,鄢郢旧国,为中原之襟带,作南国之纪纲"②。是南方各国进贡中原王朝、商旅南北贩易的必经之地。

在南方政权中,马楚对荆南交通线的倚重,最为突出,其贡奉或出使中原,无法不穿过荆南境内。史载:后梁开平二年(908)九月,高季兴"遣兵屯汉口,绝楚朝贡之路"③,马殷立即遣水军迎击,季兴惧而请和。马楚奉中原正朔,朝贡中朝自是其份内之事,而高氏荆南隔断其上贡之路,实际上等于割裂其与中原政权的政治联系,如此一来,其借称臣于中原王朝以抑制吴、蜀的目的,显然无从谈起,所以,力保朝贡之路的畅达,对于马楚政权而言,意义非同一般。惟其如是,对于高氏荆南断绝其朝贡道路的举动,马楚注定会予以反击。其后,马楚出使、上贡中朝,仍经此路而行。如天成二年(927)五月,马楚使者史光宪入贡后唐,即返程经过江陵④。后汉乾祐元年(948)诸马相争时,高从诲"遣人押送朗州奏事官沈从进至京师,乞加恩命"⑤,是则沈从进亦必取道荆南,故而才被高从诲所俘。

而且,马楚对外贸易也往往须经江陵一线。史称:楚王马殷"听民售茶北客,收其征以赡军"⑥,并在"汴、荆、襄、唐、

---

① 《方舆胜览》卷二七《湖北路·江陵府·形胜》引《高武信王神道碑》,第479页。
② 《舆地纪胜》卷六五《荆湖北路·江陵府下·四六》引《南平高王神道碑》,第2247页。
③ 《资治通鉴》卷二六七,后梁太祖开平二年九月,第8704页。
④ 《资治通鉴》卷二七五,后唐明宗天成二年五月,第9005—9006页。《十国春秋》卷一〇〇《荆南一·武信王世家》第1435页所载与此略同。
⑤ 《册府元龟》卷九三三《总录部·诬构二》,第10811—10812页。
⑥ 《十国春秋》卷六七《楚一·武穆王世家》,第936页。

郢、复诸州置回图务,运茶河之南北,以易缯纩、战马,仍岁贡茶二十五万斤"①。其实,无论是北客至马楚,还是马楚在汴、荆、襄等地设置回图务,其茶叶贩易,始终不可能不行经高氏荆南境内,荆南成为马楚与北方进行茶叶贸易的重镇与中转孔道。

割据两浙的吴越政权,由东道进入中原地区的要路亦被阻塞,因据有淮南的吴、南唐长期交恶中朝,故吴越与中朝的交往,亦往往被迫绕行。后梁开平三年(909),司马邺曾奉命出使吴越,史载其事曰:

> 时淮路不通,乘骖者迂回万里,陆行则出荆、襄、潭、桂入岭,自番禺泛海至闽中,达于杭、越。复命则备舟楫,出东海,至于登、莱。而扬州诸步多贼船,过者不敢循岸,必高帆远引海中,谓之"入阳",以故多损败。邺在海逾年,漂至耽罗国,一行俱溺。②

可见,中朝使者至吴越,若取海道返回,会经常遭遇贼船袭击,为此,船只必须远离海岸而行,航行的风险亦随之增大,司马邺溺死的事例即是极好的说明。有鉴于此,一直称臣于中朝的吴越,尽管经常性地取海道入贡,而亦不排除以陆行方式,迂回而至中原地区。此点,在史籍中亦有体现,如后梁末帝贞明二年(916)五月,"吴越王(钱)镠遣浙西安抚判官皮光业自建、

---

① 《十国春秋》卷六七《楚一·武穆王世家》,第937页。
② 《旧五代史》卷二〇《司马邺传》,第270—271页。

汀、虔、郴、潭、岳、荆南道入贡"①。而这次入贡，应当是吴越取陆路朝贡中朝经荆南而行的例证。依此来看，荆南亦是吴越自陆路入贡中朝的重要一站。

其余，如闽、南汉等在奉中朝正朔期间，亦皆取道荆南而至中原，特别是自吴建国以后，情形更是如此。以福建王闽政权为例，王审知在位时，"致君愈勤，述职无怠"，又"万里输贡，川陆不系其赊；一心尊戴，风雨不改其志"②。由于与淮南杨吴政权交恶，陆路阻断，王审知派遣使者，"每岁朝贡，泛海至登、莱抵岸，往复颇有风水之患，漂没者十四五"③。既然海上风涛险恶，屡有不测，改以陆行应是可能之事，尽管目前尚未见到王闽使者取道荆南的明确记载，但正如史书所云："自吴称帝，而南汉、闽、楚皆奉梁正朔，岁时贡奉，皆假道荆南。"④司马光亦言："初，荆南介居湖南、岭南、福建之间。"胡三省注曰："此语专为三道入贡过荆南发。"⑤可见，南汉、闽、楚，亦常以陆路经荆南而行，入贡中朝。

中原王朝出使南方诸国的使者，亦从荆南南行或返回。史料中于此多有反映，如后唐闵帝末年，李鏻奉使湖南，返程即途经荆南⑥。又如"汉遣国子祭酒田敏使于楚，假道荆南"⑦。北宋建隆二

---

① 《资治通鉴》卷二六九，后梁均王贞明二年五月，第8803页。
② （宋）钱昱：《福州重修忠懿王庙碑》，《金石萃编》卷一二五，第2268页。
③ 《旧五代史》卷一三四《僭伪列传一·王审知》，第1792页。
④ 《新五代史》卷六九《南平世家》，第859页。
⑤ 《资治通鉴》卷二八七，后汉高祖天福十二年八月及胡三省注，第9375—9376页。
⑥ 《新五代史》卷五七《李鏻传》，第656页。
⑦ 《新五代史》卷六九《南平世家》，第858页。

年（961），司天监赵修已奉命出使湖南，亦从荆南经过，并将所见告知周行逢，后者听说宋太祖令荆南决去北海，乃知朝廷有意南征，故兵发鼎州以作防范①。这样的例子还很多，无须一一列举。

还应看到，江陵除在陆路干线上具有重要地位之外，亦是长江航运通道上的重要中转站。一般说来，在交通商旅方面，水运具有速度快、运载量大、成本低廉的特点，较之陆运更为重要。而长江则是横贯东西的大动脉，巴蜀与江淮两大经济区的交往，大多有赖长江航道，唐人有诗即云"蜀麻吴盐自古通，万斛之舟行若风"②；"三千三百西江水，自古如今要路津"③。荆州的江陵更是长江上、中、下游航运的转运港。江陵以西，江面渐窄而水急滩多，经三峡而出入巴蜀之船，船体头尖身狭，行船不倚风帆而用摇橹和背纤；江陵以东，江面陡然开阔，风浪渐大，险滩亦少，所以船体头宽身阔，可鼓风帆而行。故而，航船在穿行长江上、下游时，必须在江陵中转换船，所谓"北客随南贾，吴樯间蜀舶"④，概括的就是江陵作为中转港的特点。正因如此，以江陵为中心，又形成如下几条水上航线，即江陵至益州线，江陵至长沙线，江陵至襄阳线，江陵至鄂州、扬州线。其中沿江的江陵至益州线和江陵至鄂州、扬州线，又是沟通东西商旅的主要交通要道。

有唐一代，以江陵为中心的长江航运已然非常繁荣，无须赘

---

① 《舆地纪胜》卷六四《荆湖北路·江陵府上·景物上·三海》，第2202页。鼎州，治今湖南常德市，辖境相当今湖南常德、汉寿、沅江、桃源等县地。
② （唐）杜甫：《夔州歌十绝句》，《全唐诗》卷二二九，第2508页。
③ （唐）刘禹锡：《自江陵沿流道中》，《全唐诗》卷三六一，第4082页。
④ （宋）苏轼：《苏轼诗集》卷二八《荆州十首》，中华书局，1982，点校本，第62页。

述。五代时期高氏荆南的江陵,亦是东西商旅汇集之地。史载:

> 弥勒瑞像现于高氏。清泰间,随吴商叶旺船至荆登岸,乃知为像。高氏迎之,从香烟所指,置城西北隅万寿寺。①

姑且不论"弥勒瑞像现于高氏"有无其事,但材料间提及的"吴商叶旺船至荆南岸",至少透露出以下信息,吴地客商往往沿江至荆南贸易。即此一例,便可说明以江陵为中心的长江航运,仍在发挥沟通长江中、下游运输的作用。

另外,在发展汉江航运上,高氏荆南亦有新的举措。据《舆地纪胜·荆湖北路·江陵府·景物上·漕河》载:漕河,"在江陵县北四里,《旧经》云:'王处仲为荆州刺史凿漕河,通江汉南北境。'皇朝《郡县志》云:'高季兴于城西柳门及子城置仓开漕,入仓步。高从诲又以龙山门近城,开白剀河水入城北向东漕河'"。即以漕河连接汉江,便利物资转运。但此条水路似乎不久即湮废,以至宋太宗端拱元年(988),又有臣僚上言:"开荆南城东漕河,至师子口入汉江,可通荆、峡漕路至襄州;又开古白河,可通襄、汉漕路至京。"宋廷派人考察后,"遂发丁夫治荆南漕河至汉江,可胜二百斛重载,行旅者颇便"。②虽说高氏荆南时期的漕河未见得"可胜二百斛重载",但便于行旅应该不成问题。

上述得天独厚的交通条件,为高氏荆南商业贸易的繁荣提供了种种难得的契机,而商贸所得又是支撑高氏荆南的重要经济来

---

① 《十国春秋》卷一〇一《荆南二·文献王世家》引《江陵志余》,第1441页。
② 《宋史》卷九四《河渠志四·白河》,第2345页。

源。所以，有学者认为，荆南经济全靠南北通商。[①]其实，一直到宋代，荆南的交通优势依然非常明显，所谓荆州"东界鄂渚，西接溪洞，南抵五岭，北连襄汉"[②]。"荆南水陆要冲，商贾必由之地"[③]，反映的就是荆南因优越的交通优势而致商贾荟萃的情况。

第二节 高氏荆南的经济举措

探讨高氏荆南的经济问题，经济制度不可不提。而高氏荆南境土辖小，周边政权林立，其能在夹缝中立足生存几十年，保境息民，采取措施以发展经济，乃立国之本。此点与其他南方割据政权并无不同，唯在具体举措上，各有其特点而已。高氏荆南经济开发的措施，尤以兴修水利和发展商贸为重点。并且，高氏荆南所取得的经济成就，丝毫不逊色于盛唐与宋初，甚至可以说是有过之而无不及，其集中表现为人口的大幅度增长。

一、经济制度

高氏荆南的经济制度，本应包括众多内容，但限于史籍所载，而今仅能粗略了解高氏荆南赋役方面的一般情况。

先看赋税制度的实施。

自唐代中期开始，古代中国的赋税体制即已确立两税制的征取模式。两税最初包括农税和商税两部分，农税又由户税和地税组

---

① 沈起炜：《五代史话》，第109页。
② 《宋史》卷八八《地理志四·荆湖北路》，第2201页。
③ 《宋史》卷一八一《食货志下三·会子》，第4412页。

成。其后，户税逐渐并入地税，亦即田亩税之中；商税征收至五代十国时期亦不再恪守夏、秋两征的陈规，改为随时可征，遂逐渐从两税中独立出来，成为单独税种。故而，两税至此实际上主要就是指田亩税，另有税钱和各种附加税，仍按夏、秋两季征收。

  高氏荆南时期的赋税征收仍然实行两税之制。宋太祖乾德元年（963）七月，"赐荆南管内民今年夏租之半"[①]。这是高氏荆南纳土当年的事，赋税征收制度仍当是沿用的高氏荆南旧制，其制之施行既包括"夏租"，即可推知亦有"秋租"，这是高氏荆南两税征收分夏、秋两季进行的典型例证。其后，宋廷曾从荆南出兵，沿江西上伐蜀，宋太祖于乾德二年（964）十二月下诏称："唯此二州（归、峡），最邻寇境，军旅所过，供亿实繁。宜示优恩，用蠲常赋。应今年秋税，已降指挥除放，其已纳及供给刍粟军储，并与折来年租税。"[②]可见，归、峡二州生产虽很落后，却仍须交纳两税。次年正月宋廷又发诏，问罪后蜀，"襄汉之南，暂有差役。……将本府（荆南）夏秋租税元征实数为额，其新检到羡数并与放免。俾令均济，冀速舒苏。如闻不体忧勤，辄抛耕种。言念民庶，深轸朕怀，诏到，便可递相告谕，归复田园，仍令长吏倍加安抚"[③]。由此看来，荆南在交纳夏、秋二税外，还要新增羡余。但由于税收过重，农民只好抛荒耕种。尽管这是宋初的情况，但其时距高氏荆南亡国不过一二年光景，宋初在荆南征收两税的方式，应该就是对高氏荆南时期的继承。

[①] 《续资治通鉴长编》卷四，乾德元年七月，第99页。
[②] （宋）佚名：《宋大诏令集》卷一八五《蠲归峡州秋税诏》，中华书局，1962，排印本，第674页。
[③] 《宋大诏令集》卷一八五《免荆南新检秋税羡数诏》，第674页。

高氏荆南的两税征收之物，大多来自田亩税所得。田亩税所纳物品以粮食（斛斗）为大宗，上面引文提到的归、峡二州供给宋军的刍粟，即为田亩税物。另外，田亩税的征收之物中还有绢帛一色。前揭表7-1曾列举高氏荆南历次上贡的丝织品情况及其数量，由于户税钱在五代时已趋绝迹，其中的丝织品应当就是两税斛斗的折纳之物，而不太可能是户税钱的折征。田亩税的征收额度和征收期限，皆史无明文，无由叙述。从宋初的情况看，高氏荆南征收田亩税的数额似乎亦应不低。

除正税（两税）之外，高氏荆南还征取杂税。杂税之中，尤以身丁盐曲钱最为突出，其危害也至为恶劣。按照两税法"户无主客，以见居为簿；人无丁中，以贫富为差"[①]的征收原则，资产多寡，才是民户纳税多少的依据，正税已转入按田亩征收的轨道。原来的人丁，已不再成为征税调役的主要根据，取而代之的是田亩数量的多少，人丁税实际上亦被纳入田亩税中，该税种已经于法不容。但是，五代十国时期，吴、南唐、楚、闽等国，皆公然恢复身丁钱之征[②]，高氏荆南亦不例外。

史载："两浙、福建、荆湖、广南诸州循伪制输丁身钱，岁凡四十五万四百贯，民有子者或弃不养，或卖为僮仆，或度为释老。"[③]内中所言荆湖，即包括属于荆湖北路的荆南地区。尽管高氏荆南所征丁身钱的具体数额无从知晓，但从出现生子不举的情况来看，其额度显然过高，所以，百姓家庭唯能采取"或卖为僮仆，

---

① 《旧唐书》卷一一八《杨炎传》，第3421页。
② 《五代十国史研究》，第171—172页。
③ 《续资治通鉴长编》卷七六，大中祥符四年七月，第1728页。

或度为释老"的方式予以规避。大中祥符四年（1011）七月，宋真宗下诏蠲除丁身钱。另有史籍亦载："每岁有丁身钱，自大中祥符四年诏以两浙、福建路、荆湖南、北，广南东路，在伪国日出丁身钱并特除放，凡岁免缗钱四十五万有余贯。"①

然而，此次诏令并未产生实效。一直到北宋中叶，郑獬还说：

> 臣任荆南府日，江陵、枝江县人户正税外有丁身盐曲钱，此钱自高氏以前增出无名横赋，真宗时虽曾除放，而二邑余数尚有存者。……兼闻湖南、北及诸路亦有似此丁钱未经除减。②

可知，丁身盐曲钱仍然在江陵县和枝江县有所遗存。

值得注意的是，高氏荆南所征丁身钱，与榷盐、榷曲形式捆绑在一起。因食盐、酒曲这类影响国计民生的产品，均在官府控制之列，政府借此以兴利。高氏荆南将盐税与曲税的征收，系之于身丁，使其成为单独税种。如此一来，已经消亡的人丁税，再度复活，丁口之赋已然成为一种制度。至宋代，丁口之赋更演变为五大税种之一，所谓"宋制岁赋，其类有五。……曰丁口之赋，百姓岁输身丁钱米是也"③。而从宋初蠲免高氏荆南身丁盐曲钱的情况来看，其钱早已失去向百姓补偿食盐、酒曲的性质，已然演变为纯粹

---

① （宋）朱长文：《吴郡图经续记》卷下《事志》引《图经》，景印文渊阁四库全书，第484册，台湾商务印书馆，1986，第45页。
② （宋）郑獬：《郧溪集》卷一二《论免丁身钱状》，景印文渊阁四库全书，第1097册，台湾商务印书馆，1986，第223页。
③ 《宋史》卷一七四《食货志上二·赋税》，第4202页。

的杂税。

顺便提一句，高氏荆南并不产盐。同光（923—926）末年，高季兴曾上奏后唐请领云安监务，盖因云安是古老的产盐之地，但此奏未得许可①。"至明宗时，岁给以盐万三千石，后不复给。及世宗平淮，故命泰州给之"②。据此可知，高氏荆南境内所需之盐依赖中朝供给，或通过贸易而致。而在获取盐后，高氏荆南再将其配之于身丁，仍然是通过禁榷的方式谋利。

高氏荆南的杂税，还包括水产品、农副产品等税，形形色色，不一而足。史载：

> 太宗淳化元年，诏诸处鱼池旧皆省司管系，与民争利，非朕素怀。自今应池塘河湖鱼鸭之类，任民采取，如经市货卖乃收税。
>
> 先时，淮南、江浙、荆湖、广南、福建当僭伪之时，应江湖及池潭陂塘聚鱼之处，皆纳官钱，或令人户占卖输课，或官遣吏主持。帝闻其弊，诏除之。
>
> 又有橘园、水硙、社酒、莲藕、鹅鸭、螺蚌、柴薪、地铺、枯牛骨、溉田水利等名，皆因伪国旧制而未除，前后屡诏废省。③

据此而言，高氏荆南的杂税之征已呈泛滥之势，其所征对象并

---

① 《册府元龟》卷三三八《宰辅部·贪黩》，第3809页。
② 《新五代史》卷六九《南平世家》，第859—860页。
③ 《文献通考》卷一九《征榷考六·杂征敛》，考186。

无一定之规,新税名目随时皆有出现的可能。

在高氏荆南征收的赋税中,尚有商税一项。商税即对商贾所征之税。商税包括过税(通过税)、住税(交易税)和专卖税。商税本来包含于两税之中,由于五代十国时期商品经济的发展,商税渐至从两税中脱离出来,单独予以征收。唐代两税法中关于商税额的规定是:"不居处而行商者在所州县税三十之一,度所取与居者均,使无侥利。"①迨至宋代,过税和住税之征,一般分别为每千钱算二十和每千钱算三十②。五代时期的商税额大致应与唐、宋时期相当。十国中的南方九国,除马楚不征关市外③,其余政权大多都征收商税,其税额也较中原王朝沉重。

高氏荆南商业较为繁荣,关市之征自不可少。后汉初年,高从诲因求郢州不得,曾与中朝断绝关系,但是,"既与汉绝,北方商旅不至,境内贫乏"④,故不得不于次年重新称臣于后汉。商旅不至其境,商税自然无从征收。出于征商的目的,而恢复对后汉的臣属关系,即可窥知高氏荆南政权对商税依赖之重。惜史载有阙,高氏荆南商税征收的具体情形,已不复可知。

再来看力役的使用。

自两税法推行伊始,"丁租庸调,并入两税"⑤,据此,当不再有力役的征发,但实际上,力役的征发直至五代十国时期仍然普

---

① 《文献通考》卷三《田赋考三·历代田赋之制》,考45。
② 《宋史》卷一八六《食货志下八·商税》,第4541页。
③ 《资治通鉴》卷二七四,后唐庄宗同光三年十二月,第8953页。
④ 《十国春秋》卷一〇一《荆南二·文献王世家》,第1444页。
⑤ (宋)王溥:《唐会要》卷八三《租税上》,上海古籍出版社,2006,点校本,第1818页。

遍存在。高氏荆南所驱使的力役，主要用于修筑城池、营建宫殿亭楼、修建寺庙和兴修水利工程。

修筑城池之役。后梁期间，"（高）季兴以江陵古之重地，又当天下多事，阴有割据之志，乃大兴力役，重筑城垒，执畚者逮十数万人，皆攀援宾友，负土助焉"①。龙德元年（921）十二月，高季兴派遣倪可福督修江陵外郭②。后唐天成二年（927），又"筑内城以自固，名曰子城"③。后晋天福八年（943），高从诲又凿江陵城西南隅为池，立亭于上，称之为"渚宫"。《江陵志余》云："清风池在城东北隅，方数百步，清深镜洁，潭而不流，高氏之所凿也。"④

营建宫殿亭楼之役。后梁乾化年间（911—915），高季兴曾"建雄楚楼、望江楼"⑤。贞明五年（919），"改建内城东门楼曰江汉楼，又筑仲宣楼于荆州城之东南隅"⑥。又有史料显示："季兴先时建渚宫于府庭西北隅，延袤十余里，亭榭鳞次，艨艟翼张，栽种异果名花修竹。从诲绍立，尤加完葺。"⑦除修缮此前已有亭榭外，高从诲又大兴力役，先后重新修建了不少亭堂。后晋天福八年（943），高从诲在渚宫旁修建迎春亭⑧。开运二年（945），"建杞梓堂，又建木犀亭"⑨。高保勖继位后，也"好营造台榭，

---

① 《三楚新录》卷三，第6327页。
② 《十国春秋》卷一〇〇《荆南一·武信王世家》，第1431页。
③ 《十国春秋》卷一〇〇《荆南一·武信王世家》，第1436页。
④ 《十国春秋》卷一〇一《荆南二·文献王世家》，第1443页。
⑤ 《十国春秋》卷一〇〇《荆南一·武信王世家》，第1429页。
⑥ 《十国春秋》卷一〇〇《荆南一·武信王世家》，第1431页。
⑦ 《诗话总龟·丙集》卷二二《宴游门》，第239页。
⑧ 《十国春秋》卷一〇一《荆南二·文献王世家》，第1443页。
⑨ 《十国春秋》卷一〇一《荆南二·文献王世家》，第1443页。

极土木之巧"①。

修建寺庙之役。后唐同光元年（923），高季兴"改修天皇寺"②。在寺庙之外，高从诲还有修造佛塔之举，如后晋天福三年（938），"作僧伽妙应塔"③。

水修水利之役。后梁贞明三年（917），"王筑堤自安远镇北、禄麻山南至沱步渊，延亘一百三十里，以障襄汉之水，居民赖焉"④。

上述土木工程的营建，无一不需征用力役。虽说关于高氏荆南力役征发的原则、征发的对象，以及应役的时间等问题，史籍无载，但该政权力役征发极为常见，则是事实。高保勖在位时，因为力役征发过多，甚至出现"军民咸怨"⑤的情况，据此可知，高氏荆南力役的繁重。

二、发展经济的举措

前面已经提到，高季兴入据荆南之初，即招辑流散，致力于恢复本地经济。在此基础上，高氏荆南又采取了兴修水利和发展商贸的措施，旨在促进经济水平的进一步提升。

先看水利工程的修建。

高氏荆南兴修的水利工程，以高氏堤最为知名。高氏堤在明

---

① 《续资治通鉴长编》卷二，建隆二年九月，第53页。
② 《十国春秋》卷一〇〇《荆南一·武信王世家》，第1433页。
③ 《十国春秋》卷一〇一《荆南二·文献王世家》，第1442页。
④ 《十国春秋》卷一〇〇《荆南一·武信王世家》，第1430页。按，高氏堤的有关问题，下面有详细探讨，此处不赘。
⑤ 《十国春秋》卷一〇一《荆南二·侍中保勖世家》，第1450页。

清方志中多有记载。如嘉靖《沔阳志》卷八《河防》云："五代时，高季兴节度荆南，筑堤以障汉水。自荆门绿麻山至潜江，延亘百三十里，因名高氏堤。"嘉靖《湖广图经志书》卷六《荆州府·山川·潜江县·高氏堤》亦称："在县西北五里。相传五代高季兴所筑，起自荆门州绿麻山，至（潜江）县南沱步渊，延亘一百三十里，以障襄汉之水，民赖焉。"后世方志均沿承此说，仅文字略异而已①。另，《古今图书集成》卷一一三六《安陆府部·汇考二·山川考一·潜江县》、康熙《潜江县志》卷一〇《河防志》、同治《荆门直隶州志》卷三《堤防》等，均有类似记述。

关于"绿麻山"之名，嘉靖《湖广图经志书》卷六《荆州府·山川·荆门县·绿麻山》又载："在（荆门）州东南一百二十五里，俗呼为桃李山，有旧绿麻县［寺］基"。山下有绿麻口，或作芦麻口。万历《湖广总志》卷三三《水利二·荆门州堤考略》云："（荆门）州堤防要害全在沙洋镇一带。夫此镇控荆门、江陵、监利、潜江、沔阳五州县之上流，汉水自芦麻口直冲沙洋北岸。旧有堤，接连青泥湖、新城镇，由沈家湾至白鹤寺、不刹脑，至潜江界，几二十余里，惟沙洋堤势独宽厚，军民廛居其上。"据此来看，绿麻山应当在沙洋镇稍北处。有研究者指出，在民国十三年（1924）测绘的军用地图上，在沙洋镇西北约4公里处，仍然标出

---

① （明）徐学谟纂修：万历《湖广总志》卷三二《水利一·承天府·潜江县》，明万历刻本；（清）迈柱、魏廷珍修，夏力恕、柯煜编纂：雍正《湖广通志》卷二〇《水利志·安陆府·潜江县》，景印文渊阁四库全书，第531册，台湾商务印书馆，1986，第681页；《读史方舆纪要》卷七七《湖广三·承天府·潜江县·高氏堤》，第3591页。

绿麻寺的地名①。关于"沱步渊"之名,嘉靖《湖广图经志书》卷六《荆州府·山川·潜江县·高氏堤》称,位于潜江县西1里,应该就是今潜江市西的沱步垸。所以,"高氏堤"当起自今沙洋镇稍北处,中经新城镇、白鹤寺、高市碑、上下蚌湖,迄潜江以西,其位置大约相当于唐代江陵东北境的"傍汉古堤"。

需要说明的是,有关高氏堤的记载在明清地方志中屡屡皆有所见,而五代宋元文献却均无记述,而明清方志关于前代事实记载的可信度,多少有些令人怀疑,那么,高氏荆南到底是否筑过高氏堤呢?从上面所引有关明清两代的方志来看,诸书大多相继记载高氏堤,特别是前引万历《湖广总志》以及康熙《安陆府志》卷三《艺文志》所录曾省吾《修筑沙洋堤碑》,都称沙洋镇北"旧有堤",而且详述其原委始末;加以诸志所记此堤之位置,与"傍汉古堤"②大致相当。以此而论,完全否定高氏堤为高氏荆南时期所修筑,亦非易事。

在前面的有关章节中,曾就高氏荆南的疆域做过探讨。结合有关论述,可知高氏荆南之荆州长期领有荆门、监利二县地,而后代的潜江县乃从原监利县析置而出,其前身为高氏荆南时期的白沙征料院。白沙征料院系由白洑南草市演变而来,此地自唐代即已知名。唐大中十一年(857)于此设置征科巡院,并进而上升为镇,五代高季兴改为安远镇,宋乾德三年(965)升其为县,治今湖北潜江市西北40里③。对此演变过程,以下文字述之甚详:

---

① 参见鲁西奇、潘晟:《汉水中下游河道变迁与堤防》,武汉大学出版社,2004,第194—196页。
② 《旧唐书》卷一三一《李皋传》,第3640页。
③ 《宋史》卷八八《地理志四·荆湖北路·江陵府》,第2193页。

（潜江县）在府东北一百二十里。《寰宇记》云：唐大中十一年，以人户输纳不便，置征科巡院于白洑。而《江陵志》曰：本南郡江陵县地，梁末高氏置征科巡院于白洑。年月不同。国朝《会要》云：乾德三年，升安远镇为潜江县。①

其实，勿论白洑征科巡院设置于何时，本地能由征科巡院渐次升为安远镇、潜江县②，本身就足以证明本地区经济发展的事实，而促使其经济发展的原因固然很多，其中，堤防的修筑当为重要因素之一。《万历承天府志·沿革》即将潜江之设置与移徙和堤防的修筑、溃决联系在一起：

潜江县，汉南郡江陵县地。……唐大中间，置征科巡院于白洑。五代高季昌据荆南，沿汉筑堤，以防水患。宋乾德初，改安远镇为潜江县。元因之。至正堤决，迁治于斗堤。

此载明确揭示白洑院或安远镇附近原有堤防，宋潜江县城即赖此堤保护。关于白洑院或安远镇（即宋潜江县城），有史料称，潜江旧城在明潜江县城（即今潜江市区）西40里豆子湖南，并引

---

① 《舆地纪胜》卷六四《荆湖北路·江陵府上·县沿革·潜江县》，第2193页。
② 按，《元丰九域志》卷六《荆湖北路·江陵府》第266页载："乾德三年（965）以汉江陵县地置潜江县……以白沙院置玉沙县。"《宋史》卷八八《地理志四·荆湖北路》第2193页称："升白洑巡为县。"《文献通考》卷三一九《舆地考五·古荆州·江陵府》考2506载："梁以复州监利来属。宋乾德三年（965）升白秋巡为潜江县，白白巡为建宁县，万庚巡为万庚县，白沙院为玉沙县。万庚寻废。"

《志》云："本治道隆乡，以水患迁于斗堤是也。"①另外，嘉靖《湖广图经志书》卷六《荆州府·山川·潜江县·白洑院堤》称，该堤"边临襄河"。由此表明，宋代潜江县城（白洑院或安远镇）附近建有沿汉江的堤防。这段堤防应与高氏堤有关。

从高氏荆南北部边境进行考察，其北部边界为今荆门、监利、潜江一线，以此而与中朝所设山南东道相接。那么，高氏政权于此在唐代旧堤的基础上修筑提防，既可障蔽洪水、保障本境，又可使洪水冲决北岸，破坏敌境，还有一定的军事作用，应当是可能的②。高氏荆南政权能够立足本地，经济能迅速崛起，与高氏堤的的修筑显然有一定关系。

另外，史籍中还屡屡见到"寸金堤"的记载，据说此堤亦是高氏荆南时期所建。如《明一统志》卷六二《荆州府·山川》之"寸金堤"条有如下记载："在府城龙山门外。五代梁将军倪可福所筑。激水捍蜀，谓其坚厚，寸寸如金。"此后，明、清时期的诸多方志均沿承此说，只是或称"倪福可"，或称"倪可福"。史载："筑寸金堤激水，捍蜀有功。"下引清顺治年间（1644—1661）孔自来等著《江陵志余》云："寸金堤在西门外，将军倪可福所筑。"③《天下郡国利病书》称："寸金（堤），在龙山门外五代时，蜀孟昶将伐高氏，欲作战舰巨筏冲荆南城，梁将军倪福可筑是堤，激水以捍之。"④又有史料称："寸金堤，在府城龙山门外。

---

① 《读史方舆纪要》卷七七《湖广三·承天府·潜江县·潜江旧城》，第3590页。
② 《汉水中下游河道变迁与堤防》，第196页。
③ 《十国春秋》卷一〇二《荆南三·倪可福传》，第1460页。
④ 《天下郡国利病书》之《湖广备录上·荆州府》，第2771页。

五代时高氏将倪可福筑，以捍蜀江激水。谓其坚厚，寸寸如金，因名。"①嘉庆《重修一统志》卷三四称："在江陵县西龙山门外，高氏将倪可福筑。"②《雍正湖广通志》卷二〇曰："寸金堤，在龙山门外。五代时蜀孟昶将伐高氏，欲作战舰巨筏冲荆南城，梁将军倪福可筑是堤，激水以捍之。"③

有学者指出，倪可福筑寸金堤一说并不可信，其理由是：其一，五代及北宋的资料都没有这方面的记载。其二，南宋的两部著名地理志《舆地纪胜》和《方舆胜览》都记载了江陵雨金堤，但都没有提到倪可福。其三，从上引诸书文字的衍变来看，倪氏筑寸金堤抵御蜀兵一说也是值得怀疑的。故倪可福修寸金堤一事并无确切依据，很可能只是传说而已，不足为信④。其说言之有据，当能成立。

倪可福筑寸金堤之说固不可信，不过，高氏荆南确有修筑长江大堤之举。史载：监利"县南五里有古堤院，文信王筑以防水患"⑤，即为其证。但此堤可能规模有限。这是因为，宋代以前，弯多流急、水势汹涌的荆江，在穿越荆州辖县的过程中，尚有九穴十三口分泄江洪，故江患不多。五代时期，亦未见到长江洪水对于高氏荆南造成灾难的记载。一直要到宋、明以后，由于河道的演变及泥沙的淤积，两岸部分穴口相继堵筑或自然淤塞，荆江洪水因渲泄不畅，水患骤增，筑堤已成必要之举。

---

① 《读史方舆纪要》卷七八《湖广四·荆州府·江陵县·寸金堤》，第3662页。
② （清）穆彰阿等纂修：《嘉庆重修一统志》卷三四五《荆州府二·堤堰·寸金堤》，中国古代地理总志丛刊本，中华书局，1986，影印本，第17455页。
③ 雍正《湖广通志》卷二〇《水利志·江陵县·寸金堤》，第688页。
④ 杨果：《宋代两湖平原地理研究》，湖北人民出版社，2001，第103—104页。
⑤ 《十国春秋》卷一一二《地理表下》，第1622页。

再来看发展商贸的举措。

上文已经说过,高氏荆南对商税颇为倚重,高从诲甚至因商旅不至,而主动恢复与后汉的臣属关系①,这是高氏荆南以商立国的最好证据。据史籍零星记载,高氏荆南推动商贸发展的措施,可归纳为如下几点:

其一,改善交通条件。江陵地当南北交往、东西贯通的中心位置,交通条件极为优越。高氏荆南亦充分利用此点,大力发展商贸。高氏荆南曾开凿漕河②,以沟通江陵与汉江间的航运路线,使交通条件得到一定程度的改善,商旅自此即可沿汉江直接抵达江陵城,有利于贸易的顺利开展。

其二,扩建江陵城。前面已经提到,高氏荆南出于加强江陵防卫能力的目的,曾多次扩建江陵城,江陵城市规模随之明显扩大。由于坊市制度已然崩溃,故而江陵城市空间的拓展,为商业交换提供了更为广阔的舞台,亦更加便利于商人驻足和从事贸易。

其三,升白洑南草市为镇。白洑南草市,即潜江县的前身,系从监利县析置。该地自唐代即已知名,唐代曾于此地设置征科巡院。史载:潜江县,"在府东北一百二十里。《寰宇记》云:唐大中十一年(857),以人户输纳不便,置征科巡院于白洑。而《江陵志》曰:本南郡江陵县地,梁末高氏置征科巡院于白洑。年月不同。国朝《会要》云:乾德三年(965),升安远镇为潜江县"③。根据此段材料所载,而今确实已难考辨白洑征科巡院始置于何时。不过,因乾德三年

---

① 《十国春秋》卷一〇一《荆南二·文献王世家》,第1444—1445页。
② 《舆地纪胜》卷六四《荆湖北路·江陵府上·景物上·漕河》引《郡县志》,第2205页。
③ 《舆地纪胜》卷六四《荆湖北路·江陵府上·县沿革·潜江县》,第2193页。

(965)距高氏荆南灭亡不过两年,安远镇之名应当就是来自于高氏荆南时期,原来的白洑巡院至此升为安远镇,其间的原因当在于商业的繁荣。而升巡院为镇,反过来自然又会促使该地区商业的进一步发展。职此之故,宋代又进一步将其升为县①,此即潜江县。

上述举措,为商业的繁荣创造了良好条件,商业的发展又必然增加高氏荆南的商税收入,进而增强其经济实力,有利于该政权的存在和延续。

三、"民苦于暴敛"之说的辨析

史载:高氏荆南灭亡前,其国"年谷虽登,而民苦于暴敛"②。此系宋人所言,卢怀忠出使高氏荆南归来后,为了迎合宋太祖吞并高氏荆南的心理,并借机邀宠取赏,言语之间或许不乏诋毁敌国之意。其实情究竟如何呢?揆诸史实,此种说法并非全然无稽。

高氏荆南疆域狭小,但其政权组织同样是纲举目张,既有为数不少的官僚队伍,又有一支数量在30 000人上下的常备军,还要经常性地贡奉中原王朝,再加上王室成员的奢侈性消费,所有这一切均需大量财物的供给与支持。虽然,高氏荆南不时有劫掠中朝及各国使者财物的举动,但其所得毕竟有限,大部分供军养国之财,注定是取之于民,故而,加重对百姓的剥削负担,实际上是最正常不过的事。

其实,早在高季兴统治初期,就已"厚敛于民"③,以至出现"时政不治"的言论,贯休据此而作《酷吏词》以讽之,其辞云:

---

① 按,《宋史》卷88《地理志四·荆湖北路·江陵府》第2193页记为"升白伏巡为县"。兹从上引《舆地纪胜》所载。
② 《宋史》卷二七四《卢怀忠传》,第9352—9353页。
③ 《旧五代史》卷一三三《世袭列传二·高季兴传》,第1751页。

霡雨瀰瀰,风吼如厮。有叟有叟,暮投我宿。吁叹自语,云太苛酷。如何如何,掠脂刳肉。吴姬唱一曲,等闲破红束,韩娥唱一曲,锦缎鲜照屋。宁知一曲两曲歌,曾使千人万人哭。不惟哭,亦白其头饥其族。所以祥风不来,和风不复,蝗兮螫兮,东西南北。①

所谓"苛酷",当然是指官吏强征暴取于民,致使百姓负担沉重,生活困难,故而辞中才将官吏譬之为"蝗""螫"。

前文曾就高氏荆南的经济制度稍做探讨,在该政权的赋役征发中,两税之外,复有杂税之征,几乎已到了无物不征的地步。并且,身丁盐曲钱的征取,甚至导致生子不举现象的出现;尽管身丁钱以盐、曲税为名目予以征收,但其则仅仅虚有其名,百姓纳钱亦无法得到相应的盐、曲配额,这是税收中至为典型的扰民、虐民之举。加之高氏荆南力役征发频繁,经常性地打断小农正常的生产生活秩序。凡此种种,都足以表明"民苦于暴敛",的确是高氏荆南存在的现象。

而且,暴敛于民的现象在其时极为普遍,中原王朝如此,其他南方诸国亦同样存在,并非仅见于高氏荆南。如后唐租庸使孔谦在任期间,"峻法以剥下,厚敛以奉上"②;后汉王章理财,亦是唯事暴敛,"剥下过当"③。后蜀"官仓纳给用斗有二等,受纳斗盛

---

① 《十国春秋》卷一〇〇《荆南一·武信王世家》,第1438页。
② (宋)洪迈:《容斋三笔》卷一〇《朱梁轻赋》,《容斋随笔》,中华书局,2005,点校本,第541页。
③ 《旧五代史》卷一〇七《王章传》,第1410页。

十升,出给斗盛八升七合"①,可谓是"大斗进,小斗出"。南汉刘𬬮时,"私制大量,重敛于民。凡输一石,乃为一石八斗"②。楚王马希范在位时,在常税之外,规定:"大县贡米二千斛,中(县)千斛,小(县)七百斛;无米者输布帛。"③而在南方各国中,吴越重敛虐民的现象尤具代表性。史载:

> 钱氏兼有两浙几百年,其人比诸国号为怯弱,而俗喜淫侈,偷生工巧,自镠世常重敛其民以事奢僭,下至鸡鱼卵鷇,必家至而日取。每笞一人以责其负,则诸案史各持其簿列于廷,凡一簿所负,唱其多少,量为笞数,以次唱而笞之,少者犹积数十,多者至笞百余,人尤不胜其苦。④

诸如此类,无不有逾法理,全属横征暴敛之举。

大环境已然如此,高氏荆南暴敛于民的行为,并非不可理喻,实际上这只不过是其时各国通行的做法。所以,对此无须讳言,而怀疑甚至轻易否定该政权的暴敛之举,显然于史不合。

需要说明的是,高氏荆南经济的发展与暴敛之说并不矛盾。尽管暴敛于民加重了百姓的负担,会挫伤百姓生产的积极性,从而给经济的发展带来负面影响,然而,如上所述,其时各国皆有暴敛现象,百姓实际上已处于无所逃离于天地之间的困境,很难找到一个相对宽松的赋役环境,以逃避强加于自身的各种盘剥。并且,中国

---

① 《续资治通鉴长编》卷六,乾德三年五月,第154页。
② 《续资治通鉴长编》卷一二,开宝四年七月,第268页。
③ 《资治通鉴》卷二八三,后晋齐王天福八年十二月,第9259页。
④ 《新五代史》卷六七《吴越世家》,第843页。

古代小农对生活压力超乎寻常的忍耐程度，往往会使其将生存底线降至最低点，倘若现实条件能满足小农生存的最低需求和水准，揭竿而起的可能性几乎不存在。反之，一旦小农的生存底线被突破，随之而来的常常就是小农的反抗。这些其实又都是古代中国在历史发展的长时段中，较为常见的事实。虽说具体到各个不同历史时期，不同的政治单元，不同的地域范围，会以种种不同的形式表现出来，但贯通于其间的规律并未消失。高氏荆南时期，亦是如此。

进而言之，高氏荆南从稳定政局、延续政权的目的出发，在实施暴敛之举的同时，也势必会留意于境内民众的生存现状，采取各种可行措施，尽可能缓和各种社会矛盾，以免祸起萧墙，自身不保。从高氏荆南的历史发展过程来看，立国之初，高季兴即推行与民休息的政策，很快出现流民渐复的情况。其后的高从诲、高保融时期，也大体能延续前人成策，以保境安民为务。直至高保勖在位时，始有"军民咸怨"[①]的局面出现。据此而言，高氏荆南在相当长的时间内，仍能采取各项有力措施，努力推进经济的发展。尤为特别的是，高氏荆南一贯推行重商之策，如果该政权对往来商旅所征之税过高过重，必定无法吸引以兴贩求利为宗旨的各地客商往来于其境，而客商的大幅减少，势必导致其经济收入的相应缩水，此种局面显非高氏荆南统治者所愿。

所以说，高氏荆南境内"民苦于暴敛"的现象的确不假，而高氏荆南经济的发展，亦是事实，两者能够共存于其国，无足怪。

---

① 《宋史》卷四八三《世家六·荆南高氏》，第13953页。

第三节　高氏荆南经济发展的实绩

高氏荆南采取的发展经济的各项举措，提升了本地的经济水平与实力，其具体表现为草市镇的增加、商业的繁荣与人口的增长。

一、草市镇的增加

所谓草市，即指乡村地区自为聚落、民间自相贸易的定期集市。始兴于南北朝，隋唐时期有所发展，入宋以后更呈勃兴之势。高氏荆南统治期间，除江陵这座最主要的城镇外，江汉平原地区还有不少草市镇，既有沿袭前代而有所发展者，亦有此时新增者，其总体数量较之前代应略有增多。兹就本地草市镇的情况及其发展，述之如下：

沙市，处江陵城郊，在唐代即有相当发展，其时常称沙头，或沙头市。唐人诗篇中有不少咏及沙市之句，如"吠声沙市犬"[1]；"飞急到沙头"[2]；"今日好南风，商旅相催发。沙头樯杆上，始见春江阔"[3]。反映的都是唐代沙市渡口商旅密集、千帆竞发的繁盛景象。高氏荆南时期，沙头亦见诸史载。后梁开平二年（908）九月，高季兴"遣兵屯汉口，绝楚朝贡之路。楚王（马）殷遣其

---

[1]　（唐）元稹：《酬乐天东南行诗一百韵》，《全唐诗》卷四○七，第4531页。
[2]　（唐）杜甫：《舍弟观赴蓝田取妻子到江陵喜寄三首》，《全唐诗》卷二三一，第2541页。
[3]　（唐）刘禹锡：《荆州歌二首》，《全唐诗》卷三六四，第4103页。

将许德勋将水军击之,至沙头,季昌惧而请和"①。后唐天成三年(928)六月,因高季兴称藩于吴,后唐命湖南马殷出兵进讨,"殷遣许德勋将兵攻荆南,以其子希范为监军,次沙头"②。两次用兵皆在沙头,可知其时渡口尚存,依旧便利于船舶停泊,南北东西客商亦多应在此驻留,沙头商业亦或可观。入宋之后,本地商业的发展势头不减,沙头被称为"沙市",因设税务又名"沙市务",是官府商税收入的重要市场之一。至北宋中叶,沙市商税收入已超过江陵城内,有学者据此认为:"这标志着江陵府的经济中心在空间上发生了转移:江陵城仍然是政治中心城市,而经济中心已被沙市取代。"③

马头(今湖北公安县埠河镇)草市,唐代即已出现。"马头"即码头,是"附河岸筑土植木夹之至水次,以便兵马入船"④之处,因便于船泊停靠,久而久之即成为商品交易之地。史载:淮南杨吴政权"遣其将李厚将水军万五千趣荆南,高季昌逆战,败之于马头"。胡三省注云:"荆南治江陵,在江北;南岸曰马头岸,正对沙市。"⑤可知,马头与沙市南北相对。另有史料称:"马头戍,在县西北。"⑥

涔阳草市,在公安县境内。史载:后梁开平元年(907)九

---

① 《资治通鉴》卷二六七,后梁太祖开平二年九月,第8704页;《十国春秋》卷一〇〇《荆南一·武信王世家》,第1428—1429页。《新五代史》卷六六《楚世家》第823页载其事为:"荆南高季昌以兵断汉口,邀殷贡使,殷遣许德勋攻其沙头,季昌求和,乃止。"
② 《资治通鉴》卷二七六,后唐明宗天成三年六月,第9020页。
③ 《宋代两湖平原地理研究》,第238页。
④ 《资治通鉴》卷二四二,唐穆宗长庆二年九月胡三省注,第7822页。
⑤ 《资治通鉴》卷二六六,后梁太祖开平二年四月及胡三省注,第8694页。
⑥ 《太平寰宇记》卷一四六《山南东道五·荆州·公安县》,第2841页。

月，雷彦恭攻涔阳、公安①。宋代此地名曰涔阳镇②。

瀼港草市，在公安县境内。史载：后梁开平二年（908）四月，"淮南遣兵寇石首，襄州兵败之于瀼港"③。可见，瀼港亦便于兵船停泊，亦当为通商之地。

白洑（今湖北潜江市西北）南草市，在监利县境内，即宋代潜江县的前身，唐代即已知名，关于其沿革，上节已有叙述。据载，唐代"宝历（825—826）中，荆州有卢山人，常贩桡朴石灰，往来于白洑南草市"④。马端临曾说："梁以复州监利来属。宋乾德三年（965）升白秋巡为潜江县，白臼巡为建宁县，万庾巡为万庾县，白沙院为玉沙县。万庾寻废。"⑤其中的"白秋巡"即为"白洑巡"。白洑南草市，之所以从高氏荆南一直到宋初，相继被升为镇、县，即在于当地商业的发展与繁荣。其他如白臼巡、万庾巡、白沙院皆在宋初被设置为县，原因亦应与白洑巡相同，而这些巡、院均当为高氏荆南时期所置，其商业发展亦应有相当规模。

沙步与刘郎洑草市，均在石首县境内。洑，即水流转弯之处，或作浦、步。由此可知，沙步与刘郎洑两地皆位于水流岸边。史载：后唐天成三年（928）三月，"楚王殷如岳州，遣六军使袁诠、副使王环、监军马希瞻将水军击荆南，高季兴以水军逆战。至刘郎洑"。胡三省注："江陵府石首县沙步有刘郎浦，蜀先主纳吴

---

① 《资治通鉴》卷二六六，后梁太祖开平元年九月，第8684页。
② 《元丰九域志》卷六《荆湖北路·江陵府·公安县》，第266页。
③ 《资治通鉴》卷二六六，后梁太祖开平二年四月，第8694页。
④ （唐）段成式：《酉阳杂俎前集》卷二《壶史》，《唐五代笔记小说大观》，上海古籍出版社，2000，第578页。
⑤ 《文献通考》卷三一九《舆地考五·古荆州·江陵府》，考2506。

女处也。"①又有史料称：刘郎浦"在大江北。汉昭烈娶孙夫人渡此"②。或曰：刘郎浦"在县西南二里，滨大江"③。可见，沙步和刘郎浦都位于石首西南附近的大江北岸，直至南宋时这里仍然是船只停泊的港口。

此外，据史籍所载，北宋时期，江陵县境还有俞潭、赤岸、湖溪等镇④；公安县还有孱陵镇⑤；潜江县有安远、师子二镇⑥；监利县有监利、沔阳、玉沙三镇⑦；松滋县有白水、枝江二镇⑧；石首县尚有藕池镇、建宁二镇⑨；长林县境内有长林、安平、乐乡、柏铺、马梁、历口六镇⑩；当阳县境内有山口、新店二镇⑪。这类市镇在五代时期未见记载，难以判断是否在高氏荆南时期即已存在。

不过，前已明确考知的若干草市镇，无疑是高氏荆南至为基本的商业据点，其大多具有水陆交通极为便利的特点，而分布于草市镇四周的粮食、经济作物的生产和传统家庭的小手工业生产，则是其赖以生存的土壤。本地所产与境内外的商人所贩运的货物，一般均以城市和草市镇为交易场所，由此而使乡村地区的自然经济与以城市为基地的交换经济发生密切联系，并为商品经济的进一步发展拓宽了前行的道路，促进了商业的进一步繁荣。

---

① 《资治通鉴》卷二七六，后唐明宗天成三年三月及胡三省注，第9015页。
② 《太平寰宇记》卷一四六《山南东道五·荆州·石首县》，第2844页。
③ 《读史方舆纪要》卷七八《湖广四·荆州府·石首县》，第3668页。
④ 《元丰九域志》卷六《荆湖北路·江陵府·江陵县》，第266页。
⑤ 《元丰九域志》卷六《荆湖北路·江陵府·公安县》，第266页。
⑥ 《元丰九域志》卷六《荆湖北路·江陵府·潜江县》，第266页。
⑦ 《元丰九域志》卷六《荆湖北路·江陵府·监利县》，第266页。
⑧ 《元丰九域志》卷六《荆湖北路·江陵府·松滋县》，第267页。
⑨ 《元丰九域志》卷六《荆湖北路·江陵府·石首县》，第267页。
⑩ 《元丰九域志》卷六《荆湖北路·江陵府·长林县》，第267页。
⑪ 《元丰九域志》卷六《荆湖北路·江陵府·当阳县》，第267页。

二、商业的繁荣

史籍中关于高氏荆南商业繁荣的直接记述，并不多见，但对此也并非全然无所反映，以下仅据相关材料的零星记载，略为言之，以窥其一斑。

如前所述，五代时期的江陵一线是南方各国进贡中原王朝、通商的必经之路。楚王马殷"听民售茶北客，收其征以赡军"[1]，并在"汴、荆、襄、唐、郢、复诸州置回图务，运茶河之南北，以易缯纩、战马，仍岁贡茶二十五万斤"[2]。江陵成为内地南北交通枢纽和长江中游的茶叶贸易中心之一，后周世宗柴荣曾以布衣身份，与邺中大商人颉跌氏前往江陵从事茶叶贸易[3]。

至江陵贸易者，除颉跌氏等北方商人外，还有来自其他地区的客商。史载：

> 弥勒瑞像现于高氏。清泰间，随吴商叶旺船至荆登岸，乃知为像。高氏迎之，从香烟所指，置城西北隅万寿寺。[4]
>
> 有估客自岭外来，得龙眼一枝，约四十团，共千枚，献于保勖。[5]

---

[1] 《十国春秋》卷六七《楚一·武穆王世家》，第936页。
[2] 《十国春秋》卷六七《楚一·武穆王世家》，第937页。
[3] 《十国春秋》卷一〇三《荆南四·王处士传》，第1470页。
[4] 《十国春秋》卷一〇一《荆南二·文献王世家》注引《江陵志余》，第1441页。
[5] 《十国春秋》卷一〇一《荆南二·侍中保勖世家》，第1450页。

这是吴商、南汉商人至江陵贸易的例子。据此可见，江陵城仍时常汇聚不少来自各地的客商，而外地客商能至此贸易，当能说明江陵城商业繁荣的事实。惜史载不完，无法确知其时江陵城商税税额的有关情况。北宋神宗熙宁十年（1077），江陵城商税税额为8 468贯528文[①]，高氏荆南时期或许与此相差不远。

正因江陵等城市、市镇能吸引外来客商，故在高氏荆南的上贡物品中，屡屡能见到并非本地所产的高级奢侈品，这些显然都是商人贩运而来。以龙脑香为例，如乾祐元年（948）六月，为重新修复与后汉王朝的关系，高从诲曾贡奉后汉龙脑香二斤[②]。高氏荆南灭亡后，宋太祖乾德二年（964）二月，高继冲又上贡龙脑香十斤[③]。"龙脑香"产自东南亚等地，其能为高氏荆南所有，当为贸易所致。

由上约略可知，高氏荆南商业仍呈现出繁荣之势。入宋之后，其势更盛。如北宋时，沙市商业贸易额甚至一举跃居江陵城之上，神宗熙宁十年（1077）沙市务的商税额为9 801贯65文[④]，居江陵府属22个榷货场务之首。这种情况的出现，应该多少与高氏荆南时期商业发展的基础有些关联。

三、人口的增长

在中国古代社会，人口是综合国力构成的主要要素之一，与经济发展有着至为密切的关系。正如论者所言："经济过程决定着人口过程的基本趋势，是人口过程存在和发展的基础"；尽管"在

---

① 《宋会要辑稿·食货》一六之一三，第5079页。
② 《十国春秋》卷一〇一《荆南二·文献王世家》，第1445页。
③ 《宋史》卷四八三《世家六·荆南高氏》，第13954页。
④ 《宋会要辑稿·食货》一六之一三，第5079页。

某一时期内，某种特殊情况下，人口过程并不直接受制于经济过程"，但"其最终受制于社会经济发展"；"人口过程也会反过来影响，即延缓和加速经济过程"①。经济与人口间的上述关系，同样表现于高氏荆南的历史发展行程之中。

以江陵为中心的荆南地区，自唐末以来人口的升降几经反复。唐朝末年，荆州是唐军和农民军激烈作战的地区之一，战祸惨烈，人口锐减，据载"江陵城下旧三十万户，至是死者什三四"②，这是唐僖宗乾符五年（878）正月江陵的人口情况。次年十月，王铎趣襄阳，留其将刘汉宏守江陵，"汉宏大掠江陵，焚荡殆尽，士民逃窜山谷。会大雪，僵尸满野"③。广明元年（880）正月，僖宗制词中提到："东南州府遭贼之处，农桑失业，耕种不时。就中广州、荆南、湖南，盗贼留驻，人户逃亡，伤夷最甚。"④荆南是人户丧亡最为严重的地区之一。光启三年（887）十二月，秦宗权所署山南东道留后赵德諲攻陷江陵，"遗民才数百家"⑤。史书又云："荆州经巨盗之后，居民才一十七家。"⑥此类说法或有夸张，但江陵遭受破坏极为严重当是事实。成汭镇荆州时，"勤王奉国，通商务农，有足称焉"⑦，治绩甚著，以至时有"北韩南郭"之称，唐昭宗天复三年（903）前后江陵户数已逾万⑧。在受命援

---

① 《唐代长江中游的经济与社会》，第290页。
② 《资治通鉴》卷二五三，唐僖宗乾符五年正月，第8195页。
③ 《资治通鉴》卷二五三，唐僖宗乾符六年十月，第8217—8218页。
④ 《旧唐书》卷一九下《僖宗纪》，第705页。
⑤ 《资治通鉴》卷二五七，唐僖宗光启三年十二月，第8372页。
⑥ 《旧五代史》卷一七《成汭传》，第229页。
⑦ 《北梦琐言》卷四《成令公为蛇绕身》，第82页。
⑧ 《新唐书》卷一九〇《成汭传》，第5484页。

第七章　高氏荆南的经济　331

救鄂州杜洪时，竟"发舟师十万"①。可知，其时人口数量已有极大程度的恢复。随后，包括江陵在内的长江中游地区再遭兵燹，"狡狯残忍"的朗州军阀雷彦威"常泛舟焚掠邻境"，以致"荆、鄂之间，殆至无人"②，并曾一度攻占江陵，"尽掠其人及货财而去"③，"俘掠且尽"④。江陵地区人口恢复的进程，由此又被打断。高季兴入主荆南之后，"招茸流散，流民归复"，又诱使后梁军队迁入，江陵"由是兵众渐多"⑤。本地区人口重新呈现出恢复、发展的势头。高氏荆南的后继者亦能踵其成法，保境安民，发展经济，致使人口持续增长。入宋之时，高氏荆南荆、归、峡3州17县计有142 300户⑥。这是史籍中关于高氏荆南人口的唯一具体数字，弥足珍贵，惜既往研究者在评价高氏荆南的经济发展成就时，往往忽略这一数字背后的历史意义，未能做出具体解说⑦。

毋庸讳言，宋初高氏荆南的人口规模，是其经济长期发展的直接表现。对这一人口数字予以深入分析，无疑有助于人们客观认识高氏荆南经济发展的成效，特别是在传世文献对高氏荆南经济活动记载甚少的情况下，这种分析应当是揭示高氏经济发展水平的主要方式。以下的具体探讨从两个方面进行，一是纵向考察，即从唐宋之际本地区人口发展的历程中，了解高氏荆南人口所达到的水平与

---

① 《资治通鉴》卷二六四，唐昭宗天复三年四月，第8607页。
② 《资治通鉴》卷二六四，唐昭宗天复三年五月，第8609页。
③ 《资治通鉴》卷二六四，唐昭宗天复三年五月，第8608页。
④ 《旧五代史》卷三《梁太祖纪三》，第56页。
⑤ 《旧五代史》卷一三三《世袭列传三·高季兴》，第1751页，第1752页。
⑥ 《续资治通鉴长编》卷四，乾德元年二月，第85页；《宋史》卷八五《地理志一》，第2093页。
⑦ 冻国栋先生曾言及于此，认为南平入宋时的14万余户，较之唐末有所增加。参见氏著：《唐代人口问题研究》，武汉大学出版社，1993，第198页。

高度,以人口发展的大势反映高氏荆南发展本地经济的实绩;一是横向比较,即与其时南方各割据政权进行对比,以期能说明高氏荆南的经济实力。

先看高氏荆南的人口数字,在唐宋之际人口发展长河中所居的位置。

唐代荆、归、峡三州户口的发展,可列出下表7-2。

表7-2 唐代荆、归、峡三州户口一览表

州别	贞观十三年(639)		开元二十九年(741)		天宝元年(742)	
	户数	口数	户数	口数	户数	口数
荆州	10 260	40 958	28 932①	137 054	30 192②	148 149
峡州	4 300	17 127	7 317③	42 668	8 098	45 066
归州	3 531	20 011	4 364④	21 534	4 645	23 427
合计	18 091	78 096	40 613	201 256	42 935	216 642

注:①《太平寰宇记》卷一四六《山南东道五·荆州》第2833页计为86 800户,按,牟发松先生认为此载显然有误,因开元年间(713—741)荆州既无外来移民涌入的记载,人口不可能较贞观年间(627—649)增长如此之快;也无理由在天宝年间(742—756)猛降至3万余户,其间悬殊过大,由此可"推定《寰宇记》所载荆州开元户是采录今本《元和(郡县图)志》已佚的荆州元和户或中唐以后其他年份的户口"。此说较可信。参见《唐代长江中游的经济与社会》,第282页。

②《唐代人口问题研究》第193页计为30 392。

③《太平寰宇记》卷一四七《山南东道六·峡州》第2861页计为8 098户,亦有可能出自《元和郡县图志》,俟考。

④《太平寰宇记》卷一四八《山南东道七·归州》第2878页计为4 845户,亦有可能采自《元和郡县图志》,俟考。

资料来源:表中贞观十三年(639)户口、天宝元年(742)户口出自《旧唐书》卷三九《地理志二·山南东道》,第1552—1554页;开元二十九(741)年户口出自《通典》卷一八三《州郡十三·古荆州》,第4864—4866页。并参据孙继民:《关于唐代长江中游人口经济区的考察》,黄惠贤、李文澜主编:《古代长江中游的经济开发》,第348页;《唐代长江中游的经济与社会》,第254页;《唐代人口问题研究》,第193页。

在正式进行比较之前，有三点必须予以说明：

其一，高氏荆南的总户数还包括后梁时期隶入的监利县户数，该县在唐代为复州所辖，其户数在李唐时期自然不可能计入荆州，故用于比较的唐代户数会比实际数字略低，虽然这多少会使下述比较结果产生些许偏差，但这一部分的准确数字，显然无法通过简单的方式从总数中予以减除，而且其数字也不会太多，不大可能对下述计算结果产生根本性的影响，就此角度而言，此因素很难削弱下述比较的说服力。

其二，唐代官方著籍户口，并不能如实反映其时人口的确切情况，原因在于，唐代存在大量逃户和隐漏人口，这部分人口并未计入官方人口统计数据之列。杜佑曾估计天宝（742—756）末户籍脱漏至少在400—500万之间，约占全国著籍户总数的35%左右[1]。历代学者对唐代户口脱漏数也有不同的估算，以下比较取冻国栋之推测，唐代"浮逃人口和土户隐漏按照最保守的估计应占著籍总户口数的半数以上"[2]，即著籍户口仅占实际人口的50%。

其三，宋代的户与口的关系问题，有可能对比较结果带来相当程度的冲击。宋代人口问题自20世纪30年代以来一直就是学术界研究的重点，其焦点是史籍中宋代人口的户多口少现象，平均每户仅及2口左右的记载极为常见。迄今为止，关于这一论题的研究已

---

[1] 《通典》卷七《食货七·丁中》第157页记曰："约计天下人户少犹可有千三四百万矣。"据此即可测算出脱漏人口的比例。
[2] 《唐代人口问题研究》，第123页。

涌现出众多成果，兹不一一罗列①。持续的争论则使这一问题的解答，渐致汇聚为"漏口说""男口说""不计女口说"等数种代表性观点。尽管如此，迄今却尚未形成获得普遍认可的解释，其情形仍如20世纪60年代何炳棣先生在《宋金时中国人口总数的估计》中所说："虽然以前研究宋代人口的学者付出了劳动和努力，我们仍无法准确了解宋代官方对'人口'的定义是什么。"②尽管如此，学术界在宋代户数记载真实性的看法上，已达成共识，认为宋代人口资料中的户数基本可信。由于高氏荆南的户数是入宋时的统计结果，极有可能与宋代户口的著籍方式相一致，囿于史料的缺乏，目前或许只能对此做出如此解释。当然，也有可能不一致。稳妥起见，此处以前一种可能作为比较的前提，故在对这一数字的处理上，一如宋史研究者所经常采用的方式，认可户数记载的真实性，再以传统家庭"一户五口"的标准予以推算③。这也是目前唯一可行的方法。不过，必须承认的是，以5口作为家庭规模的口数，毕竟不是太准确，也不太可能得出准确的数字，好在此处仅将计算结果视为定性分析的基础，而不是刻意追求相关数字的绝对精确，只是寄望通过相关结果的比较，反映出唐宋之际本地区人口发展的大势，如此处理或许不致有太多不妥。

---

① 已有学者对此予以梳理，参见何忠礼：《宋代户部人口统计考察》，《历史研究》1999年第4期；吴松弟：《中国人口史（第三卷）》，复旦大学出版社，2000，第2—4页；赵瑶丹：《宋代户籍制度和人口数问题研究综述》，《中国史研究动态》2001年第1期。
② 何炳棣著，葛剑雄译：《明初以降人口及其相关问题：1368—1953》，生活·读书·新知三联书店，2000，第368页。
③ 程民生先生认为，宋代北方户均人口约9人，南方户均人口约6人，参见氏著：《宋代家庭人口数量初探》，《浙江学刊》2000年第2期。此处仍沿袭"一户五口"之说。

依据上述理解，将前引高氏荆南户数与上表列举的唐代贞观（639）户、开元（741）户、天宝（742）户进行比较，不难发现，高氏荆、归、峡三州户数远远超过唐代上述三个时期的户数，分别约是后者的393%、175%和166%，即便是唐朝鼎盛时期天宝元年（742）此三州的著籍户数，这一现在所能看到的唐代本地区户数发展的顶峰数字，也仅及高氏荆南入宋时户数的3/5。以户均五口的方式计算高氏荆南的口数，即为711 500，与表7-2中最高口数为216 442的天宝元年（742）比较，后者为前者的61%，约略3/5有余，与户数对比所得的结果仍较为接近。而高氏荆南与唐代户口间所呈现出的如此悬殊的差距，的确有些出人意料。据此可知，高氏荆南的人口发展规模显然大大超过唐代的绝大部分时间。

如果再联系唐末期间人口大量锐减的客观事实，考虑高氏荆南人口发展的低起点，那么，高氏荆南统治期间本地区达到的这一人口高度，所体现出的发展速度，显然会更加令人难以置信。遗憾的是，如今已无法知晓高季昌入主荆南之初的具体人口数字，似乎很难就此做出进一步的推论。然而，在有限的记载中，有这样一则材料："（高）季兴以江陵古之重地，又当天下多事，阴有割据之志，乃大兴力役，重筑城垒，执畚者逮十数万人，皆攀援宾友，负土助焉。"[①]其间言及这次力役之征的"十数万"人，虽然具体数字不详，但对于诠释高氏荆南的人口发展进程，多少还是提供了一个可资参考的数据。因其时高氏所辖唯有荆州一地（参见前面有关

---

① 《三楚新录》卷三，第6327页。

章节），故这次应役者当来自于荆州所辖诸县；并且，记载中明言"大兴力役""攀援宾友"相助，又或可表明此次土木工程是一次举全国之力的浩大行动，其参与人数，保守估计也当在荆州所辖人数的半数上下。高季兴筑城之举在龙德元年（921）[①]，其时高氏荆南已经过10余年发展，生齿渐繁，流民涌入，固为事实，但材料明言此役人数为十数万，或有虚夸成分，今折中取100 000为数，则荆州所辖人数约20万。

尽管归、峡二州此时不在荆南势力范围之内，直至后唐明宗天成元年（926）才开始隶入，但从便于比较的角度出发，此处仍可做一些估算。结合表7-2所载，唐代荆州在荆、归、峡三州总人口的比例仍可通过计算得出，其结果是，贞观十三年（639）、开元二十九年（741）、天宝元年（742）三个年份分别为52%、68%和68%。暂且忽视荆州开发进程远远领先于归、峡二州的这一趋向，取其平均值以63%计，则归、峡人口在三州人口的总数中占37%。照此推算，后梁末帝龙德元年（921）时，此三州人口已达317 460，折算成户数为63 492。不妨再以此人口数和入宋时的人口数，即户数142 300的5倍，也就是711 500，进行比较，后者为前者的224%，近乎翻了1.25倍。而这一过程的实现，只有短短的42年。而唐代从其初期到盛唐百余年的时间里，三州的户数、口数分别至多增加24 844×2、138 346×2。以唐代天宝元九年（742）的口数与贞观十三年（639）的口数对比，其增长幅度为277%，这一过程的实现，则耗时103年。

---

① 《资治通鉴》卷二七一"后梁均王龙德元年十二月"第8871页载："高季昌遣都指挥使倪可福以卒万人修江陵外郭。"即为其证。

那么，上述两个时段的人口年均增长率的情形又如何呢？无妨分别设唐代、高氏荆南上述两个时期人口的年均增长率为X_1、X_2，可得公式如下：

$(1+X_1)^{103} = 2.77$；$(1+X_2)^{42} = 2.24$

计算后所得结果为：X_1约为10‰，X_2约为19‰，仍然是后者远远高于前者。尽管这种计算存在种种不足，但至少可以说明，高氏荆南时期人口发展的进程不仅并不逊色于盛唐，甚至有可能大大超乎其上。

仍需强调的是，上述蠡测是在缺乏准确数字的情况下进行的估算，也必定与其时的人口实际进程有一定的距离，却也并非全然毫无根据，大致还是能反映出高氏荆南人口发展的总体趋势，这也是高氏荆南时期经济迅速发展的真实反映。

依照常理而言，在高氏荆南经济发展的基础上，北宋初期，江陵地区的社会经济应该有进一步的发展，人口亦应有所增加，但史籍中有关本地区宋初人口变动的记载，却并不支持这一判断。为便于对此做进一步的说明，兹将本地区在北宋三个时期的户数制成下表。

表7-3 北宋江陵府、归峡二州及荆门军户数一览表

州别	太平兴国户数	元丰三年（1080）户数	崇宁元年（1102）户数
江陵府	63 447	189 922	85 801
峡州	4 401	45 496	40 980
归州	2 562	9 638	21 058
荆门军	4 070	——	——
合计	74 480	245 056	147 839

资料来源：太平兴国户分别出自《太平寰宇记》卷一四六《山南东道五·荆州/荆门军》，第2833、2846页；《太平寰宇记》卷一四七《山南东道六·峡州》，第2861页；《太平寰宇记》卷一四八《山南东道七·归州》，第2878页。元丰户出自《元丰九域志》卷六《荆湖北路·江陵府》，第266页；《元丰九域志》卷六《荆湖北路·峡州》，第271页；《元丰九域志》卷六《荆湖北路·归州》，第273页。崇宁户出自《宋史》卷八八《地理志四·荆湖北路》，第2193、2195、2196页。

注：由于州县改置，江陵府元丰户、崇宁户已包括原荆门军户数与原复州之监利县户数。《元丰九域志》卷六《荆湖北路·江陵府》第266页载："（熙宁六年）废复州，以玉沙县为镇入监利；废荆门军，以长林、当阳二县隶府。"《元丰九域志》卷一〇《省废州军·荆湖路·荆门军》第475页载："开宝五年（980）即江陵府荆门镇建军，以长林、当阳二县隶军；熙宁六年（1073）废军，以二县隶江陵府。"据此，元丰三年（1080）、崇宁元年（1102）原荆门军户数实际已纳入江陵府，是故表中不载。

取太平兴国户数与高氏荆南入宋时户数进行对比，前者竟比后者减少了67 820户，损耗率接近48%，而两者相距的时间至多不超过24年。这种情形显然有悖于人口发展的正常逻辑。那么，自宋太祖乾德元年（963）之后，导致本地区人口锐减的原因又何在呢？也许，这与宋初开展统一战争时，通常以荆南为征服南方诸国的前沿阵地，不无关系。乾德二年（964），"荆湖既平，有穆昭嗣者事高氏为医官，上召见问蜀中山川曲折之状，昭嗣曰：'荆南即西川、江南、广南都会之冲，既克此，则水陆皆可趋蜀。'"[①]事实上，宋廷灭亡高氏荆南后，一直到其后次第消灭后蜀、南汉、南唐，本地区屡屡都是宋军屯驻、集结的战略根据地，也是挥师进击的前沿阵地。以开宝七年（974）宋军讨伐南唐的战役为例，当年九月，宋太祖"命宣徽南院使、义成军节度使曹彬为西南路行营马步军战棹都部署，山南东道节度使潘美为都监，颍州团练使曹翰为

---

① 《舆地纪胜》卷六四《荆湖北路·江陵府上·风俗形胜》，第2200页。

先锋都指挥使,将兵十万出荆南,以伐江南"[①]。仅从"将兵十万出荆南"一语,即可窥知此次战役规模之大。有此一例,其余无复再举。而此种情形势必会对本地区人口的发展产生阻碍性影响,反映在人口数据上,就是本地区人口在宋初20余年间的大幅度下降。在史载无多的情形下,作此推论,或可成立,仍未敢自必,权作一说罢。

太平兴国年间(976—984)之后,本地区人口再次呈现迅速上升的势头,宋神宗元丰三年(1080)户数已达245 056,约为宋初高氏荆南户的172%,太平兴国户的329%,其间也不过百余年左右的时间。应该看到,宋初南方诸国平定之后,本地区已经进入和平状态,生产生活秩序业已恢复正常,在经过百余年的发展后,人口数量大幅度攀升已属正常。

接下来再比较高氏荆南与其时南方政权的户口情况。

由于南方政权均在入宋时方有准确的户口数字,又因其被纳入北宋版图的时间又前后不一,加之具体面积的计算颇为不易,所以,以下比较只能权且忽略时间上的差距,根据所载县数,取县均户口为比较单位,稍做对比与判断。

南方割据政权入宋时的户数,见表7-4。

[①] 《宋史》卷三《太祖纪三》,第42页。

表7-4 南方割据政权入宋时的户数一览表

年代	割据政权	得州县数	得户数
宋太祖乾德元年（963）	荆南	州 3 县 17	142 300①
宋太祖乾德元年（963）	湖南	州 14 监 1 县 66	97 388②
宋太祖乾德三年（965）	后蜀	州 46 县 240	534 029③
宋太祖开宝四年（971）	南汉	州 60 县 214	170 263④
宋太祖开宝八年（975）	南唐（江南）	州 19 军 3 县 108	655 065⑤
宋太宗太平兴国三年（978）	漳泉	州 2 县 14	151 978⑥
宋太宗太平兴国三年（978）	吴越	州 13 军 1 县 86	550 608⑦
合计			2 528 145

注：引自陶懋炳《五代史略》，第179页。略有改动。

依据前述，则各割据政权县均户数约分别为：荆南8 371户，湖南1 453户，后蜀2 225户，南汉796户，南唐5 901户，漳泉10 856户，吴越6 328户。观察比较结果，可知，高氏荆南的县均户口密度

---

① 《续资治通鉴长编》卷四，乾德元年二月，第85页。
② 《续资治通鉴长编》卷四，乾德元年三月，第87页。
③ 《续资治通鉴长编》卷六，乾德三年正月，第146页。
④ 《续资治通鉴长编》卷一二，开宝四年二月，第261页。
⑤ 《续资治通鉴长编》卷一六，开宝八年十二月，第353页。
⑥ 《续资治通鉴长编》卷一九，太平兴国三年四月，第426页。
⑦ 《续资治通鉴长编》卷一九，太平兴国三年五月，第427页。

仅次于漳泉,却在其他割据政权之上。

尽管这种比较虽时间前后多有不同,难以准确说明高氏荆南户口在其时南方割据政权所处的地位,但与入宋时间一致的湖南和稍晚的后蜀予以对比,其县均户数,远远领先于两地,分别约是两者的576%和376%,其差距不可谓不大。而这应当也是高氏荆南经济的整体发展水平,领先于两地的客观写照。

总体而言,高氏荆南期间,本地区经济的发展取得了较为令人瞩目的成就,草市镇的增多和商业的繁荣,特别是人口的增长,即是这种经济发展的具体表现。唯因宋初本地屡屡被作为宋廷平定后蜀、南汉、南唐的军事基地,受供应战争的影响,这种良好的经济发展势头未能继续得以维持。直到宋太祖开宝八年(975)后,随着南唐的灭亡,本地区的经济发展才重新呈现出上升的趋势,从人口的大幅度增殖即可窥知此点。

第八章　高氏荆南的文人群体

第一节　文人群体与高氏荆南国势

"五代十国时期，诗人词客，大半集聚在南唐、吴越、荆（江陵）、蜀各地。"①虽然，从总体上看，南唐、吴越和前蜀的文人远较高氏荆南为多，但因荆南高氏大多礼贤下士，会聚至此地的文人亦不在少数，其中亦不乏知名之士，孙光宪即为一时翘楚。高氏荆南的文人地位较高，亦皆忠于国事，敢于议政，在高氏荆南政局演变与国运走势中，所起作用至为显著。

一、文人群体的来源及构成

高氏荆南的文人群体，见于史籍者，有梁震、司空薰、孙光宪、王贞范、王惠范、僧齐已、严光楚、高若拙、康张等，基本上都为流寓至荆州的外地士人，其中并无一人出自本地。这种情形的

---

① 王仲荦：《隋唐五代史（下）》，上海人民出版社，2003，第1183—1184页。

出现，既与本地读书人太少有关，更与荆州是外地士人迁移的中转站、频繁的游历之地这一特点有所关联。

在唐代中叶以降的人口大迁移中，荆南湘水一带是南迁士人的迁入地之一①。史载："自至德（756—758）后，中原多故，襄、邓百姓，两京衣冠，尽投江、湘，故荆南井邑，十倍其初。"②缘于流寓士人的增多，乃至出现下述情形，所谓"江陵在唐世，号衣冠薮泽。人言琵琶多于饭甑，措大多于卿鱼"③。当然，江陵城内如此众多的衣冠之人，未必皆因战后南迁而来，但南迁者为数亦不会太少。不过，作为士人汇聚之区的荆州，却在相当长的一段时间内，不见由本州解送而及第者。史载："唐荆州衣冠薮泽，每岁解送举人，多不成名，号曰：'天荒解'。刘蜕舍人以荆解及第，号为'破天荒'。尔来余知古、关图、常修，皆荆州之居人也。卒有高文，连登上科。"④自刘蜕"破天荒"后，荆州本地人及第者才逐渐增多。但唐末荆南地区战火不断，读书之风可能亦因此而受到影响。史籍中，亦不曾发现五代时期荆南本地文人的有关记载。

荆南作为南迁士人寓居地的特点，在唐末五代初期依然有所保留。原来，朱全忠篡唐之前，鉴于"朝廷所以不理，良由衣冠浮薄之徒紊乱纲纪"⑤，曾对世族官宦予以无情打击，或杀或逐，以至朝廷内"缙绅为之一空"⑥。世家子弟纷纷投向别处，其中南下避

---

① 冻国栋：《中国人口史（第二卷）》，复旦大学出版社，2002，第325页。
② 《旧唐书》卷三九《地理志二·山南道》，第1552页。
③ 《太平广记》卷二六六《卢程》，第2090页。
④ 《北梦琐言》卷四《破天荒解》，第81页。
⑤ 《资治通鉴》卷二六五，唐昭宣帝天祐二年五月，第8642页。
⑥ 同上，第8643页。

祸而寓居江陵者，不乏其人。高季兴任荆南留后时，即尝"以贵公子任行军司马"，所谓"贵公子"，也就是"中朝士族子弟"[①]，这些人为免遭不测而迁徙至江陵。后唐庄宗灭梁，以兴复唐室为旗号，"求访本朝衣冠"[②]，这帮不达时变的前朝衣冠子弟，旧态复萌，纷纷离开荆南幕府，投靠后唐。其中，也有如李载仁、刘诜者，竟不离高氏门馆，终身为高氏荆南效劳。另外，司空薰为"唐知制诰（司空）图之族子"[③]，自必是前朝衣冠子弟，亦未北上。

而且，由于江、淮阻兵，前蜀割据，荆南仍是文人迁徙、游历的重要落脚点之一。如梁震在返蜀途中，取道江陵[④]。又如僧齐己在赴前蜀途中，仍然是以江陵为中转之地[⑤]。贯休亦曾游历江陵[⑥]。孙光宪为图进取，同样"旅游江陵"[⑦]。上述四人中，即有三位为高季昌挽留于江陵，梁震、孙光宪更是成为高氏荆南政权的重要僚佐。

至于王贞范、王惠范兄弟，本系幽州人，后梁、后唐更易之时，为免遭迫害，随其父而投奔高氏荆南，亦可算作流寓之士。

另有严光楚、高若拙、康张，籍贯不详，不知是否亦为自外地而至荆南者。

据此可知，高氏荆南的文人群体具有典型的流寓文人的特点。

---

① 《北梦琐言逸文》卷三《薛韦轻高氏》，《北梦琐言》，第410页。
② 《旧五代史》卷六〇《苏循传》，第812页。
③ 《十国春秋》卷一〇二《荆南三·司空薰传》，第1460页。
④ 《北梦琐言》卷七《梁震无禄》，第167页。
⑤ （宋）赞宁：《宋高僧传》卷三〇《梁江陵府龙兴寺齐己传》，中华书局，1987，点校本，第751—752页。
⑥ 《十国春秋》卷一〇〇《荆南一·武信王世家》，第1438页。
⑦ 《三楚新录》卷三，第6328页。

这些人当中，既有前朝衣冠子弟，如李载仁、司空薰；游历僧人，如僧齐己；迁徙无定的读书人，如孙光宪、王氏兄弟；亦有前朝进士，如梁震。其构成相较复杂，而高氏荆南文臣的核心成员，即来自这一群体。除梁震以"白衣从事"辅佐高季兴、齐己为龙兴寺僧正、康张为县令外，其余诸人皆出任高氏荆南幕府幕职。

二、文人群体的得势

自唐末以来，已经形成"诸镇皆武夫"①、"州、县吏多武夫"②的局面。五代时期，更是武人得志之秋。不唯节帅拔自行伍，刺史亦"皆以军功拜"③，所谓"守牧多武人"④。并且，节度使往往"补署亲随为镇将，与县令抗礼，凡公事专达于州，县吏失职"⑤。直接以枪杆子侵逼县政，完全控制地方。武人用事，极其桀骜不驯，后晋成德军节度使安重荣竟每每谓人曰："天子，兵强马壮者当为之，宁有种耶！"⑥武夫悍卒之骄矜，即此可知。

而且，武夫"恃权任气，又往往凌蔑文人，或至非理戕害"⑦。有人即说："为国家者，但得帑藏丰盈，甲兵强盛，至于文章礼乐，并是虚事，何足介意也。"⑧后汉侍卫亲军都指挥使史弘肇亦歧视文人，尝言："文人难耐，轻我辈，谓我辈为卒，可

---

① 《新五代史》卷四〇《韩建传》，第434页。
② 《新五代史》卷六二《南唐世家》，第765页。
③ 《新五代史》卷四六《郭延鲁传》，第516页。
④ 《续资治通鉴长编》卷二，建隆二年五月，第46页。
⑤ 《续资治通鉴长编》卷三，建隆三年十二月，第76页。
⑥ 《旧五代史》卷九八《安重荣传》，第1302页。
⑦ 《廿二史札记校证》卷二二《五代幕僚之祸》，第476页。
⑧ 《旧五代史》卷一〇七《杨邠传》，第1408页。

恨，可恨！"①又说："安朝廷，定祸乱，直须长枪大剑，至如毛锥子，焉足用哉！"②后汉三司使王章亦藐视文人，曰："此等若与一把算子，未知颠倒，何益于事！"③故而，文人遭武人贬抑，已成五代时期的通病。至于文人遭受武夫迫害、屠戮的事例，更是难以遍举。在武夫悍卒横行的时代，文人地位低下，难伸其志，唯能俯首低眉、谨小慎微地奉命于武人，以此保其性命、迁延岁月。

与上述情形有所不同的是，南方诸国文人的境况、命运，明显有所改善，文人开始在政治舞台上崭露头角，如吴、南唐、吴越、马楚、前后蜀，均有文臣参与国政，由此而逐渐显现出由武人政治向文人政治转轨的迹象。这种情况在高氏荆南政权中亦有体现。

高氏荆南的文人群体，向为高氏统治者所器重，不仅未遭冷眼、远离刀锯之祸，而且均享受到很高的礼遇。高季兴、高从诲二主在位时，大行折节好客、亲礼贤士之风，广泛延揽名士，充实幕府，壮大文人群体的力量。高氏荆南重臣梁震、孙光宪等，皆为前期网罗而致。不过，与其时藩镇"延致名士，以光幕府"的做法有所区别的是，高氏荆南此举并非纯粹是为摆摆样子、装扮门面，而是能够切实给予文人足够的尊重，并优礼厚待。

最早供职于荆南幕府的当属原唐代的衣冠子弟，如李载仁、司空薰等皆属此类。尽管破落的世族后代，大多抱守门阀遗风，以门第相标榜，不通时务，且留有种种恶习。但高季兴并未因此而疏远、驱逐此辈，反而关照有加，礼遇非常。史载：

---

① 《旧五代史》卷一〇七《史弘肇传》，第1405页。
② 同上，第1406页。
③ 《旧五代史》卷一〇七《王章传》，第1410页。

高氏以贵公子任行军司马，常以歌筵酒馔款待数公。日常宴集，求取无恒，皆优待之。后庄宗过河……中朝士族子弟多不达时变，复存旧态。薛泽除补阙，韦荆除《春秋》博士，皆赐绯，咸有德色，匆匆办装，即俟归朝，视行军蔑如也。李载仁，韦说之甥，除秘书郎。刘诜，郑珏之妹夫也，除《毛诗》博士，赐绯。尔后韦屡督李入京，高氏欲津置之。载仁迁延，自以先德遗戒，不欲依舅氏，但不能显言，竟不离高氏门馆。刘诜无他才望，性嗜酒，口受新命，殊无行意，日于高氏情敬不衰，然则美醖肥脔之所引也。无何，以疾终。高氏赡给孤遗，颇亦周至。未间，洛下有变，明宗入统，南方强侯，人要姑息，韦（说）、郑（珏）二相皆罢去，韦、薛尚铨荆楚。明年，保勖嗣袭，辟李为掌记。他日，录其长息为子婿，第三子皆奏官，一门朱紫鲜如也。刘诜三子，迭加任遇，三孙女适高氏子弟，向三十年，享其禄食，亦足称也。韦荆州幕而卒，薛泽摄宰而终，岂自掇乎，亦命也夫！①

据此可知，高季兴对于士族子弟的照顾确实极为周全。即使如"无他才望，性嗜酒"的刘诜，高氏亦能美酒佳肴供应不辍；在其卒后，又能周到地"赡给孤遗"。当然，这些人的礼遇程度，远远不及始终不离高氏门馆的李载仁，其曾担任幕府要职观察推官、掌书记，高氏又妻以女，将其三子奏官，李氏一门遂荣宠无比。

在重用士族子弟的同时，对于寒门庶族出身的流寓文人，荆南

---

① 《北梦琐言逸文》卷三《薛韦轻高氏》，《北梦琐言》，第410—411页。

高氏同样以诚相待，结之以恩信。如梁震以前进士的身份自矜，无意入幕，仅愿以白衣从事辅佐荆南，季兴却并未因此对心怀芥蒂，而是"甚重之，以为谋主"①，"时时呼为先辈"②。久负才名的孙光宪至荆南不久，即被高季兴委以重任，辟为掌书记，使其成为幕府要员。孙光宪终身位居要津，职高权重，文臣之中无出其右者。又如王贞范、王惠范兄弟，迭任高氏荆南（观察）推官，高从诲还以惠范为子婿③，这种恩遇亦为其时所少见。诗僧齐己赴蜀途中，取道江陵，亦为高季兴款留，并"于龙兴寺净院安置，给其月俸，命作僧正"④。另有高若拙，缘于"善诗"，而被辟为幕职。至于严光楚、康张任职的原因，史籍无载，难以考述。

基于高氏诸主的信用与厚遇，文人势力日渐壮大，其地位也不断上升，至少已不亚于武将，甚至大有超越武将之上的苗头。史载：

> （梁）延嗣起家行伍，居恒讳健儿、士卒之语。一日，与孙光宪同赴球场，光宪上马，左右掖之者颇众，延嗣在后戏曰："孰谓大卿年老而弥壮邪？良由扶持力尔！"光宪回顾曰："非是众扶，盖是老健。"延嗣不胜怒，论者少之。⑤

梁延嗣系高氏荆南的重要武将，继冲在位时，其与光宪分

---

① 《资治通鉴》卷二六七，后梁太祖开平二年十月，第8705—8706页。
② 《十国春秋》卷一〇二《荆南三·梁震传》，第1461页。
③ 《十国春秋》卷一〇三《荆南四·王惠范传》，第1467页。
④ 《宋高僧传》卷三〇《梁江陵府龙兴寺齐己传》，第751—752页。
⑤ 《十国春秋》卷一〇三《荆南四·梁延嗣传》，第1469页。

执文、武二柄，地位之高不言而喻。可是，对于孙光宪触犯其忌讳，仅能"不胜怒"而已；即使就是此举，亦为时人所讥。由此可知，高氏荆南的文人地位并不亚于武将，而且，其时重文轻武似成风气，否则，梁延嗣发怒的举动，也不至于出现"论者少之"的结果。

  文人的得势，在下述事例中反映得尤为明显。入宋之前，高氏荆南内部曾对是否假道宋军展开讨论，李景威主张严兵以待，孙光宪对此不以为然，建议"封府库以待"①。值得注意的是，光宪在反驳景威时，直称其为"峡江一民耳"②，这种说法极具贬低意味。若是武人得志，光宪此语一出，轻则受笞，重则身首异处。事后，光宪却安然无恙。据此来看，文人得势已经成为高氏荆南政权中存在的基本事实，而武人政治的色彩业已趋于淡化。

  所以说，高氏荆南对文人的礼遇绝非徒有其表，而是确有其实质性内容。也正是基于此点，被高氏荆南延请的流寓文人，除上述韦荆、薛泽外，至荆南后就再未迁徙别处，这也反映出该政权的重文举措对文人所产生的强大吸引力。与厚遇文人相联系，文人的政治地位也有明显提升，不仅武将恃勇专暴、欺凌文人的现象从未发生，而且，文人已逐渐上升为政治中坚，成长为能与武将抗衡的政治力量，有时其风头甚至盖过武将。

  但是，文人的得势，并不意味着文人就可凭借高氏之优宠，玩弄特权，耍奸弄滑，营私舞弊。实际上，对于胆敢胡作非为的文

---

① 《续资治通鉴长编》卷四，乾德元年二月，第85页。
② 《新五代史》卷六九《南平世家》，第860页；《续资治通鉴长编》卷四，乾德元年二月，第84页；《十国春秋》卷一〇二《荆南三·孙光宪传》，第1463页。

人，荆南高氏自有处罚措施。史载：

> 进士郑起谒荆州节度高从诲，馆于空宅。其夕，梦一人告诉曰："孔目官严光楚无礼。"意甚不平。比夕又梦。起异其事，召严而说之。严命巫祝祈谢，靡所不至，莫知其由。明年，郑生随计，严光楚爱其宅有少竹径，多方而致之。才迁居，不日以罪笞而停职，竟不知其故。①

材料中的所谓梦中之语，大可不必相信。但据此可知，严光楚被罪笞、停职，已不单单是贪恋几许竹径的问题，其中还有更深层次的原因，"无礼"才是症结所在。但其"无礼"之状，史载不明，难知其详。唯此一例，已能反映出高氏荆南对文人的重用，显然与恣意和姑息文人迥然有异。

高氏荆南的文人政策既有恩遇，亦有约束，双管齐下，由此亦使文人政治智慧和才能的发挥，被纳入到理性、健康的轨道上来。高氏荆南内政的安定，当得益于此。

三、文人群体与高氏荆南国运

高氏荆南罗致、礼遇文人，看重的不是其华丽的文辞、如簧的巧舌，也无意于以文人粉饰自身，而是迫切渴望能激发文人参政、议政的热情与积极性，以便能在高氏荆南政权中切实施展其政治才干和本领，从而起到巩固、延续高氏统治的作用。事实上，被倚重

---

① 《北梦琐言逸文》卷三《郑起空宅梦异》，《北梦琐言》，第415页。

的文人群体,也屡屡在高氏荆南面临困境时,一次次凭借其敏锐的政治眼光和理性的政治智识,帮助该政权化险为夷,摆脱危机,充分展示出文人治国的政治特长。

  荆南高氏的割据之念,萌生于后梁太祖末年,之所以曾对梁太祖推崇备至的高季兴会萌动此心,其资本之一即在于其拥有梁震、司空薰的智囊团①。梁震与司空薰委身荆南高氏后,忠直无隐,临事敢言,"遇事时多匡正"②。后梁灭亡后,尽管两人在高季兴是否朝唐的问题上有分歧,但这丝毫未影响两人对高氏荆南的忠诚。虽说高季兴听从司空薰建议朝唐,几乎被庄宗羁留,最后仓皇而归,季兴之失策亦"未有如入觐洛京与劝唐伐蜀之二事者"③。然而,客观来看,朝唐之旅固然风险多多,但却使"唐舍江陵而竟先灭蜀"④,也使季兴真切感受到庄宗的自大与后唐朝政的废弛,从而得出"吾无忧矣"⑤的结论,高氏荆南的独立性随后也大大得以增强。季兴在此之后,愈加信重梁震。前蜀灭亡后,高季兴震惊不已,深恐后唐趁势吞并荆南,梁震则说:"不足忧也。唐主得蜀益骄,亡无日矣,安不知其不为吾福!"其言虽不乏宽慰之意,但梁震对时势的判断却相当准确,诚如胡三省所言:"梁震之料庄宗,如烛照数计。"至于胡三省的另一番见解,囿于对高氏荆南的成见,则无须理会,所谓"荆南之福则未闻也。以三郡之地介乎强国

---

① 《十国春秋》卷一〇〇《荆南一·武信王世家》,第1429页。
② 《十国春秋》卷一〇二《荆南三·司空薰传》,第1460页。
③ 《十国春秋》卷一〇〇《荆南一·论曰》,第1438页。
④ 《十国春秋》卷一〇二《荆南三·司空薰传》,第1460页。
⑤ 《资治通鉴》卷二七二,后唐庄宗同光元年十二月,第8910页。

之间,惴惴仅能自全,何福之有!"①上述情况表明,在高氏荆南由昔时藩镇走向割据之路的过程中,梁震的谋划之功,不容小视。

在战争等重大事项的决策上,梁震、孙光宪二人也能从高氏荆南的安危出发,提出合理化建议。如后唐明宗天成元年(926),高季兴拟兴兵攻楚,孙光宪谏曰:"荆南乱离之后,赖公休息,士民始有生意。若又交恶于楚,一旦他国乘吾弊,良足忧也。"②季兴乃止。天成三年(928),后唐派遣房知温领兵攻伐荆南,高季兴见其兵少,欲开城迎战,梁震谏曰:"朝廷礼乐征伐所出,兵虽少而势甚大,加四方诸侯各以吞噬为志,若大王不幸,得战胜,则中朝征兵四方,其谁不欲仗顺而取大王土地邪!为大王计,莫若致书主帅,且以牛酒为献,然后上表自劾,如此庶几可保。"③季兴亦依计而行。以上梁震、孙光宪二人的言论,是从保全高氏荆南角度出发的远见卓识,与季兴识见相较,高下立判。不过,季兴亦有可贵之处,此即从善如流,择善而行。正是有赖于梁震、光宪的谏阻,荆南不仅避免了战火的侵袭,而且亦因此暂时走出了覆亡的困境。

入宋以后,统一形势日益明朗。针对高保勖的种种缺乏理智的行为,孙光宪切谏曰:"公宜克勤克俭,勿奢勿僭,上以奉朝廷,中以嗣祖宗,下以安百姓,若纵佚乐,非福也。"④可惜保勖不听。在是否归降于宋的问题上,孙光宪的态度亦极为明确,力劝继

---

① 以上引文俱见《资治通鉴》卷二七四,后唐庄宗同光三年十一月及胡三省注,第8946页。
② 《十国春秋》卷一〇二《荆南三·孙光宪传》,第1463页。
③ 《十国春秋》卷一〇二《荆南三·梁震传》,第1462页。
④ 《续资治通鉴长编》卷二,建隆二年九月,第53—54页。

冲纳土。此举不仅顺应了统一的潮流，也使高氏血脉得以传承，黎民百姓免遭战祸，功莫大焉。

综括上述，高氏荆南的国运大势，与文人群体的献计献策密切相关。其能从一个仅有一州之地的藩镇，在夹缝中发展为拥有三州地域，并延续至宋初的独立政权，文人群体之功，亦当予以承认。

第二节 梁 震

梁震，生卒年皆不详。唐末进士，返蜀途中，被高季兴挽留，成为高氏政权前期主要谋士，在辅佐高季兴立足荆南、创立高氏荆南的过程中，居功至伟。高从诲继立后，梁震因年老退隐，卒于荆南。《十国春秋》卷一〇二《荆南三》有传。另《五代史补》卷四《汉·梁震神赞》叙其生平甚详。

一、早年履历

关于梁震籍贯，诸书所载稍有不一，有"蜀人"[①]、"蜀郡人"[②]、"依政"[③]人、"卬州依政人"[④]等不同说法。相较而言，后一种说法甚为具体。"卬州"即"邛州"[⑤]，据《新唐书》卷四二《地理志六·剑南道》所载，依政（今四川邛崃市）为邛州临邛郡属县。梁震本名霭，后改之。缘何改名，史书有如下记载：

---

① 《北梦琐言》卷七《梁震无禄》，第167页。
② 《五代史补》卷四《汉·梁震神赞》，第2516页。
③ 《资治通鉴》卷二六七，后梁太祖开平二年十月，第8705页。
④ 《十国春秋》卷一〇二《荆南三·梁震传》，第1461页。
⑤ 邛州，治今邛崃市，辖境相当今四川邛崃、大邑、蒲江等市县地。

僖宗在蜀日，方修举业。时刘象先辈随驾在蜀，震以所业贽于刘。刘略吟味震诗曰："据郎君少年，才思清秀，倘随乡赋，成器非遥。若不改名，无因显达。何以？缘'霱'字'雨'下从'谒'，雨下谒人，因甚得见？此后请改为'震'字，'震'字'雨'下从'辰'。辰者，龙也。龙遇水雨变化，烧尾之事，不亦宜乎！"震后果得上第，名闻诸侯。①

《十国春秋》卷一〇二《荆南三·梁震传》亦载此事，稍略。可见，出于中举及第、入仕为宦的目的，在刘象先的劝说下，梁震始以"震"为名示人。又因梁震生年，诸书无载，据上述材料亦可推知其大概。按，"僖宗在蜀日"为中和元年（881）至中和五年（885），梁震改名即应在此前后。其时，梁震为"少年"，虽岁数仍无法确知，但大体可定于20岁上下。由此上推，梁震生年约在唐懿宗咸通三年（862）前后②。

前引材料已显示，梁震曾"得上第"，关于其发解、及第时间，文献中亦有揭橥。史载：

唐荆南节判司空薰（应为"薰"），与京兆杜无隐，即滑台杜慆常侍之子，洎蜀人梁震，俱称进士，谒成中令，欲希荐送。有薛少尹者，自蜀沿流至渚宫，三贤尝访之。一日，薛亚尹谓司空曰："阁下与京兆，勿议求名，必无所送。杜亦不

---

① （后蜀）何光远：《鉴诫录》卷九《改名达》，五代史书汇编本，第10册，杭州出版社，2004，点校本，第5941页。
② 参见房锐、苏欣：《梁震生平事迹考》，《西华大学学报》2005年第2期。

第八章 高氏荆南的文人群体　355

寿。唯大贤忽为人絷维，官至朱紫。如梁秀才者，此举必捷，然登第后，一命不沾也。"后皆如其言。①

记载中所云"成中令"即成汭，他于唐昭宗龙纪元年（889）至天复三年（903）镇荆南②。所谓"欲希荐送"，即科举中的请求发解。由此可知，梁震或许由荆南发解而前往京师参加省试。有史料显示："震，开平元年（907）侍郎于竞下及第。"③据考订，唐昭宗天祐四年（907），知贡举者为礼部侍郎于兢④。综合上述材料，则梁震于天祐四年（907）二月进士及第。徐松《登科记考》卷二七即将梁震列入唐末及第者，虽无系年，然不误。实际上，梁震是唐王朝科举考试中的最后一榜进士。

尽管从锐意举业至金榜题名前后已历20余载，梁震亦从意气少年进入人生的中年时代，但终究学有所成，多年心血终得认可，本以为就此可跻身仕途、建功立业，故"登进士第，流寓京师"⑤，孰料及第两个月后，朱全忠篡唐建梁，定都汴州。梁、唐易代的巨大变化，对于梁震求取功名、致力功名利禄的人生理想，带来严重冲击。虽说后梁太祖即位之初，"求理尤切，委宰臣搜访贤良。或有在下位抱负器业久不得伸者，特加擢用。有明政理得失之道规救时病者，可陈章疏，当亲鉴择利害施行，然后赏以爵秩。有晦迹丘

---

① 《北梦琐言》卷七《梁震无禄》，第167页。
② 《唐方镇年表》卷五《荆南》，第704—706页。
③ （宋）叶真：《爱日斋丛抄》卷二引《大定录》，中华书局，2010，点校本，第40页。
④ 岑仲勉：《登科记考补订》，（清）徐松：《登科记考》，中华书局，1984，点校本，第15页。
⑤ 《十国春秋》卷一〇二《荆南三·梁震传》，第1461页。

园不求闻达者，令彼长吏备礼邀致，冀无遗逸之恨"[1]。在此形势下，以梁震"前进士"的身份，实在不难在后梁政权内谋得一官半职，但梁震却毅然南归，拒绝效力于后梁。

二、入幕荆南及其不仕

后梁开平二年（908），梁震返蜀途中，被荆南节度使高季兴所挽留。时值高季兴镇荆南不久，为在强敌如林的险恶环境中求生存，高季兴亦极力搜罗人才，对于"得上第，名闻诸侯"的梁震，高季兴自然是倾慕有加。史载："梁公却思归蜀，重到渚宫，江路梗纷，未及西溯，淮师冠江陵，渤海王邀致府衙，俾草檄书，欲辟于府幕，坚以不仕为志，渤海竟诺之。二纪依栖，竟麻衣也。"[2]大致相同的记载亦见于他书。所不同的是，下引材料中，梁震对于"不仕"的原因有所解释。

《鉴诫录》卷九《改名达》载：

> 高令公季昌召赴荆南，以笔砚筹画见托。终身不就宾席，虑因玷污前名。

《五代史补》卷四《汉·梁震裨赞》载：

> 高季兴素闻其名，欲任为判官。震耻之，然难于拒，恐祸及，因谓季兴曰："本山野鄙夫也，非有意于爵禄，若公不以

---

[1] 《旧五代史》卷三《梁太祖纪三》，第50页。
[2] 《北梦琐言》卷七《梁震无禄》，第167—168页。

孤陋，令陪军中末议，但白衣从事可矣。"季兴奇而许之，自是震出入门下，称前进士而已。

《资治通鉴》卷二六七"后梁开平二年十月"载：

> 依政进士梁震，唐末登第，至是归蜀；过江陵，高季昌爱其才识，留之，欲奏为判官。震耻之，欲去，恐及祸，乃曰："震素不慕荣宦，明公不以震为愚，必欲使之参谋议，但以白衣侍樽俎可也，何必在幕府！"季昌许之。震终身止称前进士，不受高氏辟署。季昌甚重之，以为谋主，呼曰先辈。
> 胡三省注云："高季昌出于奴仆，故梁震耻为之僚属。"

综观以上所引，梁震不仕均以无意爵禄作答，却又因碍于情势，恐身遭不测，故虚以委蛇，屈身高氏荆南政权。这种处理，表面看来顺理成章，其实仅是托辞而已。至于胡三省将高季兴的"奴仆"身份视为梁震不耻于介身幕府的原因，亦是皮相之论。

梁震委身荆南的经过，另有史籍亦有较详细记载，其间也涉及梁震不愿厕身幕府的原因，大体符合客观实际，先看原文：

> 梁开平初，归蜀，道过江陵，武信王喜其才识，留之不遣，欲奏为判官。震自以为唐臣，耻为强藩属吏，即亡去，又恐及祸，乃曰："震素不慕荣宦，明公不以震为愚，必欲使参谋议，但以白衣侍樽俎可也。"王心重之，俾与司空薰、王保义同为宾客，而震独不受辟署，称前进士，王亦时时呼为

先辈。①

  此则材料表明，梁震不愿进入高氏荆南节度的幕府，虽然表面上仍以"不慕荣宦"为辞，但实际上主要基于两点考虑：其一，"自以为唐臣，耻为强藩属吏"，即梁震仍以唐臣自居，羞于入幕；其二，担心强行推辞，招来横祸。其中的第二点原因与前引材料相一致，无须辨识；明显与前述有所不同的第一点，倒是值得重视。既然梁震以唐臣自我标榜，势必会产生强烈的抵制后梁王朝的情绪，也断无可能进入后梁政权。这种一心事唐的心迹，在梁震进士及第不久即离开中原、取道南归的行为中，已然有所显露。结合相关史实可知，后梁太祖篡夺唐王朝不久，即提拔原任荆南留后的高季兴为荆南节度使，则高季兴所任荆南节度使一职实为后梁王朝所授予，荆南镇不过是后梁王朝所隶属的强藩。加之高季兴原为朱全忠养子朱友让家奴，后因军功而为朱全忠赏识，其本人与朱全忠的关系非同一般，其能迅速从行伍而升至封疆大吏，此点尤为关键。正是由于荆南与后梁存在这种特殊关系，所以在梁震看来，进入荆南幕府与投身后梁王朝并无本质区别。而且在武人得志之秋，文人唯有仰其鼻息而已，否则难免身首异处。可是，此番心思毕竟是难言之隐，确有不便诉说的苦衷。故此，梁震仅能以"非有意于爵禄""不慕荣宦"等语，掩盖其真实想法，并坚持不担任宾幕职，仅以"白衣"身份为高季兴出谋划策。这又是其忠于唐朝的一种表现。

---

① 《十国春秋》卷一〇二《荆南三·梁震传》，第1461页。

由此可见，真正促使梁震如此选择的原因，固然与武人凌蔑文人的客观现实，及恐因拒绝而招来杀身横祸有所关联，但至为关键的则是其心中挥之不去的"前进士"情结。"前进士"称谓为梁震终生认可的事实，本身就足以表明梁震极为珍视获自于唐朝的进士身份，梁震一生对此呵护备至，以寄托对唐王朝的缅怀与追思。对于这种不事二朝的忠节气概，后世学者亦有较高评价：

> 于唐之亡，得三士焉。罗隐之于钱镠，梁震之于高季昌，冯涓之于王建，皆几于道矣。①
>
> 唐之重进士也，贵于宰辅。……涓既起家幕佐，隐与震皆以不第无聊，依身藩镇，而皎皎之节，炎炎之言，下视天祐末年自诧清流之奸辅，犹豚鹜然。一列为士，名义属焉，受禄与否何较哉？天秩之伦，性植之正，周旋曲折，隐忍以全生，而耿耿清宵者不昧也，唐之亡，三士而已，公卿大夫恶足齿乎？②

王夫之以梁震为"不第"者，与史实不洽，但在气节的品评上，视梁震、罗隐与冯涓为唐士，高度肯定三人对唐王朝的忠诚，其所展示的忠义之风，与所谓的清流奸辅、公卿大夫相较，可谓有同天壤。

还应看到，在为唐朝效力的理想破灭之后，梁震的人生价值取向确实已超脱于名利之外。如其诗所述："桑田一变赋归来，

---

① 《读通鉴论》卷二八《五代上》，第1014页。
② 同上，第1015页。

爵禄焉能浼我哉。黄犊依然花竹外，清风万古凛荆台。"①梁震高岸的节操与飘然功名利禄之外的洒脱，于诗中均有显现。诗僧齐己在《寄梁先辈》诗中道："慈恩塔下曲江边，别后多应梦到仙。时去与谁论此事，乱来何处觅同年。陈琳笔砚甘前席，甪里烟霞待共眠。爱惜麻衣好颜色，未教朱紫污天然。"②充满了对梁震人生际遇的同情，也表达了对梁震高洁人格的赞许。就此而言，不以功名为意的确是梁震的人生态度。故而，梁震用以推脱幕职的"非有意于爵禄""不慕荣宦"等辞令，并非无稽而发。其后选择退隐的人生之路，亦恰与此相合。然而，此点仍当视作其忠贞事唐志向的延伸，退隐亦是守其心志的具体表现之一。

另有学者推测，梁震取道归蜀乃是为投奔前蜀王建政权③。此说一则缺乏相关史料证实；二则倘梁震果真有心如此，并非绝无机会逃离荆南；三则归蜀于梁震而言即是返归故里，未必铁定就是前往依附王建，不排除隐居的可能。故是说尚有斟酌余地。

三、辅佐高季兴

尽管梁震无心入幕，但在荆南前期，由于深受礼遇，被高季兴倚为股肱，遂悉心辅佐高氏荆南政权，殚精竭虑，俾尽忠诚。后梁乾化二年（912），"季昌潜有据荆南之志，乃治城堑，设楼橹，奏筑江陵外城，增广（阙二字）丈，复建雄楚楼、望江楼为捍敌。执畚锸者十数万人，将校宾友皆负土相助"。"会梁太祖殂，季昌

---

① （五代）梁震：《荆台道院》，《全唐诗》卷七六二，第8659页。
② （五代）齐己：《白莲集》卷九《寄梁先辈》，景印文渊阁四库全书，第1084册，台湾商务印书馆，1986，第400页。
③ 《孙光宪与〈北梦琐言〉研究》，第36页。

见梁日衰弱,既得倪可福等为将帅,梁震、司空薰、王保义等为宾客,遂谋阻兵自固"①。在荆南由方镇走向独立王国的过程中,梁震扮演了重要角色。

同光元年(923)十月,后唐庄宗灭梁,"下诏慰谕"。高季昌闻讯后,为示好后唐,"避唐庙讳,更名季兴,欲自入朝"②。梁震"性抗直,临事敢言"③,力排众议,坚决反对高季兴入朝觐见,并分析道:"唐有吞天下之志,严兵守险,犹恐不自保,况数千里入朝乎!且公朱氏旧将,安知彼不以仇敌相遇乎!"④另有史籍载其言曰:"梁、唐世为仇敌,夹河血战垂二十年,今主上新灭梁,而大王梁室故臣,握彊兵,居重镇,以身入朝,行为虏耳。"⑤两段文字虽有不同,所表达的核心内容却完全一致。其时,后唐势头正劲,荆南地狭兵弱,避之唯恐不及,加之高季兴本系梁臣,故季兴于此时入朝洛阳的确有欠妥当。随后发生的事实证明,梁震的判断确有道理。

季兴入觐洛阳,果然,庄宗萌生出扣留季兴的念头,郭崇韬谏曰:"陛下新得天下,诸侯不过遣子弟将佐入贡,惟高季兴身自入朝,当褒赏以劝来者;乃羁留不遣,弃信亏义,沮四海之心,非计也。"⑥庄宗遂止,乃厚遣季兴归镇。不久,又生悔意,密令襄州刘训拦截,幸得季兴机警,连夜斩关而遁,庄宗诏书亦于是夜送达

---

① 《十国春秋》卷一〇〇《荆南一·武信王世家》,第1429页。
② 《资治通鉴》卷二七二,后唐庄宗同光元年十月,第8902页。
③ 《三楚新录》卷三,第6327页。
④ 《资治通鉴》卷二七二,后唐庄宗同光元年十月,第8903页。
⑤ 《新五代史》卷六九《南平世家》,第856页。
⑥ 《资治通鉴》卷二七二,后唐庄宗同光元年十二月,第8910页。

襄州，然为时已晚。季兴返回荆南，谓梁震曰："不听子言，几不免。"①明确表达了悔意。与季兴的颟顸固执相比较，尤显出梁震目光之敏锐，谋虑之深邃，识见之高迈。

高季兴在洛阳时，曾建议庄宗先攻王蜀，再取吴地。史载：

（庄宗）从容问曰："朕欲用兵于吴、蜀，二国何先？"季兴以蜀道险难取，乃对曰："吴地薄民贫，克之无益，不如先伐蜀。蜀土富饶，又主荒民怨，伐之必克。克蜀之后，顺流而下，取吴如反掌耳。"②

不料前蜀政权不堪一击，迅速被后唐军队消灭。前蜀灭亡的消息传来，季兴"方食，失匕箸，曰：'是老夫之过也。'梁震曰：'不足忧也。唐主得蜀易骄，亡无日矣，安不知其不为吾福！'"胡三省注云："梁震之料庄宗，如烛照数计。"③灭蜀之后不久，庄宗果真走向穷途末路。事实的发展，再次印证了梁震预见的正确性，其非比寻常的洞察力再度得以体现。

后唐明宗天成三年（928），后唐军队进攻江陵，高季兴欲出城交战，梁震当即予以制止。史载其事曰：

朝廷遣夏鲁奇、房知温等领兵来伐。季兴登城望之，见其兵少，喜，欲开城出战，震复谏曰："大王何不思之甚耶！

---

① 《新五代史》卷六九《南平世家》，第857页。
② 《资治通鉴》卷二七二，后唐庄宗同光元年十一月，第8907页。
③ 《资治通鉴》卷二七四，后唐庄宗同光三年十一月及胡三省注，第8946页。

且朝廷礼乐征伐之所自出,兵虽少而势甚大,加以四方诸侯各以相吞噬为志,但恨未得其便耳。若大王不幸,或得一战胜,则朝廷征兵于四方,其谁不欲仗顺而起,以取大王之土地耶!如此则社稷休矣。为大王计者,莫若致书于主帅,且以牛酒为献,然后上表自劾,如此则庶几可保矣。不然,则非仆之所知也。"季兴从之,果班师。①

梁震的上述言论亦是基于对形势分析而做出的正确判断,其核心在于准确地把握了荆南与中原王朝、其他诸国之间的关系。依照梁震的理解,倘若荆南直接与中原王朝对抗,无论成败如何,荆南终归会面临丧师辱国的风险。是时,唯有对中原王朝采取妥协退让之策,荆南的灭顶之灾才不会降临。此番分析切中肯綮,故季兴欣然予以采纳,荆南面临的军事危机随即解除。

四、退隐

梁震先后辅佐高季兴、高从诲父子。从诲"性明达,亲礼贤士,委任梁震,以兄事之;震常谓从诲为郎君"②。早在后唐天成元年(926)时,梁震即推荐孙光宪加入荆南幕府。孙光宪才识过人,与梁震治国谋略彼此接近,故很快就在荆南政权站稳脚跟,并且,深得从诲信任。如在孙光宪劝告下,从诲"捐去玩好,以经史自娱,省刑薄赋,境内以安"③。鉴于孙光宪已能独当一面,梁震

---

① 《五代史补》卷四《汉·梁震神赞》,第2517页。
② 《资治通鉴》卷二七九,后唐潞王清泰二年十月,第9135页。
③ 同上。

遂自请隐退,"从诲不能留,乃为之筑室于土洲。震披鹤氅,自称荆台隐士,每诣府,跨黄牛至听事。从诲时过其家,四时赐与甚厚。自是悉以政事属孙光宪"①。梁震自此淡出政治舞台,唯"灌园鬻蔬,为别业,称处士"②,悠游林泉,放情山水,不以世事为意。"末年尤好篇咏,与僧齐己友善"③。《十国春秋》卷一〇三《荆南四·僧齐己传》也说:"梁震晚年酷好吟咏,尤与齐己善,互相酬答。"惜梁震唱和之作均佚,后人无法目睹。

关于梁震退隐的原因,尚有不同说法。《三楚新录》卷三云:

> 洎季兴卒,从诲立。震独不悦,谓所亲曰:"先王平生与吾相见,兄弟之不若也。今日之下,安能屈节北面复事其子邪?"于是求解职,退处于郊外。……每从诲以事召至府,则倒跨黄牛,往往直造厅事前。呼从诲不以官阀,止称"大郎君"而已。从诲以其先王旧人,不忍以过杀之。

《五代史补》卷四《汉·梁震裨赞》亦称:

> 洎季兴卒,子从诲继立,震以从诲生于富贵,恐相知不深,遂辞居于龙山别业,自号处士。从诲见召,皆跨黄牛直抵厅事前下,呼从诲不以官阀,但郎君而已。

---

① 《资治通鉴》卷二七九,后唐潞王清泰二年十月,第9135页。
② 《三楚新录》卷三,第6328页。
③ 《五代史补》卷四《汉·梁震裨赞》,第2517页。

据上述记载，梁震退隐的根源在于，梁震感念先王时期的"兄弟"关系，羞于"复事其子"，并担心"相知不深"，难于施为。这种说法是否妥当，仍有待辨析。

实际上，高从诲虽然出身于富贵之家，的确难免沾染纨绔子弟习气，以至羡慕马希范的奢侈之举，但对荆南所处环境及客观形势一直有较为清醒的认识，在承继父业之后，即针对性地对其父拟订的相关政策做出调整，特别是努力弥合与中原王朝间的裂缝，将此前对抗中朝的策略改变为"奉事中朝"，极大地消除了来自中原王朝的军事威胁，而且起到震慑相邻政权的作用，使之不敢贸然向荆南宣战，这一措施无疑是荆南出现"省刑薄赋，境内以安"局面的前提。仅此而言，从诲的政治识见较之乃父，实有过之而无不及。这种情形，显然更加有利于梁震施展其政治才华。而从重用人才角度看，从诲礼贤下士，从善如流，亦不输其父，并无可能不再倚重梁震。再者，梁震并非热衷于名利之辈，其之所以能在高氏荆南政权前期以"白衣"身份尽心尽力，实则缘于深感高季兴知遇之恩，从诲继位之后，似无理由恪守上下尊卑关系，在意虚名，以至于以念念不忘"兄弟"之情为借口，而耻于"复事其子"。即此三点，可知《三楚新录》与《五代史补》的有关说法或许不够确切。今有学者已就此提出不同意见①，其结论与史实相合。

既然并非与高从诲不和，那么究竟是何种原因，促使梁震选择退隐呢？有学者认为，年岁过高，精力不济，才是问题的症结

---

① 傅璇琮主编：《唐五代文学编年史（五代卷）》，辽海出版社，1998，第281页。

所在①。这种说法较为切近梁震的实际，诚可征信。按，梁震于唐僖宗中和元年（861）前后，便已是"修举业"的"少年"，至后唐末帝清泰二年（935），已逾七十余载，从时间上进行推断，梁震应早已进入风烛残年，垂垂老矣，以如此高年继续为高氏荆南奔走操劳，对其身心负荷而言显然难以承受，也的确是勉为其难。不过，除此之外，对高氏荆南怀有深厚感情的梁震，之所以甘居幕后，还有一因素亦不容忽视，这就是高从诲嗣位后所体现出的奋发向上的政治作为，以及孙光宪等人的忠直无私、谋猷献纳，已使荆南政权呈现出良好的发展趋势。于是，退出劳心费力的政治中心，便成为梁震无奈而又自觉的选择。梁震临辞前，曾对从诲曰："先王待我如布衣交，以嗣王属我。今嗣王能自立，不坠其业，吾老矣，不复事人矣。"②此语真切地道出了梁震退隐的真实原因，即"嗣王能自立"与自身之年老。

然而，正如前引相关材料所述，梁震隐退之后，从诲在重大军国活动的决策上，仍然乐意倾听梁震的意见，故屡屡"以事召"至，梁震每遇"见召"，也无不欣然"倒跨黄牛"前往。可见，即便梁震以"处士"自居，依旧能对高氏荆南政权竭诚尽力，发挥余热。这也从侧面进一步印证出梁震与从诲不和的说法，缺乏事实根据。

对于梁震在荆南政权中所发挥的作用，后世史家不乏赞誉之辞。司马光言及高从诲、孙光宪、梁震时曾道："孙光宪见微而能谏，高从诲闻善而能徙，梁震成功而能退，自古有国家者能如是，

---

① 《孙光宪与〈北梦琐言〉研究》，第39页。
② 《资治通鉴》卷二七九，后唐潞王清泰二年十月，第9135页。

夫何亡国败家丧身之有。"胡三省对梁震还有单独评价："梁震翼赞高氏父子，能保其国，是功也。"①王夫之则视梁震为守"道"之士，梁震在高氏荆南的所作所为，是立足于荆南现实条件的明智之举，他说："梁震无能规正季昌使拒贼而自立，非震之计不及此也，季昌介群雄之间，形势不便，而寡弱固无能为也。震居其国，自全焉足矣。以前进士终老于土洲，季昌屈而己自伸，祗恤其躬，而不暇及人，是亦一道也。"②

可见，高氏荆南能在四邻虎视、战火纷飞的险恶环境中，从一州之地发展为据有三州的独立小王国，并能延续数十年，以"保其国"，与梁震竭力辅佐高氏父子确然有着紧密的联系。高氏荆南前期的这种良好态势，也为其后高氏荆南的平稳发展奠定了牢固的基石。

第三节　孙光宪

孙光宪（896—968），字孟文，自号葆光子③，陵州贵平（今

---

① 《资治通鉴》卷二七九，后唐潞王清泰二年十月及胡三省注，第9135—9136页。
② 《读通鉴论》卷二八《五代上》，第1014—1015页。
③ （宋）陈振孙：《直斋书录解题》卷一一《小说家类》，上海古籍出版社，1987，点校本，第324页；《宋史》卷四八三《世家六·荆南高氏》，第13956页；《十国春秋》卷一〇二《荆南三·孙光宪传》，第1464页。

四川仁寿县东北）人①。曾仕前蜀为陵州②判官，颇有政声。后唐明宗天成初年（约926），避地江陵，因梁震所荐，高季兴辟其为掌书记。孙光宪事南平四世五主，累官荆南节度副使③、朝议郎、检校秘书少监、试御史中丞，赐紫金鱼袋。宋太祖赵匡胤遣大将慕容延假道荆南，孙光宪力劝高继冲献地降宋，宋太祖嘉其有功，授黄州刺史。太祖乾德六年（968）卒。著有《北梦琐言》《荆台集》《橘斋集》等。《宋史》卷四八三、《十国春秋》卷一〇二《荆南三》有传。

一、早年履历

关于孙光宪生年，今人多有讨论。或称其"生年已不可考"④，或谓为"生年约在公元895年"⑤，或曰"约生于唐乾宁（884—897）"年间⑥，或言"生年大约应在公元896年或稍后一两

---

① 《续资治通鉴长编》卷二，建隆二年九月，第54页；《舆地纪胜》卷一五〇《成都府路·隆州·贵平县·人物》，第4050页；《宋史》卷四八三《世家六·荆南高氏》，第13956页。按，《北梦琐言》题为"富春孙光宪纂集"，今人姜方锬认为："光宪著书，自署富春人，盖郡望故也。林山腴先生云：按卫卿有孙林文，凡孙氏皆望富春，盖始于魏晋。光宪本为陵州贵平人，而其著书自署曰'富春孙光宪'，盖郡望族望，宋人皆重之。"参见氏著：《蜀词人评传（五代卷）》，成都古籍书店，1984，第100—101页。
② 陵州，治今仁寿县东2里，辖境相当今四川仁寿、井研二县及简阳市、双流县部分地。
③ 按，此说有误，贺中复曾指出："今考自孙入荆南至荆南归宋，节度副使始终由高氏担任，未曾予人。孙于入宋前，仅任节度判官，当时此官权重，几等副使。"参见吴庚舜、董乃斌主编：《唐代文学史》，人民文学出版社，1995，第746页。
④ 孙光宪：《北梦琐言·前言》，上海古籍出版社，1981，点校本，第1页。
⑤ 庄学君：《孙光宪生平及其著述》，《四川师范大学学报》1986年第4期。
⑥ 陈尚君：《唐代文学丛考》，中国社会科学出版社，1997，第403页。

年之间"①,或"暂定其生年为898年"。据房锐考证,其生年当为唐昭宗乾宁三年(896)②。兹采其说。

孙光宪,以"葆光子"为号,其"葆光"二字源出《庄子·齐物论》:"注焉而不满,酌焉而不竭,而不知其所由来,此之谓葆光。"成玄英疏云:"葆,蔽也。韬蔽而其光弥朗。"③其间寓意,光宪亦有自解,所谓"当衰乱之世,须适时之宜"④,则乱世之间,明乎时变,韬光养晦,不露锋芒,实乃保身之要。

孙光宪家族"世业农亩,惟光宪少好学"⑤,史载:"(陵州)地瘠而力耕,家贫而好学,此风俗之古也。"⑥"其土瘠,故无万钟之家;其地左,故无千金之贾;其俗朴,不乐转徙。"⑦受当地风气影响,光宪自少年时代起即锐意于学。孙光宪早年行迹无定,蜀中地区多有其转徙足迹,剑州⑧、利州、秦州、凤州、资州⑨、成都、犍为(今四川乐山市境内)、云安(今重庆云阳县)一带,光宪皆曾漫游⑩。游历之时,光宪仍不忘求知,"游处之

---

① 刘尊明:《唐五代词史论稿》,香港文化艺术出版社,2000,第240页。
② 《孙光宪与〈北梦琐言〉研究》,第2—5页。
③ (清)王先谦注:《庄子集解》卷一《齐物论第二》,《诸子集成》,第3册,上海书店出版社,1986,影印本,第14页。
④ 《北梦琐言》卷九《王给事刚鲠》,第201页。
⑤ 《宋史》卷四八三《世家六·荆南高氏》,第13956页。
⑥ 《舆地纪胜》卷一五○《成都府路·隆州·贵平县·风俗形胜》,转引自何槀:《仁寿县学记》,第4033页。
⑦ 《舆地纪胜》卷一五○《成都府路·隆州·贵平县·风俗形胜》,转引自:韩驹《进士题名记》,第4034页。
⑧ 剑州,治今四川剑阁县,辖境相当四川剑阁、梓潼等县地。
⑨ 资州,治今四川资中县北3里,辖境相当今四川资阳市以南,内江市以北沱江流域。
⑩ 《孙光宪与〈北梦琐言〉研究》,第8页。

间，专于博访"①，既增进了知识、开阔了视野，亦对社会与现实有了更深刻的理解。

孙光宪曾久寓成都，并曾撰《浣溪沙》词二首，词云：

> 落絮飞花满帝城，看看春尽又伤情。华岁频度想堪惊。风月岂惟今日恨，烟霄终待此身荣。未甘虚老负平生。
>
> 十五年来锦岸游，未曾何处不风流，好花长与万金酬。满眼利名浑信运，一生狂荡恐难休。且陪烟月醉红楼。②

其词显现出词人虽以风流浪子、青楼狎客自处，但在醉生梦死、荒唐颓废的表象之下，其内心并未甘于流连岁月，蹉跎人生，与此相反，进入仕途，建功立业，才是光宪的最终追求。但前蜀盛行制科，不曾以进士科取士，所以光宪一生并未能参加科考。③职此之故，入幕成为其进入仕宦之旅的唯一途径。

唐末，王建割据西川，建立前蜀。然而，前蜀政权"所用皆唐名臣世族"④，衣冠世族成为前蜀政权倚重的主要力量，王建"虽目不知书，好与书生谈论，粗晓其理。是时唐衣冠之族多避乱在蜀，蜀主礼而用之，使修举故事，故其典章文物有唐之遗风"⑤。名门望族子弟既得占据要津，如光宪等庶族寒门之士显然不可能有

---

① 《北梦琐言·序》，见《北梦琐言》，第15页。
② 孔范今编《全唐五代词释注》，陕西人民出版社，1998，分见第1194、1199页。
③ 《五代十国史研究》，第88页。
④ 《新五代史》卷六三《前蜀世家》，第787页。
⑤ 《资治通鉴》卷二六六，后梁太祖开平元年九月，第8685页。

进身之途。

孙光宪曾在前蜀担任陵州判官一职①。在任此职时的行事,史籍无载,无从详考。从"为陵州判官,有声"②一语进行判断,应该政绩尚可,大概是一位称职的前蜀官吏。大约与之同时,曾经无比强盛的前蜀政权正在经历由盛转衰的过程,其情形诚如蒲禹卿所说:"今朝廷所行者,皆一朝一夕之事,公卿所陈者,非乃子乃孙之谋。暂偷目前之安,不为身后之虑。衣朱紫者,皆盗跖之辈,在郡县者,皆狼虎之人。奸谀满朝,贪淫如市,以斯求治,是谓倒行。"③同光二年(924),后唐军队大举伐蜀,仅用70余天,存在18年的前蜀政权即被灭亡。为稳定两川,庄宗"诏蜀朝所署官四品以上降授有差,五品以下才地无取者悉纵归田里;其先降及有功者,委崇韬随事奖任"④。在这种形势下,出身农家、身居下僚的孙光宪,重新在两川任职的可能已极其渺茫。之后不久,后唐统治集团发生内讧,郭崇韬被诛,庄宗寻亦被杀,明宗李嗣源即位。

蜀中大乱不已,孙光宪的政治出路相应被堵塞,不得不另谋幕席。大约在后唐明宗天成元年(926)之初,年届而立的孙光宪毅然携家人辞别桑梓。在今《北梦琐言》中有两则材料,大约应与孙光宪由蜀地进入荆南的过程有关。

---

① 《资治通鉴》卷二七五,后唐明宗天成元年四月,第8979页;《十国春秋》卷一〇〇《荆南一·武信王世家》,第1434页。按,房锐认为,有关记载中称唐时孙光宪即为陵州判官之说,不妥。参见氏著:《孙光宪与〈北梦琐言〉研究》,第10页。
② 《十国春秋》卷一〇二《荆南三·孙光宪传》,第1463页。
③ (宋)张唐英撰,王文才、王炎校笺:《蜀梼杌校笺》卷二《前蜀后主》,巴蜀书社,1999,第175页。
④ 《资治通鉴》卷二七四,后唐庄宗同光三年十二月,第8951页。

材料一载：

  伪王蜀叶逢，少明悟，以词笔求知。常与孙光宪偕诣术士马处谦，问命通塞。马曰："四十以后，方可图之。未间，苟或先得，于寿不永。"于是州府交辟，以多故参差，不成其事。后充湖南通判官，未除官之前，梦见乘船赴任，江上候吏，旁午而至，迎入石窟。觉后，话于广成先生杜光庭次，忽报敕下，授检校水部员外郎。广成曰："昨宵之梦，岂小川之谓乎？"自是解维，覆舟于犍为郡青衣滩而死。即处谦之生知，叶逢之凶梦，何其效哉！光宪自蜀沿流，一夕梦叶生云："子于青衣，亦不得免。"觉而异之。洎发嘉州，取阳山路，乘小舟，以避青衣之险。无何篙折，为迅流吸入青衣，幸而获济。岂鬼神尚能相戏哉！①

  《新唐书》卷四二《地理志六·剑南道》云：嘉州②属剑南道，"嘉州犍为郡，中。本眉山郡，天宝元年更名"。另据《元和郡县图志》卷三一《剑南道上·嘉州》称，有青衣水流龙游县南，夹江县西。今人考证，青衣水与大渡河在嘉州交汇，进入岷江③。

材料二载：

  云安县西有小汤溪，土俗云此溪龙与云安溪龙为亲，此

---

① 《北梦琐言逸文》卷一《马处谦谈命奇验》，《北梦琐言》，第380—381页。
② 嘉州，治今四川乐山市，辖境相当今四川乐山、峨眉山、峨边等市县地。
③ 《中国历史地图集（第五册）》，第65—66页。

乃不经之谈也。或一日，风雷自小汤溪循蜀江中而下，至云安县，云物回薄入溪中，疾电狂霆诚可畏。有柳毅洞庭之事，与此相符。小汤之事自目睹。①

《十国春秋》卷一一一《地理表上》称："安州，旧为云安县，后置云安监，属夔州。前蜀永平时升安州。"其时的云安县，即今重庆市云阳县。

虽然上述两段记载中，颇含神秘怪诞之意，但抛开其间的神异成分，其间提到的"自蜀沿流"与"循蜀江中而下"，极有可能反映了孙光宪离开蜀地进入荆南的事实，即由青衣水、岷江、蜀江顺水路而行，经嘉州、云安县抵达荆南界内。

二、入幕荆南及其历任

后唐天成元年（926）四月，高氏荆南政权中的重要谋臣梁震，"荐前陵州判官贵平孙光宪于季兴，使掌书记"②。可见，孙光宪能进入高氏荆南幕中，梁震在其中起了重要作用，至于孙光宪是否受梁震所邀而至江陵，难做定论。不过，此记载明言孙光宪所任掌书记职务始于高季兴在位时。据此，可以判定，下述记载当误。

《三楚新录》卷三载：

---

① 《北梦琐言逸文》卷四《湫龙会亲》，《北梦琐言》，第434页。
② 《资治通鉴》卷二七五，后唐明宗天成元年四月，第8979页。《十国春秋》卷一〇〇《荆南一·武信王世家》第1434页略同。

（孙光宪）旅游江陵，方图进取。从诲辟之，用为掌书记。

《郡斋读书志》卷一八《别集类中》称：

王衍降唐，（孙光宪）避地荆南，从诲辟掌书记。

《宋史》卷四八三《世家六·荆南高氏》云：

游荆渚，高从诲见而重之，署为从事。

以上三说均认为，高从诲时期，孙光宪始被辟为掌书记、从事，明显与《资治通鉴》所记不合，当误。其中，《宋史》所载"从事"乃是幕职泛称，并非"掌书记"，但其以光宪见用于从诲时，仍误。

而孙光宪始入高氏荆南幕中，即被辟为掌书记，"自是凡笺奏书檄皆出其手"[1]。掌书记一职被喻为"节度使之喉舌"[2]，习称记室，地位仅次于判官，掌管使府的表奏书檄等文字事务。光宪初来乍到，即位居其职，既与高季兴重用人才有关，更重要的恐怕还在于其自身出众的文才，其声名应早就播及荆南。

自离开蜀地进入荆南，孙光宪在荆南生活37年之久，主要承担

---

[1] 《三楚新录》卷三，第6328页。
[2] （五代）王定保：《唐摭言》卷六《公荐》，《唐五代笔记小说大观》，上海古籍出版社，2000，第1631页。

文职工作，并一直是高氏荆南重要的谋臣，也备受高氏四世五主的厚待和礼遇。而在有关记载中，关于孙光宪任职高氏荆南的时间，尚有不同说法。如《直斋书录解题》卷一一《小说家类》称："光宪仕荆南高从诲，三世在幕府。"《宋史》卷四八三《世家六·荆南高氏》载：光宪"历保融及继冲三世皆在幕府"。《蜀中广记》卷九七《著作记七·集部》云："光宪避地荆南，高从诲辟掌书记，三世皆在幕府。"《十国春秋》卷一〇二《荆南三·孙光宪传》曰："光宪事南平三世，皆处幕中。"今人亦有受上述记载影响者①。前引《资治通鉴》已经表明，自高季兴时起，光宪已进入荆南幕府，所以，孙光宪实际历四世五主，"三世"之说有误。

　　光宪所任之职主要有掌书记和判官②。关于此点，在史籍中另有不同记载。《白莲集》卷七有《寄荆幕孙郎中》一诗，则孙光宪领有郎中衔。而另据齐己《夏满日偶作寄孙支使》《孙支使来借诗集因有谢》③等诗。前诗自注："其年闰五月。"据考证，其诗作于后唐明宗长兴二年（931），则孙光宪已担任节度支使④。但是，依唐代制度，支使仅存于观察使府中，节度使府并无此幕职，后者只有副使之设，两者各有隶属，不宜混同。实际上，支使是观察府僚佐，节度府并无支使。支使非专掌表笺书翰之任，而偏重政

---

① 周祖譔：《中国文学家大辞典·唐五代卷》，中华书局，1992，第231—232页；谭兴国：《蜀中文章冠天下——巴蜀文学史稿》，四川人民出版社，2001，第142页；张兴武：《五代艺文考》，巴蜀书社，2003，第68页。
② 《新五代史》卷六九《南平世家》第860页载："判官孙光宪叱之曰：……"《宋史》卷四八三《世家六·荆南高氏》第13954页载为"节度判官孙光宪"，《续资治通鉴长编》卷四乾德元年二月第84页载："刑政、赋役委节度判官孙光宪。"即为其证。
③ 《白莲集》卷四，第358页；卷六，第374页。
④ 《唐代文学丛考》，第405页。

务①。是则其职掌范围亦有差异。有人认为，"节度府称掌书记，观察使府称支使，名异而实同"②。此说亦有不当。因此，将上述"孙支使"当作"节度支使"的说法，显然有所失察，事实上，根本不存在"节度支使"之职，孙光宪又何以可能成为"荆南节度支使"呢？据此，"孙支使"只能是孙光宪担任"荆州观察支使"或"荆归峡观察使支使"之职的省称。

前已有揭，高氏荆南数主之中，确有被授予"观察使"之职者。如高季兴在后梁立国之初，即兼观察使。史载："及梁祖禅代，正拜江陵尹，兼管内节度观察处置等使。"③而且，后唐长兴元年（930）十二月，明宗制词中亦说：

荆南节度使高从诲亡父，扶天辅国翊佐功臣、荆南节度、归峡等州观察处置等使、开府仪同三司、检校太尉、尚书令、江陵尹、上柱国、南平王、食邑八千户、食实封五百户高季兴，可赠太尉。从诲母赵国夫人朱氏，可赠吴国夫人。④

上述制词即提到"归峡等州观察处置等使"，此为季兴在世时曾兼观察使一职的明证。尽管关于高从诲被授此职的记载迄今尚未发现，但根据唐代藩镇惯例，观察使是节度使所兼使职中最基本、最普遍的使衔，系掌督察州县的地方一级行政长官。从诲没有可能不兼此职。而且，其子高保融亦曾被授此职，如后汉初年，高保融

---

① 《唐代幕府制度研究》，第213页。
② 戴伟华：《唐代幕府与文学》，现代出版社，1990，第98页。
③ 《三楚新录》卷三，第6327页。
④ 《册府元龟》卷一七八《帝王部·姑息三》，第1977—1978页。

继位之初,曾被授"荆归峡观察使"①;后周显德元年(954)正月,仍兼荆归峡观察使②。因此,高从诲在统治高氏荆南期间,以荆南节度使兼观察使,应无疑问,之所以迄今未能发现有关这方面的记载,极有可能是史籍脱载所致,抑亦或因节度使兼观察使已成惯例,无须明言。

结合上面所引进行判断,则后唐长兴二年(931)五月,孙光宪已经是荆归峡观察使之支使,而绝不是荆南节度支使。

又,《郡斋读书志》卷一八《别集类中》载:孙光宪"历检校秘书监、御史大夫";《宋史》卷四八三《孙光宪传》亦称:"累官至检校秘书监、御史大夫。"秘书监是检校官,而御史大夫则是宪官,自唐代后期以来,已成幕职,皆谓其官衔而已,并非职事官。

关于光宪官职,仍有需要辨明者。史载:光宪"累官荆南节度副使、朝议郎、检校秘书少监、试御史中丞,赐紫金鱼袋"③。今人亦有据此记载,而称光宪曾担任荆南节度副使之职④。实际上,高氏荆南节度副使一职,始终由高氏子弟担任,未曾授予旁人。孙光宪入宋前,担任节度判官,当时此官权重,几等副使⑤。前面有关章节对此亦有所说明。有研究者指出,所谓"荆南节度副使",若非"荆南节度支使"之误写,即有可能是后人为抬高孙光宪身价

---

① 《宋史》卷四八三《世家六·荆南高氏》,第13952页。
② 《册府元龟》卷一二九《帝王部·封建》,第1416页。
③ 《十国春秋》卷一〇二《荆南三·孙光宪传》,第1463页。
④ 孙光宪:《北梦琐言·前言》,上海古籍出版社,1981,点校本,第1页;《唐五代词史论稿》,第243页;《中国文学家大辞典·唐五代卷》,第232页。
⑤ 《唐代文学史》,第746页。

所添加①。关于"荆南节度支使"之误,已有论列;至于后一种猜测,倒是确有可能存在。

三、辅佐高氏五主

自后梁立国以来,"天下大乱,豪杰蜂起,方是时,以数州之地盗名字者,不可胜数"②。高氏荆南地处洞庭以北、汉水以西,地域狭小,是南方九国中最小最弱的一国。其介于吴、南唐、楚、前后蜀和中朝之间,强邻环伺,生存形势极为严峻,所谓"以三郡之地介乎强国之间,惴惴仅能自全"③。在此弹丸之地,孙光宪依靠其敏锐的目光,务实的作风,高明的治国之术,赢得了高季兴、高从诲等人的信赖。

孙光宪进入荆南不久,便显露出政治上的敏锐与成熟。后梁末帝乾化三年(913),高季兴乘后梁衰弱之机,"造战舰五百艘,治城堑,缮器械,为攻守之具,招聚亡命,交通吴、蜀,朝廷浸不能制"④。后唐明宗天成元年(926),高季兴乘中原王朝易主之际,"大治战舰,欲攻楚",光宪谏曰:"荆南乱离之后,赖公休息士民,始有生意,若又与楚国交恶,他国乘吾之弊,良可忧也。"⑤这一扩张企图被孙光宪及时谏阻。据此可知,孙光宪目光敏锐,善于审时度势,能从荆南的实际出发,注重休养生息,反对

---

① 《孙光宪与〈北梦琐言〉研究》,第16页。
② (宋)苏轼:《苏轼文集》卷一七《表忠观碑》,中华书局,1986,点校本,第499页。
③ 《资治通鉴》卷二七四,后唐庄宗同光三年十一月胡三省注,第8946页。
④ 《资治通鉴》卷二六八,后梁均王乾化三年九月,第8776—8777页。
⑤ 《资治通鉴》卷二七五,后唐明宗天成元年四月,第8980页。

扩张战争，力图保境安民，与四邻和平相处。此举充分显示了孙光宪对现实的深刻洞察力。

高从诲即位之初，孙光宪又有劝谏之举，史载：

> 楚王希范好奢靡，游谈者共夸其盛。从诲谓僚佐曰："如马王可谓大丈夫矣。"孙光宪对曰："天子诸侯，礼有等差。彼乳臭子骄侈僭忕，取快一时，不为远虑，危亡无日，又足慕乎！"从诲久而悟，曰："公言是也。"他日，谓梁震曰："吾自念平生奉养，固已过矣。"乃捐去玩好，以经史自娱，省刑薄赋，境内以安。①

马希范在位期间，大兴土木，穷奢极欲，不计后果。高从诲本来就喜音乐，耽于享受②，故而对马希范的大肆奢华之举，高从诲多少仍有些艳羡。而在孙光宪看来，马希范实为目光短浅、狂妄自大之人。孙光宪已充分认识到，高氏荆南唯有摆正自身位置，遵从以尊君为核心内容的礼乐制度，切忌触犯皇权、骄奢淫逸，方能自保，否则，即会遭到中原王朝无情的打压和邻国的入侵，以至亡国灭族。孙光宪察势见微，居安思危，故劝高从诲克服奢侈腐化、妄自尊大的念头。胡三省指出："高从诲之羡马希范，是侈心之萌芽也，而孙光宪力言之以防微；高从诲因光宪之言，捐玩好而乐经史，思所以阜民保境，是迁善也。"③

---

① 《资治通鉴》卷二七九，后唐潞王清泰二年十月，第9135页。
② 《诗话总龟·丙集》卷二二《宴游门》，第239—240页。
③ 《资治通鉴》卷二七九，后唐潞王清泰二年十月胡三省注，第9135页。

光宪入幕不久,梁震即退隐,高从诲"自是悉以政事属孙光宪"①,孙光宪成为荆南高氏最受倚重的幕府僚佐之一。光宪才识超拔,治国有方,且忠直敢谏。在其辅佐高从诲的十几年间,是高氏荆南发展过程中最为稳定安宁的时期。司马光曾说:"孙光宪见微而能谏,高从诲闻善而能徙,梁震成功而能退,自古有国家者能如是,夫何亡国败家丧身之有。"②

高保融继位之后,中原王朝发生巨变。后周太祖郭威推翻后汉政权,并与其后继者世宗柴荣,施行了一系列改革,中原王朝内部渐趋稳定,国势蒸蒸日上。史载:"帝(世宗)常愤广明以来中国日蹙,及高平既捷,慨然有削平天下之志。"③赵宋政权的建立,则标志着长期以来分裂割据局面的即将结束。中原王朝的日益强大,使其与南方割据诸国间长期以来的势均力敌局面,开始呈现一边倒的情形,中原政权逐渐占据绝对优势。在此形势下,高氏荆南的国策亦随之有所调整。史载:"世宗征淮,(高)保融遣指挥使魏璘率兵三千,出夏口以为应。又遣客将刘扶奉笺南唐,劝其内附。李景称臣,世宗得保融所与笺,大喜,赐以绢百匹。荆南自后唐以来,常数岁一贡京师,而中间两绝。及世宗时,无岁不贡矣。保融以谓器械金帛,皆土地常产,不足以效诚节,乃遣其弟保绅来朝,世宗益嘉之。""宋兴,保融惧,一岁之间三入贡。"④

在勤于贡奉的同时,高保融对于中原王朝,又有所防备。后周世宗显德二年(955),高保融"于纪南城北决江水潴之七里余,

---

① 《资治通鉴》卷二七九,后唐潞王清泰二年十月,第9135页。
② 同上。
③ 《资治通鉴》卷二九二,后周世宗显德二年三月,第9524页。
④ 《新五代史》卷六九《南平世家》,第859—860页。

谓之北海，以阂行者"①。此举的意图当然在于防范中原王朝南下吞并荆南。保融在位期间，荆南政权仍能保持比较稳定的局面。

赵宋立国之后，统一的步伐明显加快。史载："先是，荆南高保勉［勖］退［遣］其弟节院使保寅归贡。上因保寅归，谕旨令决去城北所潴水，使道路无阻。保寅还，语保勉［勖］曰：'真主出世，天将混一区宇，兄宜首率诸国奉上归朝，无为它人取富贵资。'保勉［勖］不听。既而上遣司天监赵修已使湖南，周行逢闻修已言上命荆南决北海，知朝廷将南征。"②至此，宋廷麾师南下，平定高氏荆南，已是早晚之事。

在灭国危机日益逼近之际，继保融而立的保勖不思进取，沉迷于奢侈堕落、醉生梦死的生活。对于保勖的所作所为，孙光宪深感痛心，并竭力谏阻。史载："保勖性淫恣，日召市倡集府署，择士卒之壮健者使相蹀狎，保勖与姬妾帷帘共观笑之。又好营造台榭，极土木之巧，军民咸怒。记室孙光宪谏曰：'宋有天下，四方诸侯屈服面内，凡下诏书皆合仁义，此汤、武之君也。公宜克勤克俭，勿奢勿僭，上以奉朝廷，中以嗣祖宗，下以安百姓，若纵佚乐，非福也。'保勖不从。"③

高继冲继立之后，仍能重用孙光宪、梁延嗣等大臣。史载："高继冲自以年幼，未知民事，刑政、赋役委节度判官孙光宪，军旅、调度委衙内指挥使梁延嗣，谓曰：'使事事得中，人无间言，

---

① 《宋史》卷四八三《世家六·荆南高氏》，第13953页。
② 《舆地纪胜》卷六四《荆湖北路·江陵府上·景物上·三海》注引《通略》，第2202页。
③ 《续资治通鉴长编》卷二，建隆二年九月，第53—54页。

吾何忧也。'"①

宋太祖乾德元年（963），武平节度使周行逢卒，其子周保权即位，部将张文表不服，率众作乱，袭击周保权所驻之潭州，周保权向宋王朝及高氏荆南求援。周保权的求援，对于太祖来说，实乃平定荆湖地区的天赐良机。太祖"召宰相范质等谓曰：'江陵四分五裂之国，今假道出师，因而下之，蔑不济矣。'壬戌，李处耘辞，上遂以成算授之"②。慕容延钊、李处耘等大将奉命假道荆南，率师"援救"。宋军经过荆南时，设计促使高继冲归附。

宋军压境的严峻现实已然无法回避。高继冲弱冠继任，幼稚单纯，自以为"吾家累岁奉朝廷，必无此事"，对太祖心存幻想。而阅历丰富的孙光宪、梁延嗣等人对太祖的用心则有清醒认识。李景威不甘亡国，试图先退宋军，再收张文表献朝廷。实际上，景威其勇可嘉，但其策未必可行。而在危急关头，孙光宪能保持清醒头脑，准确判断形势，及时制止李景威以兵力与赵宋抗衡的企图，竭力促成高继冲归顺朝廷，使荆南免于战火，从而保全高氏家族以及荆南百姓的利益，自己在有生之年也得以归附大宋，为中央王朝效力。这一明智之举，充分展示了他不凡的识见。路振《九国志》卷一二《北楚·李景威传》称："及王师入城，继冲悔不用其言。"应该说，李景威忠勇可嘉，其惨烈而死，令人痛惜。但如果景威的计划得以实施，后果将不堪设想。

事实证明，孙光宪的识见远在李景威之上。当统一已成为不

---

① 《续资治通鉴长编》卷四，乾德元年二月，第84页。
② 《续资治通鉴长编》卷四，乾德元年正月，第82页。

可抗拒的历史潮流,"荆南高氏父子事大以保其国"①的国策失去赖以存在的客观环境时,纳土归顺朝廷实乃唯一可行之选择。诚如论者所言:"真人出,四海一,理势之必然也。天水肇兴,群雄渐削,即无伐虢灭虞之谋,高氏其能常守此土乎?光宪知几,所由与卖国以徼富贵者异矣。"②这一说法大体符合其时实际。孙光宪劝主纳土之举,既是基于儒家的君臣之义,也是其天下归一思想的具体实践,与所谓卖主求荣者有着本质的不同。荆南"地通吴蜀,是为朝廷屏翰"③。"南通五岭,旁带二江,东南接壤,吴蜀交据,舟车四达"④,地理位置十分重要。荆南的率先归附,顺应了历史的潮流,加快了赵宋王朝削平割据诸国、统一中国的步伐。对于孙光宪这一顺应时势的明智行为,后人不应苛责。

乾德元年(963)二月,孙光宪劝高继冲归附宋朝,"太祖闻之甚悦,授光宪黄州刺史,赐赉加等"⑤。孙光宪在黄州走过了人生最后的旅程,史家的评论是:"在郡亦有治声。"⑥或曰:"在郡亦称治。"⑦《大清一统志》卷二六四《黄州府》将孙光宪列入名宦。

太祖乾德六年(968),孙光宪卒于黄州任上,享年约73岁。

孙光宪去世后,其家族、子嗣仍存。荆南归宋后,"右都押衙

---

① 《资治通鉴》卷二八六,后汉高祖天福十二年正月胡三省注,第9337页。
② 《十国春秋》卷一〇一《荆南二·论曰》,第1454页。
③ 《舆地纪胜》卷六四《荆湖北路·江陵府上·风俗形胜》,第2198页。
④ 《舆地纪胜》卷六四《荆湖北路·江陵府上·风俗形胜》引《高武信王神道碑》,第2199页。
⑤ 《宋史》卷四八三《世家六·荆南高氏》,第13956页。
⑥ 同上。
⑦ 《十国春秋》卷一〇二《荆南三·孙光宪传》,第1463页。

孙仲文为武胜军节度副使"①。据考证，"仲文疑为光宪弟，以字行"②。光宪有二子，一名谓，一名谠，均力学有成，"并进士及第"③，时间应该在宋初。

传世文献中，还屡屡见到太祖欲任用孙光宪为学士的记载。如《直斋书录解题》卷一一《小说家类》曰："有荐于太祖者，将用为学士，未及而卒。"《宋史》卷四八三《孙光宪传》亦言："时宰相有荐光宪为学士者，未及召，会卒。"据《宋史》201《宰辅表》载，自太祖乾德二年（964）正月至开宝六年（973）九月，一直为赵普独相。乾德五年（967）十二月，"赵普丁母忧，丙子起复"。开宝三年（970）三月，"右仆射赵普落起复，加特进"。其时距孙光宪辞世已有两年，赵普荐孙光宪显然不会在此时。因此，赵普荐孙光宪为学士当在其"丁忧"之前，也即乾德五年（967）十二月之前，而孙光宪恰在此后不久辞世。

关于这种说法的真实性，已有学者提出疑问，因为孙光宪归附宋朝长达数年之久，且治郡政绩斐然，太祖完全可以尽早予以重用，事实却是孙光宪长期被弃置于黄州④。而才华横溢、治理地方得法的孙光宪之所以未被宋廷提拔，关键恐怕还是在于其"降臣"身份。宋朝承五代之弊，太祖开国之后，有意重树忠节观念，着力提倡名节，其首要措施就是褒扬为国输诚、为主尽节、死事一主的忠臣。史载："士大夫忠义之气，至于五季，变化殆尽。宋之初兴，范质、王溥，犹有余憾，况其他哉！艺祖首褒韩通，次表卫

---

① 《宋史》卷四八三《世家六·荆南高氏》，第13954页。
② 《唐代文学丛考》，第403页。
③ 《宋史》卷四八三《世家六·荆南高氏》，第13956页。
④ 《孙光宪与〈北梦琐言〉研究》，第25页。

融，足示意向。"①这种开一代风气之先的举措，在对待高氏荆南的旧臣中也有施行。如曾献策抵抗宋军，后因其谋不被采纳，终扼吭而死的李景威，即被太祖称为"忠臣"，而且，太祖还"命王仁赡厚恤其家"②。对比而言，在荆南德高望重的孙光宪，才识、声望虽然的确无人可及，但其毕竟是力主荆南归附宋朝的主要人物，仅此一点，单纯从"忠"的角度加以衡量，显然名节有亏，无法与李景威媲美。尽管为服务于统一天下、安邦定国的大局，太祖确实需要重用孙光宪之类的人才，可是孙光宪"伪臣"的身份性标识，明显与新朝重塑的"一心事主"理念格格不入。或许正是因为此点，太祖本来就无意拔擢孙光宪，而在其身逝之后放出重用的话头，也不过是摆摆姿态而已，多少有些安抚人才的意味。当然，此类说法也隐晦地折射出宋人对博学才高、无以施为的孙光宪的同情心理。至于宋太祖对孙光宪归附之初的称赞与褒奖，则完全是出于平定诸国、减少统一阻力的目的，所采取的拉拢人心的行为，与是否重用孙光宪并无必然联系。

综观以上，孙光宪在荆南度过了人生大部分岁月，作为自蜀地远徙而至的一介贫寒士子，能受高氏四世五主重视，建功立业，诚然有幸。惟其如此，其对高氏知遇之恩，常常心存感激，《北梦琐言》中，对高季兴、高从海等人事迹均有记载，且不乏赞美之辞，即是这种感恩之心的自然流露。然而，孙光宪又何其不幸？其博通经史，文采出众，有强烈的立言志向，有志于修撰史书，但却遭逢乱世，壮志消磨，抱负难展，故而，其内心屡屡充溢难以排遣的失

---

① 《宋史》卷四四六《忠义传·序》，第13149页。
② 《续资治通鉴长编》卷四，乾德元年二月，第86页。

落感。史载：

> （孙光宪）自负文学，常怏怏，如不得志。又尝慕史氏之作，自恨诸侯幕府不足展其才力，每谓交亲曰："安知获麟之笔，反为倚马之用。"因吟刘禹锡诗曰："一生不得文章力，百口空为饱煖家。"①

可见，尽管高氏厚遇无比，仍难以平息孙光宪内心深处的苦痛与无奈。而这种悲哀与不幸，究其原因当在于五代十国时期的动乱不已。难能可贵的是，在高氏荆南国势大不如前，危机日益严重，其良苦用心又不为高保勖理解之时，孙光宪仍能尽力施展才能，其对高氏政权的忠心耿耿，殚精竭虑，可谓善始善终。

史家尝道："南平起家仆隶，而能折节下贤。震以谋略进，光宪以文章显，卒之保有荆土，善始善终。区区一隅，历世五主，夫亦得士力哉！"②荆南割据政权能够延续半个多世纪，与高季兴、高从诲等统治者励精图治，梁震、孙光宪、倪可福、梁延嗣等文臣武将鼎立支撑有极大的关系。同时，中原王朝无暇也无力南顾，其他割据政权多奉行保境安民的政策，也是荆南政权得以奇迹般存在达半个多世纪的重要原因。而当后周世宗柴荣以及宋太祖赵匡胤等英主雄踞中原，加快统一步伐之时，作为诸国中最弱一国的高氏已逐渐丧失了生存的空间与机会。

孙光宪身处唐末、五代至宋初这一从分裂走向统一的过渡时

---

① 《三楚新录》卷三，第6328—6329页。
② 《十国春秋》卷一○二《荆南三·论曰》，第1464页。

代,主要的政治作为贯穿高氏荆南兴衰成败的全程,其间所展示的卓尔不群的识见、理性务实的作风,深为后世史家所褒誉。关于其生平履历及评价,清人姚德椿曾赋诗一首,予以总结,无妨移录如下:

五季纷纷相僭窃,日习战争民命绝。天心厌乱主有真,书生见机贵明决。伟哉孙公生不辰,博学多智非常人。少游荆南相契合,高氏辟为入幕宾。是时宋存混一志,公劝继冲降弗贰。规模宏远受于天,豪杰当思择主事。不用干戈率土归,世儒亦或议其非。那知顺逆存乎势,此事乌容昧厥机。兵加而悔必无及,智者烛事在于微。既随入朝太祖喜,授公黄州之刺史。卒也人复荐其才,召为学士公已死。聚书千卷无一存,我之怀矣葆光子。①

第四节　李载仁等文人

高氏荆南境内的文人,除上述梁震、孙光宪之外,尚有李载仁等多人,并有知名诗僧齐己,史籍中皆稍有涉及。现据有关记载,一并略述之如下。

---

① （清）姚令仪纂,李元续纂:嘉庆《仁寿县志》卷四《宋人物》,嘉庆八年续修刻本。

一、李载仁与司空薰

李载仁　生卒年无考。史称其为"唐室之后"①，或称其为"唐室之远裔"②。史载：

> 李载仁，韦说之甥，除秘书郎。……尔后韦屡督李入京，高氏欲津置之。载仁迁延，自以先德遗戒，不欲依舅氏，但不能显言，竟不离高氏门馆。……明年，保勖（"保勖"系"从诲之误）嗣袭，辟李为掌记。他日，录其长息为子婿，第三子皆奏官，一门朱紫骅如也。③

另有史载曰：

> 唐末避乱于江陵，季兴署为观察推官。载仁自负文学，常感季兴见知，每从容接待，不为少礼。然为性迂缓，一日，将赴季兴召。方上马，无何，部曲相殴，载仁怒，且命急于厨中取饭并猪肉，令相殴者对餐之，仍令军将戒之曰："如敢再犯，必当以猪肉中除之以酥。"闻者无不笑之。④

李载仁举止怪诞，尚不止此。如下述史料所示：

---

① 《三楚新录》卷三，第6328页。
② 《十国春秋》卷一〇三《荆南四·李载仁传》，第1465页。
③ 《北梦琐言逸文》卷三《薛韦轻高氏》，《北梦琐言》，第411页。
④ 《三楚新录》卷三，第6328页。《十国春秋》卷一〇三《荆南四·李载仁传》第1465页亦略载此事。

又与妻阁异室而处，一日阁忽叩阁至，载仁亟取百忌历视之，大惊曰："今夜河魁在房，那可就宿？"

载仁常为光宪言，曾目睹梁相张策弟虞轻易道教，因脱亵服挂天尊臂上，戏云"为我掌之"。俄顷，精神恍惚，似遭殴击，痛叫狼狈，归至别业而卒。①

其言谈举止，多此类。尤其是其性情迂缓至极，故载仁"颇不厌众心"②。

在高氏荆南幕府中，载仁除任观察推官、掌书记外，还领有郎中衔③。据载："及孙光宪掌书记，笺奏书檄皆出载仁右，载仁充位而已，由是与光宪有隙"④。李载仁长期在高氏幕府担任观察推官，而孙光宪刚到荆南，便被高季兴辟为掌书记，位在载仁之上。高从诲继任后，载仁升为掌书记，而此时高氏荆南的政事已由孙光宪掌管。因此，无论是从职务、威望，还是从文辞来看，孙光宪均在载仁之上，载仁不满确有可能。

但在荆南一隅，李载仁确为一名不可多得的才学之士，其与孙光宪交往颇多。《北梦琐言》卷三《李氏瑞槐》，卷四《西岳神毙张虞》与《北梦琐言逸文》卷三《江伥》等条所载逸事，即来源于李载仁。

司空薰　生卒年无考，字表圣，司空图之族子，河中虞乡（今

---

① 《十国春秋》卷一〇三《荆南四·李载仁传》，第1465—1466页。
② 同上，第1465页。
③ 《北梦琐言》卷四《西岳神毙张虞》第85页称其为"郎中"。《十国春秋》卷一〇三《荆南四·李载仁传》第1465页载："文献王时，稍迁至郎中。"
④ 《十国春秋》卷一〇三《荆南四·李载仁传》，第1465页。

山西永济县附近）人①。《十国春秋》卷一〇二《荆南三》有传。

高季兴占据荆南时，司空薰居于幕府之列。史载："薰与梁震、王保义等偕居幕府，遇事时多匡正。梁亡，唐庄宗入洛，下诏慰谕藩镇，薰固劝武信王朝京师，用结唐主心，时梁震切谏不可，而武信王卒从薰言，几不得脱归。然唐舍江陵而竟先灭蜀者，亦薰一言力也。薰后事不见于史，未详所终。"②

司空薰撰有《重修大仙庙记》一文。王象之《舆地碑记目》卷四《夔州碑记》"重修大仙庙记"注云："唐宁江军掌书记司空薰撰，同光四年建。"

据载，司空薰早年曾参加科举考试，后受到高季兴重用③。并且，孙光宪称司空薰为"同院司空监"④，可知两人同处高氏幕中。

二、王贞范与王惠范

王贞范　生卒年无考。王保义之子，曾"事文献王为推官，累官少监"⑤。《十国春秋》卷一〇三《荆南四》有传。

王贞范精通音乐，史载：

> 王蜀黔南节度使王保义，有女适荆南高从诲之子保节。未

---

① 按，《旧唐书》卷一九〇下《司空图传》第5082页载："司空图字表圣，本临淮人。"《新唐书》卷一九四《司空图传》第5573页载："司空图字表圣，河中虞乡人。"因司空图父舆，曾于唐宣宗大中年间（847—860），任河中安邑两池榷盐使，其家当徙居于此。故此处采《新唐书》之说。另，《十国春秋》卷一〇二《荆南三·司空薰传》第1460页亦称"其先临淮人"。
② 《十国春秋》卷一〇二《荆南三·司空薰传》，第1460页。
③ 《北梦琐言》卷七《梁震无禄》第167页，"司空董"当为"司空薰"之误。
④ 《北梦琐言》卷一二《柳氏子幞头脚许承志李思益附》，第256页。
⑤ 《十国春秋》卷一〇三《荆南四·王贞范传》，第1466页。

行前，暂寄羽服。性聪敏，善弹琵琶，因梦异人，频授乐曲。所授之人，其形或道或俗，其衣或紫或黄。有一夕而传数曲，有一听而便记者，其声清越，与常异，类于仙家《紫云》之亚也。乃曰："此曲谱请元昆制序，刊石于甲寅之方。"其兄即荆南推官王少监贞范也，为制序刊石。①

另有史料述之甚详：

女弟故所称荆南仙女者，恒时梦异人授琵琶乐曲二百余调，命曰："此曲谱属元昆制序，当刊石于甲寅之方。"于是贞范如女弟指为制序，刊所传曲，有：《道调（宫）》《玉宸宫》《夷则宫》《神林宫》《蕤宾宫》《无射宫》《元宗宫》《黄钟宫》《散水宫》《仲吕宫》；商调，独指《泛清商》《红绡商》《凤商》《林钟商》《醉吟商》《玉仙商》《高双调商》；角调，《醉吟角》《大吕角》《南宫角》《中宫角》《蕤宾角》；羽调，《凤吟羽》《凤香羽》《应圣羽》《玉宸羽》；《香调》《大吕调》。而曲名间有同人世者，如《凉州》《渭州》《甘州》《绿腰》《莫靳》《倾盆乐》《安公子》《水牯子》《阿泛滥》之属。摹本流传，一时咸诧以为异。②

王贞范兴趣广泛，博学多识，与孙光宪志同道合，互相推崇。

---

① 《北梦琐言逸文补遗》之《王氏女》，《北梦琐言》，第453页。
② 《十国春秋》卷一〇三《荆南四·王贞范传》，第1466页。

史载：

> 葆光子同僚王公贞范，精于《春秋》，有驳正元凯之谬，条绪甚多，人咸讶之，独鄙夫尝以陈、陆、啖、赵之论窃然之。非苟合也，唯义所在。①

王贞范治《春秋》深受唐代《春秋》学派的影响，具有舍传求经的学术倾向，不同于杜预的经传合一。这种为学趣向恰与孙光宪相合，故"葆光子""窃然之"。

《直斋书录解题》卷一五《总集类》云："《洞天集》五卷。汉王贞范集道家神仙隐逸诗篇，汉乾祐中也。"《通志》卷七〇《艺文略第八·诗总集》著录其《续正声集》五卷。《唐音癸签》卷三一《集录二》"《续正声集》"注云："后唐王贞范编，五卷。"此书被列为"五代人选唐诗"之一。

又《宝刻类编》卷七《名臣十八》"荆南荆度赠太师楚王高季兴碑"注云："孙光宪撰，贞元行书，贞范篆额，显德二年九月立，江陵。"《舆地纪胜》卷六五《荆湖北路·江陵府下·碑记》"南平高王庙碑"注云："周显德二年，孙光宪撰，今在城西三王庙前。"

王惠范，生卒年无考。亦王保义之子。《十国春秋》卷一〇三《荆南四》有传。

惠范爱好读书，无意世事。史载：其善修饰，喜读书，以门荫

---

① 《北梦琐言》卷一《驳杜预》，第23页。《十国春秋》卷一〇三《荆南四·王贞范传》第1466页所载与此同。

为文学,曾任幕府观察推官。文献王妻以女,且以惠范本将家子,命掌幕中内外军政。"惠范豪迈不羁,颇以簿书符牒为俗务,入告王辞之。自是以王为不知己,凡军府大事皆不参预,但以金帛购古书图画,日披玩为志焉"①。

三、严光楚、高若拙与康张

严光楚,生卒年无考。史载不多,唯有记载二则,移录如下:

> 荆南节度使高保融有疾,幕吏孙光宪梦在渚宫池与同僚偶座,而保融在西厅独处,唯姬妾侍焉。俄而高公弟保勖见召上桥,授以笔研,令光宪指扬发军,仍遣厅头二三子障蔽光宪,不欲保融遥见。逡巡有具櫜鞬将校,列行俟命。次见掌节吏严光楚鞠而前趋,手捧两黑物,其一则如黑漆鞞而光,其一即寻常鞞也。谓光宪曰:"某曾失墨两挺,蒙王黜责,今果寻获也。"良久梦觉。翌日,说于同僚。逾月而保融卒,节院将严光楚具帖子取处分倒节,光宪请行军司马王甲判之。墨者阴黑之物,节而且黑,近于凶象,即向之所梦倒双节之谓也。②

> 进士郑起谒荆州节度高从诲,馆于空宅。其夕,梦一人告诉曰:"孔目官严光楚无礼。"意甚不平。比夕又梦。起异其事,召严而说之。严命巫祝祈谢,靡所不至,莫知其由。明年,郑生随计,严光楚爱其宅有少竹径,多方而致之。才迁居,不日以罪笞而停职,竟不知其故。③

---

① 《十国春秋》卷一〇三《荆南四·王惠范传》,第1467页。《三楚新录》卷三第6329页略同。
② 《北梦琐言逸文》卷三《孙光宪异梦》,《北梦琐言》,第413—414页。
③ 《北梦琐言逸文》卷三《郑起空宅梦异》,《北梦琐言》,第415页。

据上述记载可知,严光楚在高氏荆南政权中,曾经担任节院将、孔目官等职。

高若拙,生卒年无考。事亦甚简,兹录有关其记载一则如下:

高若拙善诗,从诲辟于幕下,尝作《中秋不见月》云:"人间虽不见,天外自分明。"从诲览之,谓宾佐曰:"此诗虽好,不利于己,将来但恐丧明。"后果如其言。①

入宋后,高若拙被任为荆南观察判官②。

康张　生卒年无考。《十国春秋》卷一〇三《荆南四》有传。关于康张的记载仅有一则,录之如下:

康张,事文献王为硖州长阳令。有良吏才,一邑称治。与少监孙光宪时相往还云。③

四、僧齐己

齐己(864—937),晚唐五代著名诗僧。关于其籍贯、姓氏,孙光宪《白莲集序》谓"本胡氏子,实长沙人"④。《五代史补》卷三《晋·僧齐己》、《唐才子传》卷九《齐己》等以其为长沙人。另《宋高僧传》卷三〇《梁江陵府龙兴寺齐己传》、《十国春

---

① 《诗话总龟·丁集》卷三四《诗谶门下》,第338页。
② 《宋史》卷四八三《世家六·荆南高氏》,第13954页。
③ 《十国春秋》卷一〇三《荆南四·康张传》,第1467页。
④ (五代)孙光宪:《白莲集·序》,《全唐文》卷九〇〇,第4163页。

秋》卷一〇三《荆南四·僧齐己》则称其为益阳（今湖南益阳市）人，与前说有异，今已有学者指证其误①。《唐诗纪事》卷七五《僧齐己》曰："齐己本姓胡，名得生。"与孙光宪所记相一致。齐己因籍贯而"自号衡岳沙门"②。齐己撰有《风骚旨格》1卷，另《白莲集》系其卒后，孙光宪采取生平所作诗800余首，编次为10卷，留传于世。《宋高僧传》卷三〇与《十国春秋》卷一〇三《荆南四》有传。

后梁末帝龙德元年（921），齐己在赴前蜀途中，被荆南荆度使高季兴遮留。"龙德元年（921）辛巳中礼己于龙兴寺净院安置，给其月俸，命作僧正，非所好也"③。齐己自此留寓荆南，"惟事笔墨自娱"④，与梁震、孙光宪等人过从甚密。孙光宪更被其引为"诗朋"，两人惺惺相惜，互为推举，友情深厚，交往达10余年。《白莲集》所录诗中，与孙光宪相关者亦有存留。如卷六《孙支使来借诗集因有谢》："冥搜从少小，随分得淳元。闻说吟僧口，多传过蜀门。相寻江岛上，共看夏云根。坐落迟迟日，新题互把论。"⑤同卷又有《因览支使孙中丞看可准大师诗序有寄》："一千篇里选，三百首箐英。玉尺新量出，金刀旧剪成。锦江增古翠，仙掌减元精。自此为风格，留传诸后生。"⑥卷九《中秋夕怆怀寄荆幕孙郎中》："白莲香散沼痕干，绿筱阴浓藓地寒。年老寄

---

① 傅璇琮编《唐才子传校笺》卷九《齐己》，中华书局，1990，第173—174页。
② 《宋高僧传》卷三〇《梁江陵府龙兴寺齐己传》，第752页。
③ 《宋高僧传》卷三〇《梁江陵府龙兴寺齐己传》，第751—752页。
④ 《十国春秋》卷一〇三《僧齐己传》，第1471页。
⑤ 《白莲集》卷六，第374页。
⑥ 《白莲集》卷六，第369页。

居思隐切,夜凉留客话时难。行僧尽去云山远,宾雁同来泽国宽。时谢孔璋操檄外,每将空病问衰残。"①对此,孙光宪是否唱和,因无诗作可证,已不可得知。

齐己热衷诗歌创作,终生困于"诗魔"。吟咏之余,尤为属意于创作理论的阐发,除《风骚旨格》专门论及于此之外,《白莲集》中与此相关诗作竟达292首之多。在诗歌创作上,齐己崇尚"清""苦",追求"骚""雅"②。对于齐己生平、创作及《白莲集》的编撰等情况,孙光宪在《白莲集序》中有详细说明:

> 风雅之道,孔圣之删备矣;美刺之说,卜商之序明矣。降自屈宋,逮乎齐梁,穷诗源流,权衡辞义,曲尽商榷,则成格言,其惟刘氏之《文心》乎!后之品评,不复过此。有唐御宇,诗律尤精,列姓字,掇英秀,不啻十数家。惟丹阳殷璠,优劣升黜,咸当其分。世之深于诗者,谓其不诬。顾我何人,敢议臧否?苟成美有阙,得非交游之罪邪?
>
> 禅师齐己,本胡氏子,实长沙人,家迩沩(山)慕大禅伯,入顿门落发,拥毳游方,宴坐宿念,未忘存(阙三字)③。师趣尚孤洁,词韵清润,平淡而意远,冷峭而(阙十三字)④。郑谷郎中与师(阙六字)。"敲门谁访(阙二

---

① 《白莲集》卷九,第406页
② 参见邓跃新、刘杼:《缁流·齐己〈白莲集〉与中晚唐诗禅境界》,《湖南科技大学学报》2004年第3期。
③ (清)王士禛原编,郑方坤删补:《五代诗话》卷八《缁流·齐己》,人民文学出版社,1989,点校本,第328页。
④ 《五代诗话》卷八《缁流·齐己》第328页仅作"冷峭而□□"五字。

字）客即（阙一字）师，应是逢新雪，高吟得好诗。格清无俗字，思苦有苍髭。讽味都忘倦，抛琴复舍棋。"其为诗家者流之称许也如此。

　　晚岁将之岷峨，假途渚宫，太师南平王筑净室以居之，舍净财以供之。虽出入朱门，而不移素履。议者以唐来诗僧，惟贯休禅师骨气浑成，境意卓异，殆难俦敌。至于皎然、灵一，将与禅者并驱于风骚之途，不近不远也。江之南，汉之北，缁侣业缘情者，靡不希其声彩。自非雅道昭著，安得享兹大名？鄙以旅宦荆台，最承款狎。较风人之情致，颐大士之旨归，周旋十年，互见阃域。师平生诗稿，未遑删汰。俄惊迁化，门人西文并以所集见授，因得编就八百一十篇，勒成一十卷，题曰《白莲集》。盖以久栖东林，不忘胜事。余既缮写，归于庐岳，附远大师文集之末（阙五字），递为辉光。其佳句、全篇或偶对，开卷辄得，无烦指摘。濡毫梗概，良深悲慕。天福三年戊戌三月一日序。①

　　据此不难获悉，齐己之诗风在唐末五代诗坛上的影响及地位。作为与其"最承款洽"的诗友，孙光宪的创作主张大致有与齐己相近的一面。并且，作为唐末五代存诗数量最多的齐己之诗集，之所以得以传留后世，与荆南文士翘楚孙光宪的整理、编辑之功，密不可分。

---

① 　（五代）孙光宪：《白莲集·序》，《全唐文》卷九〇〇，第4163—4164页。

综合前述，尽管高氏荆南地域狭小，但因高氏统治者皆能重用文人，故而仍有不少文人投身该政权，并成为高氏荆南幕职中的主体构成部分。这些人或利用其政治智慧和才能辅佐高氏诸主，或以文学知名，各擅其长，形成高氏荆南政权内部的一个独特群体。

第九章　高氏荆南艺文辑考*

高氏荆南受限于地域狭小、境内文士相较不多的缘故，形成文字著述的总体数量在五代时期的南方九国中也相对偏少。并且，相关内容零星分布于各类记载，后人难以窥其全豹。今有学者在结合清人顾櫰三《补五代艺文志》、宋祖骏《补五代史艺文志》和汪振民《补南唐艺文志》等关于五代艺文志著作的基础上，撰成《五代艺文考》，其间对高氏荆南艺文的情况略有涉及[1]。另有学人专门探讨孙光宪的著述[2]，亦有研究者从文学作品、历史著作、其他著作、金石录等方面分别加以考察[3]。上述成果对于揭示高氏荆南艺文的全貌，显然大有裨益，但其间却又不免偶有疏失，亟待校订补充。职此之故，本章拟在综合此前研究成果的基础上，以经部、史部、子部和集部为范围，对散见杂出的各类著述进行辑考，以便能进一步客观呈现高氏荆南艺文的总体情形。

---

*与2016级历史文献学硕士研究生严春晓合撰
[1] 张兴武：《五代艺文考》，巴蜀书社，2003，第397—398页。
[2] 《孙光宪与〈北梦琐言〉研究》，第48—91页。
[3] 张跃飞：《五代荆南政权研究》，北京师范大学博士论文，2010，第174—190、231—232页。

第一节 经部艺文考

高氏荆南经部著述仅见春秋类,数量极其有限。

一、春秋类

1. 《驳正杜预〈左传注〉》,卷数不详,王贞范撰[①]

《北梦琐言》卷一《驳杜预》云:"葆光子同僚王公贞范,精于《春秋》,有驳正元凯之谬,条绪甚多,人咸讶之,独鄙夫尝以陈、陆、啖、赵之论窃然之。非苟合也。"《十国春秋》卷一〇三《荆南四·王贞范传》载:"素精于《春秋》,有《驳正杜预〈左传注〉》数百条,人多讶之。独与同官孙光宪说《春秋》义合,两人心相得也。"但此间的"数百条"内容是否成书,难以断定,加之上述记载似为仅见,再无其他材料可资佐证,故而以《驳正杜预〈左传注〉》为书名,或稍嫌牵强,今姑且附识于此。

不过,借此倒是能稍稍了解荆南文士对于经学研究的相关情形。由上述两段记载大致可知,王贞范研治《春秋》,明显受到唐代《春秋》学派陈岳、陆淳、啖助、赵匡诸人的影响,沿袭了舍传求经的路数,与杜预所强调的经传合一的取向存在显著差异。而王贞范秉持的这种风格恰好与孙光宪的治学意趣相合,因此孙光宪"窃然之"。

2. 《左传杜注驳正》,一卷,倪从进撰

---

① 《五代荆南政权研究》,第231页。

此据清人顾櫰三的《补五代史艺文志》而列，原作"《左传杜注驳正》一卷，倪从进撰（宋《志》同）"。今有学者对此有所考订[①]，但其所引述《北梦琐言》卷一《驳杜预》条（详细内容见上文），似与此并无直接关系，无法说明倪从进撰有《左传杜注驳正》。更应注意的是，此书未见著录于《宋史·艺文志》，《补五代史艺文志》所述明显有误，不足取信。并且，《十国春秋》卷一〇三《荆南四·倪从进传》载："倪从进，武信王之子婿也。父可福，为武信王大将。从进以荫得官，复娶王女，甚贵宠，一时皆艳慕之。功臣子与王家为婚姻，可知者王保义子惠范及可福子从进，凡二人云。"其中并未言及倪从进撰有《左传杜注驳正》。此外，其他各种官私书目也无关于此书的记载。综合来看，《补五代史艺文志》此载或许有误，书名或撰者都不确，难以考订。当然，极有可能的是，此书与前述之书实际是同一本书，撰者并非倪从进，而是王贞范。在无其他证据的情况下，目前仅能做此推测，有俟将来再考。

第二节　史部艺文考

高氏荆南的史部艺文，有编年类、杂史类、地理类、目录类（金石目）等。

[①]　《五代艺文考》，第21页。

一、编年类

1．《续通历》，十卷，孙光宪撰

此书今本《崇文总目》未见著录[①]，但屡屡见之于南宋以来各种官私目录。《秘书省续编到四库阙书目》卷一《编年》曰："孙光宪撰《续通历》十卷。"《宋绍兴秘书省续编到四库阙书目》云："孙光宪撰《续通历》十卷。"《遂初堂书目·编年类》著录有《续通历》。《郡斋读书志》（衢本）卷五《编年类》载："辑唐泊五代事，以续马总《历》，参以黄巢、李茂贞、刘守光、阿保机、吴、唐、闽、广、湖、越、两蜀事迹。太祖朝诏毁其书，以所纪多非实也。"《直斋书录解题》卷四《编年类》虽未著录，但在"《通历》十五卷"条下称："晁公武《志》《续通历》十卷，孙光宪撰。太祖朝尝诏毁其书。"《玉海》卷四七《艺文·编年》"《唐通历》"条载："孙光宪续十卷，辑唐泊五代事以续马总《历》，参以黄巢、李茂贞、刘守光、阿保机、吴、唐、闽、吴越、两蜀事迹。太祖朝诏毁其书，以其所纪多非实也。"《文献通考》卷一九三《经籍考二十·史·编年》著录"《续通历》十卷"，并称："晁氏曰：荆南孙光宪撰。辑唐泊五代事，以续为〔马〕总《历》，参以黄巢、李茂贞、刘守光、阿保机、吴、唐、闽、广、胡〔湖〕、越、两蜀事迹。太祖诏毁其书，以所纪多非实

---

① 至于其间的原因，刘节认为："《崇文总目》所著录者只有十卷，正因为诏毁孙光宪《续通历》，官库自不著录。"（《中国史学史稿》，中州书画社，1982，第149页）。此为一说，但鉴于《崇文总目》原本久已失传，今通行本系清人钱东垣等从《欧阳文忠公集》《玉海》《文献通考》中辑出的5卷本，故而此条亦有可能在亡佚之列，不见于今本。

也。"《宋史》卷二〇三《艺文志二·史类·编年》著录"孙光宪《续通历》十卷"。《宋史》卷四八三《世家六·荆南高氏》云："又撰《续通历》,纪事颇失实,太平兴国初,诏毁之。"《国史经籍志》卷三《史类·编年》著录"《续通历》十卷孙光宪"。《蜀中广记》卷九二《著作记第二·史部》著录"《续通历》十卷",又云："陵州孙光宪辑唐洎五代事迹,续为〔马〕《历》,参以黄巢、李茂贞、刘守光、安巴坚(即阿保机)、吴、唐、闽、广、胡〔吴〕越、两蜀事迹。宋太祖诏毁其书,以所纪多失实也。"《四库全书总目》卷一四〇《子部·小说家类一》"《北梦琐言》二十卷"条称孙光宪所著有《续通历》等书,又引述《郡斋读书志》云:"(孙)光宪《续通历》十卷,辑唐及五代事以续马总之书,参以黄巢、李茂贞、刘守光、按巴坚(案,阿巴坚原作阿保机,今改正)、吴、南唐、闽、广、吴越、两蜀事迹。太祖以所记多不实,诏毁其书。"《四库全书总目》附录《四库未收书目提要》"《通纪》七卷续五卷提要"云:"后荆南孙光宪者,复辑全唐洎五代事迹十卷,以续总所纪,率多未寔。"

结合上述内容来看,该书系续唐人马总《通历》之作。孙光宪在高氏荆南幕府任职期间,即有意撰著史书。《五代诗话》卷七《荆南·孙光宪》载:

> 光宪每患兵戈之际书籍不备,遇发使诸道,未尝不厚与金帛购求焉。于是三年间,收书及数万卷。然自负文学,常怏怏不得志,又慕史氏之作,自恨诸侯幕府,不足展其才力,每谓交亲曰:安知获麟之笔,反为倚马之用。因吟刘禹锡诗曰:

"一生不得文章力，百口空为饱暖家。"

关于该书的记事时间，《玉海》卷四七《艺文·编年》称"起唐高祖止王审知"，上引《四库未收书目提要》亦曰"唐高祖起，闽王审知止"，大约从唐高祖武德元年（618）至后唐庄宗同光三年（925），记事的前后时间延亘三百余年。不过，此书因"诏毁"的缘故，久已散佚。

至于何时被查禁，现存史籍有两种不同说法：其一是"太祖朝"，上引《郡斋读书志》（衢本）卷五《编年类》、《直斋书录解题》卷四《编年类》、《文献通考》卷一九三《经籍考二十·史·编年》、《蜀中广记》卷九二《著作记第二·史部》均持此说。其二是"太平兴国初"，源出《宋史》卷四八三《世家·荆南高氏》："又撰《续通历》，纪事颇失实，太平兴国初，诏毁之。"《十国春秋》卷一〇二《荆南三·孙光宪传》亦曰："又撰《续通历》，纪事颇失实，太平兴国初，诏毁之。"明显承袭《宋史》的说法。以上两种关于诏毁的具体时间确实有所差异，但囿于史料匮乏，难以准确断定孰是孰非，但此书最迟至太平兴国初年即已遭到查禁当为事实。

关于《续通历》之所以被"诏毁"，其原因亦有两种不同看法：其一是前引《郡斋读书志》《玉海》《文献通考》《蜀中广记》记载的"以所纪多非实也""以其所纪多非实也"，即记载与事实不合。其二是《爱日精庐藏书志》卷九《史部·编年类》曰："《续通历》好载符瑞梦兆及鬼神怪异之事，体近小说。此宋祖所以诏毁其书欤？"即认为充斥于《续通历》内容中的符瑞梦兆及鬼神怪异之事，是被诏毁的缘故。但这一说法是张精吾据今本《通历》后五卷得出的结论，而《续通历》与之存在明显区别，故此将之作为诏毁该书的缘由，难以令人信服①。今有学者认为，上述所谓纪事失实和内涉符瑞梦兆及鬼神怪异之事，应该都不是《续通历》被查禁的根本原因，关键其实更在于书中观念与现实统治意志之间的严重冲突，即荆南入宋后，《续通历》宣扬的历史观念及其间蕴含的褒贬取向，与宋代立国后倡导的国家意识存在尖锐对立②。这种着眼于新旧政治立场差异的考察，较之前两者，或许更为贴近历史的实际。

另外，仍应注意的是，尽管此书在宋初即已被禁毁，但其内容在其他现存书籍中仍有少数保留③。如《钓矶立谈》的引述为：

> 元宗神彩精粹，词旨清畅，临朝之际，曲尽姿致。湖南尝遣廖法正将聘。既还，语人曰："汝未识东朝官家，其为人粹若琢玉，南岳真君恐未如也。"是以荆渚孙光宪叙《续通历》云："圣表闻于四邻。"盖谓语此也。

又如《资治通鉴考异》卷二七《唐纪十九》载：

> 《金銮记》："上曰'朕以濮王处长'。"云云。新《传》："帝十七子，德王裕、棣王㮒、虔王楔、遂王祎、景

---

① 周征松：《〈通历〉的续编和〈旧五代史〉的校补》，《山西师范大学学报（社会科学版）》1982年第1期。
② 房锐：《〈续通历〉考辨》，《史学史研究》2005年第4期。
③ 《孙光宪与〈北梦琐言〉研究》，第50—51页。

王秘、辉王祚、祈王祺、雅王祯、琼王祥、端王祯、丰王祁、和王福、登王禧、嘉王祜、颖王禔、蔡王佑。何皇后生裕及祖先，余皆失其母之氏位。"旧《传》云昭宗十字，无端王祯以下七人。按新、旧《传》，昭宗诸子皆无濮王。孙光宪《续通历》："濮王名𫟷，昭宗之子，母曰太后王氏。哀帝被杀，朱全忠立𫟷为天子，改元天寿。明年，禅位于梁。"此乃光宪传闻谬误也。昭宗亦无王皇后。《金銮记》所云濮王，盖德王改封耳。

又如《默记》卷上云：

晏元献守长安。有村中富民异财，云素事一玉髑髅，因大富。今弟兄异居，欲分为数段。元献取而观之，自额骨左右皆玉也，瑰异非常者可比。见之，公喟然叹曰："此岂得于华州蒲城县唐明皇泰陵乎？"民言其祖实于彼得之也。元献因为僚属言："唐小说：唐玄宗为上皇，迁西内，李辅国令刺客夜携铁槌击其脑。玄宗卧未起，中其脑，皆作磬声。上皇惊谓刺者曰：'我固知命尽于汝手，然叶法善曾劝我服玉，今我脑骨皆成玉；且法善劝我服金丹，今有丹在首，固自难死。汝可破脑取丹，我乃可死矣。'刺客如其言取丹，乃死。"孙光宪《续通历》云："玄宗将死，云：'上帝命我作孔升真人。'爆然有声。视之，崩矣。亦微意也。然则，此乃真玄宗之髑髅骨也。"因潜命瘗于泰陵云。肃宗之罪著矣。或云，肃宗如武乙之死，可验其非虚也。

又如《困学纪闻》卷一四《考史》载：

《五代史·周本纪论》："周世宗尝夜读书，见唐元稹《均田图》，叹曰：'此致治之本也。'诏颁其图法，使吏民先习知之，期以一岁大均天下之田。"考之《五代会要》"租税"类，世宗见元稹在同州时所上《均田表》，因制素为图，赐诸道。《崔颂传》云："世宗读唐元稹《均田疏》，命颂写为图，赐近臣，遣使均诸道租赋。"史谓"元稹图"，误也。《稹集》有《同州奏均田》。《续通历》云："唐同州刺史元稹奏均租赋，帝览文集而善之，写其辞为图以赐。"

当然，以上所引都是明确标识源出《续通历》的记载，除此之外，应当还有散见于其他书籍而未标明出自《续通历》的内容。已有学者根据就目前所见《续通历》的若干佚文，曾探讨该书的编撰时间、材料来源、内容、影响等问题[①]，一定程度上有助于今人对该书的理解。

二、杂史类

1.《后史补》，三卷，高若拙撰

《崇文总目》卷三《杂史类》载："《后史补》三卷。"未著撰人。《直斋书录解题》卷一一《小说家类》著录《后史补》三卷，且称"前进士高若拙撰"。《通志》卷六五《艺文略第三·

---

① 房锐：《〈续通历〉考辨》，《史学史研究》2005年第4期。见氏著：《孙光宪与〈北梦琐言〉研究》，第51—60页。

史类第五·杂史》载："《后史补》三卷，周高若拙杂记唐及五代史。"《文献通考》卷二一六《经籍考四十三·子·小说家》曰："《后史补》三卷。陈氏曰：前进士高欲［若］拙撰。"《宋史》卷二〇三《艺文志二·传记类》云："高若拙《后史补》三卷。"《国史经籍志》卷三《杂史类》载："《后史补》三卷。周高若拙杂记唐及五代史事。"《钦定天禄琳琅书目》卷五《唐国史补》亦载"高若拙《后史补》三卷"。清人赵士炜《中兴馆阁书目辑考》亦有"高若拙《后史补》三卷"之记载。今有学者将高若拙撰《后史补》视为小说类，显然沿袭的是《直斋书录解题》《文献通考》的做法，明显与《崇文总目》《通志》《国史经籍志》等诸书不同①。本文采纳后者之说，将《后史补》列入"杂史类"。

据《玉海》卷四七《艺文·杂史》"唐国史补"条记载："志李肇《国史补》三卷（述开元至长庆事以补史氏之缺）。林恩《补国史》十卷（《崇文目》：六卷。《书目》：《补国史》六卷。载德宗以后二十三事，其条目次第差互。）《崇文目》：高若拙《后史补》三卷（《书目》同）。"据此判断，则高若拙所撰《后史补》，是对李肇《国史补》或林恩《补国史》的续作，两者之间应有一定的继承性，其记事的时间下限或延伸至唐末五代。

此书久已散佚，在宋人曾慥所编《类说》中曾辑有5篇，分别为《桑落酒讹呼为桑郎》《判杂职》《诗窖子》《黄居难》《杜荀鸭》，兹将相关内容具引如下。《桑落酒讹呼为桑郎》载："河中有桑落坊，有井每至桑落时，取其寒暄午，所以井水酿酒甚

---

① 《五代荆南政权研究》，第231页。

佳。乐天诗云：'桑落气熏珠翠暖，柘枝声引管弦高。'号'桑落酒'。旧京人呼为'桑郎'，盖语讹耳。"《判杂职》载："李自诚为长葛宰。一杂职犯过，乃戏判曰：'岂有终日执之而不其味者乎？'"《诗窖子》载："王仁裕著诗万首，谓之'诗窖子'，亦曰'千篇集'。"《黄居难》载："有举子好为诗章，每通名刺云：'乡贡进士黄居难，字乐地。'欲比白居易字乐天也。又有张碧者，业歌诗，云与李白为对。"《杜荀鸭》载："梁园有富家子杜四郎，好接文士，爱为诗篇，时号'杜荀鸭'以比荀鹤。每有诗即题壁，亲宾或污漫之，即云：'三十年来尘扑面，如今始得一锹泥。'"

此外，据有学者考证，《资治通鉴考异》亦引有《后史补》中的两条，其一见于该书卷二五《唐纪十七》："梁太祖皇帝到梁园，深有大志，然兵力不足，常欲外掠；又虞四境之难，每有郁然之状。时有荐敬秀才于门下，乃白梁祖曰：'明公方欲图大事，辎重必为四境所侵，但令麾下将士诈为叛者而逃，即明公奏于主上，及告四邻，以自袭徒为名。'梁祖曰：'天降奇人，以佐于吾。'初从其议，一出而致众十倍。"其二见于该书卷二九《后梁纪下》："（郑）珏应一十九举方捷，姓名为第十九人，第行亦同，自登第凡十九年为宰相。"

另，高若拙其人生卒不详，正史及《十国春秋》皆无传，故何时中进士难以考知。但《五代诗话》卷七《荆南·高若拙》载："若拙善诗，从诲辟于幕下，尝作《中秋不见月》云：'人间虽不见，天外自分明。'从诲览之，谓宾佐曰：此诗虽好，不利于己，将来但恐丧明。后果如其言。"其实，高从诲不仅有鉴诗之才，而且亦能写诗，《五代诗话》卷一《国主·南平王高从诲》即载："晋学士王仁裕来聘，王出十妓弹琴以乐之，《韵府群玉》载从诲有句云：'红妆齐抱紫檀槽，一抹朱弦四十条。'"

三、地理类

1.《北户录注》，卷数不详，孙光宪撰①

诸家书目均未著录此书。而《北户录》则屡见于各种官私书目及其他书籍。唐段公路所撰此书又名《北户杂录》，如《新唐书》卷五八《艺文志二·地理类》著录"段公路《北户杂录》三卷（文昌孙）"。《崇文总目》卷四《地理类》著录"《北户杂录》三卷"。《遂初堂书目》著录"《北户杂录》"。《宋秘书省续编到四库阙书目》卷二《小说》载："段公路《北户录》三卷。"叶德辉按："《宋志》入史部传记类，云一卷。《新唐志》《崇文目》《遂初目》入地理类，作《北户杂录》，《陈录》作《杂记》。"《通志》卷六六《艺文略四·地理·蛮夷》著录"《北户杂录》三卷（段公路撰）。"《海录碎事》卷四下《宫殿门》"北户"条载："唐段文昌之孙段公路有《北户杂录》三卷。"然而，《宋史》卷二〇三《艺文志二·传记类》著录"陆希声《北户杂录》三卷"，同卷又著录"段公路《北户杂录》一卷"。两者皆误，前者中的陆希声系为该书作序者，而非此书作者；后者卷数有误，当为"三卷"。如《四库全书总目》卷七〇《史部·地理类三》的著录即为"《北户录》三卷"。根据上述多种记载，可知《北户录》

---

① 《孙光宪与〈北梦琐言〉研究》，第69—70页。

在各种书目中普遍被归入"地理类",故将《北户录注》亦划入此类。

孙光宪撰《北户录注》的说法源自下述记载,《北户录》卷三《睡莲》载:"其花布叶数重,不房而蕊,凡五种色,当夏昼开,夜缩入水底,昼复出也。与梦草昼缩入地,夜即复出,一何背哉。龟图注云:梦草似蒲,色红,即方朔献武帝者。孙光宪续注曰:从事江陵日,寄住蕃客穆思密尝遗水仙花数本,如橘,置于水器中,经年不萎。"另《南部新书》卷癸也有类似记载:"孙光宪从事江陵日,寄住蕃客穆思密,尝遗水仙花数本,摘之水器中,经年不萎。"但以上记述,反映的仅仅是孙光宪对于《北户录》中一段文字的"续注",尚不足以表明孙氏注释过全书,更无材料印证孙光宪曾撰述此书。因此,孙光宪撰《北户录注》的说法不足为信,否则断不至于各家书目都未见著录。

四、目录类(金石目)

1. 《南平高王庙碑》

《舆地纪胜》卷六五《荆湖北路·江陵府下·碑记》"南平高王庙碑"注云:"周显德二年,孙光宪撰。今在城西三王庙前。"关于三王庙的记载较为少见,但方志中另有三王墓的记述,嘉靖《湖广图经志书》卷六《荆州府·陵墓》载:"高氏三王墓,在城西龙山乡,葬南平高氏武信王季兴、文献王从诲、正懿王宝[保]融。"《宝刻类编》卷七《名臣·后周》载:"荆南节度赠太师楚王高季兴碑。"注云:"孙光宪撰,(王)贞元行书,(王)贞范篆额。显德二年九月立,江陵。"

2. 《南平高武信王神道碑》

《舆地纪胜》卷六五《荆湖北路·江陵府下·碑记》云："王讳季兴，葬于江陵县龙山乡。乾德六年，陶縠撰。"《太平寰宇记》卷一四六《山南东道五·荆州·江陵县》载："楚庄王冢，在县西龙山乡三十里。"《舆地广记》卷二七《荆湖北路上·江陵府·江陵县》云："今郡城晋桓温所筑，有龙山、汉江。"《方舆胜览》卷二七《湖北路·江陵府》"山川"条载："龙山，在江陵县西。有落帽台。"可知龙山乡位于江陵县西。嘉靖《湖广图经志书》卷六《荆州府·山川》载："龙山，在城西北十五里，山势绵延，俗名□□。桓温九月九日同参军孟嘉□此，风落嘉帽，今有落帽台。"又《十国春秋》卷一〇〇《荆南一·武信王世家》载："翰林学士陶縠撰神道碑。"又注引《江陵志余》云："城西有高王庙，祀武信王，一称土主庙。又太白湖口有高陵庙。"

此碑碑文已佚，仅有零星文字残存至今，如《方舆胜览》卷二七《湖北路·江陵府·形胜》引《高武信王神道碑》有"南通五岭，旁带一江，接壤吴、蜀，舟车四达"之语，《舆地纪胜》卷六四《荆湖北路·江陵府上·风俗形胜》此《高武信王神道碑》则作"南通五岭，旁带二江，东南接壤，吴、蜀交据，舟车四达"。两者相较，后者内涵更为丰富，或许更接近于原文。

3. 《南平高文献王神道碑》

《舆地纪胜》卷六五《荆湖北路·江陵府下·碑记》载："王讳从诲，葬龙山。艾颖撰。"同卷《荆湖北路·江陵府下·古迹》"高氏三王墓"条云："在龙山乡郝泉里。"《十国春秋》卷一〇一《荆南二·文献王世家》载："赠尚书令，葬龙山乡，翰林学士陶縠撰神道碑。"碑文今已不存，但仍有残句"荆台界吴、蜀之要"①存留。

4.《南平高贞懿王神道碑》

《舆地纪胜》卷六四《荆湖北路·江陵府下·碑记》载："王讳保融，葬龙山。陶縠撰。"同书卷六四《荆湖北路·江陵府上·风俗形胜》录有碑文中的"楚水溶溶，荆山崇崇""荆巫奥壤，横控南夏"之语。《十国春秋》卷一〇一《荆南二·贞懿王世家》载："亦葬龙山乡，至今有高氏三王墓云。"

5.《渤海高公神道碑》

《舆地纪胜》卷六五《荆湖北路·江陵府下·碑记》载："公讳保勖。陶縠撰。"同书卷六四《荆湖北路·江陵府上·风俗形胜》保留有"岩岩楚山，中含秀气；淼淼蜀江，南国之纪"的片段。《十国春秋》卷一〇一《荆南二·文献王世家》引《江陵志》曰："三王神道碑及《渤海高公保勖神道碑》，皆（陶）縠所撰。"

6.《大晋故陇海公高季雍墓志铭》

1978年春，在位于江陵城东北渎湖中的凤凰台发掘出高季雍夫妇合葬墓。该墓为砖墓，早期被盗，券顶坍塌，棺已腐尽。出土随葬物有银鱼饰挖耳一支、瓷香盒一只、墓志二盒。每块墓志13厘米厚，64厘米见方，阴刻纹饰，线条纤细流畅，两盖盝顶斜杀处饰龙纹。其中一盒为男性墓志，盖上篆书"大晋故陇海公高季

---

① 《舆地纪胜》卷六四《荆湖北路·江陵府上·风俗形胜》引《高文献王神道碑》，第2199页。

雍墓志铭",剥蚀严重,志文模糊不清①。而《大晋故陇西郡董氏墓志铭》称高季雍为"峡牧、太傅、陇海公"②。《册府元龟》卷一七八《帝王部·姑息三》载:"长兴元年正月,荆南奏:峡州刺史高季雍、归州刺史孙文乞且依旧任,从之。"可知,高季雍在后唐明宗长兴初年确曾担任峡州刺史,即"峡牧"。

7.《大晋故陇西郡董氏墓志铭》

1978年春,在江陵城东北渎湖凤凰台出土了高季雍夫妇合葬墓,并发现此墓志铭。志文系楷书所撰,约1400字,其中记述:"(董氏)十七礼归于峡牧、太傅、陇海公高季雍。郎,先南平大王之令弟也。天福四年……夜薨于私第,享年六十九。长子故马军都指挥使、检校左仆射(高从嗣),次子左云猛副指挥使、检校司空(高)从让。"③《十国春秋》卷一〇二《荆南三·高从嗣传》云:"从嗣,武信王从子也。为人骁勇有力,喜驰突,深入敌军,率以为常。积功至云猛指挥使。"所载与墓志相合,当属可信。

8.《高从让碑》

《入蜀记》卷六载:"又有周显德中荆南判官孙光宪为知归州高从让所立碑。从让,盖南平王家子弟;光宪亦知名,国史有事迹。盖五代时归、峡皆隶荆渚也。"据《大晋故陇西郡君董氏墓志金铭》记载,高从让系高季兴之弟峡州刺史、检校太傅、陇海公

---

① 湖北省江陵县县志编纂委员会:《江陵县志》卷九五《文物志·历史文物·古墓葬》,湖北人民出版社,1990,第650页。
② 参见刘家麟等编《中国历史文化名城词典》,上海辞书出版社,1985,第572页。
③ 《中国历史文化名城词典》,第572页。

高季雍之次子，曾任荆南左云猛副指挥使、检校司空[①]。而《十国春秋》卷一〇二《荆南三·高从让传》称："从让，武信王第□子。入宋，授左清道率府率。"此载将高从让作高季兴之子，显系有误。

9.《经藏修造记》

《舆地纪胜》卷六五《荆湖北路·江陵府下·碑记》载："在龙门山外金銮福昌禅寺。有晋天福六年创《经藏修造记》，见存。"其文字未见有所著录，应该久已散佚，具体内容不得而知。

第三节　子部艺文考

相较于经部和史部而言，高氏荆南子部著述较为丰富，大致有农家类、天文算法类、术数类、艺术类、杂家类、小说类和道家类等。

一、农家类

1.《蚕书》，二卷，孙光宪撰

《崇文总目》卷五《农家类》载："孙氏《蚕书》二卷。"《直斋书录解题》卷一〇《农家类》载："《蚕书》二卷，孙光宪撰。光宪事迹，见小说类。"注曰："《宋史·艺文志》作三卷。"《通志》卷六六《艺文略第四·养蚕》云："《蚕书》二卷，孙光宪撰。"《玉海》卷七七《礼仪·亲蚕·至道养蚕经》引

---

① 《中国历史文化名城词典》，第572页。

《崇文总目》云"孙氏《蚕书》二卷"。《文献通考》卷二一八《经籍考四十五·子·农家》载："《蚕书》二卷，陈氏曰孙光宪撰。光宪事迹见小说类。"《宋史》卷二〇五《艺文志五·农家类》云："孙光宪《蚕书》三卷。"《宋史》卷四八三《世家六·荆南高氏》称所著有《蚕书》二卷。《蜀中广记》卷九四《著作第四·子部》云："《蚕书》三卷，陵阳孙光宪著。"《国史经籍志》卷四下《子类》著录"孙光宪《蚕书》二卷"。在上述各种书志中，仅有《宋史·艺文志》《蜀中广记》著录此书为"三卷"。今人也有承袭"三卷"者，并考订云："《崇文总目》卷三'农家类'著录孙光宪撰《孙子蚕书》二卷。钱侗按云：'《玉海·艺文类、祥瑞类》两引《崇文目》并同。《宋志》三卷。'"①而其他均作"二卷"，鉴于《崇文总目》《直斋书录解题》，包括《宋史》本传，都著录卷数为"二卷"，故当以"二卷"为准，"三卷"当系传抄有误所致，今不取。

又，《十国春秋》卷一〇二《荆南三·孙光宪传》曰："所著有《荆台集》《橘斋集》《笔佣集》《巩湖编玩》《北梦琐言》《蚕书》若干卷。（《容斋三笔》载有《贻子录》，疑亦光宪辈撰。）又撰《续通历》，纪事颇失实，太平兴国初，诏毁之。"②《四库全书总目》卷一四〇《子部·小说家类一》"《北梦琐言》二十卷"条称所著有《蚕书》"。两者都并未注明卷数。

---

① 《五代艺文考》，第136页。
② 此段记载引自（清）吴任臣：《十国春秋》卷一〇二《荆南三·孙光宪传》中华书局，1983，第1464页，但其间有两处失误：其一是将《笔佣集》误作《玩笔佣集》，后之"玩"显系衍字，当删；其二将《续通历》误作《续通历纪事》，其中的"纪事"当下读，书名当为《续通历》。

二、天文算法类

1. 《蜀武成永昌历》，三卷，孙光宪撰

《宋史》卷二〇七《艺文志六·历算类》著录"《蜀武成永昌历》三卷"，不著撰人。《蜀中广记》卷九三《著作记第三·史部》："宋经籍系孙光宪名下，武成，王建年号也。"陈尚君认为此书系孙光宪所撰[①]，刘尊明则将此书视为孙光宪著述，并划归编年史类[②]。

但是，《崇文总目》卷四《历数类》云："《武成永昌历》三卷，胡秀林撰。"《通志》卷六八《艺文略·历数》载："《武成永昌历》二卷，伪蜀司天监胡秀林撰。"《十国春秋》卷三六《前蜀二·高祖本纪下》载：武成二年（909）十月，"司天监胡秀林献《永昌历》，诏行之"。同书卷四五《前蜀十一·胡秀林传》载："胡秀林，□□人。妙精历法，多所纠正。……高祖即位，仍官司天监。累著《武成永昌历》二卷，《正象历经》一卷，后人咸取法焉。"

结合《宋史·艺文志》《崇文总目》《通志》等的著录来看，此书显然是前蜀武成年间的历书。而武成（908—910）系前蜀高祖

---

① 陈尚君：《"花间"词人事辑》，《唐代文学丛考》，中国社会科学出版社，1997，第408页。
② 刘尊明：《唐五代词史论稿》，第250—251页。

王建的年号，由于孙光宪出生之年为唐昭宗乾宁三年（896）[1]，前蜀高祖王建在位的武成年间，孙光宪尚在13—15岁之间，还是少年，并未成年，在此阶段撰写历书的可能性微乎其微。因此，正如上述《崇文总目》《通志》《十国春秋》诸书所载，此书并非孙光宪所撰，其作者当是胡秀林无疑。《前蜀广记》将该书系于孙光宪名下的做法，显然有误，兹不足取。

三、术数类

1. 《五湖日擎歌》，一卷，孙光宪撰

《宋秘书省续编到四库阙书目》卷二《子类·五行卜筮》著录"葆光子《五湖日擎歌》一卷（阙）"。因孙光宪自号葆光子，《十国春秋》卷一〇二《荆南三·孙光宪传》即载："性嗜经籍，聚书凡数千卷，或自抄写，孜孜校雠，老而不废，自号葆光子。"故知此书为孙光宪著述之一。此书未见著录于其他书志，久佚不存。

四、艺术类

1. 《曲谱》，一卷，孙光宪等撰[2]

---

[1] 关于孙光宪的生年，今人多有不同判断。如林艾园《北梦琐言·前言》，上海古籍出版社，1981，点校本，第1页称其"生年已不可考"；庄学君《孙光宪生平及其著述》，《四川师范大学学报》，1986年第4期认为"生年约在公元895年"；陈尚君《唐代文学丛考》第403页则称"约生于唐乾宁（894—897）"年间；刘尊明《唐五代词史论稿》第240页认为"生年大约应在公元896年或稍后一两年之间"。据《孙光宪与〈北梦琐言〉研究》，第2—5页考证，其生年应是唐昭宗乾宁三年（896）。兹从其说。

[2] 《孙光宪与〈北梦琐言〉研究》，第90页。

同治《仁寿县志》卷一一《艺文志·书目》云："《曲谱》一卷，孙光宪同毛熙震、李珣撰，皆赋后主故事，不著宫调，而调各四句。"合撰者之一的毛熙震，史书无传，但《花间集》收录其词作多首，《五代诗话》卷四《前蜀后蜀·毛熙震》即载："《花间集》毛熙震词云；'慢移弓底绣罗鞋。'亦屡见于诗咏矣。"另一位合撰者李珣，《十国春秋》卷四四《前蜀十》有传曰："李珣字德润，梓州人，昭仪李舜弦之兄也。珣以小辞为后主所赏，常制《浣溪纱》词，有'早为不逢巫峡夜，那堪虚度锦江春'，词家互相传诵。所著有《琼瑶集》若干卷。"可见，毛熙震、李珣皆在词的创作上有一定造诣。而缘于共同的爱好，孙光宪与此二人或有往来。因前蜀亡于后唐庄宗同光三年（925），次年孙光宪受梁震的推荐，入幕高氏荆南[①]，故《曲谱》必定撰成于前蜀后主王衍在位期间。

不过，此书仅著录于《仁寿县志》，而不见于其他书志，并且相关记载也极为少见。王灼《碧鸡漫志》卷五载："伪蜀时，孙光宪、毛熙震、李珣有《后庭花》曲，皆赋后主故事，不著宫调，两段各四句，似令也。"结合上述《仁寿县志》的说法来看，其内容当渊源于此，且有所发挥，乃至形成"孙光宪、毛熙震、李珣撰《曲谱》一卷"的结论。客观而论，此说缺乏可靠的证据，孙光宪等撰《曲谱》的记载难以取信，故此著并非孙光宪所撰，不当列入其著述之中。

此外，《五代诗话》卷七《荆南·孙光宪》云："孙光宪，蜀

---

① 《资治通鉴》卷二七五，后唐明宗天成元年四月，第8979页；《十国春秋》卷一〇〇《荆南一·武信王世家》，第1434页。

之资州人，事荆南高氏为从事，有文学名，著《北梦琐言》，其词见《花间集》。'一庭梳雨湿春愁'，秀句也，李后主之'细雨湿流光'本此。"可见，孙光宪的词作造诣也极其深厚。

2. 《王氏曲谱》，不详，高保节妻王氏撰

《北梦琐言·北梦琐言逸文补遗·王氏女》载：

> 王蜀荆南节度使王保义，有女适荆南高从诲之子高保节。未行前，暂寄羽服。性聪敏，善弹琵琶，因梦异人，频授乐曲。所授之人，其形或道或俗，其衣或紫或黄。有一夕而传数曲，有一听而便记者，其声清越，与常异，类于仙家《紫云》之亚也。乃曰："此曲谱请元昆制序，刊石于甲寅之方。"其兄即荆南推官王少监贞范也，为制序刊石。所传曲，有《道调宫》《玉宸宫》《夷则宫》《神林宫》《蕤宾宫》《无射宫》《玄宗宫》《黄钟宫》《散水宫》《仲吕宫》；商调，独指《泛清商》《好仙商》《侧商》《红绡商》《凤抹商》《玉仙商》；角调，《双调角》《醉吟角》《大吕角》《南吕角》《中吕角》《高大殖角》《蕤宾角》；羽调，《凤吟羽》《背风香》《背南羽》《背平羽》《应圣羽》《玉宫羽》《玉宸羽》；《风香调》《大吕调》。其曲名一同人世，有《凉州》《伊州》《胡渭州》《甘州》《绿腰》《莫靶》《倾盆乐》《安公子》《水牯子》《阿滥泛》之属。凡二百以上曲。所异者，征调中《湘妃怨》《哭颜回》，常时胡琴不弹征调也。王适高氏，数年而亡，得非谪坠之人乎？孙光宪子妇即王氏之侄也。记得一两曲，尝闻弹之，亦异事也。

又，《十国春秋》卷一〇三《荆南四·王贞范传》载：

女弟故所称荆南仙女者，恒时梦异人授琵琶曲二百余调，命曰："此曲谱属元昆制序，当刻石于甲寅之方。"如是贞范如女弟指为制序，刊所传曲，有《道调（宫）》《玉宸宫》《夷则宫》《神林宫》《蕤宾宫》《无射宫》《元宗宫》《黄钟宫》《散水宫》《仲吕宫》；商调，独指《泛清商》《红销商》《凤商》《林钟商》《醉吟商》《玉仙商》《高双调商》；角调，《醉吟角》《大吕角》《南宫角》《中宫角》《蕤宾角》；羽调，《凤吟羽》《风香羽》《应圣羽》《玉宸羽》；香调，《大吕调》。而曲名间有同人世者，如《凉州》《渭州》《甘州》《绿腰》《莫鞀》《倾盆乐》《安公子》《水牯子》《阿泛滥》之属。摹本流传，一时咸诧以为异。

上述两段记载为同一事，而从断句角度看，显然以前者为胜，后者多有破读之处，文意扞格难通。但据两段记载可知，《王氏曲谱》由两百余调琵琶曲组成，包括曲、商调、角调、羽调、征调等，内容极为丰富，并且还曾刊石，世间则有"摹本流传"，足见此曲谱有一定的影响，但其久已散佚不存，具体内容已不得而知。

五、杂家类

1. 《五书》，一卷，孙光宪撰

《崇文总目》卷三《杂家类》著录"《五书》一卷"，未署撰人。《宋秘书省续编到四库阙书目》卷一《集类·别集》云："孙光宪《五书》二卷（阙）。"又清人叶德辉按：《崇文目》入杂家类，无撰人。《宋绍兴秘书省编到四库阙书目》卷二《集类·别集》著录"孙光宪《五书》二卷"，又叶德辉按：《崇文目》入杂家类，无撰人。此书仅见上述书志著录，两者分属子部"杂家类"和集部"别集"。兹从《崇文总目》，系于"杂家类"，卷数亦依"一卷"之说。至于其内容则未见有任何说明，今人已难知晓。

六、小说类

1．《北梦琐言》，三十卷，孙光宪撰

此书普遍见载于各种书目，但在卷数上存在三十卷和二十卷的著录区别。如《崇文总目》卷四《传记类》载有"《北梦琐言》三十卷"，《郡斋读书志》（袁本）卷三下《小说类》著录"《北梦琐言》三十卷"。《直斋书录解题》卷一一《小说家类》亦称"《北梦琐言》三十卷"，又云："黄州刺史陵井孙光宪孟文撰。载唐末、五代及诸国杂事。光宪仕荆南高从诲，三世在幕府。'北梦'者，言在梦泽之北也。后随继冲入朝。有荐于太祖者，将用为学士，未及而卒。光宪自号葆光子。"另《通志》卷六五《艺文略三·史类五·杂史》、《宋史》卷四八三《世家六·荆南高氏》、《国史经籍志》卷三《史类·杂史》等都著录为三十卷。

而将卷数记作二十卷者，却更为多见，如《郡斋读书志》（衢本）卷一三《小说类》著录"《北梦琐言》二十卷"，又云："右荆南孙光宪撰。光宪，蜀人，从杨玭、元澄游，多闻唐世贤哲言行，因纂辑之，且附以五代十国事。取《传》'畋于江南之梦'，自以为高氏从事，在荆江之北，故命编云。"另《文献通考》卷二一六《经籍考四十三·子·小说家》、《蜀中广记》卷九二《著作记二·史部》、《钱曾王述古堂藏书目录》卷五《子·小说家》、《读书敏求记》卷二《史》、《绛云楼书目》卷二《小说类》、《爱日精庐藏书志》卷二七《子部·小说类》、《四库全书总目》卷一四〇《子部·小说家类一》、《藏园群书经眼录》卷九《子部三》、《藏园群书题记》卷八《子部三·校北梦琐言跋》等，俱作二十卷。

在此之外，《宋史》卷二〇六《艺文志五·小说家类》著录"孙光宪《北梦琐言》十二卷"。

对于上述诸家书目著录卷数的不同，《郑堂读书记》卷六四《子部·小说家类二·杂事中》指出："《崇文总目》及陈氏作三十卷，《宋志》作十二卷，皆字之误也。"今有学者认为："《宋史·艺文志》作十二卷，入'小说家类'，著录者可能为一残本。"①陈乐素先生对此亦有察觉："孙光宪《北梦琐言》十二卷，《崇文目》《通志》杂史类、《读书志》及《解题》均十卷。《通考》杂史类及《四库提要》二十卷。"②对此，黄永年有进一步阐述：

> 此书《郡斋读书志》袁本卷三下小说类、《直斋书录解题》辑本卷一一小说家均作三十卷，《宋史》卷二〇四〔六〕艺文志小说家类作十二卷，《郑堂读书记》说"皆字之误"，

---

① 周勋初：《唐代笔记小说叙录》，《周勋初文集（第5册）》，江苏古籍出版社2000，第477页。
② 陈乐素：《宋史艺文志考证》，广东人民出版社，2002，第247页。

恐未必，因为《太平广记》中所收此书而为今本二十卷本不收者极多，因此原书有可能真是三十卷，今本二十卷、《宋史》十二卷都是已残缺之本（《四库提要》对此卷数出入转不置一词，与同类他书的提要写法不同）。①

大致与上述观点一致，又有研究者指出：

《北梦琐言》今传本均止有二十卷，《郡斋读书志》（衢本）卷十三《小说类》相同，《宋史》卷二百六《艺文志·小说类》作十二卷当是误倒。但南宋末陈振孙《直斋书录解题》辑本卷十一《小说家类》及《宋史》本传却写作三十卷。按《太平广记》多有溢出今二十卷本之外者，则原书之为三十卷盖可信从，今二十卷本已非完书。②

结合上述意见而论，《北梦琐言》成书之初应为三十卷，最早著录该书的《崇文总目》所载卷数当是最初卷数的实际反映，至于二十卷极有可能是残缺之本，而非全帙，而十二卷的著录方式，也有可能是误倒。此处"二"，则当是传抄之误所致。

此外，《十国春秋》卷一〇二《荆南三·孙光宪传》称所著有《北梦琐言》《蚕书》若干卷。（《容斋三笔》载有《贻子录》，疑亦光宪辈撰。）又撰《续通历》，纪事颇失实，太平兴国初，诏

---

① 黄永年：《唐史史料学》，上海书店出版社，2002，第173—174页。
② 贾二强：《〈北梦琐言〉点校说明》，《北梦琐言》，中华书局，2002，点校本，第3—4页。

毁之。①又，《四库全书总目》卷一四〇《子部·小说家类一》著录"《北梦琐言》二十卷"，又云："宋孙光宪撰。光宪，字孟文，自号葆光子。《十国春秋》作贵平人，而自题仍称富春者。光宪自序，言生自岷峨，则当为蜀人。其曰富春，盖举郡望也。仕唐为陵州判官，旋依荆南高季兴为从事，后劝高继冲以三州归宋。宋太祖嘉之，授黄州刺史以终。《五代史·荆南世家》载之甚明，旧以为五代人者，误矣。所著有《荆台集》《橘斋集》《笔佣集》《巩湖集［编］玩》《蚕书》《续通历》等书，自宋代已散佚，惟是书独传于后。其曰'北梦琐言'者，以《左传》称'田于江南之梦'，而荆州在江北，故以命名。盖仕高氏时作也。所载皆唐及五代士大夫逸事，每条多载某人所说，以示有征，盖用《杜阳杂编》之例。其记载颇猥杂，叙次亦颇冗沓，而逸文琐语往往可资考证，故宋李昉等编《太平广记》多采其文。晁公武《读书志》载：光宪《续通历》十卷，辑唐洎五代事以续马总之书，参以黄巢、李茂贞、刘守光、按巴坚（按，按巴坚原作阿保机，今改正）、吴、唐、闽、广、吴越、两蜀事迹。太祖以所记多不实，诏毁其书。而此书未尝议及，则语不甚诬可知矣。世所行者凡二本：一为明商浚稗海所刻，脱误殆不可读；近时扬州新刻，乃元华亭孙道明所藏，犹宋时陕西刊版，差完整有绪，故今以扬州本著录，不用商氏本云。"

2. 《贻子录》，一卷，孙光宪撰

《容斋续笔》卷一三《贻子录》载："先公自燕归，得龙图

---

① 此段记载引自《十国春秋》卷一〇二《荆南三·孙光宪传》，第1464页。但其间有两处失误：其一是将《笔佣集》误作《玩笔佣集》，后者之"玩"显系衍字，当删；其二将《续通历》误作《续通历纪事》，其中的"纪事"当下读，书名为《续通历》。

阁书一策，曰《贻子录》，有'御书'两印存，不言撰人姓名，而序云：'愚叟受知南平王，政宽事简。'意必高从诲擅荆渚时宾僚如孙光宪辈者所编，皆训儆童蒙。"据此来看，洪迈所言《贻子录》系其父洪皓从龙图阁获得。而龙图阁系宋真宗大中祥符年间（1008—1016）所建，主要功能是"藏太宗御（一作制）书及典籍、图画、宝瑞之物"①。另有史籍载："乾德元年，平荆南，诏有司尽收高氏图籍，以实三馆。"②结合上述两段记载综合判断，《贻子录》大概在高氏图籍移送开封时被送入三馆，龙图阁建成后，又被收入其中。《十国春秋》卷一〇二《荆南三·孙光宪传》曰："所著有《荆台集》《橘斋集》《笔佣集》《巩湖编玩》《北梦琐言》《蚕书》若干卷。（《容斋三笔》载有《贻子录》，疑亦光宪辈撰。）又撰《续通历》，纪事颇失实，太平兴国初，诏毁之。"③此书未见书志著录，久已散佚，但据上述"训敬童蒙"内容而言，当归入"儒家类"。

另，《宋史》卷二〇六《艺文志五·小说类》云："《赂子解》（一作录）一卷。"未著撰人。据《宋秘书省续编到四库阙书目》卷二《小说》载："《贻子录》一卷。"叶德辉按曰："《宋志》《赂子解》一卷，云'解'一作'录'，疑即此书。"据此而

---

① （宋）孙逢吉：《职官分纪》卷一五《龙图阁》，中华书局，1988，影印本，第360页。
② （宋）江少虞：《宋朝事实类苑》卷三一《词翰书籍·藏书之府八》，上海古籍出版社，1981，点校本，第393页。
③ 此段记载引自《十国春秋》卷一〇二《荆南三·孙光宪传》，第1464页，但其间有两处失误：其一是将《笔佣集》误作《玩笔佣集》，后者之"玩"显系衍字，当删；其二将《续通历》误作《续通历纪事》，其中的"纪事"当下读，书名为《续通历》。

论，如《赂子解》一作《赂子录》，因"赂""贻"字形相近，传抄极易致误，《赂子解》当为《贻子解》。

关于该书作者，据以上记载，大致可认定为孙光宪，但有学者对此有不同意见，认为孙光宪在《白莲集序》中自称"鄙"，在《北梦琐言序》中自称"仆""鄙"，在此《序》中则自称"愚叟"，与前两者有所不同，故而《贻子录》的作者未必是孙光宪；而且，荆南之主被封为南平王者仅有高季兴和高从诲二人，而为其所赏识的文士，如梁震、李载仁、司空薰、王贞范等人，都有可能是《贻子录》的编撰者①。这种看法可备一说，但以三本书中《序》的自称不同作为重要证据，断定孙光宪并非此书作者，或有欠妥，不足取信。

此外，有学者称此书为《贻孙》②，显然有误，当作《贻子录》或《贻子解》。

3. 《纪遇录》，二卷，孙光宪撰

《宋秘书省续编到四库阙书目》卷二《子类·小说》曰："孙光宪撰《纪遇录》二卷（阙）。"此书仅著录于该书目，不见于其他官私目录，故相关内容不得而知。

七、道家类

1. 《太上金阙三洞八景阴阳仙班朝会图》，五卷，孙光宪撰③

---

① 《孙光宪与〈北梦琐言〉研究》，第89页。
② 许肇鼎：《宋代蜀人著作存佚录》，巴蜀书社，1986，第432页。
③ 有学者认为此书书名为《太元金阙山洞八景阴阳仙班朝会图》，见《孙光宪与〈北梦琐言〉研究》，第89页。但据《崇文总目》"元"当作"上"，是"山"当作"三"。

《崇文总目》卷九《道书类》著录"《太上金阙三洞八景阴阳仙班朝会图》五卷",未著撰人。《通志》卷六七《艺文略第五·道家三·符箓》云:"《太元[上]金阙三洞八景阴阳仙班朝会图》五卷,孙光宪撰。"《国史经籍志》卷四上《子类·道家·符箓》云:"太元[上]金阙三洞八景阴阳仙班朝会图》五卷(孙光宪)。"据此可知,孙光宪曾撰《太上金阙三洞八景阴阳仙班朝会图》五卷,其内容为道家符箓。原书今已不存,难知其具体内容。

2.《洞天集》,五卷,王贞范

《直斋书录解题》卷一五《总集类》云:"《洞天集》五卷。汉王贞范集道家、神仙、隐逸诗篇。汉乾祐中也。"《通志》卷六六《艺文略第四·名山洞府》著录"《洞天集》,五卷。(王正范撰)"《文献通考》卷二四八《经籍考七十五·集·总集》著录"《洞天集》,五卷",注引陈氏曰:"汉王贞范集道家、神仙、隐逸诗篇。汉乾祐中也。"

此书在《宋史·艺文志》中前后出现两次,《宋史》卷二〇五《艺文志四·子·道家附释氏神仙类》著录"王贞范《洞天集》二卷"。又《宋史》卷二〇九《艺文志八·集·总集类》著录"王正范《续正声集》五卷,又《洞天集》五卷"。两处记载有三处需要说明,其一,"王贞范""王正范"实为一人,其人生卒年无考,系高氏荆南前期重要幕僚王保义之子,曾"事文献王为推官,累官少监"[①]。《十国春秋》卷一〇三《荆南四》有传。其二,该书卷

---

① 《十国春秋》卷一〇三《荆南四·王贞范传》,第1466页。

数不应是《宋史·艺文志四·道家附释氏神仙类》所言"二卷",而当以其他书志所记的"五卷"为准。其三,按照《宋史·艺文志》的分类,《洞天集》既属子部的道家类,又属集部的总集类,属于兼类。此点与《直斋书录解题》《通志》《文献通考》将其归于集部总集类有所不同。从该书所收作品的内容性质而论,即道家、神仙、隐逸诗篇来看,应属兼类,故可在子部和集部互著。

《洞天集》久已散佚,不存于世。现明确断定出自《洞天集》的佚文仅见一条,即《太平广记》卷四〇五《严遵仙槎》载:"严遵仙槎,唐置之于麟德殿,长五十余尺,声如铜铁,坚而不蠹。李德裕截细枝尺余,刻为道像,往往飞去复来,广明以来失之。槎亦飞去。"

第四节 集部艺文考

高氏荆南的集部著述,大致有别集类、总集类和诗文评类。

一、别集类

1.《梁震表状》,一卷,梁震撰①

《宋史》卷二〇八《艺文志七·别集类》著录"《梁震表状》一卷"。因而,该书当归入别集。此处将《梁震表状》列入别集类,其依据即是上述记载。今有学者将之划归史部的诏令奏议

---

① 《五代荆南政权研究》第221页将此书归入史部诏令奏议类。虽然不差,今不取。

类①，明显与上述书目所载不同，未知何据。

2.《梁震文集》，一卷，梁震撰

《崇文总目》卷一一《总集类》著录"《梁震文集》一卷（阙）"。《通志》卷七〇《艺文略第八·别集五》著录"《梁震集》一卷"。《十国春秋》卷一〇二《荆南三·梁震传》载："所著《文集》一卷行世。"可见此书又名《梁震集》，即《梁震文集》与《梁震集》，异名而同书。

另，《五代诗话》卷七《荆南·梁震》载："梁震既知嗣王克胜厥任，因请退居监利，王为之筑室于土州上，震披鹤氅，逍遥若仙，自称荆台隐士，题院中壁云：'桑田一变赋归来，爵禄焉能浼我哉！黄犊依然花竹外，清风万古凛荆台。'每诣府，辄跨黄牛至厅事以为常。王亦时过其家，斗酒相劳，欢叙平生，四时赐予甚厚，遂以是终其天年。"可知梁震能赋诗，《全唐诗》卷七六二有《梁震》录其《荆台道院》诗曰："桑田一变赋归来，爵禄焉能浼我哉？黄犊依然花竹外，清风万古凛荆台。"文集之中亦当包括此类诗作。惜该集已佚，不存于世。

3.《荆台集》，四十卷，孙光宪撰

此书被众多官私书目著录，《崇文总目》卷一二《别集类六》著录"孙光宪《荆台集》四十卷"。《通志》卷七〇《艺文略第八·表章》著录"孙光宪《荆台集》四十卷"，附注："高季兴为荆南高季兴记室所作笺奏。"《宋史》卷二〇八《艺文志七·别集类》著录"孙光宪《荆台集》四十卷"；并且，《宋史》卷四八三

---

① 《五代荆南政权研究》，第231页。

《世家六·荆南高氏》称著有"《荆台集》三十卷"。又《四库全书总目》卷一四〇《子部·小说家类一》"《北梦琐言》二十卷"条称所著有《荆台集》。另，《十国春秋》卷一〇二《荆南三·孙光宪传》曰："所著有《荆台集》《橘斋集》《笔佣集》《巩湖编玩》《北梦琐言》《蚕书》若干卷。（《容斋三笔》载有《贻子录》，疑亦光宪辈撰。）又撰《续通历》，纪事颇失实，太平兴国初，诏毁之。"①据此来看，孙光宪确曾撰有《荆台集》，而其卷数当为"四十卷"，《宋史》本传所言"三十卷"，当误，或系传抄之讹。

4. 《橘斋集》，二卷，孙光宪撰

《崇文总目》卷五《别集类五》："孙光宪《摘斋集》二卷。"而《宋史》卷二〇八《艺文志七·别集类》："（孙光宪）《橘斋集》二卷。"两者相较，前者之"摘"显系"橘"之误，当以后者为是。且《宋史》卷四八三《世家六·荆南高氏》称所著有《橘斋集》二卷。《十国春秋》卷一〇二《荆南·孙光宪传》亦称所著有《橘斋集》。另，《蜀中广记》卷九七《著作记第七·集部》载："所著《荆台集》《巩湖编玩》《笔佣集》《橘斋集》《北梦琐言》《蚕书》。"《四库全书总目》卷一四〇《子部·小说家类一》云："所著有《荆台集》《橘斋集》《笔佣集》《巩湖集玩》《蚕书》《续通历》等书。"均提及孙光宪所撰《橘斋集》。至于《巩湖集玩》中的"集"，当系"编"之误。

---

① 此段记载引自《十国春秋》卷一〇二《荆南三·孙光宪传》，第1464页。但其间有两处失误：其一是将《笔佣集》误作《玩笔佣集》，后者之"玩"显系衍字，当删；其二将《续通历》误作《续通历纪事》，其中的"纪事"当下读，书名为《续通历》。

5. 《笔佣集》，十卷，孙光宪撰

《崇文总目》卷一二《别集类六》著录"孙光宪《笔佣集》十卷"。《宋史》卷二〇八《艺文志七·别集类》著录"（孙光宪）《笔佣集》十卷"。而《宋史》卷四八三《世家六·荆南高氏》称所著有《笔佣集》三卷。与《崇文总目》所载不同。《蜀中广记》卷九七《著作记第七·集部》著录"（孙光宪）《笔佣集》十卷"。由此可知，"三卷"之说似误，当作"十卷"。

此外，《十国春秋》卷一〇二《荆南三·孙光宪传》、《四库全书总目》卷一四〇《子部·小说家类一》"《北梦琐言》二十卷"条，均称所著有《笔佣集》，但未言及卷数。

6. 《巩湖编玩》，三卷，孙光宪撰

《郡斋读书志》（衢本）卷一八《别集类上》著录"孙光宪《巩湖编玩》三卷。"又云："右荆南孙光宪字孟文，陵州人。王衍降唐，避地荆南，从诲避掌书记，历检校秘书监，御史大夫。王师收朗州，光宪劝其主献三州。乾德中，终黄州刺史。自号葆光子。"《通志》卷七〇《艺文略第八·别集五》著录"孙光宪《巩湖编玩》三卷"。《文献通考》卷二三三《经籍六十·别集》著录"孙光宪《巩湖编》三卷"。《宋史》卷二〇八《艺文志七·别集类》著录"（孙光宪）《巩湖编玩》三卷"。《宋史》卷四八三《世家六·荆南高氏》称所著有《巩湖编玩》三卷。《蜀中广记》卷九七《著作记第七·集部》著录"（孙光宪）《巩湖编玩》三卷"。

另，《十国春秋》卷一〇二《荆南三·孙光宪传》称所著有《巩湖编玩》。而《四库全书总目》卷一四〇《子部·小说家类一》"《北梦琐言》二十卷"条称所著有《巩湖集玩》。后者书名中之"集"显系"编"之误，今不取。

7.《纪遇诗》，十卷，孙光宪撰

《宋秘书省续编到四库阙书目》卷一《集类·别集》著录"《记遇诗》一卷"，又清人叶德辉按：《宋志》孙光宪《纪遇诗》十卷，又纂《唐赋》一卷。《宋绍兴秘书省续编到四库阙书目》卷二《集类·别集》著录"（孙光宪）《记遇诗》一卷"，又叶德辉按曰："《宋志》孙光宪《纪遇诗》十卷。"《宋史》卷二〇八《艺文志七·别集类》著录"（孙光宪）《纪遇诗》十卷"。而《宋秘书省续编到四库阙书目》卷二《小说类》云："孙光宪撰《纪遇录》二卷。"疑《纪遇录》即《纪遇诗》，前者为其他书目所不载。

另，《五代诗话》卷七《荆南·孙光宪》云："王右丞诗'杨花惹暮春'，李长吉诗'古竹老梢惹碧云'，温庭筠'暖香惹梦鸳鸯锦'，孙光宪'六宫眉黛惹春愁'，用惹字凡四句，皆绝妙。"又载："孙光宪《竹枝词》云：'门前春水白苹花，岸上无人小艇斜。商女经过江欲暮，闲抛残食饲神鸦。'"又"乱绳寸结绊人深，越萝万丈表长寻。杨柳在身垂意绪，藕花落尽见莲心。"

需要提及的是，孙光宪工于诗文，尤其是在诗歌创作上深得时人推许，如齐己《寄荆幕孙郎中》即称其"诗工凿破清求妙""四座共推操檄健"，由此不难窥见齐己对其诗作的嘉许。但孙光宪的诗文集全都散佚，无一幸存于世。

据有学者统计，孙光宪的诗文现仅存绝句一首，散文两篇和句一联①。今人陈尚君从《舆地纪胜》卷六四《荆湖北路·江陵府上·景物上》辑出《荆台》诗，其文曰："百尺荆台草径荒，如何前日谓云阳？古今不尽迁移恨，依旧台边水渺茫。"后收入《全唐诗续拾》卷五十②。至于散文则为《北梦琐言序》和《白莲集序》，后者见于《白莲集》与《全唐文》卷九〇〇。此外，《北梦琐言》卷七《洞庭湖诗附李洞包贺卢廷让顾况》载："仆早岁尝和南越诗云：'晓厨烹淡菜，春杼织橦花。'牛翰林览而绝倒，莫喻其旨。牛公曰：'吾子只知名，安知淡菜非雅物也。'后方晓之。"清人彭定求编《全唐诗》已将其收入。

然而，《全唐诗》亦有误收孙光宪诗作之处。如卷八七一所载《引自落便宜句》："窗下有时留客宿，室中无事伴僧眠。"实际上，此诗并非孙光宪所作，《北梦琐言》卷七《洞庭湖诗附李洞包贺卢廷让顾况》明确记载："世传逸诗云：'窗下有时留客宿，室中无事伴僧眠。'号曰'自落便宜诗'。"据此可此，此句系出自《自落便宜诗》，而且为"世传逸诗"中的两句，孙光宪《北梦琐言》上述文字对此已有清晰说明，故而将之收入《全唐诗》，明显有误。

今有学者认为，《中国文学家大辞典·唐五代卷》"孙光宪"条所言："《花间集》选录其词六十首，《尊前集》亦录二十三首。……其诗今存八首及断句二联，见《全唐诗》卷七百六十二、八百七十一。"亦有明显失误，并不可取。与之相类似的是，今人主编的《全宋诗》亦沿袭上述错误，收入上述八首诗和二联断句，

---

① 《孙光宪与〈北梦琐言〉研究》，第86页。
② 陈尚君辑校：《全唐诗补编》，中华书局，1992，第1507页。

显然是以讹传讹,同样疏于考订,不足为训①。

8.《纂唐赋》,一卷,孙光宪撰

《宋绍兴秘书省续编到四库阙书目》卷二《集类·别集》著录"(孙光宪)《纂唐赋》一卷"。该书仅见著录于此,未见于其他官私目录,相关情形难以了解,但至迟在南宋前期并未散佚,仍有保存,具体亡佚于何时,现已无法确知。

10.《乐府歌集》,不详,孙光宪撰

此集未著录于官私书目,或并未结集行世②。孙光宪撰写此集的说法,源于齐己《白莲集》卷一○《谢荆幕孙郎中见示〈乐府歌集〉二十八字》所云:"长吉才狂太白颠,二公文阵势横前。谁言后代无高手,夺得秦皇鞭鬼鞭。"据诗题中"孙郎中见示《乐府歌集》"之说,似可推知孙光宪曾创作乐府诗,作品风格则类似于李贺、李白。但据此而断定孙光宪曾撰《乐府歌集》,或稍显牵强。

11.《杜甫集》,二十卷,孙光宪编

此一说法来自于宋人王洙的《杜工部集序》,其曾编纂《杜工部集》,内中的诗作主要来自于九种《杜甫集》,王洙曾对编书经过有所说明:

> 《甫集》初六十卷,今秘府旧藏,通人家所有称大小集者,皆亡逸之余,人自编摭,非当时次第矣。搜裒中外书,凡九十九卷(原注:古本二卷,蜀本二十卷,《集略》十五卷,樊晃序《小集》六卷,孙光宪序二十卷,郑文宝序《少陵集》

---

① 《孙光宪与〈北梦琐言〉研究》,第87页。
② 《孙光宪与〈北梦琐言〉研究》,第85页。

二十卷，别题《小集》二卷，孙仅一卷，杂编三卷）。除其重复，定取千四百有五篇，凡古诗三百九十有九，近体千有六，起太平时，终湖南所作，视居行之次与岁时为先后，分十八卷。又别录赋笔、杂著二十九篇为二卷，合二十卷。①

据此而论，孙光宪曾编辑《杜工部集》二十卷，并为之作序，即"孙光宪序"。在分析上述记载的基础上，有学者指出，"所谓旧蜀本，或即王洙所据本，疑出于五代时前后蜀所刊行"，而孙序本"当为其在荆南时序行"②。另有学者认为，"孙序本可能是孙光宪在蜀本的基础上，多方搜集杜甫诗作，并加以整理、编辑而成。从王洙特意标出孙光宪序本，可知此本有着一定的价值"③。此说不无道理，或许较为接近孙光宪编撰《杜甫集》的渊源。而在众多杜集中，能被王洙再次编纂时选为搜集杜诗的重要对象，当然反映出孙光宪所编杜集的价值。

至于书名或应称作《杜甫集》，而不当作《杜甫集序》，后者系孙光宪编辑杜集时所作序言，而其实际上曾对杜甫作品做过搜集、汇编的工作，由此而形成的文稿，自然就是《杜甫集》，故题为"《杜甫集》，二十卷，孙光宪编"。

12．《荆台佣稿》，不详，孙光宪撰

刘毓盘《唐五代宋辽金元名家词集六十种辑》收录有孙光宪

---

① （宋）王洙：《杜工部集序》，（唐）杜甫撰，（清）仇兆鳌注：《杜诗详注》卷二五，景印文渊阁四库全书，第1070册，台湾商务印书馆，1986，第988—989页。
② 陈尚君：《杜诗早期流传考》，《唐代文学丛考》，第307、311页。
③ 《孙光宪与〈北梦琐言〉研究》，第86页。

《荆台佣稿》，但并无卷数。刘毓盘曾叙述获得此书的经过，其跋曰："乙酉春，过黄文恪公家，见所藏《荆台佣稿》一册，无序目，为鼠齿所余，古色尽然，字皆完好，宋本也。"但对于《荆台佣稿》为宋刻本的说法，今人赵万里有所质疑①。陈尚君则完全否认上述意见，并从下述三方面给予反驳：

> 今未详此本存何处，然就刘氏所刊，颇有可疑处。书名不见宋人著录，但显为据《荆台》《笔佣》二集名拼合而成，此其一。今存光宪词凡八十四阕，六十一阕见《花间集》，二十三阕见《尊前集》。此册所收，恰合此数，似为取二集所收词而成，似非宋人之旧，此其二。此册中词，异文误字较多，用义极少，此其三。疑此册为后人所辑，非宋时原刻。②

此段文字从文集名称、所收词数及文字异同方面入手，对《荆台佣稿》做了较为深入细致的分析，其结论"为后人所辑，非宋时原刻"，当可信从。依此而言，《荆台佣稿》并非孙光宪著述，此稿当系后人汇集其词作而成，故而此书不当归入孙光宪著述。

13. 《白莲集》，三十卷，僧齐己撰

孙光宪《白莲集序》称："编就八百一十篇，勒成十一卷，题曰《白莲集》。"《五代史补》卷三《晋·僧齐己》载："有诗八百首，孙光宪序之，号曰《白莲集》，行于世。"《十国春秋》

---

① 赵万里：《校辑宋金元人词·唐五代宋辽金元名家词辑提要》，施蛰存主编：《词籍序跋萃编》，中国社会科学出版社，1994，第741页。
② 《唐代文学丛考》，第409页。

卷一〇三《荆南四·僧齐己》载："有诗八百首，孙光宪序之，命曰《白莲集》。"可知，僧齐己所写诗歌，经孙光宪勒成编次，结为一集，并名之曰《白莲集》。

该书广泛著录于各种官私书目，如《崇文总目》卷一二《别集三》："《白莲集》十卷（阙）。"《直斋书录解题》卷一九《诗集类上》："《白莲集》十卷。唐僧齐己撰。长沙胡氏。"《宋秘书省续编到四库阙收目》卷一《集类·别集》著录"《白莲集》三十卷"，又叶德辉按曰："《宋史》同《陈录》诗集类十卷。"《宋绍兴秘书省续编到四库阙书目》卷二《集类·别集》著录"《白莲集》三十卷"，又叶德辉按曰："《宋志》同《陈录》诗集类三十卷。"《通志》卷七〇《艺文略第八·别集四·别集诗》著录"《白莲集》十卷，齐己"。《文献通考》卷二四三《经籍考七十·集·诗集》："《白莲集》一卷。陈氏曰：唐僧齐己撰。长沙胡氏。"

另，《五代诗话》卷八《缁流·可隆》载："僧可隆善诗歌，从诲阅其卷，有《观棋》句云：'万般思后行，一失废前功。'从诲谓曰：吾师此诗，必因事而得。隆答曰：某本姓慕容，与桑维翰同学，少负志气，多忤维翰。维翰登第，以至入相，某犹在场屋，频年败衅，皆维翰所挫也，因削发为僧。其句实感前事而露意焉。从诲识鉴，皆此类也。"

二、总集类

1. 《续正声集》，五卷，王贞范辑

《通志》卷七〇《艺文略第八·诗总集》云："《续正声

集》，五卷。（后唐王贞范辑。）"《唐音癸签》卷三一《集录二》"《续正声集》"注云："后唐王贞范编，五卷。"该书系"五代人选唐诗"之一，具有一定的社会影响。但因此书久已散佚，所选唐诗的具体内容已不得而知。

三、诗文评类

1. 《风骚指格》，一卷，齐己撰

《直斋书录解题》卷二二《文史类》："《风骚指格》一卷，唐僧齐己撰。"又《唐音癸签》卷三二《集录三》："《风骚指格》一卷……僧齐己撰。"两种书目均将此书记作《风骚指格》。《文献通考》卷二四九《经籍考七六》亦称："《风骚指格》一卷。陈氏曰：唐僧齐己撰。"但《永乐大典》卷九〇九引《文献通考》作《风骚诗格》，明显有误，当作《风骚指格》。值得注意的是，《风骚指格》并未见载于宋志，而《宋史》卷二〇九《艺文志八·文史类》称："僧齐己《玄机分明要览》一卷，又《诗格》一卷。"两书或为同一书，可能只是名称有所差异。

此外，该书在后世有一定影响，总体评价较高，但亦不乏批评之声，其书名则通常作《风骚旨格》。清人薛雪《一瓢诗话》评论道："唐释齐己作《风骚旨格》，六诗、六义、十体、十势、二十式、四十门、六断、三格，皆系以诗，不减司空表圣。"意谓齐己此作可与司空图的《二十四诗品》媲美，在诗歌的品评上自有独到之处。不过，针对原书中的"十势"说法，后人多不认同，如宋蔡启《蔡宽夫诗话》即称："唐末五代，俗流以诗自名者，多好妄立格法，取前人诗句为例，议论锋出，甚有狮子跳掷、毒龙顾尾等势,览之每使人拊掌不已。"明许学夷《诗源辨体》的批评更为直接:"齐己有《风骚旨格》,虚中有《流类手鉴》,文[神]或亦有《诗格》。齐己'十势'之说仿于皎然,虚中仿于《二南密旨》,文[神]或'十势'又仿于齐己。大抵皆穿凿浅稚,互相剽窃。"即便较为推崇《风骚旨格》的薛雪亦对"十势"之说有所批评:"独是十势,立名最恶,宛然少林棍谱,暇日当为易去乃妙。"但不可否认的是,"十势"之说的影响却相当深远,不可小视,正如学者所说:"神或《诗格》亦有'十势',其中'五势'出自齐己;徐夤《雅道机要》列'八势',亦因袭齐己;佚名《诗评》中'诗有四势'节,实从齐己'十势'节稍加变化而来。"①

2.《诗格》,一卷,齐己撰

《宋史》卷二〇九《艺文志八·文史类》:"(僧齐己)《诗格》一卷。"又《唐才子传》卷九《齐己传》:"又撰《诗格》一卷。"此书仅在上述记载中有所显示,疑与《风骚指格》为同一书。

3.《玄机分明(别)要览》,一卷,齐己撰

《宋史》卷二〇九《艺文志八·文史类》:"僧齐己《玄机分明要览》一卷。"又《唐才子传》卷九《齐己传》:"尝撰《玄机分别要览》一卷,摭古人诗联,以类分次,仍别风、赋、比、兴、雅、颂。"《唐音癸签》卷三二《集录三》:"《玄机分明要览》一卷,《风骚旨格》一卷,并僧齐己撰。"今有学者通过对比指出,"今观是书(《风骚旨格》),亦摭古人诗联,分风、雅、

---

① 张伯伟:《全唐五代诗格汇考》,凤凰出版社,2002,第398页。

颂、比、兴诸类，与《才子传》所记《玄机分别要览》同，疑《要览》实即《风骚旨格》，或一书而二名。"据清人薛雪《一瓢诗话》的记载，《风骚旨格》包括六诗、六义、十体、十势、二十式、四十门、六断、三格等内容，其中的《诗有六义》的分类方式，即以风、赋、比、兴、雅颂为标准，并且采撷了古人诗联[①]。鉴于此种分类方式是诗格类著作的通行做法，仅仅据此断定两者为一书，或稍显牵强。此外，上述分类仅在《诗有六义》中有所体现，而在其他部分并非如此。故而，似仍应将两者视为不同之书，似不存在名异而实同的问题。

---

① 《全唐五代诗格汇考》，第400—401页。

结　语

　　作为南方九国中地域最为狭小的割据政权，处于四战之地的高氏荆南，能在干戈不息的五代十国时期存在半个世纪之久，其本身就是一个令人值得关注的现象。不容否认的是，五代王朝的更替频仍与中原政局的连年板荡，以及南方诸国所推行的保境安民政策，确实为高氏荆南立足一方提供了有利的外部环境。但是，仅将此点无限放大为该政权保有其地的唯一原因，或许有失偏颇。实际上，闽、楚两国所处的外在环境，较之高氏荆南明显更加安全，并不像高氏荆南介于中朝、吴（南唐）与前后蜀之间，三面均为势力强大的政治、军事实体，但两国均先于高氏荆南而相继败亡，而其灭亡的原因则有相通之处，即诸子相争、祸起萧墙，且由此而引来削弱他方以自肥的邻邦势力的入侵，闽、楚的先后覆灭概缘于此，而与外在环境关联甚小。由此可知，外部环境固然重要，但一个政权若无合适的战守之法、治理之道，被相邻势力吞并注定只会是时间早晚的问题。在高氏荆南之前，成汭镇荆南而遭灭顶，也是极好的例证，有此一例无须再举。因此，高氏荆南能自后梁开国而延续至宋初，其实也与荆南高氏统治者所采取的各项举措，有着密不可分的联系。

之所以在本文行将结束之际，再度赘述以上数语，意在引发人们对高氏荆南历史地位的客观评判。结合文中所述，可知高氏荆南的历史并非一无是处，诸如政治体制的双轨制设计、外交中事大政策与睦邻政策的有机结合，以及充分利用本地良好的交通条件推行重商政策等，其实均是高氏荆南立足客观现实条件而采取的明智之举。其间所透射出的政治智慧和发展经济的思路，应站在历史的高度给予其准确定位和评价。笔者认为，目前至少可以做出如下判断，高氏统治荆南期间所采取的上述举措，不仅并未使本地再度陷入战事无休的状态之中，以至延缓本地区经济发展的进程，相反却在一定程度上，有效避免了战火对本地的波及，从而促进了本地经济的大幅提升，并一度达到令人瞩目的高度。这种客观效果不容抹杀，在本地区域经济发展的进程中自有其一席之地。至于，这种良好的发展态势，为何未能对其后本地经济的发展产生积极影响，关键在于高氏荆南入宋后，一直至宋太祖开宝八年（975）南唐灭亡，荆南地区始终是宋朝平定后蜀、南汉、南唐的军事基地，因受供应战争的拖累，本地经济发展自然难见起色。其后，经济的发展才逐步转入正轨。当然，这些已明显超出本题所应讨论的范围，无须一一具论。

参考文献

一、古籍

1.（汉）张机撰，（晋）王叔和编，（金）金成巳注：《伤寒注释论》，景印文渊阁四库全书，第734册，台湾商务印书馆，1986。

2.（南朝）沈约：《宋书》，中华书局，1974，点校本。

3.（唐）房玄龄等：《晋书》，中华书局，1974，点校本。

4.（唐）魏徵等：《隋书》，中华书局，1973，点校本。

5.（唐）杜佑：《通典》，中华书局，1988，点校本。

6.（唐）李吉甫：《元和郡县图志》，中华书局，1983，点校本。

7.（唐）陆羽：《茶经》，中华书局，1991，点校本。

8.（唐）杨晔：《膳夫经手录》，景印续修四库全书，第1115册，上海古籍书店，2003。

9.（唐）杜甫撰，（清）仇兆鳌注：《杜诗详注》，景印文渊阁四库全书，第1070册，台湾商务印书馆，1986。

10.（唐）元稹：《元稹集》，中华书局，1972，点校本。

11.（唐）段成式：《酉阳杂俎》，《唐五代笔记小说大观》，上海古籍出版社，2000。

12.（后晋）刘昫等：《旧唐书》，中华书局，1975，点校本。

13.（五代）孙光宪：《北梦琐言》，上海古籍出版社，1981，点校本。

14.（五代）孙光宪：《北梦琐言》，中华书局，2002，点校本。

15.（五代）何光远：《鉴诫录》，五代史书汇编，第10册，杭州出版社，2004，点校本。

16.（五代）齐己：《白莲集》，景印文渊阁四库全书，第1084册，台湾商务印书馆，1986。

17.（五代）王定保：《唐摭言》，《唐五代笔记小说大观》，上海古籍出版社，2000，点校本。

18.（后蜀）张唐英撰，王文才等校笺：《蜀梼杌校笺》，巴蜀书社，1999。

19.（宋）王溥：《唐会要》，上海古籍出版社，2006，点校本。

20.（宋）王溥：《五代会要》，上海古籍出版社，2006，点校本。

21.（宋）陶榖：《清异录》，《全宋笔记》第一编，第2册，大象出版社，2003。

22.（宋）薛居正等：《旧五代史》，中华书局，1976，点校本。

23.（宋）欧阳修、宋祁：《新唐书》，中华书局，1975，点校本。

24.（宋）欧阳修：《新五代史》，中华书局，1974，点校本。

25.（宋）欧阳修：《欧阳修全集》，中华书局，2001，点校本。

26.（宋）司马光：《资治通鉴》，中华书局，1956，点校本。

27.（宋）王钦若等：《册府元龟》，凤凰出版社，2006，点校本。

28.（宋）佚名：《宋大诏令集》，中华书局，1962，排印本。

29.（宋）李昉等：《太平广记》，中华书局，1961，断句本。

30.（宋）李焘：《续资治通鉴长编》，中华书局，2004，点校本。

31.（宋）陶岳：《五代史补》，五代史书汇编，第5册，杭州出版社，2004，点校本。

32.（宋）路振：《九国志》，五代史书汇编，第6册，杭州出版社，2004，点校本。

33.（宋）史温：《钓矶立谈》，五代史书汇编，第9册，杭州出版社，2004，点校本。

34.（宋）句延庆：《锦里耆旧传》，五代史书汇编，第10册，杭州出版社，2004，点校本。

35.（宋）马令：《南唐书》，五代史书汇编，第9册，杭州出版社，2004，点校本。

36.（宋）郭允蹈：《蜀鉴》，巴蜀书社，1985，影印本。

37.（宋）钱俨：《吴越备史》，五代史书汇编，第10册，杭州出版社，2004，点校本。

38.（宋）周羽翀：《三楚新录》，五代史书汇编，第10册，杭州出版社，点校本2004，点校本。

39.（宋）王尧臣、王洙、欧阳修等：《崇文总目》，景印文渊阁四库全书，第674册，台湾商务印书馆，1986。

40.（宋）苏轼：《苏轼诗集》，中华书局，1982，点校本。

41.（宋）苏轼：《苏轼文集》，中华书局，1986，点校本。

42.（宋）司马光：《涑水记闻》，中华书局，1989，点校本。

43.（宋）王铚：《默记》，中华书局，1981，点校本。

44.（宋）王称：《东都事略》，《二十五别史》，第19册，齐鲁书社，2000，点校本。

45.（宋）赞宁：《宋高僧传》，中华书局，1987，点校本。

46.（宋）陆游：《南唐书》，五代史书汇编，第9册，杭州出版社，2004，点校本。

47.（宋）陆游：《老学庵笔记》，中华书局，1979，点校本。

48.（宋）陆游撰，蒋芳校注：《入蜀记校注》，湖北人民出版社，2004。

49.（宋）范成大：《吴船录》，景印文渊阁四库全书，第460册，台湾商务印书馆，1986。

50.（宋）李石：《续博物志》，景印文渊阁四库全书，第1047册，台湾商务印书馆，1986。

51.（宋）洪迈：《容斋随笔》，中华书局，2005，点校本。

52.（宋）钱易：《南部新书》，中华书局，2002，点校本。

53.（宋）楼钥：《攻媿集》，景印文渊阁四库全书，第1153册，台湾商务印书馆，1986。

54.（宋）郑獬：《郧溪集》，景印文渊阁四库全书，第1097册，台湾商务印书馆，1986。

55.（宋）叶真：《爱日斋丛钞》，中华书局，2010，点校本。

56.（宋）孙逢吉：《职官分纪》，中华书局，1988，影印本。

57.（宋）江少虞：《宋朝事实类苑》，上海古籍出版社，1981，点校本。

58.（宋）潘自牧：《记纂渊海》，景印文渊阁四库全书，第930—932册，上海古籍出版社，1987。

59.（宋）佚名：《宝刻类编》，丛书集成初编本，中华书局，1985，影印本。

60.（宋）朱长文：《吴郡图经续记》，江苏古籍出版社，1999，点校本。

61.（宋）王存：《元丰九域志》，中华书局，1984，点校本。

62.（宋）沈作宾修，施宿等撰：《嘉泰会稽志》，宋元方志丛刊，第7册，中华书局，1990，影印本。

63.（宋）王象之：《舆地纪胜》，中华书局，1992，影印本。

64.（宋）欧阳忞：《舆地广记》，中华书局，2023，点校本。

65.（宋）乐史：《太平寰宇记》，中华书局，2007，点校本。

66.（宋）祝穆：《方舆胜览》，中华书局，2003，点校本。

67.（宋）阮阅：《诗话总龟》，人民文学出版社，1987，点校本。

68.（宋）晁公武撰，孙猛校证：《郡斋读书志校证》，上海古籍出版社，1990。

69.（宋）陈振孙：《直斋书录解题》，上海古籍出版社，1987，点校本。

70.（宋）尤袤：《遂初堂书目》，中华书局，1985，影印本。

71.（宋）郑樵：《通志二十略》，中华书局，1995，点校本。

72.（宋）王应麟：《通鉴地理通释》，景印文渊阁四库全书，第312册，台湾商务印书馆，1986。

参考文献　449

73.（宋）王应麟：《玉海》，广陵书社，2007，影印本。

74.（宋）王应麟：《困学纪闻》，中华书局，2008，影印本。

75.（宋）叶廷珪：《海录碎事》，中华书局，2002，点校本。

76.（元）脱脱等：《宋史》，中华书局，1985，点校本。

77.（元）马端临：《文献通考》，中华书局，1986，影印本。

78.（明）焦竑辑：《国史经籍志》，中华书局，1985，影印本。

79.（明）曹学佺：《蜀中广记》，上海古籍出版社，1995，影印本。

80.（明）李贤等：《明一统志》，景印文渊阁四库全书，第472—473册，台湾商务印书馆，1986。

81.（明）薛刚纂，吴廷举续修：嘉靖《湖广图经志书》，书目文献出版社，1991，影印本。

82.（明）曾储修，童承叙纂：嘉靖《沔阳志》，民国十五年沔阳卢氏慎始基斋校刻。

83.（明）郑天佐、李徽纂：万历《承天府志》，书目文献出版社，1991，影印本。

84.（明）徐学谟纂修：万历《湖广总志》，万历刻本影印。

85.（明）胡震亨：《唐音癸签》，上海古籍出版社，1981，点校本。

86.（清）王夫之：《读通鉴论》，中华书局，1975，点校本。

87.（清）顾炎武：《天下郡国利病书》，上海古籍出版社，2012，点校本。

88.（清）顾祖禹：《读史方舆纪要》，中华书局，2005，点校本。

89.（清）徐松辑：《宋会要辑稿》，中华书局，1957，影印本。

90.（清）徐松：《登科记考》，中华书局，1984，点校本。

91.（清）陈梦雷编纂，蒋锡廷校订：《古今图书集成》，中华书局、巴蜀书社，1985，影印本。

92.（清）吴任臣：《十国春秋》，中华书局，1983，点校本。

93.（清）孔自来纂：顺治《江陵志余》，清顺治七年刻本。

94.（清）刘焕修，朱载震纂：《康熙潜江县志》，清光绪五年传经书院刻本。

95.（清）张尊德修，王吉人等纂：康熙《安陆府志》，清康熙八年刻本影印。

96.（清）迈柱修，夏力恕纂：雍正《湖广通志》，景印文渊阁四库全书，第531册，台湾商务印书馆，1986。

97.（清）潘锡恩、穆彰阿等纂修：《大清一统志》，景印续修四库全书，第613—624册，上海古籍书店，2003。

98.（清）穆彰阿等纂修：嘉庆《重修一统志》，中华书局，1986，影印本。

99.（清）姚令仪纂，李元续修：嘉庆《仁寿县志》，嘉庆八年续修刻本。

100.（清）恩荣修：《同治荆门直隶州志》，江苏古籍出版社，2001，影印本。

101.（清）永瑢等：《四库全书总目》，中华书局，1965，影印本。

102.（清）于敏中、王际华等：《钦定天禄琳琅书目》，景印文渊阁四库全书，第675册，台湾商务印书馆，1986。

103.（清）王士禛编，郑方坤删补：《五代诗话》，人民文学出版社，1989，点校本。

104.（清）王先谦注：《庄子集解》，《诸子集成》，第3册，上海书店出版社，1986，影印本。

105.（清）何焯：《义门读书记》，景印文渊阁四库全书，第860册，台湾商务印书馆，1986。

106.（清）吴廷燮：《唐方镇年表》，中华书局，1980，点校本。

107.（清）邵晋涵：《旧五代史考异》，五代史书汇编，第1册，杭州出版社，2004，点校本。

108.（清）董诰等：《全唐文》，上海古籍出版社，1990，影印本。

109.（清）彭定求等：《全唐诗》，中华书局，1960，点校本。

110.（清）赵翼撰，王树民校证：《廿二史札记校证》，中华书局，1984。

111.（清）王昶：《金石萃编》，上海古籍出版社，2020，影印本。

112.（清）叶德辉：《宋秘书省续编到四库阙书目》，郋园先生全书本。

113.（清）叶德辉：《宋绍兴秘书省续编到四库阙书目》，清光绪二十九年叶氏观古堂刊本。

114.（清）钱曾：《钱曾王述古堂藏书目录》，钱氏述古堂钞本。

115.（清）钱曾：《读书敏求记》，书目文献出版社，1983，点校本。

116.（清）张金吾：《爱日精庐藏书志》，中华书局，1987，影印本。

117.（清）钱谦益：《绛云楼书目》，中华书局，1985，影印本。

118.（民国）傅增湘：《藏园群书经眼录》，中华书局，

1983，点校本。

119.（民国）傅增湘：《藏园群书题记》，上海古籍出版社，1989，点校本。

120.（民国）周中孚：《郑堂读书记》，商务印书馆，1978，影印本。

121.（民国）钱文选辑：《钱氏家乘》，上海书店出版社，1966，影印本。

122.陈尚君辑校：《旧五代史新辑会证》，复旦大学出版社，2005。

123.陈尚君辑校：《全唐诗补编》，中华书局，1992。

二、今人著作

1.韩国磐：《柴荣》，上海人民出版社，1956。

2.中国历史地图集编辑组：《中国历史地图集（第五册）》，中华地图学社，1975。

3.胡如雷：《中国封建社会形态研究》，三联书店，1979。

4.聂崇岐：《宋史丛考》，中华书局，1980。

5.马继兴：《中医文献学基础》，中医研究院中国医史文献出版社，1982。

6.刘节：《中国史学史稿》，中州书画社，1982。

7.沈起炜：《五代史话》，中国青年出版社，1983。

8.姜方锬：《蜀词人评传（五代卷）》，成都古籍书店，1984。

9.刘家麟等编：《中国历史文化名城词典》，上海辞书出版社，1985。

10.陶懋炳：《五代史略》，人民出版社，1985。

11.卞孝萱、郑学檬：《五代史

话》，北京出版社，1985。

12.杨伟立：《前蜀后蜀史》，四川社会科学出版社，1986。

13.蒲孝荣：《四川政区沿革与治地今释》，四川人民出版社，1986。

14.许肇鼎：《宋代蜀人著作存佚录》，巴蜀书社，1986。

15.郁贤皓：《唐刺史考》，江苏古籍出版社，1987。

16.张国刚：《唐代官制》，三秦出版社，1987。

17.陈茂同：《历代职官沿革史》，华东师范大学出版社，1988。

18.黄惠贤、李文澜主编：《古代长江中游的经济开发》，武汉出版社，1988。

19.牟发松：《唐代长江中游的经济与社会》，武汉大学出版社，1989。

20.诸葛计、银玉珍：《吴越史事编年》，浙江古籍出版社，1989。

21.诸葛计等：《闽国史事编年》，浙江古籍出版社，1989。

22.湖北省江陵县县志编纂委员会：《江陵县志》，湖北人民出版社，1990。

23.傅璇琮主编：《唐才子传校笺》，中华书局，1990。

24.戴伟华：《唐代幕府与文学》，现代出版社，1990。

25.郑学檬：《五代十国史研究》，上海人民出版社，1991。

26.陈钧等主编：《湖北农业开发史》，中国文史出版社，1992。

27.周祖譔：《中国文学大辞典·唐五代卷》，中华书局，1992。

28.刘俊文主编：《日本学者研究中国史论著选译》，中华书局，1992。

29.张其凡：《五代禁军初探》，暨南大学出版社，

1993。

30.冻国栋：《唐代人口问题研究》，武汉大学出版社，1993。

31.施蛰存主编：《词籍序跋萃编》，中国社会科学出版社，1994。

32.任爽：《南唐史》，东北师范大学出版社，1995。

33.梅莉：《两湖平原开发探源》，江西教育出版社，1995。

34.吴庚舜、董乃斌主编：《唐代文学史》，人民文学出版社，1995。

35.朱玉龙：《五代十国方镇年表》，中华书局，1997。

36.诸葛计、银玉珍：《吴越史事编年》，福建人民出版社，1997。

37.陈尚君：《唐代文学丛考》，中国社会科学出版社，1997。

38.傅璇琮主编：《唐五代文学编年史（五代卷）》，辽海出版社，1998。

39.孔范今主编：《全唐五代词释注》，陕西人民出版社，1998。

40.陈戍国：《中国礼制史·隋唐五代卷》，湖南教育出版社，1998。

41.李文澜：《湖北通史·隋唐五代卷》，华中师范大学出版社，1999。

42.黄仁宇：《赫逊河畔谈中国历史》，生活·读书·新知三联书店，1999。

43.何炳棣著，葛剑雄译：《明初以降人口及其相关问题：1368—1953》，生活·读书·新知三联书店，2000。

44.吴松弟：《中国人口史（第三卷）》，复旦大学出版社，2000。

45.刘尊明：《唐五代词史论稿》，香港文化艺术出版社，2000。

46.周勋初：《周勋初文集》，江苏古籍出版社，2000。

47.鲁西奇：《区域历史地理研究：对象与方法——汉水流域的个案考察》，广西人民出版社，2000。

48.邹劲风：《南唐国史》，南京大学出版社，2000。

49.杨果：《宋代两湖平原地理研究》，湖北人民出版社，2001。

50.杜文玉：《南唐史略》，陕西人民教育出版社，2001。

51.谭兴国：《蜀中文章冠天下——巴蜀文学史稿》，四川人民出版社，2000。

52.石云涛：《唐代幕府制度研究》，中国社会科学出版社，2001。

53.陈乐素：《宋史艺文志考证》，广东人民出版社，2002。

54.黄永年：《唐史史料学》，上海书店出版社，2002。

55.冻国栋：《中国人口史·隋唐五代时期》，复旦大学出版社，2002。

56.武建国：《五代十国土地所有制研究》，中国社会科学出版社，2002。

57.何勇强：《钱氏吴越国史论稿》，浙江大学出版社，2002。

58.王仲荦：《隋唐五代史》，上海人民出版社，2003。

59.张泽咸：《汉晋唐时期农业》，中国社会科学出版社，2003。

60.张兴武：《五代艺文考》，巴蜀书社，2003。

61.任爽：《十国典制考》，中华书局，2004。

62.鲁西奇、潘晟：《汉水中下游河道变迁与堤防》，武汉大学出版社，2004。

63.罗庆康：《马楚史研究》，湖南人民出版社，2004。

64..张伯伟：《全唐五代诗格汇

考》，凤凰出版社，2002。

65..吕思勉：《隋唐五代史》，上海古籍出版社，2005。

66.冻国栋：《中国人口史（第二卷）》，复旦大学出版社，2005。

67.杜文玉：《五代十国制度研究》，人民出版社，2006。

68.邓小南：《祖宗之法——北宋前期政治述略》，生活·读书·新知三联书店，2006。

69.徐晓望：《福建通史·隋唐五代卷》，福建人民出版社，2006。

70.房锐：《孙光宪与〈北梦琐言〉研究》，中华书局，2006。

71.任爽主编：《五代典制考》，中华书局，2007。

72.李昌宪：《中国行政区划通史·宋西夏卷》，复旦大学出版社，2007。

73.何忠礼：《宋代政治史》，浙江大学出版社，2007。

74.严耕望：《唐代交通图考》，北京联合出版社，2021。

75.陶懋炳、张其凡师、曾育荣：《中国历史·五代史》，人民出版社，2009。

76.王凤翔：《晚唐五代秦岐政权研究》，三秦出版社，2009。

77.李裕民：《北汉简史》，三晋出版社，2010。

78.张国刚：《唐代藩镇研究（增订版）》，中国人民大学出版社，2010。

79.陈欣：《南汉史稿》，广东人民出版社，2010。

80.彭文峰：《五代马楚政权研究》，中国社会科学出版社，2014。

81.［日］山口智哉、李宗翰、刘祥光、柳立言编著：《世变下的五代女性》，广西师范大学出版社，2021。

82.［日］山口智哉、李宗翰、

刘祥光、柳立言编著：《五代武人之文》，广西师范大学出版社，2021。

83．杨超：《五代著述考证初编》，光明日报出版社，2022。

84．罗亮：《权力与正统：五代政治史论稿》，中国社会科学出版社，2022。

85．［美］戴仁柱著，刘广丰译：《火与冰：后唐庄宗李存勖》，重庆出版社，2022。

另，论文中古今地名对照，主要依据史为乐主编《中国历史地名大辞典》（中国社会科学出版社2005年版）一书，谨此说明。

三、今人论文

1．聂崇岐：《论宋太祖收兵权》，《燕京学报》1948年第34卷，收入氏著：《宋史丛考》，中华书局，1980。

2．游修龄：《西汉古稻小析》，《农业考古》1981年第2期。

3．周征松：《〈通历〉的续编和〈旧五代史〉校补》，《山西师范大学学报（社会科学版）》1982年第1期。

4．李伯重：《我国稻麦复种制产生于唐代长江流域考》，《农业考古》1982年第2期。

5．徐明德：《论周世宗的改革及其历史意义》，《杭州大学学报》1983年第1期。

6．林立平：《唐代主粮生产的轮作复种制》，《暨南学报》1984年第1期。

7．唐兆梅：《简论周世宗》，《文史哲》1984年第3期。

8．张其凡：《五代政权递嬗之考察——兼评周世宗的整军》,《华南师范大学学报》1985年第1期。

9.王赓武:《长江中游地区在唐代的政治地位》,《研究集刊》1985年第1期;转引自李文澜:《湖北通史·隋唐五代卷》,华中师范大学出版社,1999。

10.钱超尘:《高继冲及其所献〈伤寒论〉考略》,《中国医药学报》1986年第1期。

11.庄学君:《孙光宪生平及其著述》,《四川师范大学学报》1986年第4期。

12.朱巨亚:《浅析荆南政权存在的原因》,《铁道师范学院学报》1987年第3期。

13.唐启淮:《郭威改革简论》,《湘潭大学学报》1988年第3期。

14.王力平:《唐肃、代、德时期的南路运输》,黄惠贤、李文澜主编:《古代长江中游的经济开发》,武汉出版社,1988。

15.胡戟:《李皋与江陵创造的唐代粮食单产记录》,黄惠贤、李文澜主编:《古代长江中游的经济开发》,武汉出版社,1988。

16.孙继民:《关于唐代长江中游人口经济区的考察》,黄惠贤、李文澜主编:《古代长江中游的经济开发》,武汉出版社,1988。

17.单子敏:《论周世宗改革》,《辽宁大学学报》1988年第4期。

18.宋嗣军:《五代时期南平立国原因浅析》,《湖北师范学院学报》1990年第3期。

19.刘永平:《郭威改革述论》,《徐州师范大学学报》1992年第1期。

20.赵永春:《周世宗改革的历史经验》,《吉林师范大学学报》1992年第3期。

21.[日]内藤湖南:《概括的

唐宋时代观》，刘俊文主编：《日本学者研究中国史论著选译（第一卷）》，中华书局，1992。

22.［日］宫崎市定：《东洋的近世》，刘俊文主编：《日本学者研究中国史论著选译（第一卷）》，中华书局，1992。

23.杨光华：《前蜀与荆南疆界辩误》，《西南师范大学学报》1993年第4期。

24.杜文玉：《晚唐五代都指挥使考》，《学术界》1995年第1期。

25.［日］冈田井吉、郭秀梅《高继冲本〈伤寒论〉与〈永类钤方·伤寒论〉》，《吉林中医药》1995年第1期。

26.黄晓华：《后周世宗改革琐议》，《苏州大学学报》1995年第3期。

27.张家炎：《复合农业——认识中国传统农业的新视野》，《农业考古》1995年第3期。

28.曾国富：《五代南平史三题》，《中国史研究》1996年第1期。

29.杨果：《唐、五代至北宋江陵长江堤防考》，《中国历史地理论丛》1999年第2期。

30.［日］宫泽知之：《唐宋社会变革论》，《中国史研究动态》1999年第6期。

31.何忠礼：《宋代户部人口统计考察》，《历史研究》1999年第4期。

32.冯培红：《唐五代归义军节院与节院使考略》，《敦煌学辑刊》2000年第1期。

33.程民生：《宋代家庭人口数初探》，《浙江学刊》2000年第2期。

34.张其凡：《关于"唐宋变革期"学说的介绍与思考》，《暨南学报》2001年第1期。

35.赵瑶丹：《宋代户籍制度和人口数问题研究综述》，《中国史研究动态》2001年第1期。

36. 田道英：《齐己行年考述》，《天津大学学报》2001年3期。

37. 赵怀丹等：《〈普济残卷高本伤寒论〉简介》，《中医文献杂志》2002年第1期。

38. 吴丽娱：《试论晚唐五代的客将、客司与客省》，《中国史研究》2002年第4期。

39. 曾育荣：《后周太祖郭威内政改革琐论》，《湖北大学学报》2003年第3期。

40. 曾育荣、葛金芳：《后周太祖、世宗惩治官员考析》，《历史文献与传统文化》（第10辑），兰州大学出版社，2003。

41. 李华瑞：《20世纪中日"唐宋变革"观研究述评》，《史学理论研究》2003年第4期。

42. 赵晓兰：《孙光宪江南、湖湘之行考述》，《四川师范大学学报》2004年第4期。

43. 邓跃新、刘梓：《齐己〈白莲集〉与中晚唐诗禅境界》，《湖南科技大学学报》2004年第3期。

44. 房锐、苏欣：《梁震生平事迹考》，《西华大学学报》2005年第2期。

45. 房锐：《〈续通历〉考辨》，《史学史研究》2005年第4期。

46. 张国刚等：《"唐宋变革"与中国历史分期问题》，《史学集刊》2006年第1期。

47. 张国刚等：《"唐宋变革"的时代特征》，《江汉论坛》2006年第3期。

48. 曾育荣、张其凡：《谈谈高氏荆南国史研究》，《湖北大学学报》2006年第3期。

49. 刘世恩、毛绍芳：《高继冲本〈伤寒论〉考》，《国医论坛》2008年第1期。

50. 曾育荣：《五代十国时期归、峡二州归属考辨》，《湖北大学学报》2008年第3期。

51.曾育荣:《关于高氏荆南时期的人口问题》,《荆楚文化与湖北人文精神》,湖北人民出版社,2009。

52.曾育荣:《高氏荆南藩镇使府幕职、僚佐考》,《记忆·历史·文化》第3辑,中国地质大学出版社,2010。

53.胡滨:《五代时期南方九国"善和邻好"政策与史家评论》,上海师范大学硕士学位论文,2010。

54.张跃飞:《唐五代时期的江陵城》,《南都学坛》2010年第2期。

55.张跃飞:《五代荆南政权研究》,北京师范大学博士学位论文,2010。

56.侯建春等:《淳化本〈伤寒论〉版本源流考》,《世界中西医结合杂志》2010年第5期。

57.曾国富:《五代时期南方九国的保境安民政策》,《湛江师范学院学报》2011年第1期。

58.曾育荣:《事大称臣:高氏荆南立国之基调》,《记忆·历史·文化》第5辑,湖北人民出版社,2012。

59.曾育荣:《五代宋初荆门军考述》,《荆楚文化与长江文明》,湖北人民出版社,2012。

60.张跃飞:《高氏荆南入宋县数考》,《宋史研究论丛》(第13辑),河北大学出版社,2012。

61.张跃飞:《五代十国时期的扦蔽与平衡》,《唐史论丛》(第15辑),陕西师范大学出版社,2012。

62.张晓笛:《高氏荆南军事地理研究》,华中师范大学硕士学位论文,2012。

63.谢宇荣:《唐末五代环洞庭湖三区历史军事地理研究》,陕西师范大学硕士学位论文,2014。

64.张跃飞:《五代荆南政权

的佛教》,《中国社会历史评论》第15卷,天津古籍出版社,2014。

65.张跃飞:《五代荆南政权割据原因再探》,《唐史论丛》(第21辑),三秦出版社,2015。

66.曾育荣:《高氏荆南疆域考述》,《中华文史论丛》2016年第1期。

67.曾育荣、张晓燕:《抗衡诸侯,或和或战——五代荆南武信王高季兴的纵横之术》,《决策与信息》2016年第3期。

68.高鹏成:《浅论五代荆南政权的历史作用》,《鄂州大学学报》2018年第5期。

69.孙振涛:《论五代巴蜀王朝对高氏荆南割据政权的影响》,《三峡论坛》2020年第1期。

70.严春晓:《高氏荆南艺文辑考》,湖北大学硕士学位论文,2021。

71.迟浩成:《唐末五代武昌军研究》,湖北师范大学硕士学位论文,2022。

附录一

荆南高氏世系表

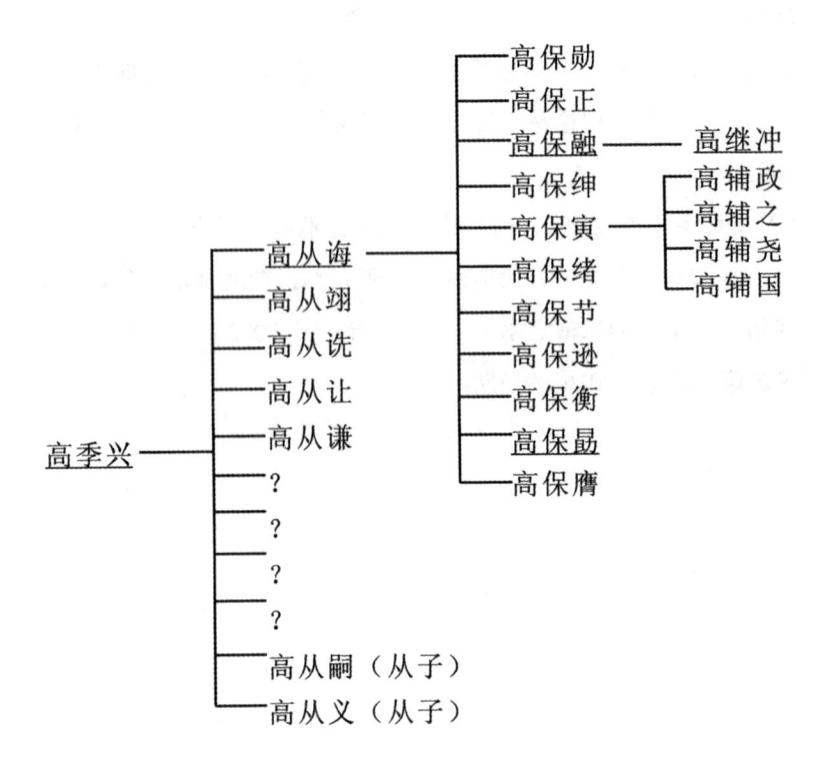

```
                              ┌─高保勋
                              ├─高保正
                              ├─高保融──高继冲
                              ├─高保绅      ┌─高辅政
                              ├─高保寅      ├─高辅之
                    ┌─高从诲──┼─高保绪──────┼─高辅尧
                    │         ├─高保节      └─高辅国
                    │         ├─高保逊
                    │         ├─高保衡
                    │         ├─高保勖
                    │         └─高保膺
                    ├─高从翊
                    ├─高从诜
                    ├─高从让
          高季兴────┼─高从谦
                    ├─？
                    ├─？
                    ├─？
                    ├─？
                    ├─高从嗣（从子）
                    └─高从义（从子）
```

附录二

高氏荆南大事年表

后梁太祖开平元年丁卯 九〇七年

三月，唐哀帝李柷让位于梁王朱全忠。

四月，朱全忠称帝于汴州，国号梁，史称后梁，改名晃，是为后梁太祖。改元开平。高季兴时任荆南留后。

五月，后梁太祖拜高季兴荆南节度使。高季兴招辑抚绥，流民渐复。进瑞橘数十颗于梁。

六月，武节贞度使雷彦恭联合楚兵进攻江陵，高季兴屯兵公安，断敌粮道，打败雷彦恭所部，楚兵撤退。

九月，雷彦恭攻涔阳、公安，再次被高季兴击败。梁太祖令高季兴讨伐雷彦恭。

十月，高季兴遣牙将倪可福会同楚将秦彦晖进攻朗州。

后梁太祖开平二年戊辰 九〇八年

四月，淮南将李厚入寇石首，高季兴败敌于马头。

九月，高季兴屯兵汉口，隔断楚朝贡道路。楚军于沙头打败荆南军队，高季兴请和。

十月，梁震归蜀，经江陵，被高季兴遮留，以白衣从事辅佐荆南高氏。

是岁,后梁加高季兴同中书门下平章事。

后梁太祖开平三年己巳　九〇九年

八月,后梁叛将李洪入侵江陵,被荆南将倪可福率军击退。后梁令马步都指挥使陈晖,会合荆南军队,讨伐李洪。

是岁,后梁复州辖县监利割隶荆南荆州。

后梁太祖开平四年庚午　九一〇年

六月,楚军入寇,高季兴败敌军于油口,斩首五千级,追逐敌军至白田而归。

后梁太祖乾化元年辛未　九一一年

五月,后梁改元乾化。

后梁郢王乾化二年壬申　九一二年

五月,高季兴图谋割据,大兴力役,增修江陵外城,并建雄楚楼、望江楼作为捍敌之具。

六月,后梁郢王友珪弑父朱晃自立,是为后梁郢王。

十月,后梁复州割隶荆南。

十一月,吴淮南节度副使陈璋等率军进攻荆南,荆南将倪可福领兵抵御。

十二月,高季兴声言助梁伐晋,进攻襄州,被孔勍击败,乃绝贡赋。

后梁末帝乾化三年癸酉　九一三年

正月，后梁郢王改元凤历。吴将陈璋攻荆南未果，领兵撤退，夜间突围而去，荆南、楚军追赶不及。

二月，后梁末帝朱友贞依靠侍卫亲军夺得帝位，是为后梁末帝。仍行乾化年号。

八月，后梁赐高季兴爵渤海王。

后梁末帝乾化四年甲戌　九一四年

正月，高季兴欲夺取荆南镇原管夔、忠、万、涪四州，率军进攻前蜀，先以水军攻夔州，为前蜀夔州招讨副使张武打败。

八月，前蜀臣僚建议王建趁夏秋江涨，决峡上大堰水淹江陵，被毛文锡谏止。

后梁末帝贞明元年乙亥　九一五年

十一月，后梁末帝改元贞明。

后梁末帝贞明二年丙子　九一六年

是岁，南汉王定保来聘荆南。

后梁末帝贞明三年丁丑　九一七年

四月，高季兴与山南东道节度使孔勍修好，恢复对后梁的朝贡。

是岁，高季兴筑高氏堤。

后梁末帝贞明四年戊寅　九一八年

五月，后梁以荆南衙内马步军都指挥使、检校司徒高从诲领濠州刺史。

后梁末帝贞明五年己卯　九一九年

五月，楚军攻荆南，高季兴向吴求援，吴命镇南节度使刘信率步兵直趋潭州，武昌节度使李简指挥水军进攻复州。楚军撤退，李简等进入复州，俘获知州鲍唐。

是岁，高季兴改建内城东门楼，称为江汉楼。又在荆州城东南隅修筑仲宣楼。

后梁末帝龙德元年辛巳　九二一年

二月，后梁以荆南节度使、检校太师、兼中书令、渤海郡王高季兴为守中书令，依前荆南节度使。

十一月，高季兴派遣倪可福督修江陵外城，季兴巡视后，认为工程进展太慢，杖之。

是岁，湖南僧齐己在赴蜀途中经江陵，高季兴将其挽留，任为龙兴寺僧正，供给月俸。

后梁末帝龙德二年壬午　九二二年

二月，后梁以高季兴守中书令。

后唐庄宗同光元年癸未　九二三年

四月，晋王李存勖称帝于魏州，国号唐，史称后唐，是为后唐庄宗。改元同光。

十月，庄宗进入汴州，后梁灭亡，定都洛阳。高季昌为避后唐庙讳，更名"季兴"。值庄宗下诏慰谕藩镇，高季兴朝于洛阳。

十一月，后唐以高季兴依前检校太师、守中书令，余如故。在洛阳期间，庄宗曾问伐蜀、伐吴何者为先，高季兴以伐蜀为先作答。庄宗身边伶官屡屡勒索高季兴，高季兴不满。在郭崇韬的劝说下，庄宗厚礼遣归高季兴。高季兴狼狈而返。

十二月，高季兴返回江陵，修缮城池，积聚粮草，招纳后梁旧部，预做战守准备。

是岁，高季兴改修天皇寺。荆南所辖复州隶入后唐。

后唐庄宗同光二年甲申　九二四年

三月，后唐以高季兴依前检校太师、兼尚书令，进封南平王。高季兴命画工将高骈从弟高骧像画于愚亭，愚亭由此而亦称高氏亭。

五月，后唐复州割隶荆南。

后唐庄宗同光三年乙酉　九二五年

九月，庄宗任命高季兴为西川东南面行营招讨使攻蜀，许其取夔、忠、万、归、峡五州为巡属。

十月，高季兴率领水军攻打施州。前蜀将张武仍以铁锁隔断大江，并打败荆南军队。

十一月，后唐灭亡前蜀。

后唐明宗天成元年丙戌　九二六年

三月，高季兴表请夔、忠等州及云安监割隶本道。后唐庄宗应允,但未下诏。

四月,后唐庄宗被杀。后唐蕃汉马步军总管、镇州节度使、中书令李嗣源即位,是为后唐明宗。改元天成。梁震推荐孙光宪入幕,高季兴任为掌书记。高季兴欲攻楚,被孙光宪制止。

六月,后唐明宗以荆南节度使、检校太师兼尚书令、南平王高季兴,加守太尉兼尚书令。高季兴通过奏请获夔、忠、万、归、峡五州。

八月,高季兴请求后唐不除峡内三州刺史,拟任以子弟,未得后唐明宗许可。

后唐明宗天成二年丁亥　九二七年

二月,高季兴趁夔州刺史罢官之机,遣兵突入州城。高季兴又遣兵袭后唐涪州,不克。后唐明宗下制削夺高季兴官爵,令山南东道节度使刘训、东川节度使董璋与楚军,三面进攻荆南。

三月,后唐将刘训率兵至荆南。楚军屯岳州。高季兴坚壁不战,求救于吴,吴派水军前来援助。

四月,后唐军队久攻荆南不下。明宗下诏催战,又派遣枢密使孔循至前线,制订攻战方略。

五月,后唐枢密使孔循至前线,仍无法攻下江陵。孔循派人进城劝说高季兴归降,高季兴出语不逊,其子高从诲切谏,高季兴仍不听。后唐明宗又派遣宣徽使张延朗征调郡县粮食,运赴荆南城下。后唐明宗下令撤回征伐荆南的军队。高季兴擒楚贡使史光宪及后唐赐物,请求称臣于吴,遭拒绝。荆南所辖复州隶入襄州。

六月,因征荆南无功,后唐将领刘训责授检校右仆射、守檀州刺史。后唐夔州刺史西方邺打败荆南军队，收复夔、忠、万三州。

九月，高季兴遣使持书乞修贡奉于后唐，明宗诏令不纳。

是岁，荆南置荆门军于当阳县。

后唐明宗天成三年戊子　九二八年

二月，吴遣使贡献于后唐，因吴与荆南关系密切，明宗不纳其使。后唐宁江军节度使西方邺攻拔归州；未几，荆南复取之。

三月，楚马殷奉后唐之命，率军亲征荆南，在刘郎洑大败荆南军队，高季兴请和，归还楚使史光宪及后唐赐物。

四月，吴军欲于荆江口会同荆南军队，进攻楚岳州，被楚军击败，吴军大败而归。

六月，高季兴以荆、归、峡三州称臣于吴。楚将许德勋率兵攻荆南，次沙头，高季兴从子高从嗣被楚将拉杀，季兴请和。

七月，因劝明宗将夔、忠、万等州割隶荆南，后唐门下侍郎豆卢革、同中书门下平章事韦说获罪，皆被赐死。

九月，后唐明宗诏徐州节度使房知温兼荆南行营招讨使，知荆南行府事。高季兴见其兵少，欲出城迎敌，被梁震制止。荆南在白田打败马楚军队，活捉楚岳州刺史李廷规，送往吴国扣押。

十一月，后唐忠州刺史王雅取归州。

十二月二十四日，高季兴寝疾，命其子行军司马、忠义节度使、同平章事高从诲权知军府事。

二十五日，季兴卒，年七十一。吴以高从诲为荆南节度使兼侍中。

后唐明宗天成四年己丑　九二九年

四月，楚军在石首打败荆南军队。

五月，高从诲遣使聘于楚，楚王马殷为其向明宗求情。后唐襄州安元信奏，高从诲乞请归顺后唐。

六月，高从诲上章首罪，乞请重修职贡，并进赎罪银三千两。

七月，明宗同意高从诲称臣请求，授其检校太傅、兼侍中，充荆南节度使。后唐罢荆南招讨使。

十月，明宗下制恢复高季兴官爵。

后唐明宗长兴元年庚寅　九三〇年

正月，高从诲奏请峡州刺史高季雍、归州刺史孙文，仍依旧任。后唐明宗从之。后唐追封季兴楚王，谥曰武信。

三月，高从诲遣使奉表诣吴，断绝臣属关系。吴遣兵攻荆南，无功而返。

十二月，后唐赠高季兴太尉。荆南上奏，湖南节度使、楚国王马殷薨。

后唐明宗长兴二年辛卯　九三一年

长兴二年正月，后唐明宗制，高从诲落起复，加兼中书令。

后唐明宗长兴三年壬辰　九三二年

二月，后唐赐高从诲爵渤海王。

六月，荆南奏，西川孟知祥打败东川董璋。

九月，后唐加高从诲检校太尉、兼中书令。

十月，荆南与楚并进银、茶于后唐，乞赐战马，后唐明宗退还所进诸物，赐荆南马二十匹。

后唐明宗长兴四年癸巳　九三三年

六月，荆南上奏，西川孟知祥大败东川董璋。

九月，后唐加高从诲检校太尉、兼中书令。

十一月，后唐明宗卒。

十二月，后唐宋王李从厚即位，是为闵帝。

是岁，后唐李鏻使楚，至荆南。

后唐末帝清泰元年甲午　九三四年

正月，后唐闵帝改元应顺。后唐封高从诲为南平王。

四月，后唐潞王李从珂即位，是为后唐末帝。改元清泰。缢杀闵帝。

八月，荆南奏，后蜀孟知祥死，其子孟昶继位。

后唐末帝清泰二年乙未　九三五年

十月，荆南梁震退隐。

后晋高祖天福元年丙申　九三六年

四月，高从诲遣使劝吴权臣徐知诰即帝位。

十一月，后唐太原节度使石敬瑭称帝，国号晋，史称后晋，是为后晋高祖。改元天福。是月进入洛阳，以为国都。

（后晋杨昭俭为高从诲生辰国信使。按，据《宋史》卷二六九《杨昭俭传》记其事为"天福初"，今已难详知其准确时间，姑附于此。）

后晋高祖天福二年丁酉　九三七年

正月，加高从诲食邑实封，改功臣名号。

六月，后晋以摄荆南行军司马、检校太保、归州刺史王保义加检校太傅，知武泰军节度观察留后，充荆南行军司马兼沿淮巡检使。

九月，高从诲进助国绢五千匹，锦绮一百匹。

十月，吴徐知诰即帝位于金陵，是为南唐烈祖李昪。改元昇元，国号曰唐，史称南唐。南唐遣使至荆南，告即位。

十一月，高从诲表请南唐置邸金陵，获许可。

后晋高祖天福三年戊戌　九三八年

正月，高从诲遣庞守规至南唐，贺即位。

二月，后晋加高从诲食邑实封。

三月，荆南孙光宪作《白莲集序》。

七月，高从诲本贯汴州浚义县王畿乡被后晋表节东坊，改为拥旌乡俗风里。

十月，后晋迁都汴州。

是岁，后晋王仁裕出使荆南。

后晋高祖天福五年庚子　九四〇年

是岁，后晋陶穀为高从诲生辰国信使。

后晋高祖天福六年辛丑　九四一年

四月，后晋山南东道节度使安从进谋反，派人向荆南请求援助，高从诲拒绝与其同谋，遭安从进诬奏，高从诲遂采纳行军司马王保义建议，向后晋朝廷上奏安从进反状，且表示愿出兵相助晋军平叛。

十二月，后晋出兵讨伐安从进，并令荆南出兵援助。高从诲派遣水军都指挥使李端率领水军抵达南津。

后晋高祖天福七年壬寅　九四二年

六月，后晋高祖卒。齐王石重贵即位，是为后晋少帝。仍行天福年号。

七月，后晋加高从诲兼尚书令。

八月，后晋襄州安从进举族自焚。高从诲请求割隶郢州为属郡，后晋不许。

九月，高从诲累让尚书令之命。

是岁，高从诲遣使至后蜀，请翰林待诏李文才画义兴门石笋及故事。高保寅以荫授太子舍人。

后晋少帝开运元年甲辰　九四四年

七月，后晋少帝改元开运。

后晋少帝开运三年丙午　九四六年

是岁，后晋张保续出使荆南。

后汉高祖天福十二年丁未　九四七年

正月，高从诲遣使入贡契丹，契丹遣使赐马。高从诲遣使至河东劝刘知远即位。

二月，后晋河东节度使刘知远称帝于太原，仍用天福年号。

六月，刘知远至洛阳改国号为汉，史称后汉，是为后汉高祖。后汉遣使告谕荆南。

八月，高从诲派遣水军数千攻打襄州，被后汉山南东道节度使安审琦击败。高从诲又进攻郢州，被刺史尹实打败。遂与汉绝。

十二月，后汉迁都汴州。

是岁，高从诲贺登极，贡金银器、丝织品等。后汉田敏使楚，假道荆南。

后汉高祖乾祐元年戊申　九四八年

正月，后汉高祖改元乾祐。

二月，后汉高祖卒，周王承佑继位，是为后汉隐帝。仍行乾祐年号。

四月，高从诲欲攻郢州。

六月，高从诲进贡器物，上表称臣于后汉。

十一月，高从诲卒，年五十八。后汉诏赠尚书令，谥曰文献。

十二月，后汉授高保融荆南节度使、检校太尉、同平章事、渤海郡侯。

是岁，后汉以荆南行军司马、武泰军节度留后王保义为检校太尉，领武泰军节度使，行军如故。高从诲遣人押送朗州马希萼奏事官沈从进至京师，乞加恩命。葬高从诲于龙山。后汉郭允明来使。

后汉隐帝乾祐二年己酉　九四九年

十月，后汉加高保融检校太师、兼侍中。

十二月，后汉隐帝敕令：故荆南节度使、南平王高从诲宜令太常定谥。

后汉隐帝乾祐三年庚戌　九五〇年

十月，湖南马希广遣使上章，称荆南、淮南、广南联合出兵，欲分割湖、湘，请求后汉出兵援助。

十一月，后蜀施州刺史田行皋奔荆南，高保融归之于后蜀。

十二月，后汉枢密使、邺都留守、兼天雄军节度使郭威，夺取后汉政权。荆南奏，朗州节度使马希萼缢杀潭州节度使马希广，统治湖南。

后周太祖广顺元年辛亥　九五一年

正月，后汉枢密使郭威登基，建立后周，是为后周太祖。高保融表贺登极，贡献器物。后周晋封高保融渤海郡王，王昜、景范发册，仍赐礼服、冠剑。荆南奏，湖南内乱。

十月，荆南奏，湖南大乱。再奏，淮南遣将入岳州。

十一月，荆南奏，淮南将边镐率军趋潭州，马希崇归降。

是岁，高保勖加检校太傅，充荆南节度副使。

后周太祖广顺二年壬子　九五二年

十一月，荆南奏，朗州大将刘言至潭州，淮南官兵撤出湖南。

后周太祖广顺三年癸丑　九五三年

六月，高保融遣使上贡。

后周太祖显德元年甲寅　九五四年

正月，后周太祖郭威卒，晋王柴荣继位，是为后周世宗。仍行显德年号。后周封高保融南平王。

七月，高保融加守中书令。

十一月，后周以荆南节度副使、归州刺史高保勖为宁江军节度使、检校太尉，充荆南节度行军司马。

是岁，高保融修江陵大堰，改名为北海。

后周世宗显德三年丙辰　九五六年

二月，荆南上贡。荆南奏，潭州周行逢入据朗州。

后周世宗显德四年丁巳　九五七年

二月，后周征南唐。

后周世宗显德五年戊午　九五八年

三月，高保融派遣指挥使魏璘帅水军至鄂州，援助后周伐南唐。后周取得南唐江北之地后，世宗命荆南罢兵。

五月，南唐元宗李璟称臣于后周。后周世宗获高保融劝南唐称臣于周的表笺，赐荆南绢。

六月，高保融遣使劝后蜀称藩于周，后蜀后主孟昶回报，后周不答其称臣之书。

十月，高保融再劝后蜀称臣于周，蜀主拒绝。高保融奏，愿以水军取三峡，援助后周伐蜀。世宗诏褒之。

后周世宗显德六年己未　九五九年

六月，后周世宗卒，梁王柴宗训继位，是为后周恭帝。

八月，高保融加守太保。

是岁，高继冲以荫授检校司空。高保融又奏授高继冲为节度副使。

宋太祖建隆元年庚申　九六〇年

正月，后周殿前都点检赵匡胤建立北宋，是为宋太祖。改元建隆。宋加高保融守太傅。

八月，高保融卒，年四十一。亦葬龙山乡，宋册赠高保融太尉，谥贞懿。高保融弟高保勖权知军府事。

是岁，葬高保融于龙山乡。

宋太祖建隆二年辛酉　九六一年

九月，宋拜高保勖荆南节度使。

是岁，高保寅出使宋，被授掌书记。返荆南时，宋太祖令高保融决去北海。

宋太祖建隆三年壬戌　九六二年

十一月，高保勖卒，年三十九。

是岁，高保勖病重之际，以侄高继冲为节度副使、权知军府事。

宋太祖乾德元年癸亥　九六三年

正月，宋卢怀忠出使荆南。宋太祖定下假道荆南之策。宋太祖诏荆南派遣三千水军至潭州。宋以荆南节度副使、权知军府事高继冲为荆南节度使。宋太祖下诏制止高继冲向百姓预征钱帛。高继冲重用孙光宪、梁延嗣二人，分别管理民政与军政。

二月，宋军假道荆南，高继冲纳土归降于宋。荆南节度使高继冲献钱、绢、布等，并上贡。

四月，荆南节度使高继冲进助宴钱物。荆南高保绅等九人入朝。

五月，荆南节度使高继冲献伶官。

十一月，荆南节度使高继冲入朝。宋授高继冲徐州大都府长史、武宁军节度使、徐宿观察使。

后 记

  这部著作的前身是2015年台北花木兰文化出版社刊印的《高氏荆南史稿》（上下），底本则是笔者于2008年4月在暨南大学中国文化史籍研究所完成的博士论文《高氏荆南史稿》，指导教师是先师张其凡教授（1949—2016）。鉴于原著为学界关于高氏荆南研究的第一部专门著述，少有机构收藏，流通有限，为便于更多读者了解该书，2022年6月四川人民出版社主动联系本人，表达希望于2024年推出《高氏荆南史稿》（增订版）的热忱愿望，并且同意在出版方面尽量给予照顾和关怀。盛情相约，无法推诿，加以考虑到原书出版后，屡屡有学术同道索书，其中不乏愿以高价购买者，但当年赠书不多，个人手头仅有一套，一直苦于无法回馈各位同好对拙著的厚爱；而且，近年笔者又对原稿续有订补，私意以为出版增订本适逢其时，确有必要，遂于2022年8月与出版社完成签约，承诺于2023年3月31日交齐书稿。

  人事有代谢，往来成古今，此次增订距上次出版已逾9年，离博士论文成稿更是长达16年，再次追述书稿的形成过程，回首过往之点滴，心境和感触已与当年大有不同。因博士论文后记和撰写于2014年9月的出版后记，对读博经历、博士论文的选题缘由与写作的前后经过，尤其是先师的悉心指导，多有叙述，囿于篇幅，此处不再赘语。以下仅对这次增订方面的相关情况略加说明，作为拙论的缀言，也应当是该著的最终交割。

对于书稿的珍视，是每位作者内心的常态情结，而在质量和水准方面的极致要求，则是视学术为毕生追求者的一贯自律和自觉。不过，"吾生也有涯，而知也无涯"，史学研究不仅需要有长期坐冷板凳的苦工夫，拼命三郎的干劲，也应具备相当的悟性、敏锐的眼光和高于常人的认识能力，还有就是严谨细致的踏实态度。三者缺一不可，否则势必难以保证著述的学术水平和影响力。所谓"夫人之立言，因字而生句，积句而成章，积章而成篇"，文字固然有其自身的独特含义，而其本身终究是随机的个体，不同的组合与差别式的呈现面貌，显示的实则是作者的才情、智识与学养。就此来说，任何一部真正意义上的学术著作的诞生，深层次考量的还是著者的综合素质，绝非一般怀铅握椠者所能达致。而且，著述一旦问世，评判优劣的权力就自然移交读者诸君，作者无缘置喙。上述标准，同样适用于拙作。也正是有感于此，笔者不能不对书稿的增订有所交代。

应当说明的是，由于长期以来传统史家大多对高氏荆南政权的评价不高，学界此前的关注度也相当有限，对于该政权的诸多方面缺乏深入系统探讨，成果较为少见，尚不足以反映其全貌，揭示其实际地位。所以，对南方九国之一的荆南政权展开充分研究，既是弥补五代十国史缺环的重要构成部分，也是推动湖北地方史研究走向全面的必然应对，更是一名湖北本土学人责无旁贷的义务。正是基于上述原因，笔者选择高氏荆南史作为研究对象，通过四年的持续努力，最终撰写出《高氏荆南史稿》的博士论文。而博论自2008年6月上传至知网后，（截至2024年8月，下载1201次，引用19次。在此前后，其中若干内容又分别以单篇论文的形式发表，如

《谈谈高氏荆南国史研究》(《湖北大学学报》2006年第3期)、《五代十国时期归、峡二州归属考辨》(《湖北大学学报》2008年第3期)、《关于高氏荆南时期的人口问题》(《荆楚文化与湖北人文精神》,湖北人民出版社2009年版)、《高氏荆南藩镇使府幕职、僚佐考》(《记忆·历史·文化》第3辑,中国地质大学出版社2010年版)、《事大称臣:高氏荆南立国之基调》(《记忆·历史·文化》第5辑,湖北人民出版社2012年版)、《高氏荆南疆域考述》(《中华文史论丛》2016年第1期)、《抗衡诸侯,或和或战——五代荆南武信王高季兴的纵横之术》(《决策与信息》2016年第3期)、《高氏荆南的二元政治体制》(拙著《五季宋初史论探》,台北花木兰文化出版社2022年版)等,期刊论文也曾多次被同行引用。2016年,笔者又受邀参与纳入荆楚文库系列的《湖北通史·隋唐五代卷》的增补工作,承担了后三章大约10万字的写作任务,以另外的方式使博论中的相关内容得以显现在读者面前。

  尽管博论的主要章节和核心观点,在上述专文中有所体现,但毕竟有欠系统和完整,无法全面反映论文的整体构思。当然,其中的多篇文章,除刊发者可通过网络检索外,还有部分仅见于印刷数量极少的论文集中,能够接触到的读者寥寥无几。更重要的是,无论是博论,还是出版的拙著,都仍然在文献引征方面还存在众多显著不足,距离一篇高质量的论文和著作也还有不小差距。并且,拙著的再版,是博论的最后一次问世机会,注定之后再无修订的可能,故而笔者极其珍惜这次难得的机遇,利用春节前后的数月,对原稿进行了最大程度的修改。

  此次修改的核心,就是题名中的增订。顾名思义,所谓增订,就是增补和订正。就增补而言，主要集中于两个方面，即增加第九章"高氏荆南艺文辑考"和补充若干文献资料，前者系在笔者指导硕士生论文基础上而形成，一定程度上填补、充实了博论的内容；后者则是将近年读书所获的零星材料添加至某些具体论证中，以支撑相关结论的可信度和坚实度。两者之中，前者篇幅相较更大，后者则不是太多。如果说增补仅仅是添砖加瓦、扩大原稿体量的话，显然与书稿的质量关系不大，而通过订正消除讹误，改正不足，无疑是为文本增光添彩、提升水准的重要手段。在旷日持久的订正过程中，笔者对学术的感知和体验又有进一步的认识，其中既有对当年粗疏导致诸多错讹的愧疚和不安，又有对读者诸君的真诚歉意，更有对治学的高度警惕和谨慎，因此，衷心希望通过这次的订正，能尽力逐一清除文本中的无心之失，为读者提供更好的阅读文本。

本人读博期间曾经与先师合作增补《中国历史·五代史》（人民出版社2009年版），其前提性和基础性工作即核对征引文献，成果反映为《陶懋炳著〈五代史略〉引文正误》（《历史文献与传统文化》第16辑，暨南大学出版社2012年版）。而这次经历使笔者深深感受到著述的不易与艰苦，其中印象尤为深刻的是，倘若引用文献稍有不慎，就极有可能出现作者、书名、卷数、卷名、版本和文字的漏衍错讹等问题，从而大大降低著述的学术水平。虽说其中的有些失误，有时甚至令人感到莫名其妙，不可思议，但错误一经产生，无论是有心之失，还是无心之误，如果未予更正，出版后的白纸黑字，赫然在目，不容著者解释，也无狡辩的任何理由，责任和责难却就注定只能永远由著者独自承担。其间的道理至简至明，可是真正要做到使著作毫无瑕疵，又谈何容易？对照而论，如今回顾博论和拙著的初版,尽管当年谨遵先师教诲,曾先后不遗余力数次反复逐条核查文献,落实于原书原文,但出版后的文本中还是存在大量与上述错误类似的硬伤,的确有损于书稿的质量,也值得笔者深思和检讨。究其原因,根本仍然在于有欠严谨细致,对学术缺乏足够的敬畏之心,舍此别无其他。

有鉴教训惨重,此次订正耗时极多,工作量更是超乎想象,而这对于拙著的完善来说,又是必须和必要的。订正工作的具体展开,就是一一核对书稿引用的若干文献材料,尽量使用当前习见易得的各种较好的版本,谨守"无信人言,实诓汝也"的先贤遗训,以眼见为实为基本原则,逐字逐句仔细审核,反复比对,不遗漏任何细节,最大限度改正文本中的错讹,力争最大程度优化文稿。由于原稿引文极多,校对之烦难超过以往任何一次书稿的出版,推进之速度极为缓慢,前后累计达三月之久。当然,"校书如扫落叶,旋扫旋生",虽然订正过程中,笔者不敢有丝毫懈怠和松弛,但也终究无法绝对保证书稿在文献征引方面毫无缺失,所以仍然对此充满忐忑不安之情,只能寄望将差错率降至最低限度,不致误导读者诸君,则幸莫大焉!

拙著再版之际,笔者恳请业师葛金芳教授拨冗撰写序言,获其首肯,不敏弟子至为感激!实际上,博论的选题最早确立于2004年,并在多次交流和汇报后,得到葛师的认可和大力支持;次年业师至杭州出差,即托人购买一套《五代史书汇编》,作为攻博的礼物馈赠于我;博论的写作,也曾数次请益受惠。因此,博论的最终完成与拙稿的出版,同样凝聚了葛师的心血与关爱。这一切无不令弟子感念不已,终生铭记!笔者真诚希望未来能在吾师的继续关心和指导下,延续学术之路,推出更多的有一定水准的研究成果,回报师恩于万一!

最后,需要特别提及素未谋面的谭徐锋先生,若无其引荐介绍,拙著不可能拥有这次再版之机缘;同样,本书的出版单位和责任编辑,给予拙稿纠错和完善的宝贵机会,编排过程中体现的敬业和专注程度,也令笔者感怀至深,借此一并表达由衷的谢意!

曾育荣

2023年3月15日于武昌沙湖之滨

壹卷
YE BOOK

洞 见 人 和 时 代

官 方 微 博：@壹卷YeBook
官方豆瓣：壹卷YeBook
微信公众号：壹卷YeBook
媒 体 联 系：yebook2019@163.com

壹卷工作室
微信公众号